최후의 수렵민 어룬춘족

중국 동북지역 민족문화연구 1

중국 동북지역 민족문화연구 · 1

기획연구67

|중국| 한여우펑韓有峰 · 우야즈吳雅芝 · 관샤오윈關小雲
|한국| 김인희 · 김천호 · 서영대 · 조우현

최후의 수렵민

어룬춘족
鄂倫春族

청아출판사

◆ **머리말**

최후의 수렵민 어룬춘족

하얼빈 공항에 도착한 일행은 중국 국내선으로 갈아타고 자거다치加格達奇 공항으로 향했다. 자거다치는 어룬춘족 말로 '잣나무가 많은 곳'이라는 뜻이다. 우리는 지금 어룬춘족의 역사와 문화를 연구하려는 답사를 막 시작하고 있다.

어룬춘족은 현재 내몽골자치구內蒙古自治區 후룬베이얼시呼倫貝爾市와 헤이룽장성黑龍江省의 싱안령興安嶺 일대에 거주하고 있다. 원래 이들은 싱안령 산맥을 중심으로 수렵 생활을 하던 민족이었다. 그러나 1950년대 이후 중국 정부에서 정착화를 시도한 후 현재는 정착촌에 거주하며 농경 중심의 생활을 하고 있다.

어룬춘족은 중국에서 가장 마지막까지 수렵 중심 생활을 유지해 온 민족이다. 어원커족鄂溫克族은 순록을 사육하는 생활을 하므로 진정한 수렵민이라 할 수 없다. 따라서 어룬춘족의 사회와 문화에 대한 연구는 고대 동북아시아의 수렵 문화의 비밀을 푸는 데 중요한 열쇠가 될 수 있다.

지금 왜 어룬춘족에 대한 연구가 필요한가?

"고고학이 없는 인류학은 존재할 수 있어도, 인류학이 없는 고고학은 존재할 수 없다."라는 말이 있다. 이 말은 고고 유물을 해석하는 데 있어 인류학적 해석이 필수적임을 말한다. 특히 동북지역의 경우 고문헌 자료가 부족한 상황이므로 고고 유물에 대한 인류학적 해석은 필수적이라 할 수 있다.

그러나 현재 국내에서는 중국 동북지역에 대한 인류학적 연구가 거의 이루어지지 않아 공백 상태라 할 수 있다. 학자들이 자기 전공 분야에 대한 연구를 위해 개별적으로 답사하거나 관련 내용을 소개한 경우는 있으나 총체적으로 이들의 삶을 이해할 수 있는 연구서는 아직 출판되지 않았다. 이 책은 어룬춘족의 분포, 언어, 역사, 사회, 생산 활동, 의식주, 통과의례, 신앙, 신화에 대한 내용을 담아 어룬춘족을 총체적으로 이해하는 데 도움이 되고자 하였다.

현재 어룬춘족 문화는 급속도로 사라지고 있다. 답사팀이 만난 어룬춘족 노인들은 10세 이전의 흐릿한 기억을 더듬어 인터뷰에 응해 주셨다. 더구나 2010년 조사에 따르면, 현재 남은 어룬춘족은 8,659명으로 급속도로 사라져 가고 있다. 따라서 현재 이들에 대한 연구는 더욱 절실하다.

어룬춘족 사회와 문화를 이해하는 첫걸음

본 프로젝트의 연구단은 한국 학자 4명, 중국 학자 3명으로 구성되어 있다. 한국 학자들은 주로 물질문화와 관련된 음식, 복식, 주거를 담당하였고, 중국 학자들은 정신문화와 관련된 분야를 담당하였다. 음식문화는 김천호 전 한양여대 교수, 복식문화는 조우현 성균관대 교수, 주거는 동북아역사재단 김인희 연구위원이 담당하였다. 곰 관련 신화와 신앙은 이후 단군 신화와 비교연구를 위해 인하대 서영대 교수가 담당했다.

중국 쪽 연구자는 모두 어룬춘족으로 선정하여 다른 민족이 접근할 수 없는 어룬춘족 내면의 이야기를 밀도 있게 담고자 하였다. 헤이룽장성 어룬춘족연구회黑龍江省 鄂倫春族研究會 회장인 한여우펑韓有峰 선생은 어린 시절 직접 수렵에 참여한 경험을 바탕으로 수렵 문화에 대해 집필하였다. 헤이룽장성 어룬춘족연구회 부회장인 관샤오윈關小雲 선생은 현재까지 어룬춘족 마을에 거주하며 샤먼들과 긴밀한 관계를 맺고 있는데, 이를 바탕으로 어룬춘족의 샤먼과 민간신앙에 대해 집필했다. 베이징 중앙민족대학中央民族大學 민족박물관 연구원인 우야즈吳雅芝 선생은 자신이 어렸을 때 어룬춘족 마을에서 생활한 경험을 바탕으로 어룬춘족의 사회조직에 대해 집필했다. 현재 수렵 생활을 경험한 이들이 사라져 가고 있는 상황에서 이런 생생한 제보는 귀중한 가치가 있다.

답사팀은 2015년 8월 9일부터 8월 17일까지 9일간 현지조사를 실시했다. 답사 지역은 내몽골자치구 후룬베이얼시 어룬춘자치기鄂倫春自治旗 아리허진阿里河鎮을 중심으로 퉈자민향托扎敏鄉, 우루부톄진烏魯布鐵鎮, 다양수진大楊樹鎮과 헤이룽장성黑龍江省 대싱안령大興安嶺 지역의 타허현塔河縣, 후마현呼瑪縣 일대였다. 이 과정에 중국 연구자들과 세미나를 개최하여 논의의 초점을 맞춰 갔다.

본서는 한국과 중국 연구자들이 머리를 맞대고 고민한 연구 결과물을 엮어 낸 것이다.

앞으로 우리 연구는?

동북지역에는 어룬춘족 외에도 만족, 몽골족, 다워얼족, 어원커족, 허저족이 거주하고 있다. 이들 중 어룬춘족, 어원커족, 허저족은 극소수민족으로, 이들의 전통문화는 급속도로 사라지고 있다. 이들이 극소수민족이 된 원인에 대해서는 여러 가지 해석이 가능하지만, 중심부가 큰 민족에 흡수되어 융화된 반면, 이들은 변두리에 위치함으로 인하여 융합을 피하고 자신들의 전통문화를 유지할 수 있었던 것으로 보인다. 따라서 고대 동북아시아 문화를 연구하는 데 있어 어룬춘족 문화는 중요한 의미가 있다. 현재 이들 민족의 기원에 대한 연구는 정확하게 이루어지지 않았다. 하지만 다워얼족은 거란족, 어원커족과 어룬춘족은 실위설과 퉁구스설이 공존하며, 허저족은 말갈족 계통인 것으로 보고 있다.

이후 우리 연구단은 허저족, 어원커족, 다워얼족에 대한 연구를 진행하여 총서로 발행하고자 한다. 우리의 이러한 노력이 동북아시아의 고대 문화를 연구하고 이해하는 데 도움이 되기 바란다.

필자를 대표하여 김인희 씀

2016년 11월 28일

◆ **목차**

1장

어룬춘족 개관

[한여우펑韓有峰]

분포

어룬춘족의 분포는 대략 17세기 중엽을 중심으로 전후 두 시기로 나눌 수 있다. 청 정부 초기 문헌 기록에 근거하면 어룬춘족은 17세기 중엽 전에는 주로 바이칼호의 동부, 헤이룽강黑龍江의 북부, 사할린섬 일대에 분포하였다. 그중 스러카하石勒喀河[1], 징치리강精奇里江[2], 니우만강牛滿江[3], 헝군하恒滾河[4] 유역과 사할린섬은 모두 어룬춘족이 유렵생활을 하며 거주하던 곳이다. 그러나 비교적 집중적으로 거주한 곳은 징치리강과 니우만강 일대이다.

문헌 기록에 의하면 "헝군하, 니우만강 내지 징치리강은 헤이룽강과 환강環江 좌우에서 합류하는데 거주민은 모두 아락춘俄樂春, 기륵이奇勒爾[5], 비라얼畢喇爾[6]에 속하는 사람들"이라고 한다.[7] 서쪽의 스러카하에서 동쪽의 녜웨이얼하涅威爾河의 헤이룽강 북쪽 일대는 주로 어룬춘인의 활동 지역이며,[8] 녜웨이얼하에서 후마얼하呼瑪爾河에 이르러 징치리강과 니우만강에 이르는 곳은 비라얼인의 활동 지역이다.[9]

비라얼인의 족칭에 대해서는 두 가지 설이 있다. 하나는 징치리강 지류인 비라얼하 유역에 거주하여 얻은 이름이라는 것이다.[10] 다른 하나는 니우만강을 부례야하布列亞河라고도 하는데, '부례야布列亞'는 어룬춘어로 '강'이라는 뜻인 '비라畢喇'가 변한 것으로 비라얼인은 부례야라는 말에서 기원하였다는 것이다.[11] 헝군하는 아무공하阿姆貢河라고도 하는데 기륵이인이 활동했던 지역이다. 사료에 "기륵이奇勒爾는 기릉奇楞이라고도 하며 영고탑 동북으로 2천 리에 있다. …… 우쑤리강烏蘇里江 입구부터 훈퉁강混同江 남쪽에 이르며 동으로는 바닷가에 이른다."[12]라는 기록이 있다. 헤이룽강 하류에서 사할린섬에 이르는 곳은 만혼인滿琿人[13]의 활동 지역이다. 사할린섬의 아당지산阿當吉山은 섬의 약간 남쪽에 있는데 산의 남쪽은 어룬춘족의 거주지이다.[14]

17세기 중엽 이후 제정러시아가 헤이룽강 유역의 광활한 지역을 침략하기 시작하자 어룬춘인은 다른 민족과 마찬가지로 생활에 있어 심각한 불편을 겪게 되었고, 일부는 헤이룽강 남쪽으로 이동하였다. 러시아에서는 현지에 남은 어룬춘족과 어원커족鄂溫克族을 통칭하여 에벤키Ewenki라 하였다. 소련 시기인 1956년에 출판된 《시베리아민족지西伯利亞民族志》 중 〈아이원치埃文基〉편에서는 "이전에 퉁구스, 어룬춘, 비라얼, 마녜거얼瑪涅格爾 등 민족의 가장 광범위한 자칭은 에벤키였다. 현재는 에벤키라는 이름으로 통용되고 있다."라고 하였다. 또 "에벤키인은 분포 지역에 있어 분리되어 있으며 경제적으로 서로 다른 두 개의 지역에 거주한다. 예니세이강에서 오호츠크해에 이르는 광대한 지역에서 수렵을 하거나 순록을 기르는 에벤키인과 바이칼 호 남부의 비교적 작은 지역과 중국 동북 내지 내몽골 경계 평원지대에서 말과 가축을 기르고 밭농사를 하는 에벤키인"이라고 하였다. 여기서 말하는 수렵을 하거나 순록을 키우는 에벤키인은 어원커족이고, 말과 가축을 기르고 밭농사를 하는 에벤키인은 어룬춘인이다.

이 책의 설명에 따르면, 말과 가축을 기르는 에벤키인은 에벤키라는 이름 외에 자신들의 종족 명칭과 지역 명칭을 보존하고 있는데 그중 가장 자주 사용하는 것은 후마얼하呼瑪爾河와 간하甘河 일대에 거주하는 마녜거얼瑪涅格爾[15], 비라얼畢拉爾[16], 쒀룬索倫, 싱안령興安嶺 어룬춘과 같은 명칭이다.

헤이룽강 남쪽으로 이동한 어룬춘인은 대소大小 싱안령興安嶺 일대에서 유렵하였는데 다섯 개 지역으로 나뉘며 서로 다른 이름을 가지고 있었다. 후마하 유역과 그 부근 지역의 어룬춘인은 쿠마얼첸庫瑪爾千이라 하며, 쉰비라하遜畢拉河와 쿠얼빈하庫爾濱河, 우윈하烏雲河, 자인하(嘉蔭河, 湯旺河) 유역 내지 그 부근의 어룬춘인은 비라얼첸畢拉爾千이라 한다. 아리하阿里河 유역과 그 부근으로 이동한 어룬춘인은 아리첸阿里千이라 하고, 둬부쿠얼하多布庫爾河 유역과 그 부근으로 이동한 어룬춘인은 둬부쿠얼첸多布庫爾千이라 한다. 퉈하托河 유역과 그 부근으로 이동한 어룬춘인은 퉈첸托千이라 한다. 청 정부는 이들이 활동한 지역을 근거로 다섯 개의 로路로 구분하였다.[17] 후에 아리로阿里路와 둬부쿠얼로多布庫爾路를 하나로 합쳐 아리둬부쿠얼로阿里多布庫爾路라 하였다.

어룬춘인은 해방 이전 긴 세월 동안 무수한 자연재해를 겪었고 수많은 박해를 받았으며, 특히 근대 반동통치계급의 착취와 일본의 식민통치에 유린당했다. 어룬춘인은 장기간 생산력이 저하되어 생활이 빈곤하며 문화가 낙후되고 질병이 만연한 참혹한 상황에 있었기 때문에 인구가 계속적으로 하강하는 추세이며 해방 초기 전체 민족이 멸절할 지경에 이르기도 하였다.

현재 어룬춘족은 주로 내몽골자치구內蒙古自治區 후룬베이얼시呼倫貝爾市의 어룬춘자치기鄂倫春自治旗와 자란툰시扎蘭屯市, 헤이룽장성黑龍江省 다싱안령大興安嶺 지역의 타허현塔河縣, 후마현呼瑪縣, 헤이허시黑河市의 아이후이구愛輝區 쉰커현遜克縣, 이춘시伊春市의 자인현嘉蔭縣 등지에 거주하고 있다.

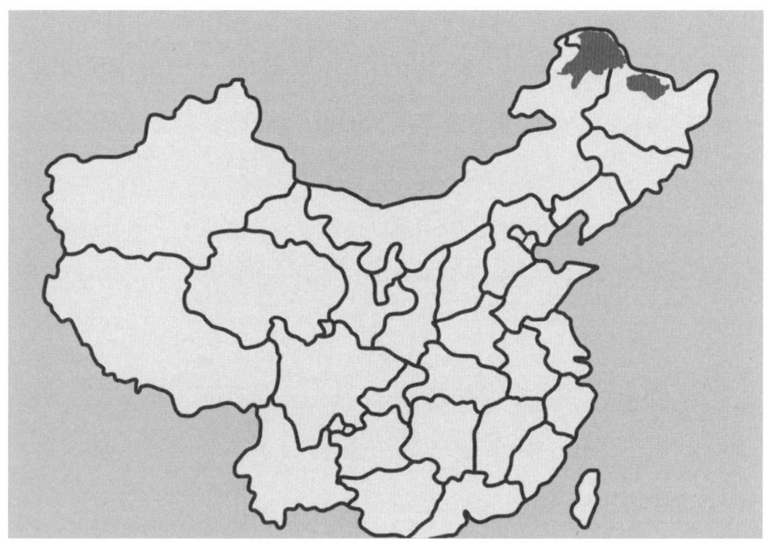

〈그림 1〉 어룬춘족의 분포 지역

인구

어룬춘족은 56개 민족 중 인구가 가장 적은 민족 중의 하나로 대대로 헤이룽강 남북과 대소 싱안령 지역에서 살아온 민족이다. 초기 어룬춘족 인구가 얼마였는지에 대해서는 문자 기록이 없기 때문에 알 수 없다. 근대에 이르러 어룬춘족에 대한 인구통계가 시작되었는데 현재 남아 있는 자료로 볼 때 가장 이른 것은 1895년의 기록이다. 당시 청 정부에서 편찬한 호구책戶口冊이나 여행자들의 보고에 근거해 볼 때 약 1만 8천 명 정도로, 그중 어룬춘인이 1만 명, 마네이얼瑪涅依爾인이 8천 명일 것으로 보인다.[18]

신중국 성립 이후, 특히 하산하여 정착한 1953년은 어룬춘족 인구 발전에 있어서 획을 긋는 시기라 할 수 있다. 이해부터 어룬춘인은 인민정부의 도움 아래 천여 년간의 표류하는 원시수렵생활을 정리하고 정착을 실현하였고, 생산방식, 생활환경, 생활조건에 있어 근본적인 변화가 발생하였다. 인구의 하강이 멈추고 다시 상승하는 추세를 보이고

〈그림 2〉 어룬춘족 여성

〈그림 3〉 어룬춘족 남성

있으며 발전 속도는 점점 더 빨라지고 있다. 표로 보면 다음과 같다.

연도	1953	1964	1982	1990	2000	2010
인구	2,256명	2,702명	4,132명	6,965명	8,196명	8,659명

중화인민공화국 성립 초기 2,256명에서 2010년 8,659명으로 3.84배 성장하였다.

언어

어룬춘족은 자신들의 언어가 있으나 문자는 없다. 어룬춘어는 알타이어계 만-퉁구스어 퉁구스어지에 속한다. 이 지계에 속하는 언어로는 어원커어, 허저어赫哲語, 시보어錫伯語, 만어滿語가 있다. 역사와 환경적인 원인으로 인하여 언어의 사용 범위가 점점 더 좁아져 이 중 일부는 소멸될 지경에 이르렀다. 그러나 어룬춘어는 과거 계속하여 반폐쇄적인 상태에 있었고 어룬춘족은 하산하여 정착한 후에도 집단적으로 거주하였으며 언어 보존 정책의 시행으로 비교적 잘 보존되고 있다.

어룬춘어는 역사가 오래되었을 뿐만 아니라 해학적이고 유머가 있으며 생동감 있고 리듬감이 있다는 특징이 있다. 또한 어룬춘인의 용맹하고 호방하고 솔직한 성격과 조화를 잘 이룬다. 단어는 대자연과 관련된 것이 가장 풍부하며 수렵 생활과 밀접한 관련이 있다. 현재 만-퉁구스어 중 가장 완전한 모습으로 사용되고 있는 언어 중 하나이다.

현재 어룬춘족 거주지에 거주하는 어룬춘족 대부분은 어룬춘어로 교류가 가능하다. 흩어져 살고 있는 어룬춘족, 특히 젊은 세대는 집중 거주지에 사는 이들에 비해 언어를 잘 보존하지 못하고 있다. 하산하여 정착한 후 어룬춘족 아이들은 학교에 입학하여 중국어와 한자를 배웠다. 이외에 다른 민족과 잡거하고 통혼하여 혼합 가정을 이루는 예가 많아짐에 따라 언어 환경에 변화가 발생하여 어룬춘어의 학습과 사용은 심각한 영향을 받았다. 따라서 소수지역에서는 20세가량의 청년들이 들을 수는 있으나 말을 하지 못하고, 10세가량의 아이들은 말을 하지 못할 뿐만 아니라 듣지도 못하는 상황이 발생했다.

이러한 상황을 고려하여 1990년대 초부터 지방정부는 사라져 가는 어룬춘어를 구조하기 위해 적극적인 정책을 실시하였다. 하나는 공산당과 국가의 민족 언어 관련 정책과 법규를 대대적으로 선전하고 어룬춘족에게 자신의 모어를 학습하고 사용할 것을 제안하였다. 이와 같은 정책으로 인하여 어룬춘어는 사회에서 중요성을 인정받게 되었고 어룬춘인 스스로 주동적으로 어룬춘어를 배우게 되었다.

다른 하나는 인구가 집중되어 있는 기현旗縣과 향진鄉鎮에 라디오와 텔레비전 등 선전매체를 이용하여 어룬춘어로 뉴스와 이야기, 노래 등을 방송하였다. '어룬춘어 회화'라는 프로그램을 제작해 어룬춘족이 국가의 중요한 사건들을 이해하고 모어를 더욱 잘 배울 수 있도록 하였다.

세 번째는 교육부문의 지지 아래 통일된 어룬춘족 교재를 편찬하여 초등학교에 어룬춘어 과정을 개설했으며 필수과목으로 정하였다. 이와 같이 적극적인 구조와 보호 정책을 실시하였기 때문에 어룬춘족 스스로 어룬춘어를 학습하고 사용하는 사회 분위기를 형성하게 되었다.

민족관계

신중국 성립 이전 역대 통치 계급의 정치적인 탄압과 경제적 착취, 민족주의자의 민족 차별은 어룬춘족과 한족 등 민족 간의 깊은 간격을 만들었다. 따라서 오랜 기간 어룬춘족은 다른 민족, 특히 한족에 대해 불신하고 경계하는 심리가 많았다. 한족과 일정한 거리를 두고 심지어는 한족 마을에서 멀리 떨어진 깊은 산속으로 들어갔다.

신중국 성립 이후 각급 인민정부가 당의 민족 평등, 단결방침 정책을 광범위하게 선전하고 관철하자, 많은 어룬춘족은 일본 침략자의 민족 격리정책과 국민당의 토비산포土匪散布 정책과 같은 각종 망언의 본질을 확실히 알게 되었다. 각급 인민정부는 경제적으로 열악하고 병에 시달리는 많은 어룬춘족을 도와 하산하여 정착하도록 하였는데, 이후 민족 간의 거리와 경계 심리는 빠른 시일 내에 사라지게 되었다. 정부는 한족과 다른 민족의 우수한 간부와 농업기술자들을 하산한 어룬춘족 거주지에 파견하여 경작을 도와주게 하였다.

2장

기원과 역사

[우야즈吳雅芝]

기원

한자로 쓴 어룬춘鄂倫春은 어룬춘어 '아오룬첸奧倫淺'과 비슷한 발음으로 '산꼭대기에 사는 사람' 혹은 '순록을 사용하는 사람'이라는 뜻이다. 어룬춘족의 기원에 대해 어룬춘인 스스로의 해석은 다음과 같다.

싱안령興安嶺에는 원래 사람이 없었는데 천신天神 언두리恩都力는 이곳에 울창한 수풀과 셀 수 없는 짐승이 있는 것을 보고 사람이 없는 것은 좋지 않다고 생각하여 짐승의 뼈와 살, 가죽과 털에 진흙을 더하여 10명의 남자와 10명의 여자를 만들었다. 일설에는 자작나무껍질로 많은 사람을 만들었다고 한다. 이러한 사람은 전신에 털이 있었으며 슬개골이 없어 동물처럼 기어 다녔다. 옷을 입지 않고 동굴에 살며 야생 과일, 버섯, 자작나무에서 나오는 즙을 이용해 배고픔과 갈증을 달랬다. 언두리는 그들을 동물과 다르게 하기 위해 소금을 주어 먹게 하였으며 몸의 털을 벗어던지게 하였고 슬개골이 길게 자라게 해 결국 직립하여 걷는 사람이 되었다. 언두리는 또 그들에게 돌과 나무 방망이를 이용하여 동물을 잡고 의복을 만드는 법을 알려 주었다. 그래서 싱안령에서 유렵하며 생활하는 어룬춘인이 있게 되었다.[1]

또 다른 설이 있다. 언두리는 처음에는 돌을 깎아 사람을 만들었는데 이러한 사람은 견고하여 죽지 않기 때문에 사람들에게 해가 되었다. 후에 언두리는 이러한 석인石人을 모두 죽여 버리고 진흙으로 새로 사람을 만들었는데 이로써 삶과 죽음이 있어 생태의 평형을 유지하게 되었다고 한다.

또 하나의 다른 설이 있다. 언두리는 짐승의 뼈와 살, 털로 10명의 남자를 만들었고, 진흙으로 10명의 여자를 만들었다. 따라서 남자는 신체가 강하고 건장하며 여자는 약하고 힘이 없다. 언두리는 남자에게 활과 화살을 주었고 그들에게 동물을 잡아 여자를 보살피게 하였는데 세월이 지나면서 남자의 지위는 점점 더 높아졌다. 언두리는 여자에게 일종의 과일을 먹게 하였는데 이로써 여자는 아름다운 용모와 영리한 머리를 갖게 되었다. 이는 어룬춘인의 성별에 대한 최초의 인식으로 언두리가 사람을 만들 때 사용한 재료가 다름에 따라 성별과 개성의 차이가 출현하였으며 사회의 분업과 지위의 차이가 발생하였다고 한다.

전설에 의하면 어룬춘족, 어원커족, 허저족赫哲族은 본래 하나의 민족으로 외싱안령外興安嶺[2]과 바이칼호 일대에 거주하였다. 헤이룽강 남안으로 이동한 후에 일부는 싱안령의 망망한 산림을 보고 매우 좋아하여 떠나지 않고 남았는데 이 사람들을 '산꼭대기에 사는 사람', 즉 어룬춘이라고 한다. 일부 사람들은 산꼭대기에 살기를 원하지 않아 산 아래에 거주하였는데 이들은 어원커라고 불렀다. 고대로부터 어원커의 의미는 '산에서 내려온 사람'이라는 뜻이다. 또 일부 사람은 헤이룽강을 따라 하류로 이동하여 싼강三江 완다산完達山 지역에 이르러 허저족이 되었다. 따라서 어떤 이들은 허저赫哲라는 족칭의 의미가 '강가에 거주하는 사람들'이라고 한다.

이들이 분산할 때 한 노인이 "우리는 이별을 해야 하는데 이후 머리에 메타하滅塔哈[3]를 쓰고, 다리에 치하미其哈密[4]를 신고, 손에 골전환骨箭環을 낀 사람을 보면 우리 사람임을 알아야 한다."라고 말하였다. 어룬춘, 어원커, 허저족은 모두 메타하, 치하미, 골전환이 있다. 어룬춘, 어원커, 허저 세 민족이 같은 기원을 가지고 있다는 전설은 세 민족 사이에 모두 전승되고 있다.

역사

어룬춘족은 문자가 없기 때문에 자민족의 역사를 기록할 수 없었다. 다른 민족의 문헌 중 어룬춘족에 관한 기록은 비교적 늦게 나타날 뿐 아니라 아주 적기 때문에 어룬춘족의 족원族源에 대해서는 현재 통일된 학설이 없는 상황이다.

어떤 이들은 생활습속에 근거하여 어룬춘족의 의식주, 혼례와 상례, 생산 등 여러 습속이 발실위인鉢室韋人과 매우 유사한 점을 들어 발실위인의 후대라 볼 수 있다고 한다. 어떤 이는 초기 언어를 근거로 어룬춘어와 고대 숙신인의 언어가 유사하기 때문에 마땅히 숙신의 후예로 보아야 한다고 한다. 사실 실위는 본래 광범위한 여러 민족에 대한 칭호로 대부분의 실위는 동호계통에 속하고 언어도 몽골어족에 속한다. 그러나 《당회요唐會要》에서 "실위어는 말갈어와 통한다室韋語言與靺鞨相通." 라고 하였으며, 《당서唐書》 〈실위전室韋傳〉에서는 "실위는 말갈어를 사용한다其語言靺鞨也."라고 하였다. 말갈은 숙신계통으로 여진족의 조상이며 언어는 퉁구스어족에 속한다. 따라서 실위의 언어는 몽골과 퉁구스 두 개 언어를 포괄함을 알 수 있다. 이렇게 볼 때 어룬춘족의 기원은 여진설과 실위설이 통합되어 가고 있음을 알 수 있다.

내몽골자치구內蒙古自治區 어룬춘자치기鄂倫春自治旗 경내의 기정부旗政府 소재지인 아리하진阿里河鎭에서 서북으로 9킬로미터 떨어진 곳에 남북 길이가 92미터, 동서 넓이가 27.8미터, 높이가 20여 미터인 천연 동굴이 있는데 어룬춘인은 이 동굴을 가셴동嘎仙洞이라고 한다.

1980년 7월 30일 후룬베이얼맹呼倫貝爾盟 문물참文物站의 미원핑米文平 등은 이 동굴의 서쪽 벽에서 석각된 문자를 발견하였는데, 북위 태평진군太平眞君 4년(443년) 태무황제太武皇帝 척발도拓拔燾가 대신 이창李敞을 파견하여 조상을 제사할 때 새긴 축문임을 확인하였다. 넓은 동굴과 축문의 내용이 고대 역사 문헌인《위서魏書》의 기록과 기본적으로 부합하는 것으로 보아 이 동굴이 선비족의 고대 석실石室터임이 증명되었다. 이와 같은 중요한 발견은 어룬춘인이 실위에서 기원하였다는 유력한 증거를 제공하였다.

어룬춘족 민간 전설 중에 다음과 같은 것이 있다.

가셴동은 어룬춘인이 대대로 유렵을 하고 생활하던 곳으로 후에 외싱안령에서 사람을 먹는 만예滿猊가 와서 가셴동을 점령하였다. 커아한柯阿汗이 만예를 쫓아 보내고 가셴동을 다시 되찾았다. 사람들은 커아한을 더욱 존경하여 언두리커아한恩都力柯阿汗이라 불렀는데, 의미는 '천신과 같은 수령'이라는 뜻이다. 어떤 이는 커아한을 커아한셴柯阿汗仙이라 하며, 후에 카셴卡仙이라 불렀고 이로부터 가셴동이란 이름이 생겼다고 한다.

〈그림 1-1〉 가셴동의 외부 모습

〈그림 1-2〉 가셴동의 내부 모습

현재 어룬춘족 노인은 가셴동嘎仙洞을 카셴동卡仙洞이라 부른다.[5] 이 전설은 어룬춘과 선비-실위가 족원에 있어 관계가 있음을 설명한다.

문헌 기록을 보면《원조밀사元朝秘史》에서는 외싱안령에 거주하는 민족을 통칭 "숲 속의 백성"[6]이라고 하였다.《대명일통지大明一統志》에서는 "북산에 야인이 있는데 사슴을 타고 다닌다."[7]라고 하였는데 대략 어룬춘인과 어원커 등 순록을 이용하는 민족을 지칭한다.《동삼성정략東三省政略》에는 "어룬춘은 실제로는 색륜索倫의 한 부족으로 그 종족은 모두 싱안령 산중에 흩어져 있으며 수렵을 위주로 하는데 원나라 때는 숲 속의 백성이라 칭했으며 청나라 초기에는 수중인樹中人 또는 사록부使鹿部라고 불렀다."[8]라는 기록이 있다. 청나라 사료에는 어룬춘, 어원커, 다워얼達斡爾을 색륜부索倫部, 사록부使鹿部, 타생부打牲部로 통칭한 기록이 있다.

어룬춘이란 명칭과 관련된 기록은 청나라 초기《청태종실록清太宗實錄》에 아이탄俄爾吞이라는 말이 처음 등장한다.《청성조실록清聖祖實錄》에서는 아라춘俄羅春이라 쓰고 있다. 청나라 시기 일부 문헌에서는 어룬춘을 아락춘俄樂春, 아륜춘俄倫春, 악륜작鄂倫綽 등으로 쓰고 있으며 또한 필랍이畢拉爾, 마열극이瑪涅克爾, 만혼滿琿, 기륵이奇勒爾 등의 명칭이 동시에 출현하는데, 사실 이러한 명칭은 독립된 민족을 지칭하는 명칭이 아니라 어룬춘족 중 다른 지역, 다른 씨족의 자칭이거나 별칭이다. 예를 들어 츠얼빈하刺爾濱河, 쉰비라하遜畢拉河, 쿠얼빈하庫爾濱河 일대의 어룬춘족은 '필랍이'라 불렀는데 실제로는 청나라 때 오로五路 중의 하나인 필랍이로畢拉爾路에서 얻은 이름이다. 현재 헤이허시黑河市 관할의 3개 어룬춘민족향鄂倫春民族鄉과 자인현嘉陰縣의 어룬춘은 기본적으로 필랍이인에 속한다.

《흑룡강외기黑龍江外記》에는 "그 사람들은 모납혁이默納赫爾라는 성이 있으며 또 어떤 성은 도납형都訥亨인데 어룬춘과 같은 종류이다."[9]라는 필랍이에 대한 해석이 있다. 모납혁이는 많은 기록에서 모랍호이莫拉乎爾라고 적고 있다. 즉, 모성莫姓 씨족으로 도납형은 현재 두능긍杜能肯이라 기록하고 있는 두성杜姓 씨족이다. 후마하呼瑪河, 콴하寬河, 판구하盤古河, 시얼건치하西爾根氣河 일대의 어룬춘인은 고마이庫瑪爾라 불리는데 오로五路 중의 하나인 고마이로庫瑪爾路에서 이름을 얻었다. 현재 후마현呼瑪縣과 타허현塔河縣의 어룬춘인은 대부분 고마이에 속한다.

그리고 일부 강 이름으로 자칭을 삼은 예가 있는데 다음과 같은 것이 있다. 선머하什麽河 근처에 사는 이들은 자칭이 선머첸什麽淺이고, 아리하阿里河 일대에 사는 이들은 자칭이 아리첸阿里淺이고, 퉈하托河 일대에 거주하는 이들은 퉈첸托淺이며, 둬부쿠얼하多布庫爾河 일대에 거주하는 이들은 둬부쿠얼첸多布庫爾淺이라고 부른다. 그리고 눠민첸諾敏淺, 간첸甘淺, 쿠이러첸奎勒淺, 너먼첸訥門淺, 구리첸古里淺 등이 있다. 모두 강 이름으로 자칭을 삼은 것으로 현재 내몽골자치구 경내의 어룬춘인은 대부분 이와 같은 몇 개의 첸淺 사람이다. 그리고 쑹화강松花江 하류의 만훈滿琿, 헝군하恒滾河 일대의 치러얼奇勒爾이 있다. 마녜커얼瑪涅克爾은 쿠마얼첸 중 비교적 큰 씨족 명칭으로 현재는 마하이얼瑪哈依爾 혹은 마라이얼瑪拉依爾이라 기록하고 있으며 한족 성姓을 취하여 맹孟씨가 되었다.

청나라 강희년간에 청 정부는 만주방팔기제도滿駐防八旗制度에 따라 포특합布特哈 지역에 계속적으로 기旗를 편제하고 좌佐를 설치하여 포특합팔기布特哈八旗[10]를 설치하였다. '포특합'은 만족어를 음역한 것으로, 어렵 또는 수렵을 한다는 의미로 '동물을 수렵하는 부락'이란 의미가 파생되었다.

포특합은 청나라 시기 넌강嫩江 유역과 대소 싱안령 일대의 어룬춘, 다워얼, 어원커 등 어렵, 수렵 민족에 대한 총칭이다. 옹정 말년에 정식으로 팔기 깃발의 색을 규정하였는데 모이정찰란莫爾丁扎蘭은 정황기正黃旗, 두박천찰란都博淺扎蘭은 양황기鑲黃旗, 납모이찰란訥莫爾扎蘭은 정백기正白旗, 도극돈아파涂克敦阿巴는 양백기鑲白旗, 아이랍아파阿爾拉阿巴는 정홍기正紅旗, 아노아파雅魯阿巴는 양홍기鑲紅旗, 제신아파濟信阿巴는 정람기正藍旗, 탁흥아파托興阿巴는 양람기鑲藍旗로 하였다. 포특합팔기는 모두 포특합 총관어문總管衙門에 속하였다. 포특합 총관어문은 강희 23년(1684) 니이기尼爾機[11]에 설치되었으며 후에 의와기宜臥奇[12]로 이동하였다.

〈그림 2〉 악륜작鄂倫綽과 고야庫野, 《황청직공도皇淸織貢圖》에 등장하는 어룬춘족의 조상[13]

통치의 편의를 위하여 조정에서는 어룬춘인을 두 부류로 나누었는데《흑룡강외기》권3에 다음과 같은 기록이 있다.

> “포특합팔기에 속하는 이들은 관병이며 마릉아아륜춘摩凌阿俄倫春이라 한다. 산속에 흩어져 사는 이들은 담비 가죽을 공납하는 자들로 아발한아륜춘雅發罕俄倫春이라 한다.”[14]

마릉아摹凌阿는 묵릉아墨凌阿 또는 필릉아畢凌阿라고도 하며 만족어의 번역음으로 ‘말 위에 있다’ 또는 ‘말을 타고 있다’라는 의미이다. 매년 5월 초륵한맹회楚勒罕盟會 기간 동안 키가 5척 이상인 남자는 반드시 치치하얼齊齊哈爾에 이르러 조정에 담비 가죽을 바치고 조정의 군사 훈련을 받아야 했다. 후에 대부분 헤이룽장성黑龍江城[15], 모얼건墨爾根[16], 치치하얼 등지에 주둔하거나 혹은 각지 전쟁에 파견되었다. 건륭 24년 어룬춘인 300명을 윈난雲南에 파병한 일이 있다.

아발한雅發罕은 아법한雅法罕 또는 아덕한雅德罕이라고도 하는데 만족어의 음역이며 ‘걸어서 내려오다’ 혹은 ‘도보로 이동하다’라는 의미이다. 청 정부는 포특합 총관어문을 설치한 이후 매년 전문직 관리인 암달諳達을 파견하여 아법한 어룬춘 지역에서 담비 가죽을 징수하도록 하였다. 광서 8년(1882년) 포특합의 암달이 가혹한 세금을 징수하고 어룬춘인을 속이고 착취하여 마치 노예나 가축처럼 취급하였다. 각 로路의 좌령佐領은 이름만 있을 뿐 권력이 없어 유명무실하였으며 모든 일에 암달의 제약을 받았다. 이는 어룬춘인의 강력한 저항을 불러일으켰다.

이로 인하여 당시 고마이로 효기교驍騎校에 재임 중이던 어룬춘인 열

흠태烈欽泰는 각 로의 어룬춘인을 연합하여 헤이룽강 장군 문서文緖에게 포특합 총관어문을 철폐할 것을 요구하였다. 문서는 광서 8년(1882년) 포특합 총관어문을 철폐하고 "따로 부락을 설립하여 안정적으로 생업에 종사할 수 있도록(另立部落, 以安生業) 할 것"을 진언하였다.

광서 10년부터 흥안성興安城을 건립하기 시작하였는데 성은 객륵답이기참喀勒塔爾奇站, 즉 서참四站 동쪽 8리의 태평만太平灣[17]에 있다. 이는 오로五路 어룬춘인의 중심지이다. 당시 겨울철에는 오로의 관청을 흥안성으로 옮겼다. 흥안성에는 부도통함副都統銜 총관總管 한 사람, 부총관副總管 10명을 두었는데 그중 만족 부총관은 두 명이고, 어룬춘 부총관은 8명으로 어룬춘족에 관한 일을 전문적으로 관리하였다.

흥안성은 10여 년간 존재하였으며 광서 19년(1893년) 장군 의극당아依克唐阿는 "성을 건설하여 전문적으로 다스렸으나 실제적인 효과가 없다(建城專治, 事無實效)."라고 하여 흥안성을 철폐할 것을 진언하였다. 《흑룡강지고黑龍江志稿》 권43에 의하면 흥안성을 철폐한 후 다시 협령協領 4명을 파견하여 성을 나누어 다스렸다고 한다.[18] 고마이로에는 양황鑲黃, 정백正白, 정람正藍, 양백鑲白, 사기팔좌四旗八佐를 설치하였으며 협령 한 명을 증설하였다. 필랍이로에는 정황正黃, 정홍正紅 2기二旗와 4좌四佐를 설치하였으며 협령 한 명을 증설하였다. 이 두 로는 애혼愛琿 부도통副都統이 관할하였다. 아리阿里, 다보고이多普庫爾 두 로를 합병하고 양홍鑲紅 1기一旗 2좌二佐를 설치하였으며 협령 한 명을 증설하여 묵이근墨爾根 부도통에 귀속시켜 관할하게 하였다. 탁하로托河路에는 양람鑲藍 1기一旗 2좌二佐를 설치하고 협령 한 명을 증설하고 후룬베이얼 부도통이 관할하였다. 광서 32년(1906년) 통관統管이 관할하였다. 부도통은 넌강嫩江을 경계로 부터하를 동서 두 개의 로로 나누고 각각 총관을 설치하였으며 박이다博爾多[19]와 의와기宜臥奇에 주둔하게 하였다. 동시에 어룬춘족에 대한 관리를 강화하기 위해 각 로에 협령공서協領公署를 설치하여 어룬춘족에 관한 업무를 담당하게 하였다. 선통宣統 2년(1910년) 동포특합東布特哈에 눌하직례청訥河直隸廳을 설치하였다. 민국 4년(1915년) 서포특합西布特哈에 서설치국西設治局을 설치하였다.

민국 초기 어룬춘족은 여전히 옛 제도인 사로四路와 팔기八旗 16좌佐를 사용하고 있었다. 그러나 당시 대소 싱안령 지역에 토비가 창궐하고 제정러시아가 침략하자 관련 부문에서는 헤이룽장성 공서公署에 탄원서를 냈다.

> "싱안령 내에 흩어져 사는 어룬춘족에 속하는 한 부락을 조사하였는데 이들은 일찍이 유렵 위주의 생활을 하여 멀고 험한 길을 가는 데 능하며 사격에 정통합니다. 만약 이 사람들을 군대에 편제하여 산을 순찰하는 일을 전문적으로 맡긴다면 도적의 소굴을 수색할 수 있고 산림경찰의 부족함을 능히 보조할 수 있을 것입니다."[20]

이에 헤이룽장성 공서는 민국 12년(1923년) 어룬춘족 중 말타기와 사격에 능한 청장년 남자를 중심으로 보위단保衛團을 편제하였는데 후에 산림유격대山林遊擊隊라고 이름을 바꾸었다.

민국 정부는 일찍이 어룬춘인에게 "수렵을 버리고 농사에 종사할 것"을 수용하도록 하였다. 당시 일부 어룬춘인은 하산하여 농사를 짓기 시작하였고 몇 사람은 많은 토지를 소유하기도 하였다. 많은 토지를 소유한 자들은 좌령이 아니라 부관副官이었다. 보통 수렵민은 집을 짓고 농지를 개간한다는 것은 거의 생명을 해치는 것과 같다고 생각하여 손사래를 치고 귀를 막았으며 즉시 도망가 버렸다.[21] 수렵을 버리고 귀농하는 정책을 구체적으로 실시하는 과정에서 좌령의 일도 쉽게 할 수 있는 것은 아니었다. 정부의 강제적인 정책과 수렵민의 정서적인 충돌을 대면해야 했다. 좌령은 목표를 완성하기 위해서 다른 민족에게 청하여 수렵민을 위해 토지를 개간하고 좌령 본인이 대신 관리할 수밖에 없었다.

정람기正藍旗 두좌頭佐 좌령 윤길선倫吉善은 협령에게 청원서를 썼다.

"병사와 백성들은 매우 곤궁하여 농사를 지을 사람이 없으니 좌령이 대신 농사지을 것을 청하였으나 좌령들은 즉시 거절하였다. 병사와 백성들이 다시 여러 차례 청하여 좌령들은 어쩔 수 없이 대신 농사를 짓게 되었다. 좌령들은 서둘러 개간하고 농사지을 사람들을 모집하였으며 우선 농사에 익숙한 이들을 찾아 농사짓게 하였다. 거둬들인 토지세는 좌령들이 적립하여 군사와 백성들에게 소나 쟁기, 종자, 필요한 물품을 구매해 주고 남은 땅은 사람들을 모아 개간하였다."[22]

이는 강제 할당의 결과이다. 지방정부는 토지 사유 관념이 약한 어룬춘인에게 땅문서를 발급하여 그들의 토지 사유 관념을 강화하려 하였으나 그들의 의식 중에는 "토지는 언두리가 모두에게 하사한 것으로 어떠한 집단이나 개인에 속하지 않는다."라는 관념이 있었다. 수렵지나 농경지에 대한 인식이 모두 이와 같아 누구든지 농사를 지으면 수확물이 그에게 속하게 되는 것으로 생각하였다. 이러한 사고방식으로 인해 많은 토지가 좌령과 부관들의 소유가 되었으며 이들은 급속도로 대토지 경영자가 되었다.

일본 제국주의는 동북을 점령한 이후 어룬춘인에 대해 "문명을 개화하지 않고 원시생활을 유지하는" 격리 정책을 실시하였다. 어룬춘인을 산림대山林隊로 편성하였는데 당시 헤이룽장성에서는 12팀의 어룬춘 산림대를 조직하였다. 내몽골 경내의 어룬춘인에 대해서는 나누어서 통치하는 정책을 실시하여 바옌기巴彦旗, 모리다와기莫力達瓦旗, 쒀룬기索倫旗로 분산하여 관리하였다. 이때 각 로의 협령 공서는 철폐하지 않았으나 이미 유명무실한 기구가 되었으며 좌령은 폐지되고 산림대는 일본 특무기관의 통제를 받게 되었다. 일본 지도관이 직접 통치하고 매년 각 산림대는 수렵이 한가한 시기에 모두 모여서 군사 훈련을 받았다. 경제적으로는 '통제'와 '배급제'를 실행하여 수렵물은 반드시 전부 만주축산주식회사滿洲畜産株式會社에 바쳐야 했다. 그들은 어룬춘인에게 오직 생산과 생활에 필요한 필수품만을 제한적으로 공급하였다. 어룬춘인 스스로는 절대로 수렵물을 판매할 수 없게 하였는데 만약 반항하면 수렵물을 몰수하고 엄중한 징벌을 가하였다.

일본 제국주의는 어룬춘인에 대하여 참혹한 경제적 학대를 하였을 뿐만 아니라 동시에 아편과 독한 술을 나누어 주어 정신을 마비시키는 방법으로 장기적인 통치 목적에 도달하려 하였다. 당시 20세 이상의 어룬춘인은 남녀 불문하고 매달 한 사람당 20분份[23]의 아편[24]을 받을 수 있었으며 많은 사람이 중독되었다. 후에 노역을 참아낼 수 없었던 어룬춘인의 혁명이 폭발하였고 일부 산림대 성원이 항련抗聯에 가입하여 항련대오抗聯隊伍를 이끌고 일본을 공격하였다. 일부 산림대는 일본 지도자를 죽이고 소련의 홍군에 의탁하기도 하였다.

동북이 해방된 이후 중공헤이허지위中共黑河地委는 사령공서斜領公署를 어룬춘족의 관리 기구로 삼고자 하였는데 어룬춘인 사이에서 비교적 영향력이 컸다. 어룬춘인의 정권 건립을 돕고 전반적인 발전이라는 목표에 접근이 쉽도록 하기 위해 성위省委에 비준을 요구한 후에 1947년 헤이허黑河에 헤이허어룬춘사령공서黑河鄂倫春斜領公署를 설립하였으며 사령斜領은 지위서기地委書記 위에린岳林이 겸임하였다. 헤이룽장성의 어룬춘족은 분산되어 거주하였지만 쉰커遜克, 아이후이愛輝, 후마呼瑪, 자인嘉陰 등의 현에 비교적 집중 거주하고 있었다. 작업의 편의를 위해 쉰커 · 후마어룬춘사령분서遜克 · 呼瑪鄂倫春斜領分署를 설립하고 아이후이현에는 사령공서에서 정치 지도원을 파견하여 생산조직을 구성하고 해방군의 토비 토벌을 돕도록 하였다.

중화인민공화국 성립 이후 사령공서의 건설을 강화하여 사무소를 설치하고 그 아래 비서실과 민교民教, 생산, 총무, 인사 등 4개 분소를 두었다. 자인현에 사무처를 두고 아이후이현에는 민정과民政科 어룬춘족 분소를 설치하여 어룬춘 관련 사무를 전담하였는데 그 취지는 다음과 같다.

적극적으로 민족 지역의 자치를 준비하고 민족 정권의 건설을 강화한다.

적극적으로 어룬춘족 간부를 양성한다.

반제애국주의 사상 교육과 문화위생 작업을 강화한다.

1951년 바옌巴彦, 모리다와, 쒀룬 3기가 관할하는 어룬춘인은 공산당의 민족 지역 자치 정책에 근거하여 기급정권旗級政權을 건립할 것을 요구하여 어룬춘기鄂倫春旗를 성립하였다.

1953년 헤이룽장성 경내의 어룬춘인은 모두 하산하여 정착하였다. 1956년 헤이허전원공서黑河專員公署는 민족사무위원회를 설립하고 어룬춘족 사무는 공서민위公署民委에서 관리하고 헤이허어룬춘사령공서는 철폐하였다.

3장

사회조직과 지도자의 역할

[우야즈吳雅芝]

1
씨족공동체, 무쿤

2
가족공동체, 우리린

3
지역공동체, 촌락

4
1950년대 이후 정착 생활

씨족공동체, 무쿤

전설에 의하면 어느 해에 산에 불이 나서 모두 타버리고 이어서 홍수가 나서 거의 모든 사람이 물에 빠져 죽었는데 오직 한 아가씨와 꼬마 남자아이만이 살아남았다고 한다. 아가씨는 남자아이를 성인으로 길렀으며 후에 결혼하여 부부가 되었고 9명의 아들과 9명의 딸을 낳았다고 한다. 18명의 남매는 9쌍의 부부가 되어 어룬춘족이 시작되었다.

이 전설은 고대 시기 어룬춘족이 남매가 서로 부부가 되는 혈연가정 단계를 거쳤음을 보여 준다. 전설에 의하면 9쌍 부부의 아버지는 그들이 거주한 지역에 근거하여 그들에게 서로 다른 아홉 개의 성씨를 만들어 주었고 같은 성씨 사이에는 결혼을 할 수 없게 규정하였다고 한다. 이로 인하여 씨족이 생산되었는데 어룬춘어로는 무쿤穆昆이라 한다. 즉, 무쿤은 '같은 성씨의 사람'이라는 뜻으로 남성 조상의 후대이며 혈연조직을 말한다. 이는 무쿤이 생산되기 위해서는 반드시 먼저 성姓이 있어야 함을 말한다.

성姓은 어룬춘어로 하라哈拉라고 한다. 전설에 의하면 18명의 남매는 9쌍의 부부가 된 이후 서로 다른 곳에 살았는데 그들의 아버지는 구별을 쉽게 하기 위해 그들이 거주하는 지역에 따라 서로 다른 성씨를 정하였다고 한다. 쿠마얼첸庫瑪爾淺의 첫째, 둘째, 셋째, 넷째는 마녜이얼瑪涅依爾의 멍孟 씨, 거와이얼葛瓦依尔爾의 거葛 씨, 웨이라이얼魏拉依爾의 웨이魏 씨, 구란이얼古蘭依爾의 관關 씨가 되었다. 퉈첸托淺과 둬부쿠얼첸多布庫爾淺의 다섯째와 여섯째는 커얼터이얼柯爾特依爾의 허何 씨와 바이이얼白依爾의 바이白 씨가 되었다. 비라얼첸畢拉爾淺의 일곱째와 여덟째, 아홉째는 모라후얼莫拉呼爾의 모莫 씨, 두닝컨杜能肯의 두杜 씨, 우차얼칸吳恰爾坎의 우吳 씨가 되었으며 어룬춘족은 이로부터 성씨가 있게 되었다. 현재 헤이룽장성 후마현呼瑪縣과 타허현塔河縣의 어룬춘인은 멍 씨와 거 씨가 가장 많으며 모 씨와 우 씨는 헤이허 지역 어룬춘인 중 비교적 큰 성씨이다. 허 씨와 바이 씨는 대부분 내몽골자치구 어룬춘자치기 일대에 거주하고 있다.

어룬춘인의 '하라'는 모두 의미를 담고 있다. 또 다른 성씨 기원에 관한 전설에는 다음과 같은 것이 있다.

한 아버지는 자신의 아들 5명에게 3일 이내에 각자 한 가지 일을 완성하라고 한 후 그들이 한 일에 따라 아들의 이름을 지었다고 한다. 첫째는 홍목으로 5개의 활과 화살을 만들었다. 아버지는 그를 웨이라이얼魏拉依爾이라 하였는데 뜻은 붉은 나무이다. 둘째는 크고 살이 찐 노루를 잡았다. 아버지는 그를 구란古蘭이라 불렀으며 수노루라는 뜻이다. 셋째는 노루머리가죽으로 노루머리와 거의 같은 모양의 가죽 모자를 만들었다. 아버지는 그를 거친戈欽이라 불렀으며 의미는 '매우 좋다,

아주 똑똑하다'라는 뜻이다. 넷째는 자신이 잡은 노루를 여섯 등분하여 머리는 아버지에게 주고 네 개의 다리는 네 명의 형제에게 주고 고기가 얼마 없는 빈 몸통을 자신의 몫으로 남겼다. 아버지는 그를 우차얼칸吳恰爾堪이라 불렀는데 의미는 '나누어 주고 사심이 없어 일을 하는 데 공평하다'는 뜻이다. 다섯째는 아무 말도 하지 않고 3일 동안 자신이 잡은 노루, 멧돼지, 꿩, 다람쥐 등을 아버지 앞에 놓았는데 아버지가 입을 열기 전에 네 명의 형제는 함께 찬양하여 "모르건, 모르건莫日根, 莫日根!"이라고 외쳤다. 아버지는 아들들의 말에 따라 "좋다, 모르건이라 부르기로 하자."라고 하였는데 의미는 '수렵에 능한 자'라는 뜻이다. 그들의 후대는 그들의 이름 첫 글자를 하라로 삼아 각각 웨이魏, 관關, 거葛, 우吳, 모莫 씨가 되었다.

일부 하라는 후대에 작은 성씨가 파생되었는데 '어떠어떠한 첸淺'이라 하였다. 예를 들어 커얼터이얼은 후대에 나단첸那旦淺, 콩가이다첸空改達淺, 처처이얼첸車車依爾淺 등의 성씨가 파생되었다. 바이이얼은 후대에 부러지이얼첸布勒吉依爾淺, 자오룬첸昭倫淺, 아오룬첸敖倫淺, 차라방커첸查拉邦克淺, 우용나첸烏永那淺 등이 파생되었다.

이들 작은 성씨는 기본적으로 그에 대한 해석이 있으며 기원 전설이 있다. 나단첸은 허何 씨의 조상인 마오카오다이한毛考代汗이 일곱 장의 담비 가죽으로 교환해 온 아내가 낳은 후대라고 한다. 나단那旦은 '일곱'이라는 뜻이다. 어떤 이가 아이를 자작나무 바구니에 담아 홍역을 피하였다. 이 아이의 후대를 콩가이다첸이라 불렀는데 콩가이空改는 '자작나무껍질 바구니'라는 뜻이다. 어떤 수렵인이 크게 놀란 일이 있는데 그의 후대는 처처이얼첸이라는 이름을 갖게 되었다. 처처車車는 '놀라다'라는 의미이다. 부러지이얼첸은 홍역을 피하기 위해 아이를 지하 동굴에 숨겼는데 이 아이의 후대는 이로써 이름을 얻었다. 부러지이얼첸의 의미는 '묻은 적이 있다'라는 뜻이라고 한다. 자오룬은 '돌'이라는 뜻으로 자오룬첸의 조상이 전염병으로 죽은 후에 돌 아래 묻혀 얻은 이름이라고 한다. 또는 돌이 많은 물가에서 오랫동안 거주하여 이와 같은 이름을 얻었다고도 한다. 아오룬은 '순록'이란 뜻으로 아오룬첸은 순록을 비교적 많이 기르기 때문에 얻은 이름이다. 또는 인구가 줄어들어 다른 부락의 사람을 받아들였기 때문에 아오룬첸이라고도 한다. 한 무리의 사람들은 자작나무즙을 마시는 것을 매우 좋아하여 차라방커첸이란 호칭을 얻었는데 차라방커는 '자작나무'라는 뜻이다. 형제 둘은 항상 싸움을 하였으며 후에 서로 이별하였는데 그들의 후대를 우융나첸이라 하였는데 의미는 '나누어지다'이다.

이들 작은 성씨는 모두 어떤 원인 혹은 특징에 의해 이름을 얻었음을 어렵지 않게 발견할 수 있다. 작은 성씨가 생산된 원인은 씨족의 발전에 따라 인구가 증가하고 거주지가 점점 더 분산되고 혈연관계가 멀어짐에 따른 것으로 사회족군과 혈연관계를 구별하기 위한 것이다. 이러한 작은 성씨는 일반적으로 자칭으로 허何 씨 또는 바이白 씨라 부르며, 다른 사람들이 자칭을 부르는 것을 좋아하지 않는다. 현재 어떤 노인들은 작은 성씨의 기원 전설에 대해 비교적 반감을 가지고 있는데 그 이유는 당시 사람들이 농담한 것으로 연구할 만한 가치가 없기 때문이라고 한다.

가족공동체 시기 우리린烏力隣의 사람들은 자신을 소개할 때 "우리는 어떤 무쿤穆昆에 속한다."라고 하였다. 무쿤이 사라진 후에는 자신을 소개할 때 "우리는 어떤 첸淺이다."라고 하였다. 하나의 우리린은 일반적으로 물가 근처에 거주하는데 이들은 수렵물을 따라 이동하기 때문에 장기간 하나의 강가에 거주할 수 없다. 때문에 강의 이름을 붙여 '무슨 첸'이라 부른다. 예를 들어 후마하呼瑪河 유역의 사람들은 자칭이 쿠마얼첸庫瑪爾淺[1]이다. 쿠마얼첸은 후마하 유역에 사는 사람들로 여기서 사용하는 첸과 작은 성씨의 첸은 모두 '사람들'이라는 의미이다. 다른 점은 작은 성씨의 첸은 변하지 않는다는 것이다. 독립적인 무쿤으로 성립하게 되면 작은 성씨는 본 씨족의 진정한 성씨가 된다.

강가 유역에 거주함을 의미하는 '첸'은 자주 변하는 것으로 오늘 후마하 근처에 살면 쿠마얼첸이고 내일 아리하阿里河 근처로 옮겨 가면 아리첸阿里淺이 된다.

어룬춘의 전통 성씨는 커얼터이얼(柯爾特依爾, 何) 씨, 바이이얼(白依爾, 白) 씨, 아지거차이얼(阿其格查依爾, 阿) 씨, 마하이얼(瑪哈依爾, 孟) 씨, 모라후얼(莫拉呼爾, 莫) 씨, 우치알칸(吳恰爾堪, 吳) 씨, 웨이라이얼(魏拉依爾, 魏) 씨, 구란이얼(古蘭依爾, 關) 씨, 거와이얼(葛瓦依爾, 葛) 씨, 두닝컨(杜能肯, 杜) 씨, 청치이얼(橙氣依爾, 陳) 씨, 카거이얼(卡格依爾, 韓) 씨, 마오카오이얼(毛考依爾, 趙) 씨, 니거이얼(尼戈依爾, 李) 씨, 터무거(特木格, 車) 씨 등이 있다.

전통 성씨 모두가 오래된 하라가 연속된 것이 아니라 일부는 오래된 씨족에서 분화되어 나온 것이다. 예를 들어 아阿 씨는 바이白 씨에서 분화된 것이다. 전설에 의하면 예전에 두 형제가 있었는데 고상 창고인 아오룬奧倫에 넣어둔 쌀 한 자루가 보이지 않자 서로 상대방을 의심하여 말싸움이 일어났는데, 하나는 상대방을 아지거차阿其格查[2]라 하였으며, 다른 하나는 가거다嘎格達[3]라 하였다고 한다. 아지거차이얼阿其格查依

爾과 가거다이얼嘎格達依爾은 두 개의 하라가 되었는데 후에 가거다이얼은 스스로 소멸되었다고 한다.

또 일부는 다른 민족과 결합하여 발생한 후대가 어룬춘족의 명칭을 관용한 것으로, 예를 들면 마오카오이얼毛考依爾이 있다. 《어룬춘사회역사조사鄂倫春社會歷史調查》의 소개에 의하면 후마하 유역에 자오리번趙立本이라 불리는 사람이 있었는데 그는 샤먼으로 그의 신은 매우 특출하여 사람들은 만능 샤먼, 즉 언두리 샤먼이라 불렀다고 한다. 그의 어머니는 어룬춘인이고 아버지는 한족이었는데, 그는 어룬춘인의 씨족명인 마오카오이얼을 사용하였다.

최근 몇 년 동안 다른 민족과 통혼하는 현상이 점점 더 많아짐에 따라 새로운 성씨도 등장하게 되었다. 예를 들면 궈郭, 양楊, 장張, 위于, 주朱, 류劉 등이 있다. 이들 성씨는 아직 어룬춘 씨족의 명칭을 관용할 방법이 없기 때문에 어룬춘인에 의해 수용되지 못하고 있다. 두 사람이 처음 만났을 때 만약 한 사람의 성씨가 '류' 혹은 '주'라면 상대방은 다음과 같이 말할 것이다. "너는 어룬춘족이 아니다." 사실 이러한 상황은 어룬춘 여자가 다른 민족의 남자와 결혼하여 발생한 것으로 그들의 아이는 어머니의 민족을 따르고 아버지의 성씨를 따른 경우이다. 또 하나의 상황은 부모가 모두 다른 민족인데 외조모 혹은 가족 중에 역사상 어룬춘족인 경우가 있는 것으로 이들은 당연히 어룬춘족 전통 성씨가 없다.

무쿤은 같은 성씨의 사람으로 무쿤의 성원 범위는 명확하다. 같은 남성 조상의 후대로 9대 이내라고도 하고 10대 이내라고도 하는데 혈연단체 조직으로 모든 성원은 선대에 대해 효도할 의무가 있다. 여자는 결혼한 후에도 친정 씨족에 속한다. 목각으로 만든 친정 집안의 신인 나지러보루칸納吉勒博日坎을 모시고 시집을 가는데 이 신은 여자를 보호한다고 한다. 시집을 온 여자는 곧바로 남편 씨족의 성원이 되지 못하며 씨족대회에 참가할 자격도 없다. 만약 남편이 죽고 아들이 성년이 되지 않았으면 참가하여 들을 수는 있으나 발언권이나 표결권은 없다. 노인이 된 후에야 남편 씨족의 인정을 받을 수 있다. 무쿤은 반드시 엄격하게 씨족외혼제를 실시한다. 만약 씨족 내 혼인 혹은 씨족 내 간통 행위를 발견하면 씨족장은 엄격히 심문하고 고문하는데 심지어는 죽이기도 한다.

모든 무쿤은 자신들의 공동묘지가 있는데 이를 무안穆安이라 한다. 씨족 성원이 죽은 후에 서열에 따라 무안 안에 매장한다. 만약 죽은 이가 있는 곳이 무안과 거리가 아주 멀면 잠시 사망지에 매장하였다가 후에 반드시 뼈를 추려 무안에 매장해야 한다.

모든 무쿤에게는 자기 씨족의 보호신이며 조상신인 아자오루보루칸阿嬌如博日堪이 있는데 씨족대회 전에 성대한 제사의식을 거행한다. 씨족 분화 이후 새로운 씨족과 오래된 씨족은 여전히 함께 하나의 조상신을 제사한다. 씨족 중의 매 가정은 본 씨족의 공동 조상신을 모셔야 한다.

씨족장은 어룬춘어로 무쿤다穆昆達라고 한다. 무쿤다는 무쿤 성원의 선거로 정해지는데 그는 반드시 항렬이 높고 명망이 있어 일을 처리하는 데 공정하고 수렵 경험이 풍부해야 한다. 그는 씨족 중 어떠한 특권도 향유하지 않으며 다른 성원과 마찬가지로 노동에 참여하고 평균적으로 분배를 받는다.

무쿤다는 일반적으로 10년에 한 번 교체하지만 임기 내에 직무에 적합하지 않거나 씨족의 명예와 이익에 손해가 되는 행위를 한 것이 발견되면 씨족 성원은 상의하여 그를 교체할 수 있다. 무쿤다는 연임할 수 있으나 세습은 할 수 없다. 무쿤다는 족보를 보관하고 기록하며 생산을 관리하고 청소년에게 도덕규범을 교육하고 씨족 내 각종 다툼을 처리하고 본 씨족과 다른 씨족의 교류 시 본 씨족을 대표하고 씨족 간의 갈등을 처리하는 책임을 진다.

무쿤다는 습관법에 근거하여 무쿤을 관리하며 씨족 법규를 위반하거나 파괴한 사람에게 형벌을 실시할 권리가 있다. 일반적인 씨족 습관법을 위반한 사람은 버드나무 가지로 때린다. 예를 들어 치고받고 싸웠는데 무쿤다가 조정과 교육을 해도 여전히 멈추지 않을 경우 당사자들이 서로 버드나무 가지로 때리게 한다. 이유가 있는 사람은 가볍게 때리고 이유가 부족한 사람은 심하게 때린다. 그러나 씨족을 배반하거나 씨족 내 혼인 혹은 성행위를 한 자는 엄격하게 처리하여 가벼운 경우에는 호되게 두들겨 패고, 특별히 엄중한 경우에는 씨족회의의 토론을 통해 족보에서 제거하거나 교수형에 처한다.

씨족 습관법을 위반한 행위는 씨족장이 당사자의 태도와 사건이 발생한 원인을 감안하여 처리한다. 고의적으로 살인한 경우에는 목숨을 바쳐 죄를 대신한다. 실수로 생명을 빼앗은 경우에는 추궁하지 않으나 사망자가 만약 그 집안의 중요한 노동력이면 사망자의 가족이 스스로 경제적인 책임을 질 수 있을 때까지 부양해야 한다. 술에 취해서 사람에게 상해를 입혀 죽인 경우 쌍방이 원한이 없는지 살펴 원한이 없으면 상해를 입힌 사람이 사망자를 안장하고 그를 위해 상복을 입고 사망자의 가족에게 5~10필의 말을 배상한다.

이러한 방식을 어룬춘어로는 언더하쿠恩德哈庫라고 하는데 의미는 '많은 것을 배상하다' 또는 '최대한 배상하다'라는 뜻이다. 가령 원한이 있어 고의로 살해하였다면 목숨으로 배상해야 한다. 말을 훔친 경우 말을 훔친 사람의 집에 말이 있는지에 따라 판별한다. 만약 도둑질을 한 사람의 집에 말이 없고 잘못을 인정하는 태도를 보이며 말을 돌려주면 처벌을 면할 수 있다. 집에 말이 있는데도 다른 사람의 말을 훔쳤다면 가중처벌을 받는다. 훔친 말의 수가 네 마리가 넘고 자신의 잘못을 인정하려 하지 않으면 사형에 처한다.

무쿤대회는 무쿤의 가장 권위 있는 기구로 씨족 합병과 분화 등 중대한 사건이 있거나 무쿤다가 독자적으로 처리할 수 없는 중요한 사안이 있는 경우 반드시 씨족대회를 열어 최후의 판결을 내려야 한다. 무쿤대회는 일반적으로 3년에 한 번 거행하는데 무쿤다가 주관한다. 먼저 무쿤샤먼이 아자오루보루칸을 제사하는 의식을 거행하고 이어서 무쿤다가 족보를 낭독하고 풀이한다. 어룬춘인은 연장자의 이름을 직접 부르는 것을 꺼려하여 오직 같은 항렬 이하 부분만 낭독한다. 연장자 부분은 다른 씨족의 사람을 청하여 낭독하게 하는데 전체 씨족 성원은 무릎을 꿇고 경청한다. 족보는 씨족에 대해 기록한 문서로 이를 낭독하고 해설하는 것은 성원들이 자신의 조상이 누구이며 자기가 씨족 내 어떠한 항렬에 속하며 다른 성원과 어떠한 관계인지를 명확하게 알게 하기 위해서이다.

하나의 씨족은 몇 대를 연속한 후에 인구의 증가, 통혼의 필요성을 해결하기 위해 두 개 혹은 몇 개의 씨족으로 분화한다. 씨족 분화는 반드시 씨족대회를 통하여 결정하는데 동물을 잡아 성대한 제천의례를 거행한다. 예를 들어 마하이얼과 모라후얼은 원래 하나의 씨족이었는데 인구가 증가하고 다른 씨족이 아주 적어 통혼하는 데 어려움이 있었다. 따라서 동물을 잡아 제물로 바치고 제천의식을 거행한 후에 두 개의 평등하고 독립된 씨족으로 분화하여 서로 통혼이 가능하게 되었다.

또 다른 상황은 옛 씨족 중에서 아들 씨족이 파생되는 것으로 예를 들면 바이이얼에서 아치거차이얼이 파생된 경우가 있다. 파생된 아들 씨족과 옛 씨족 간에는 통혼할 수 없다. 구라이얼, 웨이라이얼, 거와이얼 사이에는 통혼할 수 없으며, 마하이얼, 우차얼칸 사이에는 통혼할 수 없다. 통혼할 수 없는 원인에 대한 설은 아주 많다. 구라이얼, 웨이라이얼, 거와이얼은 본래 형제로 후에 인구가 증가하고 씨족이 방대해져 관리가 불편하여 그들의 후대는 관, 웨이, 거 씨로 나누어졌고 3개의 씨족이 되었다고 한다. 그러나 그들의 조상은 친형제이기 때문에 통혼이 불가능하다고 한다.

마하이얼과 우차얼칸이 통혼할 수 없는 이유는 전설에 의하면 우 씨 성을 가진 수렵인이 수렵을 할 때 멍 씨 성을 가진 수렵인을 만났는데 비록 그들은 이전에 만난 적이 없으나 깊은 산속에서 누군가를 만난다는 것은 쉬운 일이 아니기 때문에 의형제를 맺었다고 한다. 상대방의 아내가 임신하였다는 이야기를 듣고 한쪽에서 아들을 낳고 다른 한쪽에서 딸을 낳으면 사돈을 맺기로 약속하였다. 결과적으로 두 사람의 아내는 모두 아들을 낳았는데 두 집안의 관계는 점점 더 좋아져 친형제처럼 지냈고 두 사람의 후대는 다시는 통혼을 하지 않기로 결정하였다고 한다.

어떤 경우는 씨족 분화를 할 때 살생을 하여 제천의식을 거행하지 않았기 때문에 통혼하지 못한다고 한다. 나단첸, 처처이얼첸, 부러지이얼첸, 차라방커첸 등 파생된 작은 성씨는 실제로 아직 완전히 성숙한 씨족의 형태를 갖추지 못하였다. 이러한 아들 씨족은 옛 씨족에서 완전히 벗어나지 못하였기 때문에 자신의 씨족장과 독립적인 씨족대회가 없으며 아들 씨족 간, 아들 씨족과 옛 씨족 간에 통혼이 불가능하다.

따라서 노인들에게 하라와 무쿤에 관한 것을 질문하면 노인들은 "하라 아래쪽의 첸은 무쿤이 아니다."라고 한다. 대체로 하나의 무쿤 사람은 하나의 하라이며 연장자에 대해 상복을 입을 의무가 있다. 9대, 10대 이후 혈연관계가 점점 멀어지면 혈연관계가 가까운 일부 사람이 무쿤에서 분화되어 나와 새로운 무쿤을 형성하는데 이러한 새로운 무쿤 사람은 옛 무쿤 사람에 대해 상복을 입을 의무가 없다.

가족공동체, 우리린

무쿤이 어룬춘족의 가장 기본적인 사회세포는 아니며 가장 기본적인 생산과 소비 단위도 아니다. 무쿤은 여러 개의 우리린烏力隣으로 조성되어 있다. 우리린은 어룬춘어를 번역한 것으로 '후대', '자손들'이라는 뜻이다. 즉, 가족공동체를 말한다. 같은 조부의 후예로 사촌 형제를 포함하는 3~4대 사람으로 구성되며 자급자족하는 독립적인 경제단위이다. 그들은 함께 생산하고 소비하고 생산자원을 공유하며 가족을 이끄는 리더가 있어 통일적으로 관리된다.

우리린의 가장을 어룬춘어로 타탄다塔坦達라고 하는데 '하나의 모닥불의 수령'이라는 의미이다. '타탄塔坦'은 '하나의 불더미'라는 뜻이고 '다達'는 '수령'이라는 뜻이다. 타탄다라는 칭호는 가족장의 형상을 잘 나타내는 단어로 우리린의 모든 성원은 함께 이동하고 하나의 모닥불을 둘러싸고 휴식을 취한다. 타탄다는 우리린에서 항렬이 가장 높고 연령이 가장 높은 사람이 담당한다. 만약 가장 높은 항렬의 사람이 수렵기술이 부족하고 능력이 없어 타탄다를 담당하지 못할 때는 동생에게 양보할 수 있다. 그러나 이러한 직권은 같은 항렬의 사람에게 양보할 수는 있으나 절대로 항렬을 넘어설 수는 없다. 첫 번째 세대 사람이 사망한 후에는 두 번째 세대에서 타탄다를 선출한다.

타탄다는 주로 우리린 내의 생산 분배, 생활 관리, 제사와 혼인을 주관하며 내부의 갈등을 처리하고 대외 교류와 무쿤다가 무쿤을 관리하는 데 협조한다. 만약 우리린 내에서 중대한 사건이 발생하거나 다른 우리린과 심각한 다툼이 있어 타탄다가 스스로 해결하기 어려운 경우에는 무쿤다에게 처리하도록 한다.

타탄다의 아내는 일반적으로 우리린 전체를 관리하는 안주인으로 채집과 일체의 가사와 관련된 일들을 관리한다. 그녀는 다른 여자들을 지도하고 지배할 권리를 가지고 있다. 다른 여성들을 손아랫사람으로 부릴 수 있으며 다른 여성들은 무조건 그녀의 지휘와 분배를 따라야 한다.

생산력이 계속적으로 발전함에 따라 우리린 내의 일부일처제를 기본으로 하는 소규모 가정은 중층의 혈연관계에 의한 속박을 원하지 않게 되었으며 점점 우리린에서 이탈하여 독립 생산, 독립 소비의 개체 경제단위가 되었다. 말, 총 등의 생산 재료와 생산용품은 각 가정의 사유재산이 되었으며 무쿤 혹은 우리린의 공동 소유가 아니게 되었다.

일부일처제 가정에서 가장은 아버지가 담당한다. 아버지가 나이가 들어 노동력을 상실하게 되면 가정의 지배권은 점차 장자에게 넘어가나 부친이 사망하기 전까지 장자는 중요한 일을 결정할 때 반드시 아버지의 동의를 얻어야 한다. 아버지가 사망한 후에 장자는 진정한 가장이 된다. 만약 아버지가 일찍 돌아가시고 아들이 아직 어려서 집안일을 담당할 수 없으면 어머니가 잠시 대리를 하며 아들이 성년이 된 후에 권력을 아들에게 넘겨준다.

가사는 분업을 하는데 일반적으로 남자는 주로 외부에서 일하고, 여자는 내부에서 일한다. 남자는 수렵과 어렵 등 생산 활동을 하거나 건물을 짓는 등 비교적 체력을 필요로 하는 일을 하며 각종 생산 공구를 수리하는 일도 한다. 외부와의 교류와 교역 등은 반드시 남자가 주관하며 여자는 물어볼 권리가 없다. 남성 노인은 시간이 있으면 부녀자를 도와 채집을 하고 말을 돌보는 일을 한다. 부녀자는 일체의 가사노동을 책임진다. 나무를 하고 물을 길어와 음식을 만들어야 한다. 자작나무를 벗겨 각종 그릇을 제작하고 가죽으로 각종 복식을 제작해야 한다. 뿐만 아니라 야생 과일이나 나물을 채집하고 남자가 수렵을 가기 전에 말의 고삐를 매고 안장을 설치하는 것도 여자의 책임이다. 어떤 경우 부녀자는 남편과 함께 수렵을 떠나 음식을 만들고 말을 먹이며 고기를 말리는 일을 하기도 한다.

만약 아버지가 일찍 사망하거나 노동력을 상실하였고 이 가정에 다른 남자가 없는 경우 한 명의 여자에게 수렵에 종사할 수 있는 권리가 주어진다. 여자가 수렵조직을 따라 나간 경우 남자들과 동등하게 분배를 받는다.

한 가정의 생활수준의 높고 낮음은 남자의 수렵기술에 달려 있기 때문에 남자는 가정경제의 유일한 지주이다. 따라서 가정에서 통치자의 지위에 있다. 그들은 아내를 말 예물과 바꿔 온 것으로 생각하여 마음대로 때리거나 욕을 하기도 하는데 아내는 남편에게 절대적으로 복종

해야 한다. 특히 젊은 여자는 남편이 때리는 것을 맞을 뿐만 아니라 어떤 경우에는 시부모의 학대를 당하기도 한다. 실제 생활에서 이와 같이 학대를 받는 상황은 많이 보이지는 않으나 이러한 상황을 접하게 돼도 그녀의 친정식구들은 기본적으로 묻지 않는다. 그 이유는 출가한 딸은 다른 집안사람이라고 생각하기 때문이다. 부부 사이 혹은 고부 사이에 불화가 있고 싸움이 있어도 다른 집안일이라고 생각하기 때문에 다른 사람은 간섭할 수 없다. 이와 같은 남존여비 사상은 중국의 봉건예교의 영향 외에도 유렵생산 중 남성이 가정경제에서 중요한 결정권을 가지고 있기 때문에 발생한 것이다.

자녀는 결혼한 이후 일반적으로 독립생활을 하며 부모는 신변에 아들 하나를 남긴다. 분가할 때 일부 어룬額倫 혹은 톄커사鐵克沙[4]를 나눠준다. 모닥불을 피우고 부모는 불신이 보호하기를 기도한다. 아들은 모닥불 안에서 불이 붙은 나무를 꺼내는데 이는 정식으로 분가하였음을 의미하며 독립된 생활을 시작한다. 이후 점점 말과 총 등 생산 공구와 기타 생활용품을 나누어 준다. 분가한 이후에 경제는 각각 독립적이나 생활에 있어 서로 돌봐준다.

아들이 없는 가정에서는 양자를 삼는데 일반적으로 같은 씨족 내에서 양자를 구하며 주로 근친 중에서 구한다. 다른 씨족의 고아를 양자로 삼는 경우도 있으나 반드시 양쪽 씨족 성원과 무쿤다의 동의를 얻어야 한다.

부모가 사망한 후에 재산은 부모와 같이 생활했던 아들이 계승한다. 만약 친아들이 없으면 재산은 양자, 데릴사위, 친형제, 사촌 형제가 계승하게 된다. 남편이 사망한 후 아내에게는 계승권이 없으며 과부는 재가할 때 자신이 시집갈 때 가져간 것 외에 어떠한 물건도 가져갈 수 없다. 남편의 재산은 남편의 씨족 중 가장 가까운 친척이 계승한다. 부부가 한 번에 사망하였는데 아들이 아직 어린 경우 씨족의 친척이 기르며 아이를 기르는 사람이 재산도 가지고 간다. 결론적으로 재산은 같은 씨족 내에 남겨야 한다.

지역공동체, 촌락

개별적인 독립가정이 등장한 이후 우리린은 비록 생산과 소비를 함께 하는 대가정은 아니지만 여전히 농후한 혈연관계를 유지하였으며 많은 구속과 제약을 받았다. 혈연관계의 제약을 진정으로 벗어나기 위해 개인가정은 원래의 우리린을 떠나 다른 지역으로 옮겨 가 다른 우리린에 가입하기도 하였다. 따라서 우리린은 원래의 혈연관계의 유대를 중심으로 한 가족공동체에서 지연관계의 유대를 중심으로 한 지역공동체로 변하였으며 원래의 '후대', '자손'이라는 의미는 '함께 거주하는 사람' 혹은 '그 사람들'이라는 의미가 되었다. 이것이 바로 어룬춘족 최초의 촌락이다.

타탄다도 원래의 가족 수령에서 수렵생산의 조직자 또는 지도자로 변하게 되었다. 타탄다는 주로 수렵생산 중 수렵지의 구분, 수렵지의 지정, 노동의 안배, 수렵물의 분배 등을 책임지게 되었다. 따라서 항렬과 나이는 크게 상관없게 되었으며 풍부한 수렵경험과 높은 수렵기술,

강한 조직 능력, 사심 없는 공정한 처리 능력이 요구되었다. 그리하여 이 시기부터 타탄다는 자연히 민주적으로 선거를 통해 선출하게 되었다. 청나라 정부는 어룬춘인이 거주하는 하류지역에 5개의 로路를 설치하고 그 아래 8개의 좌佐[5]를 두었는데 각 로에 모두 협령공서協領公署를 설치하고 행정사무를 통솔하게 하였다. 각 좌는 2개의 씨족을 포괄하며 좌령佐領 한 사람을 두고 좌의 가장 높은 행정장관으로 그 아래 효기교驍騎校 1인, 영최領催 3인을 설치하였는데 이러한 행정장관은 모두 정부에서 어룬춘족을 임명하여 담당하게 하였다.

이와 같이 씨족 내에 무쿤다와 좌령이 병존하는 상황이 발생하였다. 둘의 권력은 교차하는 것으로 행정상 무쿤다는 좌령의 지도를 받아야 하나 좌령이 만약 습관법을 위반하면 무쿤다의 징벌을 받아야 했다. 무쿤다는 군중이 추천한 가장 신뢰받는 사람이기 때문에 그들은 종종 청 정부가 임명한 좌령 중 가장 최고의 사람으로 정해졌다. 이러한 무쿤다는 단순한 씨족 수령에서 두 분야를 이끄는 지도자의 신분이 되었으며 그의 직권에는 많은 행정관원이 해야 할 내용이 첨가되었다. 아래로는 관방의 명령을 전달하고 위로는 좌의 상황을 보고하였는데 심지어는 씨족 성원의 상황과 생산 상황 등도 보고하였다. 많은 어룬춘인은 무쿤다와 좌령이 한 사람인지 아닌지 정확히 알지 못하였다.

개인가정이 대량으로 유동하여 씨족 성원이 다른 좌로 분산됨에 따라 무쿤다가 씨족을 관리하는 데 여러 가지 어려움이 발생하였다. 어쩔 수 없이 일부 씨족을 거주지에 따라 좌령이 통일적으로 관리하는 방법을 취하였다. 원래 씨족 외 어떠한 사람도 물을 수 없고 어떠한 권력도 씨족 내부의 일을 간섭할 수 없었으나 이때부터 좌령이 전권을 가지고 처리하거나 혹은 무쿤다가 좌령에게 보고하여 결정하게 되었다. 이로부터 원래 최고의 권력을 가졌던 씨족대회와 무쿤다가 가지고 있던 사법적인 권리와 집행권을 좌령에게 빼앗기게 되었으며 오직 무쿤다만이 신성한 족보를 보관할 권리가 있었는데 이 또한 쓸모없는 폐지에 불과한 것으로 각 좌의 호적관리부가 대신하게 되었다. 이 지경에 이르자 무쿤 조직과 제도는 그의 역사적 사명을 다하였고 어룬춘족 역사에서 영원히 사라지게 되었다.

민국 시기 '수렵을 버리고 귀농하는 정책'을 실시한 이후 일부 어룬춘 지역에서는 가신嘎辛 혹은 아이이얼埃依爾이 출현하였는데 '촌락'이라는 의미이다. 이 시기 우리린은 비록 촌락의 성질을 지닌 지역공동체가 되었으나 가족공동체에서 변한 것이기 때문에 같은 지역에 거주하는 사람들은 기본적으로 친족관계였다. 정착 이전 수렵인들은 우리린을 만났을 때 "저는 누구누구의 우리린"이라고 말하였다. 그러나 가신과 아이이얼은 일체의 연고관계를 벗어났으며 다른 민족과 함께 잡거하는 것으로 사실상 촌락을 말한다. 촌락장은 가신다嘎辛達 혹은 아이이얼다埃依爾達라고 하였으며 좌령을 도와 생산 조직을 만드는 것 외에 촌락 내의 일체의 행정사무를 담당하였는데 매년 일정 정도의 급여가 있었다. 실제로는 국가의 봉록을 받는 기층 관리라 할 수 있다. 내몽골 지역의 어룬춘인은 바옌기巴彦旗, 모리다와기莫力達瓦旗, 쒀룬기索倫旗로 이주하여 관리되기 시작한 후 마을은 누투커奴圖克와 궈뤄果洛[6]라고 불렸는데 누투커는 기旗 아래의 지역, 궈뤄는 촌락을 말한다. 구장區長과 촌장村長은 각각 누투커다奴圖克達와 궈뤄다果洛達라고 하였다. 현재 누투커와 궈뤄는 존재하지 않는다.

1950년대 이후 정착 생활

사람들은 "어룬춘인은 강의 남쪽으로 이동해 온 이후……"라고 말하며, 어룬춘족 노인도 "우리는 지첸吉淺[7]으로 러시아에서 이동해 왔다." 라고 말한다. 사실 강의 남쪽으로 이동하거나 혹은 러시아 쪽에서 온 것이 아니라 외싱안령이 러시아의 내륙산이 된 이후 어룬춘인은 다시는 그쪽으로 이동할 수 없었다. 외싱안령은 원래· 중국의 내륙산이었다. 1689년 〈중아 네르친스크조약中俄尼布楚條約〉으로 외싱안령과 어얼구나하額爾古納河를 경계로 외싱안령 이남이 중국의 영토가 되었으며 외싱안령은 경계에 있는 산이 되었다. 1858년 〈중아 아이훈조약中俄瑷琿條約〉으로 외싱안령 이남의 아이훈瑷琿 맞은편의 강 동쪽 64툰屯 외의 토지가 러시아에 귀속되었다. 이때에 이르러 외싱안령은 러시아의 내륙산맥이 되었으며 러시아어로는 쓰타눠푸斯塔諾夫라 하였다. 어룬춘족은 거주지가 없는 유렵생활을 하였으며 이동 범위가 매우 넓은데 대소 싱안령, 외싱안령, 바이칼호와 쿠베이도庫頁島 등의 광대한 지역을 포괄한다. 유렵 시기 어룬춘족은 대분산大分散, 소집중小集中의 특징을 보이며 일반적으로 봄, 여름, 가을에는 분산되어 수렵을 하고 겨울철에는 작은 규모로 모여 지냈다. 전체 민족으로 볼 때 실제로는 싱안령 산(외싱안령도 포함)에 분산되어 있었다고 할 수 있다.

헤이룽강이 경계가 된 이후 헤이룽장성에 거주하는 어룬춘족은 쉰커遜克, 아이훈, 후마, 자인 등의 현에 집중 거주했는데 비교적 분산되어 있었다. 예를 들어 헤이허 지역 어룬춘족은 300여 호인데 50여 개 곳에 분산되어 있으며 수렵 계절의 변화에 따라 계속적으로 이동하며 생활 조건이 매우 열악하다. 이러한 이동생활은 어룬춘 사회, 경제, 문화의 발전에 심각한 장애가 되고 있다. 따라서 이들이 정착하여 생활의 변화를 가져오게 하는 것이 중국 공산당과 정부가 특별히 관심을 가진 문제였다. 그러나 수천 년간 이어져 온 어룬춘인의 생활습관은 하루아침에 바뀔 수 없었다.

각급 인민정부는 어룬춘인에게 선전하고 설득하는 작업을 중시하였다. 여러 가지 측면에서 그들에게 정착이 어떠한 의미가 있는지 선전하였으며 여러 차례 어룬춘족 각계 인사들과 좌담회를 열고 정착과 관련된 사항을 충분히 토론하고 협상하여 각 항목의 지원 정책을 제정하였다. 뿐만 아니라 여러 종류의 참관단을 조직하여 내지의 발달한 지역을 참관하였으며 그들의 시야를 열고 관념을 변화시키고 그들이 마음으로부터 자신의 생활을 변화하게 하였으며 스스로 원해서 정착하도록 하였다.

정착 조건이 성숙된 후에 정착지를 지정하고 집을 짓기 시작하였다. 헤이룽장성 헤이허협령공서黑河協領公署 내지 각급 정부는 어룬춘족의 실제 상황에 근거하고 어룬춘족 군중의 의견을 충분히 들었으며, 정착지를 선정하는 데 몇 개의 원칙을 정하였다. 산에 의지하고 물가에 있으며 수렵 · 벌목 · 목축 등 다양한 산업의 발전에 유리한 곳, 토지가 비옥하여 농업 발전에 유리한 곳, 교통이 편리하여 정착지 사이 그리고 민족 간에 서로 교류가 편리한 곳, 수질이 좋아 풍토병이 발생하지 않는 곳이었다. 이상의 원칙에 따라 실제 조사를 거쳐 10곳의 정착지를 결정하였다. 즉, 후마현의 스바잔十八站, 바이인나白銀納, 신라툰新立屯, 샤위량쯔下魚亮子, 아이훈현의 신성新生, 하얼퉁툰哈爾通屯,[8] 쉰커현의 신어新鄂, 신싱新興, 라오시디잉쯔老西地营子, 자인현의 성리툰勝利屯이다.

1953년 봄 정착지를 건설하기 시작하여 그해 말에 헤이룽장성의 어룬춘인은 모두 새로운 집에서 거주하기 시작하였다. 현재 헤이룽장성 어룬춘족 거주지는 초기의 10개 정착지가 아니라 신성, 신어, 신싱, 바이인나, 스바잔과 같은 5개의 민족향民族鄕과 하나의 민족촌民族村만이 남아 있다.

어룬춘족 자치기 내에 거주하는 어룬춘인은 원래 하나의 통합체였으나 일본군이 침략한 시기 그들을 분산하여 통치하는 정책을 실시하여 바옌기, 모리다와기, 쒀룬기에 예속시켜 관할하게 하였다.

신중국 성립 이후 이상의 3기에서 관할하던 어룬춘인은 당의 민족구역자치정책民族區域自治政策에 근거하여 기급정권旗級政權을 건립할 것을 요구하였다. 내몽골자치구의 당위党委와 정부는 이를 매우 중시하여 후나맹공서呼納盟公署는 1951년 1월 20일 하이라얼海拉爾에서 어룬춘 대표회의를 열었으며 이에 대한 열띤 토론을 하였다. 회의에서 바옌기, 모리다와기, 시구이투기喜桂圖旗[9]로 분산되어 있는 3개의 누투커(구와 향)를 합병하여 어룬춘기鄂倫春旗를 성립하는 것에 의견의 일치를 보았다.

같은 해 4월 7일 중앙인민정부中央人民政府 정무원政務院은 어룬춘기의 성립을 비준하였다. 6월 11일 내몽골자치구 인문정부는 바이쓰구랑白斯古郎을 기장으로 임명하였다. 10월 31일(음력 10월 초) 기부旗府가 소재한 샤오얼거우小二溝에서 어룬춘기 성립대회를 개최하였다. 어룬춘인의 요구에 따라 기를 성립한 날짜를 음력 10월 초에서 양력 10월 1일로 바꾸었는데 중화인민공화국의 성립과 같은 날이다.

1952년 5월 31일 중앙인민정부 내무부는 어룬춘기인민정부를 어룬춘자치기인민정부鄂倫春自治旗人民政府로 이름을 바꾸는 것을 비준하였으며 후나멍呼納盟[10]에서 관할하도록 하였다. 1954년 싱안멍興安盟은 후나멍에 가입하였으며 후룬베이얼멍呼倫貝爾盟이라 부르게 되었고 어룬춘자치기는 후룬베이얼멍에서 관할하게 되었다. 1958년 기부 소재지인 샤오얼거우를 아리허阿里河로 옮겼다. 1969년 8월 1일 어룬춘자치기는 헤이룽장성 대싱안령 지역에서 관할하게 되었으며 1979년 7월 1일 다시 내몽골자치구 후룬베이얼멍에서 관할하게 되었다.

비록 1951년에 어룬춘자치기를 건립하였다고 하나 어룬춘인에 대한 선전과 설득 작업은 1954년에 시작하였다. 1955년 쿠이러하奎勒河 유역의 어룬춘인이 솔선수범하여 우루부티에烏魯布鐵에 정착한 이후 간하甘河 유역의 어룬춘인도 나얼커치訥爾克奇에 정착하였는데 후에 철도를 건설하여 우루부티에로 이주하였다. 같은 해 눠민하諾敏河 유역의 어룬춘인은 하산하여 룽터우龍頭에 정착하였으며 후에 쓰무커斯木科로 이동하였고 최후에는 시르터치西日特奇에 정착하였다. 1957년 둬푸쿠얼多布庫爾의 어룬춘인은 차오양朝陽에 정착하였고 너먼하訥門河와 퉈하托河

유역의 어룬춘인은 무쿠이木奎에 정착하였다. 1958년 구리하古里河 유역의 어룬춘인은 둬푸쿠얼하多布庫爾河 서쪽에 정착하였다.

이때부터 어룬춘족 전체는 깊은 산림을 떠나 중대한 역사적 의의가 있는 정착을 완성하였다. 현재 어룬춘자치기의 어룬춘족은 기부 소재지인 아리허진에 거주하는 것 외에 대부분 다양수진大楊樹鎭의 둬푸쿠얼 수렵민촌, 우루부티에진烏魯布鐵鎭의 우루부티에 수렵민촌, 나얼커치 수렵민촌, 눠민진諾敏鎭에 속한 수렵민촌과 구리향古里鄕에 속한 수렵민촌, 퉈자민향托扎敏鄕에 속한 무쿠이, 시르터치希日特奇 수렵민촌 등에 거주하고 있다.

4장

수렵 중심의 생산 활동

[한여우펑韓有峰]

수렵 생산 활동

수렵은 자연계에서 동물자원을 취하여 생존하는 경제로 원시 낙후한 인류 초기 경제 활동의 유산이다. 그러나 어룬춘족은 1953년 정착 이전까지 길고 긴 역사 발전 과정 중 역사와 환경 등의 원인으로 일찍부터 장기간 수렵 생산에 종사해 왔다. 수렵경제는 어룬춘인의 생존에 필요한 옷과 음식뿐 아니라 어룬춘족 정신문화를 형성하는 물질적 기초이다. 따라서 어룬춘인은 수렵 생산에 대한 특별한 감정을 가지고 있다.

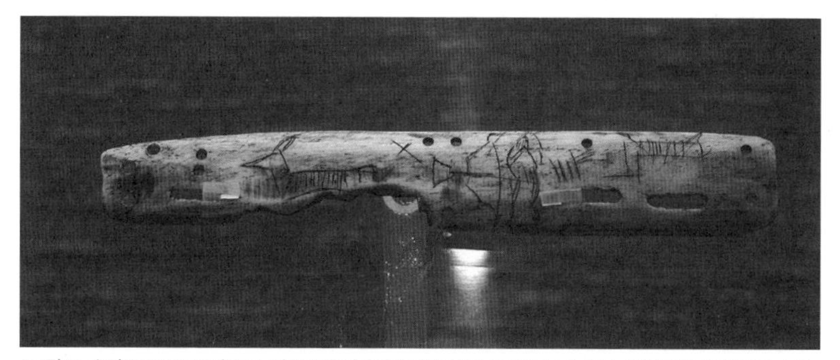

〈그림 1〉 수렵문狩獵紋 골판骨板. 내몽골 후멍라이자눠얼呼盟扎賚諾爾 무덤 출토. 아리허阿里河박물관 소장

1. 수렵 생산을 위한 재료

수렵 생산을 위해서는 수렵지, 총, 말, 사냥개 등의 요소가 갖춰져 있어야 한다.

(1) 수렵지

과거에 어룬춘인은 수렵할 때 고정된 장소가 없었으며 명확하게 수렵 활동의 범위를 구획하지도 않았다. 어떠한 씨족 부락, 어떠한 가정도 수렵에 있어 제한을 받지 않았으며 아무 곳에나 가서 수렵할 수 있었다. 원인은 세 가지로 볼 수 있다.

첫째, 수렵 지역이 광활하였다. 20세기 초 이전 헤이룽강 연안에 소수의 만족, 다워얼인達斡爾人, 한족이 거주하는 것 외에 광활한 대소 싱안령은 모두 어룬춘인의 수렵 활동 지역이었다. 몇천 명의 어룬춘족이 몇십만 제곱킬로미터에 이르는 광활한 지역에서 활동하였기 때문에 당연히 고정된 수렵장이나 수렵 활동 범위를 구획할 필요가 없었다. 사유 관념이 약했던 시절이기 때문에 사유의 수렵지가 형성되지 못하였고 수렵장의 사용권을 규정할 필요가 없었다.

헤이룽장성 어룬춘 씨족 부락의 분포 상황은 대체로 3개 구역으로 구분된다. 즉, 후마하呼瑪河 유역의 쿠마얼첸庫瑪爾千, 아이훈현愛琿縣 경내의[1] 아이훈첸愛琿千, 쉰비라하遜畢拉河와 자인하嘉蔭河 유역의 비라얼첸畢拉爾千이다. 이들 사이의 거리는 500~600리로 부락 간의 거리가 몇백 리에 이를 정도로 멀기 때문에 몇백 리, 몇천 리를 가서 다른 부락 혹은 씨족의 활동 지역에서 수렵할 필요가 없었다.

둘째, 수렵 자원이 풍부하였다. 당초 대소 싱안령은 외부에서 온 사람이 매우 적었는데 이들은 강가에서 농경을 하거나 변경에 주둔하여 아직 산림을 개발하지 않았을 뿐만 아니라 수렵인도 아주 적어 싱안령은 기본적으로 원시 상태에 처해 있었다. 대소 싱안령의 수렵 자원은 매우 풍부하여 빽빽한 망망 산림 중 계곡은 종횡으로 흐르고 노루, 엘크, 매화록, 고라니, 멧돼지 등 무수한 초식동물이 있었다. 또한 호랑이, 표범, 스라소니, 곰, 늑대, 이리 등 흉맹한 육식동물도 있었다. 작은 동물로는 친칠라, 족제비, 산토끼, 수달, 붉은 여우, 너구리 등이 도처에서 보였다. 각종 새 종류도 있었는데 꿩, 수계樹鷄, 비룡飛龍, 백조, 기러기, 야생오리 등 종류가 매우 많았다. 따라서 수렵인은 멀리 갈 필요 없이 거주지 주변에서 생활에 필요한 것들을 수렵할 수 있었다.

셋째, 전통 관념의 제약이다. 과거 어룬춘인은 수렵지는 천신인 언두리가 하사한 것으로 모두의 공동 소유라 생각하였다. 수렵물은 산신인 바이나차白那恰가 하사한 것으로 사람들이 모두 이용할 수 있다고 보았다. 따라서 어룬춘인은 어느 곳에 가서 수렵을 하고 어떤 동물을 잡아도 아무런 제약을 받지 않았으며 누구도 다른 사람이 어디에 가서 수렵을 하거나 어떤 동물을 잡아도 간섭할 수 없었다. 이러한 전통 관념은 어룬춘인의 의식 중 깊이 뿌리박힌 것으로 근대까지 계속되었다.

어룬춘인 역시 끝도 없이 이동하는 것은 아니어서 각 씨족 부락 및 가정은 대체로 일정한 활동 범위가 있었으며 일반적인 상황에서는 자신에게 익숙한 몇 개의 산맥, 몇 개의 강줄기 사이에서 수렵 활동을 했다. 다른 씨족 부락 혹은 가정 사람도 이곳에 거의 오지 않았으며 이들도 거의 다른 사람들이 수렵하는 곳에 가지 않았다. 더욱이 17세기 중엽 이래 5개 씨족 부락 지역에서 수렵을 하던 상황은 기본적으로 변화가 없었으며 현재까지도 이어지고 있다.

이러한 상황 아래 각 씨족 부락 사이에는 당연히 수렵으로 인한 갈등이 발생하지 않았다. 하나의 큰 씨족 부락 내의 각 씨족과 가정은 기본적으로 자신들의 활동 범위가 있었다. 하나의 비교적 큰 씨족은 비교적 큰 하류에서 활동하며 각각의 작은 가정은 큰 하류의 작은 지류에서 활동했다. 따라서 각 씨족과 가정 사이에는 수렵지로 인한 다툼이 없었다.

어룬춘인은 수렵 전에 일반적으로 수렵을 갈 방향과 장소를 상의했다. 만약 어떤 지역에 이미 다른 사람이 갔으면 그들은 비록 더 많이 가더라도 다른 곳으로 갔다. 수렵 과정 중 동일한 수렵지에서 우연히 만날 경우 매우 반가워하며 뒤에 온 사람이 먼저 온 사람에게 이곳에서 계속 수렵을 하도록 양보하고 자신은 다른 장소로 갔다. 이때 먼저 온 사람은 상대방에게 남아서 함께 사냥하자고 만류하지만, 설령 함께 수렵을 하더라도 서로 간섭하지 않았고, 수렵 방향을 상의한 후에 각각 수렵했다. 수렵물을 공동으로 나누지는 않았지만 일반적인 상황에서는 뒤에 온 사람이 다른 사람의 발자국을 확인하고 수렵인이 있다는 것을 알게 되면 신속하게 떠나 다른 장소를 찾아 수렵했다. 비록 많은 동물이 있더라도 남지 않았다. 만약 어떤 사람이 다른 사람이 사냥하는 곳에서 사냥하는 것을 발견한다면 이러한 행동은 비도덕적이라 생각하며 심지어는 도둑이라고까지 생각했다. 이러한 사람은 업신여김을 당할 뿐만 아니라 사람들의 질책을 받았다.

(2) 활과 화살

활과 수렵총은 어룬춘인이 수렵할 때 중요한 생산 도구였다. 명나라 말에서 청나라 초기 이전 어룬춘인은 수렵할 때 활과 화살을 사용하였다. 철기가 어룬춘 지역에 유입되기 이전에는 골제와 석제 화살촉을 사용하였으며 철기가 유입된 이후 철제 화살촉을 사용하기 시작하였다. 총이 들어온 이후 활은 비록 중요한 수렵 도구는 아니었으나 여전히 사용한 흔적이 보인다.

1950~1960년대 일부 수렵인은 아직도 지전地箭을 동물이 자주 출현하는 도로변에 장치했다. 지전은 줄을 길게 늘여 활에 연결하여 동물이 줄에 접촉하면 화살이 튀어나와 동물을 맞히는 수렵 공구이다. 활은 어룬춘족 남자아이들이 가장 좋아하는 장난감으로 직접 만들어 아이들이 쏘는 연습을 하게 했다. 현재까지도 어룬춘족 지역의 체육활동 중 활쏘기는 중요한 항목 중의 하나이다.

화살은 인류의 조상이 수렵의 필요에 따라 발명한 것으로 매우 원시적인 수렵 공구라 할 수 있다. 어룬춘인의 조상은 장기간 화살을 이용해 수렵을 해 왔다. 어룬춘인은 사용할 활과 화살을 직접 제작하였다. 활등은 탄성이 좋은 소나무나 느릅나무로 만들었고, 화살줄은 엘크나 사슴 가죽 또는 힘줄로 만들었다. 화살대는 자작나무로 만들며 끝에 깃털을 꽂았다. 《거란국지契丹國志》에는 "가죽으로 활줄을 만들고 화살은 자작나무를 깎아 만든다."[2] 라는 기록이 있다. 화살촉은 가장 초기에는 돌로 제작하였으며 후에 철이 유입되면서 철기로 만들었다.

하산하여 정착한 노인들의 기억에 의하면 헤이룽강 북쪽에 거주하던 시기 어룬춘인은 활을 이용해 수렵을 한 적이 있으나 헤이룽강 남쪽으로 이동한 후에는 기본적으로 총을 사용하기 시작하였다고 한다. 청 정부에 의해 팔기군八旗軍에 편입되어 전쟁을 한 어룬춘족 병사들도 화살을 이용한 기록이 없으며 모두 총으로 전쟁하였다고 한다. 노인들의 말에 의하면 어룬춘인이 활을 사용한 역사는 아주 오래된 것으로 옛이야기 속에나 나오는 것이라고 한다. 현재로서는 어룬춘인이 수렵에 활을 어떻게 사용하였으며 언제 그만두었는지 정확히 알 수 없다.

(3) 수렵총

화약을 동력으로 하는 총이 어룬춘족 지역에 들어온 것은 대략 300여 년 전의 일이다. 17세기 중엽 청 정부는 어룬춘족을 포특합팔기布特哈八旗에 편입시켜 전쟁에 참여하게 하려고 총을 공급하였다. 그러나 총을 무상으로 공급한 것은 아니어서 월급에서 총 값을 제외하였다.[3] 후에 주변의 만족, 다워얼족, 한족, 러시아인과의 교류가 넓어짐에 따라 암달諳達이 교류 중에 총을 획득하게 되어 대량으로 전입되었다.

최초로 전입된 총은 주로 화총으로 화승火繩총, 화겸火鎌총, 포자炮子총 세 종류가 있었다. 이 세 종류 총의 공통 특징은 화약과 탄알을 총의 입구에서 총신으로 넣어야 한다는 것으로 다만 폭발을 일으키는 방식이 달랐다. 앞의 두 종류는 화승, 화겸에 불을 붙여 폭발을 일으키는 것이고 나머지 하나는 방아쇠로 폭죽에 충격을 가하여 폭발을 일으키는 것이다. 이러한 화총은 비록 둔중하지만 인력으로 동력을 발생하여 쏘는 활에 비하면 의심할 바 없는 거대한 진보였다.

19세기 말에 이르러 화총보다 선진적인 총이 어룬춘 지역에 들어오기 시작하였다. 가장 먼저 전입된 소총은 러시아에서 제작된 베러단커

別勒彈克총으로 이 총은 화총에 비해 멀리 쏠 수 있을 뿐만 아니라 살상력도 높았다.

민국 초기에 이르러 러시아로부터 신식 소총인 연주連珠총이 전입되었으며 이후 계속해서 더욱 선진적인 총이 유입되었다. 예를 들면 일삼식一三式, 삼팔식三八式, 칠구식七九式 등이 있다. 총은 어룬춘족 지역에 들어오면서 가정의 사유재산이 되었다.

만주국 시기 일본 침략자는 어룬춘족이 일본에 반항하여 투쟁하는 것을 막기 위해서 각종 소총을 몰수한 후 다시 나눠 주어 사용하게 하였다. 헤이룽장성 어룬춘족 총기 보유 상황에 대한 통계는 다음과 같다.[4]

마을이름	호수	1911년			1931년			1945년			1956년		
		화총	베러단커	소총	화총	베러단커	소총	화총	베러단커	소총	화총	베러단커	소총
신어촌新鄂村	41	14	14		5	59	12		15	48		7	48
스바잔촌十八站村	28	13	9	3	13	41	10	4	30	38	1	22	45
바이인나촌白銀納村	56	8	14	4	4	36	7	1	56	54	1	52	54
합계	125	35	37	7	22	136	29	5	101	140	2	81	147

위의 통계표를 통해 20세기 중엽 어룬춘족의 총기 사용의 변화 상황에 대한 대체적인 궤적을 파악할 수 있다. 1931년 화총 수는 약간 감소하였으나 베러단커총의 수량이 급속히 늘어나는데 가정마다 평균 하나씩 있고 여분이 있었다. 소총은 비록 증가하였으나 수량은 많지 않았다. 원인은 베러단커총이 비교적 싸고 노루 가죽 등 물건으로 직접 러

시아인과 교환할 수 있었기 때문이다. 연주총 등 소총의 가격은 매우 비쌌으며 러시아인으로부터 연주총 탄알을 사는 데 70~80루블의 러시아 돈을 줘야 했으며 다워얼 혹은 한족에게 사는 데는 200~300원을 지불해야 했다.

따라서 이 시기 소총은 아직 보편적으로 사용되지 않았으며 오직 소수의 부자만이 말과 교환하여 얻을 수 있었다. 1945년 전후로 화총이 대대적으로 소멸하고 베러단커총의 수량도 감소하였으며 소총의 수량이 급속도로 증가하였다. 원인은 1938년 일본인이 어룬춘족을 이용하기 위해 청장년을 중심으로 산림대山林隊를 편성하여 개인에게 일삼식一三式 소총을 한 자루씩 지급하였기 때문이다.

이외에 1945년 일본 침략자가 항복한 후에 어룬춘인은 일본인이 남기고 간 소총을 적지 않게 얻을 수 있었다. 1956년 화총은 거의 사라졌으며 베러단커총도 거의 소멸하였는데 이 시기 수렵인들은 완전히 소총을 이용해 수렵하였다.

수렵총과 함께 사용한 보조적인 공구로 총 받침대가 있는데 용도는 두 가지이다. 하나는 수렵 시 총을 받쳐 놓는 것으로 조준을 정확히 하여 맞힐 수 있다는 것이고, 다른 하나는 총대에 날카로운 창끝을 끼워 수렵물을 찔러 살상할 때 사용하는 것이다.

(4) 수렵 말

문헌 기록에 의하면 어룬춘족은 아주 오래전에 순록을 기른 적이 있다고 한다. 《용사기략龍沙紀略》에 "어룬춘인은 말이 없고 사슴이 많으며 타고 싣는 것이 말과 다르지 않다."[5]라 하였고, 《흑룡강외기》에는 "사불상은 사슴 종류로 어룬춘인이 이를 부리는데 말과 같다."[6]라고 하였다. 《동삼성정략東三省政略》에는 "산 중에 어룬춘족의 사자가 있는데 옥리은沃利恩이라 부르며 속칭 사불상이라 한다."[7]라는 기록이 있다.

1950년대 사회역사조사를 할 때 일부 노인은 "과거 어룬춘인은 헤이룽강 북쪽의 황하黃河[8] 일대에 거주한 적이 있는데 대규모로 순록을 길렀으며 각 가정에 수백 마리가 있었다."[9]라고 하였다. 이는 문헌 기록과 일치한다. 그러나 순록은 주로 이끼를 먹고 사는 동물로 오직 이끼가 있는 곳에서만 생존할 수 있었다. 후에 어룬춘인이 점점 남쪽으로 이동하여 원래 거주지를 떠나면서 이끼가 부족해지자 순록은 점점 도태되고 그들은 최후에는 말을 기르는 수렵인이 되었다.[10]

어룬춘족이 언제부터 말을 기르기 시작했는지 정확한 시간은 아직 알지 못한다. 그러나 현재 관련 문헌 기록의 분석을 통해 볼 때 대략 400년의 역사를 가지고 있음을 알 수 있다. 러시아 학자 시로코고로프Shirokogorov는 《북방 퉁구스의 사회조직北方通古斯的社會組織》에서 "비라얼첸畢拉爾千은 17~18세기 일부인이 부례야하布列雅河에서 헤이룽강 남안으로 이주하였으며 청나라 초기 사록부使鹿部와 사마부使馬部에 관한 기록이 있으며 대략 17세기에 이미 말을 사육하기 시작한 것으로 보인다."라고 하였다.

어룬춘족이 점점 남쪽으로 이동함에 따라 순록은 도태되고 말을 사육하기 시작하였다. 말은 대체로 세 가지 방법으로 획득하였다. 첫 번째는 어룬춘족이 포특합팔기에 편입된 이후 청 정부에서 전쟁을 하기 위해 공급한 것이다. 두 번째는 녹용이나 담비 가죽 등을 다워얼인, 한족, 러시아 상인과 교환에서 얻는 것으로 러시아인과 교환 시 세 장의 담비 가죽은 두 마리의 중등 말과 교환할 수 있었다.[11] 따라서 대량의 말을 교환해 올 수 있었다. 세 번째는 생활의 어려움으로 이동해 온 소수의 후룬베이얼 초원 몽골인이 가져온 것이다. 어룬춘족은 이렇게 얻은 말을 번식시켜 점점 발전시켰다. 장기간 산림에서 사육하고 수렵 훈련을 시켜 현재의 어룬춘족 말을 길러냈다.

어룬춘족 말은 많은 특징이 있다. 체형이 왜소하고 행동이 민첩하며 속도가 빠르고 고산의 밀림지역을 뛰어서 통과하는 데 능하다. 이러한 말은 움푹 패인 곳을 걷는 데 능하며 행동이 자유롭다. 어룬춘인은 이러한 말을 타고 일 년 사계절 어느 곳으로 가든 수렵할 수 있으며 하루에 몇십 리에서 몇백 리를 갈 수 있다. 수렵지에 도착한 후에 수렵물을 찾거나 수렵물을 추격할 때 말은 중요한 수렵 공구이다. 어룬춘족 말은 많은 짐을 실을 수 있으며 수렵물을 잡은 후에 백 근을 싣고 다시 사람이 탄 후에도 산을 넘고 물을 건너 날듯이 걸을 수 있다. 과거에 어룬춘인은 자주 이동하였는데 이사할 때 짐, 가구 등을 말에 싣고 옮겼다. 외부와 교역할 때 말에 수렵물을 싣고 가며 양식 등의 물건을 싣고 돌아오는 데 중요한 공구였다.

어룬춘족 말의 적응 능력은 매우 뛰어나다. 과거 어룬춘인은 말을 기를 때 기본적으로 놓아서 길렀는데 사람을 파견하여 관리하지 않았으며 특별히 사료를 먹이지도 않았다. 말을 야외에 놓아두면 스스로 알아서 먹고 마셨다. 눈이 내리고 얼음이 어는 겨울이 되면 눈을 헤치고 풀을 먹고 얼음을 깨서 물을 마셨다. 이러한 말은 동물고기를 먹을 수 있기 때문에 겨울에는 일부 곡식을 먹이는 것 외에 동물의 고기를 먹였다. 고기를 먹은 말은 살이 찌고 튼튼할 뿐만 아니라 매우 건장하였다.

풀이 부족한 겨울에는 말에게 고기를 먹였으며 이 말을 타고 수렵을 하였다.

어룬춘인은 자신의 수렵 말을 매우 아껴 항상 정성껏 돌본다. 그들은 "말은 수렵인의 두 다리"라고 말한다. 따라서 자신은 먹지 못해도 말을 먼저 돌본다. 수렵인은 일반적으로 한두 필의 수렵 말이 있는데 많은 경우에는 서너 마리가 있으며 말의 상태에 따라 어느 계절에 탈 것인가를 결정한다. 여름과 가을에는 풀이 많아 수렵 활동량이 많지 않기 때문에 일반적인 말을 타고 다른 말은 기르는 데 집중한다.

이처럼 말을 살찌우는 것을 어룬춘어로 '푸디란布底爛'이라 한다. 이렇게 살을 찌운 말은 겨울철에 눈이 내린 후에 타기 시작하며 다음 해 봄에 풀이 새로 날 때까지 계속 탄다. 겨울철은 수렵의 황금계절일 뿐만 아니라 풀이 없기 때문에 이와 같은 좋은 말이 없이는 사냥이 불가능하다.

어룬춘족 말의 발전은 매우 빨랐는데 가장 빠른 시기는 청나라 말, 민국 초기이다. 이 시기는 화총보다 선진적인 베러단커총이 유입됨에 따라 생산력이 매우 높아졌다. 동시에 광서 26년(1900) 청나라 정부는 어룬춘족의 담비 가죽 납세 제도를 취소하였는데 이로 인하여 수렵한 담비 가죽은 모두 개인 소유가 되어 수입이 대대적으로 늘어났다. 수렵인은 늘어난 수입으로 말을 사들였고 몇 년 동안 정성스럽게 사육하고 번식하여 말의 숫자가 급속도로 늘어났다. 당시 십여 마리에서 몇십 마리의 말을 가진 집들이 많았으며 어떤 집은 백여 마리에 이르는 경우도 있었으며 적은 경우 한두 마리였다. 어룬춘족 말의 보유 상황에 대한 통계를 보면 다음과 같다.

마을이름	1911년					1931년					1945년					1956년				
	가구수	말수	가구평균	최다	최소	가구수	말수	가구평균	최다	최소	가구수	말수	가구평균	최다	최소	가구수	말수	가구평균	최다	최소
신어촌 新鄂村	18	453	25.1	80	2	29	42	14.5	30	1	26	192	7.3	22	1	37	154	4.1	25	1
스바잔촌 十八站村	13	311	23.9	70	2	19	35	17.6	40	2	22	203	9.2	20	1	23	143	6.2	21	1
신성촌 新生村	24	312	13	100	1	24	35	14.9	93	0	24	311	12.9	40	0	24	233	9.7	30	1
바이인나촌 白銀納村	15	161	10	50	1	28	50	18	65	1	45	468	10	57	1	50	345	7	47	1
합계	70	1237	17.7	100	1	100	161	16.2	93	0	117	1174	9.8	57	0	134	875	6.7	47	1

이 통계로 보아 말의 수량은 1931년 전후 최고봉에 이르며 이후 하강하는 것을 볼 수 있다. 내몽골의 어룬춘족 취락 지역인 너먼가오루訥門高魯를 예로 들면 민국 이래 말과 관련된 통계는 다음과 같다.

민국 시기 245마리, 만주국 시기 229마리, 건국 후 1957년 142마리이다. 어찌하여 이러한 상황이 나타났는가? 관련 사료와 노인들의 말에 의하면 다음과 같은 몇 가지 원인이 있다.

첫째, 대충 사육하여 관리가 철저하지 못한 것이 원인으로 말이 동사 또는 아사하고 늑대에 물려 죽기도 하였다. 예를 들어 청나라 말 내몽골 너먼가오루에 사는 원지산文吉善이란 사람은 90여 마리의 말이 있었는데 한 해 폭설로 40여 마리가 죽었고, 몇 년 후 다시 폭설로 30여 마리가 죽어 10여 마리만이 남았다고 한다. 두 번째는 방역 시설이 없어 전염병이 돌면 적지 않은 수가 죽었다. 신어촌의 모솽라이莫雙來라는 노인에 의하면 민국 초기 부자인 모자덩가莫甲格登嘎와 모웡푸리莫翁普力 두 집에는 원래 100여 마리의 말이 있었는데 전염병으로 각각 20~30마리의 말만이 남았다. 다른 수렵인의 가정에서도 적지 않은 수의 말이 죽었다. 세 번째는 당시 토비들에게 말을 대량으로 약탈당하고, 도둑질당하였다.[12] 이는 어룬춘족의 말이 감소한 중요한 원인 중의 하나이다. 예를 들어 신어촌에 대한 조사로 볼 때 거산팅葛善亭이라는 사람은 민국 시기 말이 70여 마리였으나 이후 토비가 50마리를 약탈하여 20여 마리만 남았다. 멍딩샤푸孟丁夏布라는 사람은 민국 초년에 60여 마리가 있었으나 도둑을 여러 차례 맞아 최후에는 7마리가 남았다. 이외에 어룬춘족은 계절, 동물 자원, 사회 변화 등의 원인에 따라 계속해서 이동하였는데 말이 많은 경우 이동이 불편하고 관리와 기르기에도 불편하여 말이 많은 집에서는 일부 팔기도 한 것이 또 다른 원인이다.

각 가정에 말이 얼마나 있는가는 과거 부귀의 중요한 지표였다. 말이 많으면 좋은 말을 골라 수렵하고 돌아가면서 여러 마리의 말을 타서 말을 살찌게 할 수 있다. 따라서 수렵인은 계절이나 환경과 관계없이 일년 내내 수렵을 할 수 있다. 이처럼 말이 많으면 수렵물의 양도 많아 자신의 수요를 만족할 수 있을 뿐만 아니라 남는 것은 교환할 수 있어 생활이 부유해졌다. 반대로 말이 적거나 없는 가정에서는 상대적으로 생활이 곤란하였다. 말의 많고 적음은 각 가정의 경제 상황에 직접적인 영향을 주게 되었고 말을 빌리거나 말을 사는 등의 현상이 점점 어룬춘족 사회에 형성되었다.

말을 빌려 사용하는 것은 과거 어룬춘족 사회에서 비교적 보편적이었다. 대부분 말이 없거나 말이 적은 가정에서는 말을 빌려 수렵을 하거나 물건을 운반하였으며, 말이 많은 가정에서는 일반적으로 빌려주기를 원하였다. 임시로 빌리는 것이기 때문에 대가를 원하지 않았다. 특히 함께 거주하는 이들은 씨족 혹은 친족관계로 각 가정 간에 말을 빌리는 것은 자주 있는 일로 대가를 원하지 않았다. 그러나 말을 빌린 사람은 수렵을 한 후에 말 주인에게 고기나 가죽 일부를 주어 감사를 표시하였다. 외부 세계와 접촉이 많아지고 각 씨족 부락이 함께 거주하는 일이 많아짐에 따라 말을 빌릴 때 보수를 원하는 상황이 점점 많아졌다. 예를 들어 1963년 아이훈현 신성촌에서 조사한 바에 의하면 전체 마을 38가구 중 말을 빌린 후에 말 주인에게 고기나 가죽을 준다는 가정이 24호였다. 3가구는 말 주인에게 풀을 베어다 주거나 말 주인을 도와 방목을 한다고 하였으며 또 일부는 4년간 빌린 경우 말 주인에게 말 한 마리를 준다고 하였는데 이는 말을 빌린 사람이 말을 돌려줄 때 대가를 지불하였으며 말 주인이 이를 수용하였음을 의미한다.

말을 임대하는 것은 말을 빌리는 것에서 더 발전한 것으로 처음 출현한 것은 청나라 말기이다. 당시 어룬춘인은 담비 가죽을 공납해야 하는 무거운 의무를 지고 있었는데 정부는 가정 상황이 어떠하든 각 가정에서 매년 담비 가죽 한 장을 바치도록 규정하였다. 수렵인들은 이 임무를 완성하기 위해 먼 곳으로 가서 담비를 잡았다. 왜냐하면 대소 싱안령 지역의 담비는 지나친 수렵으로 멸종하였기 때문이다. 이러한 상황에서 말이 없거나 말이 적거나 말이 병약한 가정에서는 말을 임대하여 담비를 잡아야 했다.

말을 임대하는 비용을 지불하는 데는 두 가지 형식이 있다. 하나는 비율로 나누는 것이고, 다른 하나는 수량으로 나누는 것이다. 비율로 나누는 것은 말을 빌릴 때 수렵물을 2대 8, 3대 7, 4대 6, 5대 5로 나눌 것인지를 결정한다. 수렵을 한 후에 수렵물을 비율에 따라 말 주인에게 주고 나머지는 본인이 갖는다. 수량에 따른 것은 말을 빌릴 때 빌리는 금액을 지불하는데 이러한 형식은 비율에 따라 나누는 것에서 발전한 것이다. 비율에 따라 나누는 형식의 가장 큰 병폐는 말을 빌려주는 사람이 자주권이 없다는 것으로 어떤 비율로 나눌 것인가는 말을 빌린 사람이 결정한다는 것이다. 즉, 수렵물의 수량을 속일 경우 말 주인은 알 수 없다.

일정한 수량의 금액을 받는 방식으로 변하면서 이러한 병폐는 자연히 해소되었다. 이와 같은 방식은 어룬춘족 내부에서도 사용하고 한족 등의 다른 외부 민족에게 빌려주는 경우에도 사용하였다. 청나라 말기에서 민국 초기 한족은 대대적으로 대소 싱안령 지역으로 이주하여 개간하고 벌목하고 금광을 채굴하였는데 대량의 경작과 운반을 위한 도구가 필요하였다. 이들은 어룬춘족의 말을 빌려 사용하고 일정한 금액을 지불하였다. 한족은 대부분 양식과 사료 혹은 돈으로 지불하였다. 어룬춘인은 한족에게 말을 빌려줄 때 먼저 금액을 정한 후에 빌려주었다. 예를 들어 1963년 아이훈현 신성촌 어룬춘족이 말을 임대한 상황을 조사한 바에 의하면 말을 임대해 준 28호 중 한족에게 임대한 경우는 18호(그중 만족과 다워얼족이 각 1호씩 있다)로 그중 한 가정이 풀을 베어다 준 것 외에 다른 한 가정은 8명 분량의 식량을 주었다고 하는데 구체적인 수량은 알 수 없다. 어떤 경우는 한 마리의 말을 반년간 빌리는 데 4포대의 귀리를 주었다고 하며, 어떤 경우는 반년 동안 빌리는 데 매달 120근의 좁쌀을 주었다고 한다.

빌리거나 임대할 때 말을 매매하는 현상도 자주 출현하였다. 말이 많은 가정에서는 더욱 많은 생활용품을 얻기 위해 관리가 불편한 말을 판매하였다. 생활이 곤란한 가정은 생활을 유지하기 위해 일부 말을 팔았다. 말이 부족한 가정은 수렵 생산과 생활에 사용하기 위해 더욱 많은 말을 사들여야 했다. 따라서 어룬춘족 내부와 외부 민족 간 말의 매매 현상이 출현하였다.

청나라 말기 주로 외부 민족으로부터 말을 사들였으나 이후 점점 민족 내부 또는 다른 민족 간에 대량의 매매가 이루어졌다. 그러나 조사된 자료로 볼 때 다른 민족과 말을 매매한 상황이 비교적 많다. 쉰커현 신어촌 20호의 말 매매 조사 상황을 보면 66마리를 사들였는데 그중 외부 민족으로부터 산 것은 57마리이고 어룬춘족 내부에서 사들인 것은 9마리이다. 판매한 것은 22마리인데 그중 민족 내부에 판 것은 2마리이고 나머지는 한족 등의 다른 민족에게 팔았다. 아이훈현 신성촌의 말 매매 상황도 대체로 이러한데 각 시기 사들인 말은 49마리이며 그중 민족 내부에서 산 것은 23마리이고 나머지는 외부에서 사들였다. 판 것은 83마리인데 그중 한 마리만 어룬춘인이 사고 나머지는 한족에게 팔았다.[13] 외부에서 사들인 말은 대부분 산림환경에 적응하지 못하였으며 겨울이 되면 풀을 찾을 수 없고 마실 것을 찾을 수 없어 굶어 죽거나 목말라 죽었다. 따라서 어룬춘인은 어린 말을 외부에서 사들여 처음 두 해 동안 정성을 들여 사육하고 훈련하여 점점 생존환경에 적응하도록 하였다.

(5) 사냥개

사냥개는 수렵 생산에 있어 유력한 조수이다. 어룬춘인이 언제부터 사냥개를 훈련했는지 현재로서는 고증된 바가 없으나 계속 유렵생활을 해 왔다는 것으로 보아 반드시 오랜 역사가 있을 것으로 보인다. 더욱이 수렵 공구가 매우 낙후된 원시 수렵 시기 사냥개는 없어서는 안 될 조수였다. 생산 공구가 매우 발달한 오늘날에도 사냥개는 역시 수렵인의 훌륭한 조수이다.

사냥개는 후각과 청각이 매우 민감하여 몇십 리 밖의 동물 냄새를 맡고 밀림 깊은 곳의 동물의 움직임을 들을 수 있다. 뿐만 아니라 주인을 도와 엘크, 멧돼지 등 비교적 큰 동물을 에워싸기도 하고 곰, 호랑이, 표범, 늑대 등 흉맹한 동물과 싸움을 하기도 한다. 상처를 입은 동물이 도망가면 사냥개는 수렵물을 잡을 때까지 쫓아간다. 총이 낙후하고 탄약이 부족하던 시절이라 총을 맞아 상처를 입은 동물에게 다시 총을 쏘지 않고, 사냥개가 동물을 둘러싸고 입으로 물은 후에 수렵인이 창으로 찌르거나 수렵 칼로 찔러서 죽였다. 사냥개는 빨리 달리기 때문에 노루, 토끼, 오소리 등 작은 동물을 추격하여 잡을 수 있다. 겨울철 사냥개는 스라소니, 여우, 너구리, 수달 등 진귀한 모피 동물도 잡을 수 있다. 사냥꾼이 맹수의 공격을 받아 위험에 처하면 아무것도 따지지 않고 맹수와 격투를 벌여 주인을 구한다. 야외에서 노숙할 때 사냥개는 주인을 충실하게 보호하며 동물이나 모르는 사람이 접근하지 못하게 한다. 따라서 어룬춘 속담에 "한 마리의 좋은 사냥개는 서너 마리의 말과 바꾸지 않는다."라는 말이 있는데 이는 좋은 사냥개의 가치를 말해 주는 것이다.

과거 사냥꾼은 모두 한두 마리의 사냥개를 길렀으며 심지어는 서너 마리를 기른 경우도 있다. 사냥개는 주로 번식을 통해 얻는다. 누구 집에서 새끼를 낳았다는 소식을 들으면 달라고 하는데 견주는 흔쾌히 허락하며 대가를 원하지 않는다. 사냥개는 어려서부터 훈련이 필요하며 성장한 후에는 사냥꾼을 따라 수렵을 나가 성년 개와 함께 동물 잡는 법을 배운다.

사냥꾼은 일부러 어린 개에게 작은 동물이나 상처를 입은 동물을 쫓게 하여 경험을 쌓도록 한다. 이미 훈련된 사냥개는 일반적으로 판매하지 않으며 생산, 생활 등의 필요에 따라 물건과 교환하기도 한다. 누구 집에 사냥개가 있다는 소식을 들으면 스라소니 가죽, 여우 가죽, 녹용 등을 가지고 가서 교환하며, 개 주인도 총이나 말 등 필요한 물품이 있으면 교환하기도 한다. 그러나 매우 좋은 사냥개는 안장을 완전히 구비한 좋은 말이 있어야 교환할 수 있다.

사냥꾼은 자신의 사냥개를 매우 귀하게 생각한다. 사냥한 후에 사냥개에게 먼저 좋은 고기나 동물의 내장을 먹이며 평상시에도 배부르게 먹인다. 사냥개가 수렵할 때 동물에게 물리거나 할퀴어 상처를 입으면 말에 태우거나 사람이 업고 돌아와 치료해 준다. 만약 상처가 깊어 죽으면 땅을 파고 묻어 준다. 어룬춘인은 개고기를 먹는 것을 금하는데 이는 개를 숭배하는 것이 아니고 사람을 도와준 공로를 기념하는 것이다. 수렵인의 친구이기 때문에 먹을 수 없다고 생각한다.

최근 몇 년간 수렵 공구가 점점 더 선진화되고 수렵물과 사냥꾼이 감소하여 사냥개를 사육하는 수가 점점 줄어들고 있다. 그러나 어룬춘인은 아직도 사냥개를 키우는 것을 좋아하는데 대부분은 사냥을 위해서가 아니라 집을 지키라는 의미이거나 순수한 취미생활을 위해서이다.

(6) 기타

어룬춘인에게는 위에서 설명한 수렵 공구 외에 지전地箭, 수렵 칼, 철협鐵夾, 자작나무배, 설피 등의 공구가 있다.

지전은 총과 함께 사용하는 전통적인 수렵 공구로 사용 방법은 다음과 같다. 지전을 동물이 자주 출몰하는 길가에 설치하고 가는 줄을 지전에 매고 당겨 길가에 매어 두어 동물이 접촉하면 화살이 활을 벗어나 동물을 맞히게 된다. 지전을 사용하면 좋은 점은 화살을 장착한 후에 수렵인은 다른 곳에서 수렵하고 밤에 잘 수 있으며 2~3일에 한 번 조사하면 된다는 것이다. 또한 명중률이 매우 높아 수렵인, 노인, 부녀자가 모두 이 방법을 이용해 수렵할 수 있다는 것도 장점이다.

수렵 칼은 수렵할 때 반드시 준비하는 도구로 몸에 지니고 있으며 떼어 놓지 않는다. 동물의 가죽을 벗기고 배를 가르고 고기를 자르며 식

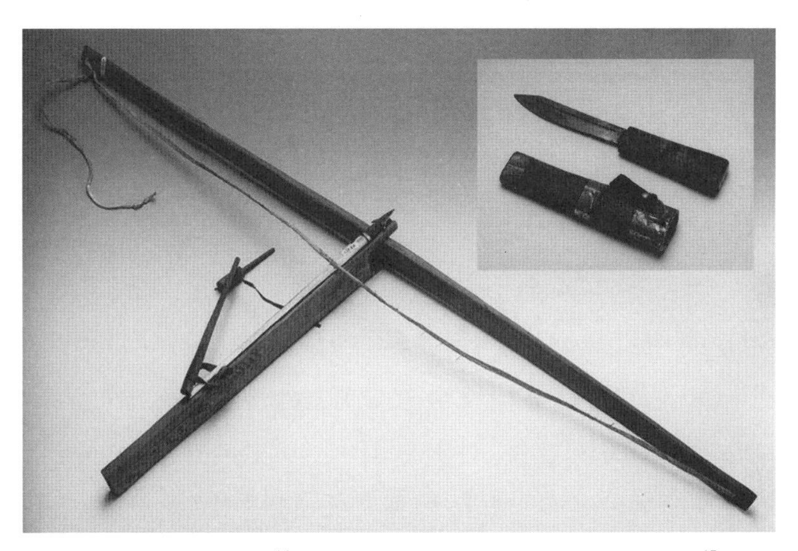

〈그림 2〉 지전(中國民族博物館 소장)[14]　　〈그림 3〉 수렵 칼(中國民族博物館 소장)[15]

사 도구로도 사용하고 자작나무껍질을 벗기고 나무를 자르는 등 각종 물건을 가공할 때도 사용한다. 또한 수렵인이 자신을 보호하는 무기이기도 하여 위험에 처하게 되었을 때 총을 쏠 겨를이 없으면 칼로 맹수와 격투를 벌인다.

철협은 수렵 보조도구로 주로 족제비, 친칠라, 여우, 수달, 스라소니 등 가는 털 동물을 잡을 때 사용하는데 매우 간편하고 털에 손상을 주지 않아 자주 사용하는 공구이다.

자작나무배와 설피 또한 수렵할 때 중요한 공구이다. 현재 후마현과 타허현의 어룬춘족만이 자작나무배가 있다. 그러나 쉰커현 어룬춘 노인의 기억에 의하면 과거 비라얼로畢拉爾路의 어룬춘인도 자작나무배로 수렵하였다고 한다. 이는 어룬춘인이 일찍이 보편적으로 자작나무배를 사용하였음을 말하는 것이다. 언제부터 사용하였는지 현재 사료에서는 찾을 수 없으나 어룬춘족의 생산과 생활의 특징을 분석해 볼 때 자작나무배의 사용 역사는 절대로 근대의 일은 아닐 것이다. 자작나무배로 수렵을 할 때는 대체로 강가나 늪지에서 하는데, 한두 사람이 배에 앉아 노를 저으며 수렵물에 가까워졌을 때 물고기가 보이면 꼬챙이로 찌른다.

어룬춘인이 설피를 이용해 수렵을 한 역사 또한 아주 오래되었을 것이다. 왜냐하면 많은 문헌에 북방 고대 유렵민족이 "나무를 타고 이동한다騎木而行."라는 기록이 있는데 이 중에는 반드시 어룬춘족의 조상도 포함되어 있을 것이기 때문이다. 노인들에 의하면 과거 청장년 수렵인은 모두 몇 개의 설피가 있어 겨울에 눈이 내리면 설피를 신고 동물을 쫓았다고 한다. 설피 기술이 좋은 사람은 총 없이도 창으로 노루나 여우 등의 동물을 찔러 죽일 수 있었다. 수렵 공구가 낙후한 시절 설피도 어룬춘인의 수렵에 있어 없어서는 안 될 공구였다.

2. 수렵조직의 형식

어룬춘인의 수렵조직은 대체로 우리린 단위로 집단적으로 수렵하는 경우, 안가安嘎 단위의 작은 조직으로 수렵하는 경우, 개인이 단독으로 하는 경우 세 가지가 있다.

우리린 단위로 많은 사람이 함께 수렵하는 것은 비교적 오래된 수렵 조직 형식이다. 우리린은 같은 부계 혹은 몇 대 자손의 모임으로, 우리린 단위의 수렵조직은 동일한 혈연관계의 수렵조직이라 할 수 있다. 생산력이 매우 낮아 오직 활이나 창 등의 원시 공구로 수렵하던 시절 사람들은 생존의 필요에 따라 사냥을 하였는데 오직 힘에 의존해서 사냥하였다. 이는 초기 인류가 모두 겪어 온 과정으로 어룬춘족도 마찬가지이며, 다만 역사적 원인으로 인하여 이러한 수렵 형식이 비교적 오랫동안 계속되어 온 것일 뿐이다.

수렵은 매우 힘들고 위험한 생산 활동으로 생산 공구가 낙후한 상황에서 동물을 잡고 사람이 없는 깊은 밀림에서 단독으로 활동하는 것은 불가능한 일이다. 반드시 여러 사람이 함께 협조하고 서로 조화를 이루어야 한다. 사슴, 엘크, 멧돼지 등 대형 동물을 잡을 때는 소리를 지르고 몰고 차단하는 등 서로 조화를 이뤄야 수렵의 효율성이 높다. 곰이나 호랑이 등 맹수를 잡을 때는 협업을 하는데 일단 맹수가 반격하면 사람들은 서로 도와주며 안전을 보장한다. 화총과 소총을 사용하기 시작한 근대에도 집단적인 수렵은 필요하였다. 약품이 부족한 시기 몇 사람이 동행을 하며 병이 났을 경우 서로 도왔다.

〈그림 4〉 말을 타고 수렵을 떠나는 수렵인

우리린 단위의 수렵조직의 수렵 활동은 씨족장 무쿤다나 수렵 경험이 많은 사람이 지휘한다. 수렵 공구가 점점 더 발전함에 따라 어룬춘인의 수렵 방식도 점점 변화하여 원래의 우리린 중심의 수렵 방식은 다시 사용하지 않게 되었다. 비교적 먼 곳의 경우 10여 명 혹은 몇십 명이 함께 가서 수렵지에 도착한 후에 몇 개의 작은 조로 나누어 수렵하였다. 사람들이 몰려 있으면 수렵할 수 있는 양이 적어지고 서로 방해가 되어 동물이 놀라서 도망가기 때문이다. 우리린 단위의 수렵조직은 점점 몇 명 혹은 가정 단위로 조직된 안가 형태의 소조직으로 대체되었다.

안가 단위의 수렵조직은 3~5인 혹은 6~7인이 자원하여 조직한 임시적인 생산조직이다. 어룬춘어로 '안가'라 하며 수렵을 마친 후에는 분산되고 다음 수렵 시에 다시 조직한다. 이 조직의 대부분은 친척이나 친구들이 의기투합하여 조직한다. '홍위紅圍'[16] 계절에는 일반적으로 한 사람이 몇 사람을 요청하여 함께 수렵을 가는데 만약 요청을 받은 사람이 동의하면 이 수렵조직은 성립된 것이라 볼 수 있다.

조직이 성립된 후 수렵에 관한 일들을 상의한다. 예를 들어 어떤 동물을 잡을 것인가, 어디로 갈 것인가, 언제 출발할 것인가, 얼마 만에 돌아올 것인가, 어떤 물건을 가지고 갈 것인가 등이 있다. 그리고 민주적으로 수렵조직의 리더인 타탄다塔坦達를 선출한다. 한 사람이 추천되고 반대 의견이 없으면 당선된 것으로 한다. 당선된 사람은 일반적으로 사절하지 않으며 반드시 해야 한다고 생각한다. 타탄다의 임무는 수렵조직원을 모집하고 수렵에 관련된 사항을 상의하는 것이다.

타탄다는 수렵지를 결정하고 각각의 수렵인에게 역할을 분배하고 수렵 방법을 결정하고 수렵물을 분배하며 자신의 수렵기술을 전수할

임무가 있다. 예전에는 타탄다의 조수인 우주루다烏糾魯達를 선출했다고 한다. 그의 임무는 주로 타탄다를 도와 수렵조직을 관리하는 것이다. 예를 들면 먹고, 자고, 수렵지를 옮기고, 녹용이나 녹태鹿胎를 가공하고 고기를 말리고, 환자를 돌보고, 말을 관리하며 어떤 사항에 대해 서로 의견이 달라 분쟁이나 싸움 등이 발생하면 조절하였다. 타탄다와 우주루다는 일을 처리하는 데 있어 민주적인 방법으로 함께 상의하고 여러 사람의 의견을 충분히 듣고 누가 옳은 말을 하는지 판단한 후에 그 사람의 의견에 따랐다.

수렵 공구가 좋아진 것은 어룬춘인의 수렵 방식이 변하는 데 중요한 요소였다. 전체적인 추세는 수렵 공구가 점점 선진화될수록 수렵조직은 축소되었다는 것이다. 근대에 이르러 대량으로 소총을 사용하게 됨에 따라 혼자서 수렵하는 경우가 더 많아졌다.

단독으로 수렵하는 것은 기본적으로 세 가지 경우가 있다. 하나는 집단적으로 수렵을 하지 않는 시간에 하는 것이다. 집단으로 수렵하는 홍위기紅圍期에도 휴식 시간은 있게 마련으로 수렵인은 자신이 먹을 고기와 가죽을 얻기 위해 거주지 부근에서 단독으로 수렵을 한다. 당일 돌아오거나 혹은 아침과 저녁 시간을 이용해 수렵하는데 이렇게 잡은 수렵물은 개인 소유이다. 다른 하나는 수렵인이 말이 없거나 탄약이 부족하고, 가정에 일이 있거나 몸에 병이 있어 멀리 갈 수 없는 등의 이유로 집단 수렵을 할 수 없고 혼자서 집 부근에서 수렵할 수밖에 없는 경우이다. 세 번째는 집단으로 수렵하는 것을 원치 않아 혼자서 수렵하는 경우이다. 근현대에 이르러 수렵인은 모두 좋은 말과 총을 소유할 수 있었기 때문에 각 가정이 독립적으로 생활하게 되어 집단으로 수렵하는 일이 점점 더 적어졌다. 특히 좋은 총과 여러 마리의 말을 가지고 있으며 수렵기술이 높은 수렵인은 집단으로 수렵하기를 원하지 않았다. 비록 이기적이라는 비판을 받더라도 여전히 단독으로 수렵하기를 원하였다. 민국 시기부터 1953년 정착하기 이전까지 어룬춘인의 수렵 활동은 개인 단위로 수렵하는 형태로 바뀌었다.

3. 숙련된 수렵기술

장기간의 수렵 생활은 어룬춘족이 말을 잘 타고 활을 잘 쏘게 하였을 뿐만 아니라 각종 동물의 습성과 활동규율도 손바닥 보듯이 잘 알게 하였다. 또한 어룬춘인은 숙련된 수렵기술과 풍부한 수렵경험을 축적하게 되었다.

(1) 탐색법

탐색법은 수렵인이 상용하는 기본적인 수렵 방법으로 어룬춘어로는 거러디런格勒底任이라 한다. 이 방법으로 수렵하려면 먼저 어떤 동물을 잡을 것인지 결정한 후에 동물에 따라, 계절에 따라, 활동하는 시간에 따라 탐색을 하는데 탐색할 때는 산세와 풍향 등을 보아야 한다.

예를 들어 엘크를 잡으려면 여름철에는 아침이나 저녁에 호수나 강가에 가서 찾아야 하고, 겨울철에는 산기슭이나 계곡에서 찾아야 한다. 수사슴은 여름철에는 강가나 계곡에서 찾는다. 겨울철에 큰 수사슴은 일반적으로 밤에 배부르게 먹은 후에 낮에 높은 산 정상에서 휴식하기 때문에 수렵인은 산 정상에 웅크리고 있는 사슴에 주의를 기울인다. 그들은 웅크리고 있을 때도 은신처에 있으며 머리를 들고 살피다가 사람이 오면 바로 도망간다. 따라서 수렵인은 사슴이나 엘크를 잡을 때 일반적으로 발자국을 쫓지 않으며 계절에 따라 활동하는 규율에 근거하여 잡는다. 멧돼지는 가을철에는 도토리가 있는 상수리나무나 개암이 열린 개암나무가 있는 산등성이에서 보이며 겨울철에는 양지바른 언덕이나 숨어 있는 굴로 찾아가야 한다. 곰은 여름철에 블루베리밭에 있거나 초원에서 개미굴을 찾는다. 봄과 여름철의 노루는 늪지나 호숫가에서 활동하고 가을과 겨울에는 산기슭이나 계곡의 숲에서 활동한다. 계절에 따라 동물이 자주 출몰하는 곳에 가서 수렵물을 찾는다. 그러나 어떤 동물을 잡든 산세와 풍향을 잘 본 후에 동물의 서로 다른 활동규율에 따라 천천히 탐색해야 한다. 비록 이러한 방법은 보편적으로 사용하는 방법이기는 하지만 장기간의 실천 경험을 가지고 있는 수렵인이나 노인이 사용할 경우 성공률이 높다.

(2) 추적법

추적법은 동물의 종적을 쫓아가 잡는 방법으로 어룬춘어로는 우자런烏加任이라 한다. 계절과 관계없이 모든 동물은 흔적을 남기게 되는데 경험이 많은 수렵인은 한 번 보면 어떤 동물인지 구별할 수 있고 어느 방향으로 갔는지 알 수 있으며 심지어는 지나간 지 몇 시간이 지났는지, 현재 대략 어느 곳에 있는지 등을 판별할 수 있으며 흔적을 따라가서 반드시 잡아낸다.

사슴은 봄철의 녹태기鹿胎期에 군집을 이뤄 생활하는 것을 좋아하여

3~5마리, 7~8마리가 함께 활동한다. 먹이가 많이 필요하기 때문에 온종일 먹을 것을 찾는다. 밤에는 물가에 가서 버드나무 가지를 먹고 낮에는 산기슭이나 계곡에서 백양나무 가지를 먹는데 배가 부르면 바람을 등지고 멀리 볼 수 있는 산등성이에 엎드려 있다. 사슴은 사람을 발견하면 밀림의 깊은 곳으로 뛰어가는데 일반적으로 숲으로 들어간 후에는 필사적으로 달리지 않는다. 사람이 뒤에서 쫓으면 숲으로 숨는데 이때 수렵인은 천천히 뒤에서 쫓아가 기회를 잡아 사격한다. 만약 산세가 평탄하고 숲에서 멀지 않으면 말을 타고 쫓아간다. 암컷은 새끼를 배서 뛰는 것이 느리고 멀리 뛰지 못하기 때문에 가까이 가서 잡는다. 수사슴을 추격하여 잡는 것은 암사슴을 잡는 것보다 쉬운데 수사슴은 큰 뿔이 있어 숲을 뚫고 들어갈 수 없고 오직 나무 사이의 빈 곳으로 뛰기 때문에 수렵인은 말을 타고 계속 추적하여 가까이 가서 잡을 수 있다. 만약 잡아서 기르고 싶으면 적은 경우 몇 시간, 많은 경우 1~2일간 추격하여 잡아 끈으로 묶어 나무 우리에 넣어 집으로 데려와 기른다. 어룬춘족은 1950~1960년대 이러한 방법으로 대량의 야생사슴을 잡아 사육사업을 발전시켰다.

엘크의 습성은 사슴과 비슷하여 추적법으로 잡을 수 있으나 오직 죽여서 잡을 뿐 산 채로 잡기는 매우 어렵다. 추적하여 잡는 것은 멧돼지를 잡는 데 중요한 방법이다. 멧돼지를 발견하면 풍향을 보고 좋은 지형을 골라 천천히 추격한다. 만약 멧돼지가 무리를 이루고 있으면 가까이 가서 탐색할 수 있다. 무리를 이루고 있는 멧돼지는 종종 서로 뛰놀고 장난치기 때문에 바람 방향만 좋으면 사람의 냄새를 맡지 못하여 수렵인은 자신이 원하는 목표물을 조준하여 사격할 수 있으며 십중팔구는 맞는다. 이러한 방법으로 수렵하는 것은 첫눈이 내린 후가 가장 좋다. 이 시기 멧돼지는 살이 쪄서 잘 달릴 수 없기 때문에 수렵인들은 매년 이 계절에 2~3명이 수렵조직을 만들어 빠른 말을 타고 멧돼지 무리를 쫓는다. 멧돼지 무리는 처음에는 매우 빠르게 달리나 3~5리를 달린 후에는 점점 달리지 못하고 숲에 숨기 시작한다. 이때 수렵인은 추격하면서 사격을 하는데 총에 맞은 멧돼지는 뒤에 오는 사람이 가죽을 벗기고 내장을 꺼낸다. 몇 사람이 조화를 이뤄 사냥하면 한 번에 서너 마리를 잡을 수 있으며 심지어는 대여섯 마리도 잡을 수 있다.

추적법으로 호랑이나 스라소니 같은 맹수도 잡을 수 있다. 호랑이와 스라소니는 모두 육식을 하는 동물로 매우 빠르다. 단거리를 달리는 속도는 빠르나 인내력이 부족하므로 수렵인은 이러한 특징에 근거하여 추격하는 방법으로 잡는다. 스라소니를 발견하였을 때 말을 타고 쫓아가는데 스라소니는 더 이상 뛸 수 없으면 나무로 올라가 피한다. 이때 사격하여 잡는다. 호랑이는 스라소니에 비해 인내력이 있으나 노련한 수렵인은 호랑이의 흔적을 발견한 후에 바로 그를 놀라게 하지 않고 인내심을 가지고 1~2일을 추격하여 호랑이가 동물을 잡아먹고 배가 부른 후에 다시 추격하여 잡는다. 배부르게 먹은 호랑이는 잘 뛰지 못하여 수렵인은 말을 타고 10~20리를 추격하여 기회를 잡아 사격한다.

(3) 사냥개로 포위하는 법

동물이 숨어든 숲의 지형과 풍향이 좋지 않아 접근이 어려운 경우 혹은 호랑이, 곰 등 맹수인 경우 종종 사냥개로 포위하는 방법으로 잡는데, 어룬춘어로 쿠르런庫日任이라 한다. 이러한 방법은 엘크, 곰, 호랑이를 잡는 데 효과적이다.

흔적을 발견한 후에 사냥개를 풀어놓으면 수렵물을 금방 찾아내 둘러싼다. 엘크, 곰, 호랑이는 사냥개를 무서워하지 않기 때문에 원래 서 있던 자리에 서서 둘러싸고 있는 개를 둘러보고 움직이지 않거나 사냥개를 추격하는데 사냥꾼은 기회를 이용해 사격한다. 사냥개가 멧돼지를 포위하여 잡는 것도 어룬춘족 수렵인이 자주 사용하는 방법이다. 멧돼지를 발견한 후에 사냥개를 풀어놓으면 사냥개의 갑작스러운 출현에 놀란 멧돼지 무리는 함께 모여 우왕좌왕하며, 어미 돼지는 새끼를 보호하기 위하여 사냥개를 마주하고 달려오는데 사냥꾼은 이때 신속하게 접근하여 사격한다. 사냥개로 멧돼지를 포위하여 잡는 경우 사냥꾼이 가장 걱정하는 것은 큰 수놈을 만나는 것으로 수놈은 매우 날카롭고 큰 송곳니를 가지고 있다. 멧돼지는 자신의 몸을 방어할 뿐만 아니라 적수의 무기를 공격하기도 한다. 수퇘지는 일단 공격하기 시작하면 매우 사납고 속도가 빨라 거의 기다리지 않고 공격자에 대해 반응하여 근육과 뼈가 부러지거나 두 토막이 난다. 수렵할 때 멧돼지가 사냥개에게 상처를 입히는 경우가 가장 많다. 따라서 수렵인은 매우 조심하며, 일반적으로 좋은 사냥개는 멧돼지를 잡을 때 사용하지 않는다. 만약 큰 수퇘지의 흔적을 발견하면 바로 개를 끈으로 묶어서 끌고 간다.

(4) 조망법

조망법眺望法은 어룬춘어로 카라오런卡繞任이라 하는데 어룬춘인이 비교적 자주 사용하는 방법이다. 수렵인은 산 정상에 올라 물가를 살펴보고 동물이 자주 출몰하는 늪이나 넓은 초지, 큰 산의 계곡 혹은 큰 산의 기슭을 살펴보아 만약 동물이 이곳에서 활동하는 것이 보이면 산 아래로 내려가 사냥하는데 매우 간편한 방법이라 할 수 있다.

(5) 차단법

차단법은 동물이 자주 활동하거나 반드시 통과하는 곳을 차단하여 수렵하는 방법으로 어룬춘어로는 아헤이마넌阿黑瑪嫩이라 한다. 동물은 모두 자신의 활동규율이 있다. 예를 들어 사슴, 엘크, 노루 등은 여름철에 소금이 있는 곳, 작은 호수, 강가에 가서 먹잇감을 구한다. 모두 저녁에 가서 아침에 돌아오는데 오고 가는 일정한 노선이 있다. 이 노선을 어룬춘어로 아헤이阿黑라 한다. 따라서 수렵인은 아침과 저녁에 이곳에 와서 지켜보면 그만이다.

어룬춘인은 멧돼지를 잡을 때 아헤이법을 사용한다. 수렵인은 멧돼지 무리가 쉽게 접근하기 어려운 곳에 있을 때 1~2인을 파견하여 아헤이로 가서 차단하게 한 후 한 사람이 큰 소리로 쫓는데 놀란 돼지는 아무것도 상관하지 않고 아헤이가 있는 곳으로 도망간다. 멧돼지는 앞에 사람이 있어도 방향을 바꾸지 않기 때문에 아헤이를 차단하고 있던 사람이 총을 쏘아 잡는다. 그러나 아헤이를 찾는 것은 쉬운 일이 아니다. 만약 아헤이가 있는 곳을 정확하게 찾았다면 동물이 당신을 향해 달려오는 것을 기다려 사격하면 십중팔구는 맞는다.

(6) 소금밭에 매복하는 법

어룬춘어로는 타러터런塔勒特任 또는 쿠디르庫底日라 한다. 봄과 여름 녹용기鹿茸期에 녹용과 엘크의 뿔을 얻기 위해 잡을 때 가장 좋은 방법이다. 소금이 있는 흙은 천연적으로 형성된 알칼리성 토양으로 사슴과 엘크는 소금을 매우 좋아하여 매일 저녁 소금을 핥아 먹는다. 수렵인은 소금이 있는 장소에서 40~50미터 거리에 매복하고 있다가 멀리서 움직임이 보이면 사격할 준비를 하고 사슴이나 엘크가 소금이 있는 장소로 들어와 보이면 사격한다. 밤에 총을 쏘는 것은 쉬운 일이 아니어서 시력이 좋아야 하며 정확히 맞혀야 하고 밤에 총을 쏜 경험과 기술이 필요하다.

최근 몇십 년간 수렵인은 손전등으로 비추는 법을 개발하였다. 손전등 불빛을 마주한 사슴이나 엘크는 일반적으로 놀라서 도망가지 않고 서서 빛을 바라보고 있는데 수렵인은 이 기회를 이용해 사격한다. 수렵인이 손전등을 비추는 것은 총을 쏘기 위해서일 뿐만 아니라 사슴과 엘크의 뿔이 큰가를 보기 위한 것으로 뿔이 있으면 쏘고 뿔이 없는 작은 사슴이나 암사슴은 쏘지 않는다.

이 외에 호숫가에 매복하는 방법으로 엘크를 잡는다. 여름철 특히 더운 날 엘크는 밤에 호숫가에 가서 수초를 먹고 목욕을 한다. 수렵인은 물가에서 은폐하다 엘크가 물로 내려온 후에 달려가 사격한다. 어떤 경우에는 자작나무껍질 배에서 은폐하고 엘크가 물로 들어온 후에 배를 빨리 몰고 가서 사격한다.

(7) 도동법

도동법堵洞法은 주로 곰을 잡을 때 사용하는 방법으로 어룬춘어로 아거둔마런阿格頓瑪任이라 한다. 곰은 겨울철에 동굴로 들어가 추위를 피하며 다음 해 봄에 눈이 녹은 후 동굴 밖으로 나와 5개월을 거주한다.

곰의 종류는 불곰과 흑곰 두 종류가 있는데 흑곰이 불곰보다 비교적 작다. 불곰은 나무를 탈 줄 알며 나무에 구멍을 내는데 어룬춘어로는 텐창天倉이라 한다. 불곰은 굵고 큰 나무(일반적으로 백양나무 혹은 상수리나무)를 타고 올라가는데 만약 이미 만들어진 구멍이 있으면 안쪽을 정리하고 쭈그려 앉는다. 만약 구멍이 없으면 날카로운 이빨로 구멍을 만든다.

흑곰은 나무를 타지 못하기 때문에 땅에 구멍을 파거나 천연적으로 만들어진 구멍을 이용하는데 어룬춘어로는 디창地倉이라 한다. 하나의 동굴에 한두 마리 곰이 쭈그리고 앉을 수 있으며 매년 큰 눈이 내린 후에 살이 쪄서 동글동글하게 된 곰은 자신이 이미 준비해 놓은 동굴로 들어가 동면을 시작하며 추위를 피한다.

동굴 속에 있는 곰을 잡는 것은 매우 흥미롭다. 어떤 곰은 외부에서 소리가 들리면 바로 동굴 밖으로 나와 도망가고 어떤 곰은 동굴 밖으로 나오지 않을 뿐만 아니라 동굴 입구에서 사람이 큰 소리를 질러도 나오지 않는다. 따라서 사람들은 곰이 나오도록 방법을 찾는데 만약 몇 명이 함께 수렵하면 사격기술이 좋은 사람은 동굴을 조준하고 기다리고 있고 다른 사람은 동굴에 돌, 나무, 불을 붙인 썩은 나무를 던진다. 그래도 나오지 않으면 땀과 때로 얼룩진 옷이나 모자를 동굴로 던지는데 곰은 이상한 냄새를 맡고는 갑자기 튀어나온다. 만약 그래도 나오지 않으면 장대로 동굴 안쪽을 있는 힘을 다해 쑤시면 곰은 참을 수 없어 밖으로 나온다. 곰의 전반신이 동굴 밖으로 나온 후에 총을 들고 기다리던 사람이 사격하는데 만약 죽지 않으면 다른 사람이 다시 몇 번 쏜다. 곰을 죽인 후에 수렵인은 일반적으로 동굴 안에 다른 곰이 있는지 살피는

데 만약 다른 곰이 있으면 계속해서 사격한다.

텐창 안의 곰은 어떤 경우는 10미터 높이 심지어는 20미터 높이의 나무굴에 있기 때문에 디창의 곰을 사격하는 것보다 훨씬 어렵다. 수렵인들은 먼저 나뭇가지를 치고 만약 곰이 나오지 않으면 근처 나무로 올라가 구멍 안에 나무 등을 던져 넣는다. 그래도 나오지 않을 경우 풀 더미나 썩은 나무에 불을 붙여 던져 넣으면 곰은 놀라서 구멍 밖으로 나온다. 이때 아래서 기다리던 사람이 쏘아 맞힌다. 구멍을 빠져나온 곰은 쫓아가 잡는데 곰은 눈에 발이 어는 것을 매우 두려워하기 때문에 멀리 가지 못하고 멈춰 서서 발을 덮히거나 나뭇가지, 나뭇잎, 마른 풀을 쌓아 둥우리를 만들고 다시 떠나려 하지 않는다. 이때 수렵인은 조심스럽게 접근하여 잡는다.

(8) 소리로 유인하는 법

수렵인이 동물을 모방한 소리를 내어 유인해 잡는 것으로, 어룬춘인은 이 방법으로 사슴, 엘크, 노루 등을 잡는다. 가을철 백로 이전은 사슴의 교미기로 수사슴은 배우자를 얻기 위해 계속해서 '오, 오' 하고 소리를 낸다. 수렵인은 스스로 녹소鹿哨를 만들어 사슴을 모방한 소리를 내는데, 녹소를 어룬춘어로 우리안烏力安이라 한다. 사슴을 수렵할 때 매일 밤 사슴의 소리를 들으면 우리안으로 대답을 몇 번 하는데 그러면 사슴이 가까이 온다. 같은 날 날이 밝아올 무렵 사슴이 우는 소리를 모방하면서 앞으로 가면 수사슴은 이 소리를 듣고 다른 사슴이 와서 암사슴을 차지하려는 것으로 생각하여 전쟁을 하거나 배우자를 얻기 위해 위풍당당하게 뛰어나온다. 사슴이 가까이 왔을 때 총을 몇 방 쏜다.

〈그림 5〉 녹소를 불어 사슴을 유인하는 사냥꾼

6월에는 이 방법으로 노루를 잡는다. 갓 태어난 새끼는 어미를 불러 젖을 먹을 때 '즈, 즈' 하고 소리를 내는데 어미 노루는 이 소리를 들으면 바로 뛰어가 젖을 먹인다. 어룬춘인은 이러한 규율을 파악하여 자작나무껍질로 포소狍哨를 만들어 노루의 소리를 모방하여 잡는다. 이 방법으로 노루를 잡는 것은 비교적 보편적이고 쉬운 방법으로 포소를 불기만 하면 노루를 잡을 수 있다. 포소는 어룬춘어로 피차원皮查文이라 한다. 어룬춘족의 어린 수렵인들은 수렵을 배울 때 포소 부는 것을 배우는 것에서부터 시작한다.

(9) 유하법

유하법遛河法은 어룬춘어로 어여우런鵝由任이라 하는데 자작나무껍질배나 뗏목을 타고 강물을 따라 내려가며 수렵을 하는 것으로 주로 사슴이나 엘크를 잡을 때 사용한다. 이러한 방법의 수렵은 반드시 더운 여름철에 한다. 날씨가 더우면 사슴과 엘크 등의 동물은 강가에 와서 더위를 식히거나 수초를 먹으며 심지어 어떤 때는 강가에 엎드려 있거나 물에 들어가 더위를 식힌다. 배나 뗏목을 타고 천천히 물길을 따라 내려가면 사슴이나 엘크를 발견할 수 있다. 대싱안령 지역의 어룬춘 수렵인은 엘크를 잡을 때 보통 이 방법을 사용한다. 여름철에 두세 명의 수렵인이 자작나무배를 타고 아침에 상류에서 출발하여 내려간다.

이러한 방법으로 엘크를 잡는 것은 효율이 매우 높아 엘크를 발견만 하면 십중팔구는 잡을 수 있으나 일정한 위험성이 있다. 예를 들어 급류를 만나 배가 흔들리거나 상처를 입은 사슴이 배를 전복시킬 수도 있다. 여러 명이 두 척의 배로 수렵하는 경우 앞쪽 배는 사격을 담당하고 뒤쪽의 비교적 큰 배는 운송을 담당한다.

(10) 함정법

함정을 파서 사슴을 잡는 방법이다. 함정은 사슴이 자주 출현하거나 물을 먹을 때 반드시 지나는 길의 중간에 파고 2미터 길이의 나무기둥을 세워 목책을 만드는데 짧은 것은 10여 리, 긴 것은 몇십 리에 이른다. 그 사이에 좌우 1미터 넓이의 틈을 여러 곳에 만든다. 이후 틈이 있는 곳에 2~3미터 깊이의 구덩이를 파고 풀, 나뭇가지, 나뭇잎으로 구덩이를 덮는다. 사슴이 이곳을 지날 때 틈을 발견하면 급하게 통과하다가 구덩이를 밟고 떨어지게 된다. 수렵인은 2~3일에 한 번 구덩이를 순찰하여 빠진 사슴을 발견하면 묶어서 가지고 와 기르거나 죽인다.

만약 사슴이 많고 시기가 적당하면 일 년에 10여 마리 심지어는 몇십 마리를 잡을 수 있다. 1950~1960년대 어룬춘족이 대량으로 사슴을 사육하기 시작하였을 때 적지 않은 사슴을 이러한 방법으로 잡았다. 기타 동물, 예를 들어 엘크, 멧돼지, 노루 등도 함정에 자주 빠지는데 일반적으로 식용한다. 함정을 만드는 데는 많은 노동력이 필요하므로 몇십 명이 연합하여 만든다. 일반적으로 몇 년이 걸리는데 일단 만들어 놓으면 십여 년 심지어는 몇십 년간 사용할 수 있다.

4. 수렵물의 분배

과거 어룬춘족 수렵인이 수렵물을 분배하는 데는 세 가지 방법이 있었다. 하나는 가정에 따라 평균적으로 분배하는 것이고, 두 번째는 사람 수에 따라 평균적으로 분배하는 것이고, 세 번째는 개인이 점유하는 것이다.

집단으로 수렵을 하던 원시 시기의 분배 방식은 가정에 따라 평균적으로 분배하는 방식이었다. 집단 혹은 개인이 획득한 수렵물을 모두 우리린으로 가지고 와서 고기를 나누었는데 살이 찌고 마른 여부, 좋고 나쁜 정도에 따라 구분하고 가정별로 평등하게 분배하였다. 일반적으로 분배는 타탄다가 직접 하거나 신뢰를 받는 사람이 했다. 큰 동물의 머리나 내장, 예를 들어 심장, 간 등은 각 가정에 분배하지 않고 투아친吐阿欽이라는 사람이 삶아 전체 우리린 사람들이 함께 먹었다. 대싱안령 지역에는 아직도 곰을 잡은 후에 곰 고기를 가정에 따라 분배하고 삶은 후에 우리린 사람들이 함께 먹는 습속이 있다. 가죽을 분배할 때 가정마다 한 장씩 분배하기에는 모자란 경우 먼저 몇 가정에 분배하고 이후 수렵을 하게 되면 다시 다른 가정에 분배한다. 그러나 수렵인은 일반적으로 자신이 수렵한 가죽을 원하지 않고 다른 가정에 나눠 주며 다른 가정에서 수렵을 통해 얻은 가죽을 다시 그에게 나눠 주어 전류분배제轉流分配制를 실시하였다. 이와 같이 가정에 따라 수렵물을 분배하는 방식은 지속된 시간이 매우 길어 청나라 말, 민국 초기에도 시행했던 흔적을 발견할 수 있다.

수렵총 등 생산 공구의 계속된 개량과 증가에 따라 수렵노동조직은 점점 변화가 발생하였다. 수렵에 있어 많은 사람과 시간이 필요하지 않게 되어 5~6인 혹은 3~4인이 임시로 조직하는 수렵조직인 안가가 출현하게 되었다. 안가의 출현으로 분배 형식에도 변화가 생겼다. 우리린 내부의 가정에 따라 평균적으로 분배하던 방식에서 안가 단위로 사람에 따라 평균적으로 분배하는 방식으로 바뀌었다. 안가는 수렵에서 얻은 수렵물을 누가 잡았든지 사람에 따라 평균적으로 분배하였는데 일반적으로 타탄다나 연장자가 분배한다. 고기의 좋고 나쁨을 살펴 사람 수에 따라 분배한 후에 각자 그중에 하나를 골라 우리린으로 돌아간다. 이후 자기 집에 일부 남기고 그 나머지는 우리린 내의 각 가정에 나눠 준다. 왜냐하면 다른 사람이 수렵을 갔다 돌아온 후에 모두 나눠 주었기 때문에 그 역시 다른 사람에게 주지 않을 수 없다. 녹용, 녹태, 웅담 등 귀중한 약재와 스라소니, 수달 등 귀중한 가죽은 상품으로 판매하거나 교환하는데 이를 통해 얻은 돈이나 물건은 수렵조인 안가의 사람 수에 따라 평균적으로 분배한다. 분배를 받은 이는 우리린으로 돌아온 후에 다시 다른 사람에게 분배한다.

사회의 발전과 독립된 소규모 가정의 출현으로 어룬춘족의 전통 수렵분배 형식에도 변화가 발생하였다. 이 시기에는 단독으로 수렵하여 얻은 수렵물은 기본적으로 개인이 점유하게 되었다. 개인 점유는 하나의 가정이 독립된 경제단위가 되면서 생겨난 것이다. 1920~1930년대에 선진적인 수렵총이 어룬춘 지역으로 대량 유입되면서 단독으로 수렵하는 예가 대대적으로 증가하였다.

좋은 수렵인은 수렵물을 자급할 뿐만 아니라 남은 것은 상품으로 판매하였다. 이때 개인가정은 우리린 집단에 의존하지 않고 독립적으로 생존하였다. 개인가정이 독립된 경제단위가 된 후에 단독 수렵으로 얻은 수렵물은 완전히 개인가정의 소유물이 되었다. 몇몇 사람이 함께 수렵하여 얻은 녹용 등의 귀중한 수렵물은 평균적으로 분배하지 않고 잡은 사람이 소유하였으며 고기만을 평균적으로 분배하였다. 일부 지역에서는 외지 혹은 다른 민족의 분배 방식을 참고하여 수렵물을 잡은 사람이 50~60%를 소유하였으며 심지어는 70~80%를 소유하고 나머지를 평균적으로 분배한 경우도 있다.

1953년 정착 직전 안가에서 평균적으로 분배하던 방식은 점점 개인이 점유하는 형태로 교체되었으며 가정에 따른 평균분배와 공동 소비 등의 오래된 분배 형식은 이미 소실되었다. 그러나 평균분배와 개인 점유는 명확하게 구분되는 것이 아니며 상호 교차하는 것이다. 개인이 점유하는 동시에 일부를 남겨 평균적으로 분배하는 풍습이 남아 있었다.

어떤 지역에서는 니마두룬尼瑪都倫의 분배 형식이 중국 건립 초기에도 일부 발견되었다. 니마두룬은 증여라는 의미이다. 수렵물을 잡은 사람이 잡지 못한 사람을 만났을 때 반드시 반을 주어야 한다는 것이다.

그들은 동물은 누가 기른 것이 아니고 긴 다리로 어디든 뛰어가기 때문에 오늘은 내가 잡았지만 내일 누가 잡을지 보증할 수 없으니 서로 도와야 하고, 오늘 내가 그를 도우면 내일 그가 나를 도울 것이라고 생각한다. 많은 노인들은 아직도 수렵물은 산신인 바이나차가 하사한 것으로 수렵물을 잡으면 혼자 점유하면 안 되고 함께 나눠야 한다고 생각한다. 이외에 수렵인들은 과부, 노인, 신체가 약한 사람, 수렵기술이 낮은 사람들의 생활상의 곤란을 돕기 위해 수렵을 할 때 주동적으로 이들을 초청하여 함께 수렵하는데 이들이 비록 밥을 하거나 말을 먹이거나 나무를 하는 등 잡일을 하더라도 분배를 할 때는 동일하게 분배하며 심지어는 더 좋은 것을 더 많이 주기도 한다.

5. 수렵 관련 금기

과거 어룬춘족에게는 많은 수렵 금기가 있었으나 사회의 발전에 따라 대부분 사라졌다. 그러나 아직도 수렵인들 사이에 남아 있는 것이 있다. 예를 들어 수렵인들은 수렵을 떠나기 전에 계획을 세우지 않는다. 이번 수렵에서 몇 마리를 잡을 것인지 말하지 못하게 한다. 그들은 수렵물을 잡고 못 잡고는 산신인 바이나차가 이미 정한 것으로 큰 소리로 말해 신의 비위를 거스르면 아무것도 잡을 수 없다고 생각한다.

수렵하러 가는 사람은 산신 바이나차가 있는 곳을 지나게 되면 반드시 바로 말에서 내려 술을 따르고 담배를 올리고 절을 해야 한다. 그렇지 않으면 수렵물을 잡지 못할 뿐만 아니라 불행한 일을 당할 수도 있다고 여겼다.

수렵인은 무덤이 있는 곳을 지나게 되면 바로 말에서 내려 말을 끌고 가야 하며 말을 타고 지나가는 것을 꺼린다. 만약 무덤에 있는 사람이 노인이거나 연장자이면 술을 따르고 담배를 올리고 절을 한다. 그렇지 않은 경우 죽음의 신이 동물을 모두 쫓아버려 아무것도 잡을 수 없다고 생각한다.

수렵을 하는 과정에 소란을 피우거나 싸우는 것을 금기한다. 서로 화목하고 유쾌하게 지내면 산신 바이나차가 동물을 하사한다고 여겼다.

수렵할 때 동물에게 악담을 해서는 안 된다. 예를 들어 "그의 머리를 잘라 내다." 혹은 "그의 다리를 자르다."와 같은 말을 하면 보복을 당한다고 생각했다.

호랑이, 곰, 표범, 늑대 등 흉맹한 동물을 수렵할 때 "잡다."라고 말해서는 안 되며 "쾅테런曠迭任"[17] 이라고 말해야 한다. 또 "죽었다."라고 말해서는 안 되고 "잠을 잔다." 혹은 "휴식을 취한다."라고 말해야 한다.

교미 중인 동물을 수렵해서는 안 되며 만약 잡았다면 동물의 저주를 받아 자손들이 안녕하지 못하게 된다고 여겼다. 알을 부화하거나 젖을 먹이는 암컷을 잡아서는 안 되며 만약 잡았다면 이후 다시는 수렵물을 잡을 수 없게 된다.

사슴, 엘크, 멧돼지, 곰 등 큰 동물을 잡은 후에 내장을 꺼낼 때 반드시 심장, 식도, 혀 등을 끊어지지 않게 연결하여 꺼내야 한다. 그렇지 않으면 마이인買因, 즉 좋은 운이 끊어져 이후 동물을 잡을 수 없게 된다고 한다. 삶은 후에는 끊어도 된다.

포소狍哨로 유인해서 잡은 노루는 목을 잘라서는 안 된다. 그렇지 않으면 이후 유인을 해도 오지 않는다고 한다.

곰, 호랑이, 표범, 늑대를 잡은 후에 반드시 입을 열어젖히고 작은 나무막대를 끼워 입을 벌리고 있게 해야 한다. 그렇게 해야 이후 곰, 호랑이, 표범, 늑대 등의 흉맹한 동물을 잡을 때 상해를 입지 않는다고 한다.

곰을 잡은 후에 머리를 잘라 나뭇가지 사이 혹은 나무그루터기 위에 올려놓아야 한다. 바로 집으로 가지고 오거나 혼자서 곰의 머리를 먹으면 징벌을 받게 된다.

사슴, 엘크, 멧돼지, 곰 등 큰 동물의 내장은 함께 먹은 후에 남은 것은 가족들이 먹어야 한다. 다른 사람에게 주거나 더욱이 외지인에게 팔아서는 안 된다. 만약 다른 사람에게 주거나 팔면 이후 다시는 동물을 잡을 수 없게 된다고 여겼다.

수렵인들이 자주 지나는 길에 나무를 가로질러 놓지 말아야 한다. 길의 진행 방향과 일치하게 놓아야 수렵이 순조롭다고 생각했다.

수렵 과정에 긴 나무를 태우는 것을 금하는데 특히 전체 나무 한 그루를 태우는 것을 금한다. 태운 나무가 길면 길수록 동물이 멀리 도망가 수렵하는 날짜가 점점 더 길어진다고 여겼다.

어렵 생산 활동

어렵은 수렵과 마찬가지로 인류 초기의 원시적이고 오래된 경제 활동 방식으로 자연계의 수생동물을 잡아 음식물로 사용하는 일종의 경제 활동이다. 어룬춘인은 오래된 민족 중의 하나로 당연히 일찍이 물고기를 잡는 법에 대하여 알고 있었다. 과거에 어룬춘인은 대부분 헤이룽강 연안에 거주하였는데 넓은 헤이룽강과 거미줄처럼 조밀하게 엉켜 있는 크고 작은 하류는 모두 어룬춘인이 어렵을 하는 장소였다. 아주 많은 강과 호수에 많은 종류의 어류가 번식하였음은 잘 알려진 사실이다. 연어는 헤이룽강과 헤이룽강 지류에서 생산되며, 또 하나의 매우 귀한 물고기인 줄철갑상어鰉魚는 500~600근에서 천 근이 넘는 것도 있는데 헤이룽강에서 많이 생산되었다. 그 외에 잉어, 강준치, 붕어, 타이멘Hucho taimen, 열목어, 화시(花翅, Flower fin fish), 야레Leuciscus waleckii, 쏘가리, 창꾱치, 메기, 초어, 버들치 등이 잡혔다.

어렵은 어룬춘인의 주요 생산 활동은 아니지만 수렵 경제생활에 있어 없어서는 안 되는 부분으로, 어룬춘인은 생존하는 데 중요한 음식물 공급원으로 어렵과 수렵을 병행해 왔다. 즉, 어떤 계절에는 수렵을 하고 어떤 계절에는 어렵을 하며 교차로 진행하였다. 치커奇克에 거주하는 20여 호의 어룬춘인 중 일부는 수렵을 하고 일부는 어렵을 하였다고 한다.[18] 어렵 공구의 계속된 발전에 따라 청나라 말기 필랍이로畢拉爾路의 어룬춘인 중에는 전문적으로 어렵에 종사하는 사람이 출현하기도 하였다. 이는 어렵이 어룬춘인의 생활에 있어 매우 중요한 지위를 차지했음을 설명한다.

1. 계절에 따른 어렵 활동

헤이룽강과 넌강嫩江 양안의 후마하呼瑪河, 콴하寬河, 쉰하遜河, 쿠얼빈하庫爾濱河, 우윈하烏雲河, 자인하嘉蔭河 그리고 징치리강精奇里江, 시린무디하西林木迪河, 뉴만하牛滿河, 헝군하亨滾河 등에서는 각종 물고기가 대량 생산되는데, 특히 헤이룽강과 그 지류에서 생산되는 연어와 줄철갑상어는 매우 유명하다.

어룬춘인은 오랜 기간의 어렵 활동을 통하여 계절에 따른 각종 물고기의 활동규율을 파악하였다. 따라서 어느 계절에 어떤 물고기를 잡을 수 있는지 알고 있어 일 년 내내 물고기를 잡을 수 있다. 봄이 되어 날씨가 따뜻해지고 꽃이 필 때면 각종 물고기는 헤이룽강을 역류하여 크고 작은 지류로 떼를 지어 올라온다. 타이멘과 열목어 등은 얕은 물가에서 서로 쫓고 쫓기며 장난을 치고 교미를 하고 알을 낳는데 이 시기가 타이멘과 열목어를 잡기에 가장 좋은 계절이다. 여름철이 되면 각종 물고기는 크고 작은 하류의 상류로 올라오는데 이미 알을 낳았기 때문에 기본적으로 안정적이며 비교적 마른 상태로 낚싯바늘을 잘 물기 때문에 이 계절은 낚시하기에 좋은 계절이다. 가을이 되면 물고기는 물을 따라 하류로 내려가 큰 강이나 헤이룽강에서 겨울을 보내는데 이때는 둑을 막아 물고기를 잡기에 좋은 계절이다. 이 시기는 연어가 물을 역류하여 올라오는 시기로 둑을 막아 물 밑의 자라를 잡고 물 위의 연어를 잡는다. 겨울철이 되면 강물이 얼지만 여전히 물고기를 잡을 수 있다. 이때는 얼음 위에 움집을 짓고 얼음에 구멍을 뚫어 물고기를 찔러 잡거나 얼음 아래에 어망을 쳐서 잡는다. 일반적으로 겨울철에 물고기를 잡는 사람은 아주 적다. 가족이 많거나 수렵기술이 부족한 소수의 사람만이 물고기를 잡는다.

2. 어렵 생산 공구

어룬춘인의 어렵 공구는 매우 많은데 일부는 장기간의 어렵 활동 중 스스로 발명한 것이고 일부는 외부의 다른 민족에게서 들여온 것이다. 가장 자주 보이는 공구는 낚싯바늘, 작살, 갈고리, 독살, 어망, 자작나무 배 등이다.

(1) 낚싯바늘

전하는 말에 의하면 초기 어룬춘인은 골제로 만든 낚싯바늘을 사용하였으며 근대에 이르러 철제로 만든 것을 사용하기 시작하였다고 한다. 철제 낚싯바늘 중 일부는 외부 민족에게서 교환해 온 것이며 일부는 철사를 이용해 스스로 제작한 것이다. 낚싯바늘을 사용하는 방법은 매우 다양한데 낚싯대, 제물낚시, 던질낚시, 갈고리낚시, 루어낚시 등이 있다.

낚싯대는 비교적 자주 사용하는 어렵 공구로 3~6미터 길이의 가는 장대에 장대의 길이와 비슷한 길이의 줄을 달고 줄 끝에 바늘을 달면 된다. 낚싯줄은 말 꼬리나 마를 꼬아서 만든다. 사용할 때는 바늘에 지렁이나 메뚜기와 같은 미끼를 걸어 잡는다. 낚싯대는 강이나 호수에서 모두 사용할 수 있다.

제물낚시는 일반적인 낚싯대와 같으나 낚싯대의 길이가 길고 줄이 굵으며 바늘이 크다는 차이가 있다. 미끼로 사용하는 것도 지렁이나 메뚜기가 아니라 가죽과 털이 있는 살아 있는 동물을 사용한다. 낚시하는 방법은 갈고리를 물 아래 넣은 후에 천천히 왔다 갔다 하면서 동시에 손으로 낚싯대를 두드려 수면에서 쥐가 수영하는 것처럼 한다. 이를 타이멘이나 열목어가 달려와 무는데 10여 근 심지어는 몇십 근짜리 큰 물고기를 잡기도 한다.

갈고리낚시는 일반적으로 강 위나 큰 물가에서 큰 물고기를 잡을 때 사용하는 방법이다. 갈고리에 연결된 줄은 길이가 매우 긴데 가장 긴 것은 70~80미터이며 짧은 것은 40~50미터이다. 줄은 비교적 굵은 마나 철사를 이용한다. 갈고리를 내릴 때 줄의 한쪽은 강변에 고정하고 다른 한쪽은 비교적 무거운 돌에 묶어 배를 몰고 강의 중간으로 가서 던져 넣는다. 이후 사람들은 배에 앉아 날카롭게 간 큰 갈고리에 줄을 묶는데 매 갈고리의 거리는 약 3촌 정도이며 갈고리에는 어떠한 미끼도 끼우지 않는다. 그리고 4~5미터 거리마다 십자가 모양의 것을 붙들어 매어 줄이나 갈고리가 바닥에 가라앉지 않도록 한다. 만약 줄철갑상어, 연어, 잉어가 줄 밑을 헤엄치다 갈고리에 걸리면 어떤 경우에는 몇백 근 심지어는 천 근 이상의 줄철갑상어를 잡을 수도 있다.

(2) 작살

어룬춘인이 자주 사용하는 작살은 두 가지 종류가 있다. 하나는 두세 갈래가 있는 것으로 어룬춘어로는 자오부가오窖布告라고 한다.

자오부가오를 사용하는 방법은 두 가지가 있다. 하나는 손으로 손잡이를 잡고 직접 물고기를 찌르는 것이고 다른 하나는 작살을 던져 물고기에 맞히는 것이다. 어룬춘인의 작살은 일반적으로 1미터 정도의 나무자루가 있는데 나무자루에 5~6미터 심지어는 10여 미터의 줄을 묶는다. 물가나 자작나무배에서 물고기를 잡을 때 물고기를 발견하면 가까이 가서 직접 물고기에 작살을 꽂는다. 만약 거리가 멀면 손으로 손잡이를 잡고 물고기에 작살을 투척하는데 명중하면 줄을 끌어당긴다. 어룬춘인의 작살 투척 기술은 매우 높아 물고기를 발견만 하면 십중팔구는 성공한다.

(3) 추구

추구推鉤로 물고기를 찌르는 것도 어룬춘인이 자주 사용하는 방법이다. 추구의 갈고리는 비교적 크며 일반적으로 쇠몽둥이 또는 굵은 철사로 만드는데 길이는 5~6촌 정도 한다. 사용할 때는 갈고리를 6~7미터 길이의 나무막대의 뾰족하게 홈이 파인 곳에 거꾸로 끼워 넣는다. 갈고리의 뾰족한 부분이 앞쪽을 향하도록 하고 가는 줄로 갈고리와 나무막대를 연결하는데 갈고리가 너무 깊이 들어가지 않도록 한다. 물고기가 갈고리에 끼워졌을 때의 진동으로 철갈고리가 홈에서 튀어나와 줄을 끌어당기는 힘으로 갈고리의 뾰족한 부분이 뒤쪽으로 향하며 물고기를 단단히 잡아 위쪽으로 끌어올린다. 추구는 큰 물고기를 잡을 때 사용하는 것으로 봄철에 타이멘, 열목어를 잡거나 가을철에 연어를 잡는데 유리하다. 매번 이 계절이 되면 물고기 잡기를 좋아하는 사람들은 삼삼오오 추구장대를 들고 큰 강가로 가는데 일부 청년은 물고기를 얼마나 잡았는가를 가지고 기술의 높고 낮음을 비교하기도 한다.

(4) 독살

독살은 대형 물고기를 잡는 시설이다. 가을철이 되면 물고기는 물을 따라 하류로 내려가 헤이룽강으로 가서 겨울을 보낸다. 따라서 가을이 되면 어룬춘인들은 강에 독살을 만들어 각종 물고기를 잡는다. 독살은 크고 작은 강에 모두 만들 수 있다. 작은 강의 경우 몇 명이 2~3일이면 만들 수 있다. 과거에는 가정마다 자신의 작은 독살이 있어 독살을 막은 후에 수렵을 가고 집안의 노인이나 부녀자가 독살을 살펴보았다. 큰 강의 독살을 막는 것은 비교적 어려운 일로 10여 명의 사람이 필요한데 심지어는 우리린의 사람들이 동원되기도 하며 씨족장인 무쿤다가 지휘하기도 한다. 홍수가 나서 쓸려나가지 않는 한 계속 독살을 이용해 물고기를 잡을 수 있다. 작은 독살로는 몇백 근에서 천 근 이상, 큰 독살로는 몇천 근에서 몇만 근을 잡기도 한다.

(5) 어망

어룬춘인이 어망을 사용한 것은 비교적 근대의 일이다. 외부에서 교환해 들여온 것도 있고 어떤 것은 말갈기, 말 꼬리털, 마실, 무명실로 직접 짠 것도 있다. 자주 사용하는 어망은 두 가지 종류가 있다. 하나는 그물어망으로 마실과 무명실로 짠 것인데 넓이가 1미터 50센티미터 정도 하고 길이가 5~6미터, 7~8미터로 다르며 비교적 조잡하다. 이러한 어망은 원시적인 것으로 보통 작은 호수나 강에서 사용하는데 사용하는 사람이 아주 적다. 다른 하나는 괘망挂網으로 말갈기, 말 꼬리털로 만드는데 넓이는 1미터, 길이는 10~20미터이며 비교적 정교하다. 괘망은 호수나 물살이 안정적인 강에서 사용한다. 근현대에 각종 줄로 만든 괘망이 많아짐에 따라 외부에서 사들인 각종 괘망을 사용한다. 현재 여름철이면 사람들은 몇 개의 괘망을 들고 가 수렵을 하는 중간에 어망을 내려 물고기를 잡는다. 호숫가에 사는 주민은 가정마다 괘망이 있는데 적은 경우 세 개, 많은 경우 대여섯 개가 있으며 아침저녁으로 한가할 때 물고기를 잡는다.

(6) 목책 설치

어룬춘인은 위에서 설명한 방법 외에 겨울철에 물고기를 잡는 또 하나의 방법이 있다. 물이 얼기 전 물길의 중간에 목책을 세우고 양쪽에 빈틈을 남겨 둔다. 물이 얼은 후에 빈틈의 위쪽에 구멍을 내고 위쪽에 움집을 만들고 어민은 움집으로 들어가 구멍을 지켜본다. 움집 안은 비교적 어둡지만 움집 주변으로부터 들어오는 빛으로 인해 강바닥을 잘 볼 수 있다. 물고기는 강바닥에서 목책에 부딪히면 빈 곳을 찾아 도망가려 하는데 이때 물고기를 찌른다. 이러한 방법은 많은 물고기를 잡을 수 있으나 목책을 만들고 움집을 짓는 것이 번거롭고 날씨가 추워 사용하는 어민이 아주 적다. 이 방법을 사용하는 이는 수렵할 줄 모르거나 수렵기술이 낮고 혹은 말과 총이 없는 소수의 사람이다.

3. 어렵물의 분배

분배는 주로 균등 분배와 개인 소유 두 가지 종류가 있다. 어떠한 방식으로 분배할 것인가는 어렵 공구의 소유, 노동조직의 형식과 직접적인 관계가 있다. 만약 대형 독살을 우리린의 사람들이 공동으로 만들었다면 독살은 집단의 소유물이 되며 잡은 물고기는 가정이나 사람 수에 따라 균등 분배한다. 비교적 작은 독살의 경우 몇 사람이 만들었다면 이 독살에서 잡은 물고기는 만든 사람들의 소유이며 당연히 그들이 균등 분배한다. 어떤 경우에는 작살이나 어렵 공구는 개인의 소유이나 합작으로 물고기를 잡는데 배를 젓고 어망을 투척하는 등의 일을 나누어서 한다. 특히 줄철갑상어를 잡을 때는 몇십 명이 협조하는데 이렇게 잡은 물고기는 균등 분배한다. 균등 분배할 때 의지할 곳이 없거나 식구가 많은 사람을 배려하여 약간 더 많은 물고기를 분배한다. 가정 소유의 독살로 잡은 물고기는 가정의 소유가 되는데 많이 잡은 경우 주동적으로 의지할 데 없는 노인이나 노동력이 부족하여 생활이 곤란한 가정에 나눠 준다. 수렵을 하지 않는 시간이나 평상시에 집 근처에서 개인이 단독으로 물고기를 잡은 경우 모두 개인의 소유가 된다.

4. 저장 방법

봄과 가을철에는 대량의 물고기를 잡는데 일부 판매하는 물고기 외에 대부분은 겨울철이나 수렵물을 잡지 못하는 계절에 식용하기 위해 가공한 후에 저장한다. 저장하는 물고기는 주로 연어, 열목어, 타이멘, 화시 등이다.

저장하는 방법은 세 종류가 있다. 하나는 반건조시키거나 어포를 만드는 것이다. 반건조하는 경우 깨끗하게 씻은 물고기를 양쪽으로 잘라 약간의 소금을 뿌리는데 뿌리지 않는 경우도 있다. 이후 걸어서 햇빛에 말린다. 어포는 물고기를 반 정도 삶은 후에 살을 발라내어 말린다. 두 번째는 불에 말리는 것이다. 깨끗이 씻은 물고기를 나무틀에 올려놓고 불을 때서 말린 후에 보관한다. 이러한 가공을 통하면 벌레가 먹지 않고 비교적 오랜 시간 보관할 수 있다. 세 번째는 소금물에 담가두는 것으로 정리한 물고기를 자작나무껍질 통 또는 나무로 만든 큰 통에 넣고 많은 소금을 뿌리거나 소금물을 침투시킨 후에 건져내어 햇빛에 말려 저장한다.

5. 어렵 조직

물고기는 어룬춘인의 중요한 음식물 중 하나일 뿐만 아니라 외부와 교역할 수 있는 중요한 물자이다. 근대에 이르러 특히 청나라 말과 민국 초기에 러시아인이 줄철갑상어의 알과 연골을 구매하기 시작하여 어룬춘인은 양식, 천 등의 생활용품과 교환하였을 뿐만 아니라 수렵총이나 화약 등의 생산 공구와도 교환하였다. 따라서 어룬춘인은 어렵 생산을 매우 중시하였다. 특히 어렵 공구가 매우 원시적이었던 시기 물고기를 잡는 계절이 되면 전체 우리린 혹은 전 가족이 헤이룽강 혹은 물고기가 많이 잡히는 강으로 가서 힘을 합쳐 물고기를 잡았다. 독살을 만들거나 줄철갑상어를 잡는 것은 모두가 협조해야 하는 것으로 무쿤다, 타탄다 혹은 경험이 많은 연장자가 조직을 이끌어야 가능했다.

몇백 근 심지어는 몇천 근의 줄철갑상어를 잡으려면 더욱 많은 사람의 협조가 필요하다. 배를 젓는 사람, 갈고리를 잡아당기는 사람 그리고 몇 척의 배가 서로 조화를 이루는 것이 중요하다. 어망이 상당히 발달한 근현대에도 큰 강에서 물고기를 잡을 때는 조직의 지도자가 필요하다.

채집 생산 활동

채집은 수렵, 어렵과 마찬가지로 인류가 초기 생존을 위해 의존한 중요한 경제 활동이다. 자연계의 식물 잎사귀, 뿌리, 과실이나 버섯류, 알 등을 음식물로 삼아 모으는 것을 말한다. 어룬춘족 역시 수렵, 어렵과 동시에 채집 활동을 하였다.

1. 채집 계절과 장소

채집은 주로 봄, 여름, 가을에 한다. 봄철에는 산나물을 채집하는데 각종 산나물이 생장하는 시기로 연하고 맛있다. 저장하는 산나물은 대부분 이 계절에 채집한다. 과일이 익어 채집하기에 좋은 계절은 가을이다. 버섯은 비가 온 후에 생장하기 때문에 여름철에 채집한다.

어룬춘족이 거주하는 대소 싱안령 지역은 채집자원이 매우 풍부한 곳으로 고산의 밀림뿐만 아니라 초원과 계곡에도 곳곳에 각종 채집물이 생장하고 있어 멀리 갈 필요가 없다. 근처의 산기슭이나 습지, 밀림, 물가는 모두 채집하기에 좋은 장소이다. 일반적으로 산나물이나 식물의 뿌리는 습지나 개울에 많다. 과일 종류는 산기슭이나 물가의 나무에 많이 열린다. 버섯류는 개울이나 나무 아래 습한 음지에 많으며 목이버섯류는 썩은 떡갈나무나 자작나무에서 자란다.

채집하는데 고정된 장소는 없으며 규정된 채집지 경계도 없다. 광활한 산림과 초원에는 채집할 것이 많으므로 누구도 어디에서 채집을 하던 관여하지 않는다. 채집물은 공동의 소유로, 발견하면 그곳으로 가서 채집한다.

채집은 주로 부녀자가 하며 남자들은 수렵하지 않는 기간에 간혹 하지만 집중적으로 하지는 않는다. 채집하는 데 따로 통일된 조직은 없으

〈그림 6〉 야생 과일을 채집하는 부녀자

며 부녀자들이 아무 때나 한다. 채집하는 계절이 되면 부녀자들은 가죽 주머니나 자작나무 바구니를 메고 삼삼오오 말을 타거나 걸어서 부근의 산림과 강가로 채집하러 떠난다. 비교적 먼 곳에서 채집을 할 경우 일반적으로 남자 한 명이 함께 가는데 길을 알려 주는 것 외에 주로 채집자들의 안전을 보호하고 맹수의 공격을 막는다. 개별적으로 채집에 참여하는 남자는 대부분 장애인이거나 노인이다.

몇 명이 함께 채집을 가도 각자 자신의 것을 채집하며 분배하지 않는다. 그러나 의지할 데가 없는 사람들을 위해 채집물을 말린 후에 좋은 것을 골라 보내주기도 한다.

2. 채집 대상과 방법

어룬춘인이 채집하는 품종은 매우 다양해 그 종류가 얼마나 있는지 통계를 내릴 수 없다. 현재 파악된 바로는 아래의 몇 가지 종류가 있다.

(1) 산나물류

- 유호아柳蒿芽 : 어룬춘어로는 쿤비昆畢라 하며 강가나 풀밭에서 잘 자란다. 봄철에 15센티미터 정도 자라면 대량으로 채집하여 말린 후에 저장한다. 이는 어룬춘인이 가장 좋아하는 것이며 일 년 내내 식용하는 주요 채소이다. 햇빛에 말린 후에 가죽 자루에 담거나 마대에 넣어 보관한다.
- 노산근老山芹 : 어룬춘어로 캉구라抗古拉라고 하는데, 강가나 도랑

에서 자라며 여릴 때 국을 끓여 먹는다. 대량 채집한 후에 말려서 저장한다.

- 원추리黃花菜 : 어룬춘어로 디라오추底勞處라 부른다. 주로 풀밭이나 산기슭에 자라는데 꽃망울을 막 터뜨리려고 하거나 꽃이 필 때 채집한다. 국을 끓여 먹거나 고기와 볶아 먹기도 한다. 그러나 대부분 말려서 겨울철에 먹는다.
- 조총早葱 : 어룬춘어로 쑤디蘇地라고 한다. 산골짜기 음지의 진흙웅덩이에서 자라며 봄철 다른 식물에 비해 빨리 자란다. 뿌리가 파와 비슷하며 흰색으로 사각사각하고 연하다. 뿌리와 줄기, 잎사귀를 모두 먹을 수 있으며 소금에 염장하여 저장한다.
- 고사리 : 어룬춘어로는 커허아러간언克赫阿勒干恩이라 한다. 산기슭에서 많이 자라는데 잎사귀가 벌어지기 전에 채집한다. 일반적으로 꺾어서 바로 먹는데 볶아 먹거나 국으로 먹는다. 고사리는 떼를 이뤄 자라기 때문에 손으로 꺾을 수도 있고 낫으로 자를 수도 있다.
- 명아주 : 어룬춘어로 커러아可熱阿라고 한다. 강가나 풀밭에서 자라며 보통은 부드러운 잎사귀를 뜯어서 바로 국을 끓여 먹는다.
- 압취채鴨嘴菜 : 어룬춘어로는 쾅쿼누아曠闊努阿라고 한다. 개울가에서 자라는데 여릴 때 채집하여 국을 끓여 먹을 수도 있고 반건조하여 날 것을 무쳐 먹을 수도 있다.
- 포이타채狍耳朵菜 : 어룬춘어로 주첸셴九千仙이라 한다. 산기슭에서 자라며 부드러울 때 채집하여 국을 끓이거나 볶아 먹는다.
- 산강酸姜 : 어룬춘어로 주처나糾處那라고 한다. 풀밭이나 산기슭에

자라며 부드러울 때 채집하여 잎사귀는 버리고 줄기의 껍질을 벗겨 날것으로 먹는다.

(2) 조미료류

- 야생부추꽃野韭菜花 : 어룬춘어로는 쑤커쑤蘇克蘇라고 한다. 8월에 꽃이 필 때 채집하며 채집해 온 꽃은 가루로 빻아 말린 후에 자루에 넣어 저장한다. 음식에 약간 넣어 먹으면 향이 좋고 맛이 있다. 어룬춘인의 중요한 조미료이다.
- 야대료野大料 : 어룬춘어로 뤄치타楉七他라고 한다. 오미자의 덩굴 줄기로 산기슭의 밀림에서 자라며 다른 나무를 감고 자란다. 채집하여 말린 후에 조미료로 사용 가능한데, 특히 고기를 삶을 때 넣으면 고기 맛이 좋다.
- 산차山茶 : 어룬춘어로는 차이아오라오타오彩奧繞淘라고 한다. 즉, 소황기小黄芪를 말하며 초본식물로 풀밭에서 자란다. 가을철에 마른 후에 채집한다. 물에 우려서 먹는데 색이 진하고 맛이 있으며 갈증을 해소하고 정신이 나게 하여 어룬춘인이 자주 먹는 차이다. 대량 채집하여 저장해 놓고 일 년 내내 마신다.
- 야생파 : 어룬춘어로 어루터厄魯特라고 한다. 강가나 풀밭에서 자라는데 뿌리가 마늘과 비슷하다. 뿌리와 잎사귀 모두 먹을 수 있는데 파 냄새가 진하게 난다. 음식을 만드는 데 중요한 조미료이다.

(3) 야생 과일류

- 블루베리 : 어룬춘어로는 지어터吉厄特라고 한다. 개울이나 산자락

에서 자라며 목본식물로 크기가 작다. 7월에 익는데 과실은 남회색이며 맛은 새콤달콤하고 날로 먹을 수 있다. 블루베리는 저장이 가능한데 자작나무껍질 통에 넣어 지하에 매장했다가 얼기 전에 꺼내면 새콤달콤한 맛이 더 강해지고 진한 술 냄새가 난다. 과거 어룬춘인들은 블루베리로 과일주를 담갔다.

- 조리자稠李子 : 어룬춘어로는 이어터依额特라고 한다. 강가의 조리자 나무에 자라며 8월에 익는데 자흑색을 띠고 둥글며 맛은 떫고 달다. 날것으로 먹을 수 있으며 밥을 하거나 죽을 쑬 때 넣는데 단맛이 난다. 말려서 저장하였다가 필요할 때 식용한다.
- 산정자山丁子 : 어룬춘어로 모리거터莫力格特라고 한다. 강가나 산의 계곡에 서식하는 산정자 나무에 열린다. 9월에 익으며 과일은 붉은색이고 원형이며 날것으로 먹는데 시고 달다. 말려서 먹을 수도 있다.
- 머루 : 어룬춘어로는 모추莫醋라 한다. 산 계곡이나 산비탈에 자라며 9월에 익는다. 날것으로 먹으며 시고 단맛이 난다.
- 돌배 : 어룬춘어로는 아리마阿力馬라고 한다. 밀림 속에서 자라며 9월에 익는다. 날것으로 먹으며 시고 달다.
- 용가시나무 : 어룬춘어로는 가후타嘎呼他라고 한다. 산자락이나 강변에서 자라며 9월에 익는다. 과일은 붉은색이며 날로 먹는데 단맛이 난다. 말린 후에 차처럼 마시기도 하는데 맑은 향이 난다.
- 딸기사과 : 어룬춘어로 구더투古得突라고 한다. 또는 고려과高麗果라고 하는데 산비탈이나 풀밭에서 자라는 초본식물이다. 8월에 익으며 주황색이고 맛이 달며 날것으로 먹는다. 채집한 후 그릇에

담아 며칠이 지난 후에 먹으면 더욱 달다.

- 아흘탑牙疙瘩 : 어룬춘어로는 모치우구터莫求古特라고 한다. 강가의 나무에서 자라며 목본식물이다. 8월에 익으며 과실은 붉은색이고 날로 먹을 수 있으며 시고 단맛이 난다.
- 산리홍山里紅 : 어룬춘어로 우푸런烏普人이라 한다. 계곡이나 산자락, 강변에서 자라며 목본식물이다. 8월에 익으며 과실은 주황색이고 날로 먹을 수 있으며 맛이 시고 달다.
- 오미자 : 어룬춘어로는 뤄치타楉七他라고 한다. 계곡이나 산비탈에 자라는 목본식물이다. 9월에 익으며 과실은 붉은색이고 날로 먹으며 시고 달다. 말려서 저장할 수 있으며 물에 우려서 먹으면 더욱 단맛이 난다. 갈증을 해소하고 정신이 나게 하는데 일부 노인은 약으로 먹는다.
- 개암 : 어룬춘어로 시시거타喜西格塔라고 한다. 산비탈이나 산자락에서 자라며 목본식물이다. 8월에 아직 익지 않았을 때 채집해도 되고 기다렸다가 땅에 떨어진 후에 주워도 된다. 날로 먹거나 볶아서 먹어도 된다. 씨앗은 맛이 좋으며 배부르게 먹을 수 있다. 가을이 되면 채집한 후에 말려 뒀다가 자주 꺼내 먹는다.
- 잣 : 어룬춘어로 쿠리거타庫力格塔라고 한다. 높은 잣나무에 자라며 겨울철에 익는데 눈 위에 떨어진 것을 줍기도 하고 어떤 이는 나무에 올라가 가지를 잘라 떨어뜨리기도 한다. 잣은 기름이 많아 배부르게 먹을 수 있기 때문에 어룬춘인은 겨울이 되면 잣을 채집하여 보관한다. 먹을 때는 볶아서 먹는다. 적송도 잣이 열리는데 잣나무보다 약간 작을 뿐 먹는 법은 같다.

- 호두 : 어룬춘어로는 쿼르거타闊日格塔 혹은 카아투卡阿吐라고 한다. 계곡이나 강가에 자라며 9월경에 익어서 떨어진다. 주워서 불에 구우면 껍질이 벌어지는데 알맹이를 꺼내 먹으면 된다.
- 도토리 : 어룬춘어로는 우시거타烏西格塔라고 한다. 상수리나무에 자라며 땅에 떨어지기를 기다려 줍는다. 과거 어룬춘인은 도토리를 주워 겨울철 수렵 말에게 먹였다. 수렵물을 잡지 못하고 양식이 떨어졌을 때는 사람들도 소량 먹었다.

(4) 식물 뿌리류

- 야생백합뿌리 : 어룬춘어로는 아오다하奧大哈라고 한다. 풀밭에 자라며 가을철에 먹을 수 있다. 뿌리는 마늘과 비슷하며 흰색이고 날것으로 먹을 수 있는데 아삭아삭하고 달다.
- 홍화紅花뿌리 : 어룬춘어로는 지아오터吉奧特라고 한다. 풀밭에서 자라며 가을철에 먹을 수 있다. 뿌리는 외톨마늘과 비슷하고 맛은 야생백합뿌리와 비슷한데 아이들이 좋아한다.
- 마이만진買滿斤 : 풀밭에 자라며 초본식물이다. 뿌리는 생강과 같고 가을에 성숙하며 날것으로 먹는데 달고 사각사각하다.

(5) 버섯류

- 목이버섯 : 어룬춘어로 모궈莫過라고 한다. 썩은 나무에서 자라는 균류로 흑회색을 띤다. 비가 온 후에 더욱 빨리 자라기 때문에 어룬춘인은 비 온 뒤에 산으로 가서 목이버섯을 채집한다. 하루에 1근 정도 채집할 수 있다. 일부는 먹고 나머지는 외부와 교환한다.

〈그림 7〉 노루궁뎅이버섯

- 노루궁뎅이버섯 : 어룬춘어로는 옌바오하오타오淹寶好淘라고 한다. 상수리나무에 자라는 비교적 큰 버섯이다. 여름철에 자라는데 특히 비가 온 후에 성장 속도가 빠르며 황백색을 띤다. 신선한 것은 따서 날것으로 먹을 수 있다. 가을철에 집중적으로 채집하는데 쉽게 채집할 수 있을 뿐만 아니라 이미 건조해졌기 때문에 가지고 와서 바로 저장한다. 일부 스스로 먹는 것 외에는 대부분 외부와 교환한다.
- 권마圈蘑 : 어룬춘어로는 쿼런모궈闊任莫過라고 한다. 풀밭에서 자라는데 회백색의 동글동글한 균류로 볶아서 먹기도 하고 국을 끓여 먹기도 한다. 비가 온 후에 빨리 자라기 때문에 빨리 채집해야 하며 다 먹지 못한 것은 말려서 겨울에 먹는다.
- 개암버섯 : 어룬춘어로 시카거모궈西卡格莫過라고 한다. 개암나무

아래에서 자라는 균류로 황색 혹은 붉은 황색을 띤다. 여름철에 자라는데 채집하여 말린 후에 저장하며 대부분 스스로 식용한다.

- 느릅나무버섯 : 어룬춘어로 카이라쿤모궈開拉昆莫過라고 한다. 썩은 나무에서 자라는 균류로 회백색이며 맛이 좋다. 말려서 저장할 수 있다.

어룬춘인은 장기간 야외생활을 했기 때문에 많은 종류의 약용식물을 식별할 수 있다. 어룬춘족 지역에 생장하는 약용식물로는 개머루[19], 마뇨초馬尿稍[20], 포마자抱馬子[21], 바오러훠쿠러寶勒伙庫熱, 쿠차터庫恰特, 바리이러가巴里依勒嘎, 취덩이러가取登依勒嘎, 차옌아오라오터查眼敖繞特, 가훙쿠러嘎洪庫熱, 나란쿠러那蘭庫熱 등이 있다. 필요할 때 채집하여 사용하고 일부는 저장하여 나중에 사용한다.

3. 경제생활 중 채집 활동의 비중

자연계의 식물을 채집하는 것은 초기 인류에게 있어 음식물 자원을 확보하는 중요한 수단이었다. 수렵과 어렵 공구가 매우 낙후되어 수확이 불안정한 시기에는 반드시 채집으로 음식물을 보충하여 생활을 유지해 나가야 했다. 신중국 성립 이전의 어룬춘족은 유렵생활을 위주로 하고 농사를 짓는 경우는 아주 적었다. 따라서 주로 수렵한 고기나 수렵물과 교환한 약간의 양식이 주요한 식품이었으며 채집한 나물과 야생 과일은 중요한 보조식품이었다. 따라서 과거 어룬춘인은 과일과 나물을 채집하는 계절이 되면 집중하여 대량으로 채집한 후에 말려서 부대에 넣어 보존하였는데 그다음 해에 봄나물이 나올 때까지 먹을 수 있었다. 채집물은 보조식품이자 수렵물을 잡지 못했을 때 필요한 구황식물이었다.

현재 어룬춘족은 대부분 농업에 종사하기 때문에 자신이 경작한 채소를 먹지만 야생 나물과 과일을 먹던 습관과 수입을 얻기 위하여 채집 계절이 되면 채집 활동을 한다. 특히 유호아와 노산근 등은 지금도 자주 식용하고 있다. 채집물은 일부 자기가 식용하고 나머지는 교환한다. 정착한 이후에는 목이버섯, 노루궁뎅이버섯과 같은 각종 버섯 종류와 개암, 잣, 블루베리, 오미자 등을 판매하여 수입을 올리고 있다.

5장

수피 중심의 의생활

[조우현]

어룬춘족 복식문화의 특징

민족복식은 각 민족이 생활을 영위해 온 자연환경과 역사 · 문화적 환경에 적응하도록 변화하며, 그 밖의 다양한 요인에 의해 그 민족 생활에 가장 적합하고 독창적인 형태와 고유 기능을 갖추게 된다. 이렇듯 복식은 그것을 입는 민족들의 삶과 정신을 알 수 있는 바코드이다.[1] 이러한 민족복식의 고유성과 독창적 특징이 잘 드러나는 사례가 바로 중국 55개 소수민족의 복식이다.

본 장에서는 중국 55개의 소수민족 중 동북부에 거주하고 있는 어룬춘족의 복식문화에 대한 전반적인 이해와 그들의 의복 및 장신구에 나타난 조형적 특징을 구체적으로 소개하고자 한다. 또한 어룬춘족의 중요 문화요소 중의 하나인 샤먼 복식의 특징과 실물에 대한 내용도 함께 정리하였다.

어룬춘족의 복식문화는 삼림 속에서 사냥 활동을 하던 수렵민의 생활방식 및 지리와 풍토조건에 맞도록 오랜 시간에 걸쳐 형성되었다. 어

〈그림 1〉 어룬춘족의 남자 복식(어룬춘박물관 소장)

〈그림 2〉 어룬춘족의 여자 복식(1950년대)[2]

륜춘족 복식의 특징은 어룬춘족만이 가지고 있는 민족문화, 그중 대표적인 수렵문화를 토대로 형성되었으며 이를 상징하는 시각적 문화요소를 표현하고 있다. 어룬춘족 복식은 기후에 적응하기 쉽도록 방한성이 좋고, 수렵의 생활방식에 용이하게 실용성이 크다. 이러한 점은 그들의 생존에 필요한 기본적인 조건이 반영된 것이라고 할 수 있다.[3] 즉, 한랭건조한 기후조건 아래에서 수렵을 통한 생존과 생산력을 위해 동물모피로 전신을 감싸고 추위를 이겨낼 수 있는 수피獸皮 복식문화服飾文化가 발달하였다.

어룬춘족의 수피 복식문화의 역사는 오랜 기간 동안 이어져 온 것으로 이들의 수피 제작기술은 수준이 매우 뛰어나 오늘날 다양한 분야에서 활용되고 있다. 수피 복식문화와 제작기법은 어룬춘족 문화의 성격을 잘 드러내 주는 중요한 특징이다. 이러한 수피 복식의 양식과 소재, 문양 및 제작기법 등에는 다른 민족과는 구별되는 생활관, 심미관, 종교 신앙 등 어룬춘족만의 독자적인 정서와 수렵민족으로서의 품격이 잘 나타나고 있다.

현대화로 인하여 점차 각 민족의 고유한 특징이 사라지고 있는 현시점에서 어룬춘족의 전통문화와 민족복식도 점차 잊혀 가고 있다. 따라서 어룬춘족만이 가진 의식과 정서가 시각적으로 표현된 그들의 복식문화를 고찰하는 것은 매우 필요한 실정이라 생각한다.

살펴볼 의복은 피포의皮袍衣류, 감견류, 하의류(바지와 투고), 관모와 두식류, 장갑과 신발류 및 장신구류, 샤먼 복식의 순서이며, 본고本稿가 수렵인으로서의 어룬춘족을 이해하는 데 기초적인 자료가 되기를 기대한다.

수피 문화의 역사적 배경

어룬춘족의 수피 문화는 그들의 원시생존 상태를 그대로 보존하며 전승되었다. 또한 수렵문화의 중요한 표현양식으로 강한 민족 특색과 지역성을 가지고 있다.[4] 인류 역사상 수피 문화는 원시 시대부터 시작되었으며 이에 대한 기록은 중국 고대 문헌 및 고고학적 문물 등을 통해 확인할 수 있다.

중국 문헌에 나타난 수피 문화에 대한 기록을 살펴보면 《예기禮記》 〈예운편禮運篇〉에는 "예전의 선왕은 아직 궁실宮室이 없어 겨울이면 동굴에 살았다. 아직 불이 없어 초목의 열매를 따 먹고 조수鳥獸의 고기를 먹고 그 피를 마셨다. 아직 마사麻絲가 없어 새 깃털로 옷을 삼았다."[5]라는 기록이 있다. 《한비자韓非子》의 기술 중에도 "예전에는 남자가 농사를 짓지 않아도 풀과 나무의 과일이 먹기에 충분하였으며, 여자가 직물을 짜지 않아도 짐승의 가죽이 입기에 충분하였다."[6]라는 기록이 있다. 한대漢代《백호통白虎通》에는 "여모음혈茹毛飮血이라고 하여, 짐승을 먹고 그 피를 마시며 가죽과 갈대로 옷을 짓는다."[7]라는 내용이 전해지고 있다. 또한 중국 작가이자 학자인 선충원沈從文은 《중국고대복식연구中國古代服飾研究》에서 "골침의 발견은 산정동인山頂洞人과 연관된 것으로 수피류를 재료로 삼아 의복을 봉제하였다."[8]라고 언급하였다. 이처럼 고대 문헌 기록과 고고 문물의 발견을 통해 인류의 선사 시대에 수피로 의복을 만들어 착용했음이 역사적 사실로 입증되고 있다.

한편 다음과 같은 문헌 기록을 통하여 중국과 한반도 북방지역 민족들을 중심으로 수피 문화가 발달하였다는 것을 알 수 있다.

춘추전국 시기의 《산해경山海經》에는 "숙신국肅愼國은 요동에서 3천여 리 떨어진 동굴에 거주하며 의복이 없고 돼지가죽을 걸친다. 겨울에는 기름을 몸에 발라 추위를 피한다."[9]라는 기록이 있다. 또한 《한서漢書》에 "흉노는 군왕 이하 모두 가축의 고기를 먹고 그 피혁으로 의복을 제작하며 전구旃裘, 털옷를 입는다."[10]라는 내용이 있다. 또한 《후한서後漢書》에는 "읍루挹婁는 옛 숙신肅愼의 땅이다. 부여 동북 천여 리에 있는데, 동으로는 큰 바다를 끼고 남으로는 옥저와 인접하고 있으나 그 북쪽은 알 수 없다. 토지는 산이 많고 험하다. 사람의 모습은 부여와 비슷하나 언어는 다르다. 오곡, 마포, 적옥이 산출되며 좋은 초피를 생산한다. 산림 속에 거주하여 날씨가 매우 추워 항상 굴을 파서 사는데 깊을수록 귀하다고 여기며 큰 집의 경우 사다리 아홉 개를 연결해야 한다. 돼지를 키우는 것을 좋아하며 돼지고기를 먹고 가죽을 입는다."[11]라고 언급되어 있다. 《위서魏書》의 기술 중에도 "물길은 남자가 돼지나 개가죽으로 옷을 입는다."[12]라는 내용이 있으며, 《진서晉書》에도 "숙신씨는 대개 돼지를 길러 고기를 먹고 가죽을 입는다."[13]라는 기록이 남아 있다. 이와 관련된 다른 기록들을 살펴보면, 《북사北史》에는 "돌궐은 피발좌임(被髮左衽, 머리를 풀어 헤치고 옷깃을 왼쪽으로 여민다는 뜻)을 하고 수초를 따라 이동하며 목축과 수렵을 하고 고기를 먹고 그 젖을 발효시켜 먹으며 털옷을 착용한다."[14]라는 내용이 기술되어 있다. 《구당서舊唐書》에는 "말갈은 돼지를 기르며 그 고기를 먹고 가죽을 입는다."[15]라는 기록이 있으며, 송宋대에는 "금金의 가난한 자는 가을과 겨울에 짐승의 가죽을 입는다."[16]라는 내용이 전해지고 있다.

이처럼 수피 문화의 역사는 선사 시대 이후로 지속적으로 나타났으며, 특히 중국과 한반도의 북부지역에서 생활했던 민족들을 중심으로 발달했음을 알 수 있다.

어룬춘족의 수피 문화 역사에 대한 기록은 대개 남북조南北朝 시대부터 찾아볼 수 있다. 《북사北史》 〈실위전室韋傳〉에는 어룬춘족의 선조로 간주되는 실위의 오부 중 발실위鉢室韋 사람들이 흰 자작나무껍질로 지붕을 덮고 수렵 생활을 하며, 사냥을 통해 얻은 고기는 먹고 그 가죽으로 의복을 제작한다는 기록이 있다.[17] 또한 《위서》에 의하면 "실위국 사람들은 각궁角弓을 사용하며 활쏘기에 능하다. 남녀 모두 흰 사슴 가죽 상의와 바지를 입는다."[18]라는 기록이 많다. 수당 시기에는 "북실위는 노루와 사슴을 활을 쏘아 수렵하며 그 고기를 먹고 가죽은 의복으로 사용한다. 다시 북으로 천 리를 가면 발실위에 이르는데, 호포산 기슭에 거주하며 자작나무껍질로 집을 덮고 그 나머지는 북실위와 같다."라는 내용의 기록이 있다.[19] 이를 통해 이미 중국의 남북조 시대부터 사냥을 통해 얻은 가죽으로 의복을 만들어 입었음을 알 수 있다.

어룬춘족 복식의 종류

어룬춘족의 수피 복식문화는 역사적으로 삼림이라는 특정 환경을 배경으로 발달한 것으로, 수렵 활동을 토대로 창조된 그들만의 독특한 문화이다. 수피 복식의 특징은 내한성, 실용성, 계절성이다. 이러한 특징을 통해 어룬춘족 사람들은 한랭건조한 기후를 이겨내며 수렵민으로서의 생활을 유지해 왔다. 어룬춘족 수피 복식의 종류를 살펴보면, 피포의皮袍衣, 감견坎肩, 바지와 투고套褲류, 장갑류, 피화皮靴와 형상이 살아 움직이는 듯한 포피모狍皮帽 등이 있다. 의복류에 주로 사용되는 포피는 깔개나 덮개류 제작에도 사용되며 그 용도에 따라 사용하는 부위가 다르다.[20] 또한 생활용품이나 공예품에는 자작나무를 사용하는데 이러한 공예품에 자수를 하거나 조각한 어룬춘족의 전통문양들은 수렵인들의 독특한 특색을 잘 나타내고 있다.[21] 의복별로 종류와 특징을 살펴보면 다음과 같다.

1. 피포의

어룬춘족의 피포의류는 남녀노소 모두 착용하는 의복으로 동물 가죽으로 만든 두루마기를 말한다. 어룬춘어로 쑤언蘇恩이라고 하며 남자의 것은 니뤄쑤언尼羅蘇恩, 여자의 것은 아시쑤언阿西蘇恩이라고 부른다.[22]

피포의皮袍衣의 전체적인 양식은 남녀의 것이 대체로 유사하며 기마에 편리하도록 트임이 있다. 의복의 형식은 오른쪽으로 여미는 우임의 전개형이며, 깃의 형태는 대금형으로 목 주변을 둥글게 감싼다. 피포의의 여미는 방식은 처음에는 동물 뼈를 사용하거나 가죽끈을 묶어 매듭을 만들었으나 후에 구리단추가 들어오면서 이 매듭을 대신하였다.[23] 소매의 형태는 수구 쪽으로 갈수록 좁아지며, 수구, 섶, 도련 등에 선장식이 되어 있다.

〈그림 3〉 어룬춘족의 피포의(어룬춘박물관 소장)

피포의에 사용되는 노루 가죽은 계절에 따라 사용하는 소재에 차이가 있다. 봄, 여름, 가을에는 짧은 가죽, 즉 일반적으로 털을 제거한 가죽으로 만든 쿠라미古拉米라는 피포의를 제작하여 착용하는데, 이는 뒤집어서 입으면 시원하고 비를 막는 방수의 역할을 하기도 한다.[24] 겨울용 피포의는 두꺼운 솜털이 있어 매우 따뜻한데, 노루 가죽 털은 계절에 따라 달라지기 때문에 사냥하여 얻을 수 있는 가죽 소재가 달라지고 제작하는 의복의 종류도 달라진다.[25]

한 벌의 겨울용 의복은 대개 5~6장의 포피狍皮를 사용하며 보통 4~6일에 걸쳐 제작한다. 일반적으로 3년 정도 착용할 수 있지만 너무 낡으면 여름, 가을용으로 다시 고쳐 제작하여 3년을 더 입을 수 있도록 만든다. 피포의를 뒤집어서 입으면 방한 및 보온이 잘 되며, 털을 밖으로 향하게 하여 수렵 시에 위장의 목적으로 활용하기도 한다.[26] 피포의의 색채는 피포의 원래의 색을 사용하지만 때때로 썩은 나무에서 얻을 수 있는 황색 염료로 염색하여 제작, 착용하기도 한다. 이렇듯 어룬춘족 복식 습속은 기후와 밀접한 상관관계를 가지고 있음을 알 수 있다.

남녀 피포의의 구분은 전체적인 형태와 길이, 트임의 위치와 장식문양 등에 있다. 남자 피포의는 전체적인 길이가 무릎 위로 올라가며 좌우 혹은 앞뒤에 트임이 있어 기마나 달리기와 같은 수렵 활동에 편리하도록 제작하였다. 가죽으로 만든 피대皮帶를 사용하여 의복을 고정하였고 주로 트임 주변에 간단하고 소박한 느낌의 문양을 장식하였다.

반면에 여자 피포의는 남자용에 비해 몸에 달라붙고 전체적인 길이가 길게 제작하였다. 젊은 여자는 채색된 포대布帶를, 노부녀는 소색의 포대를 사용하였으며 좌우에 트임이 있는 것이 특징이다. 깃, 수구, 트임의 주변에 화려하고 다양한 문양을 장식하였으며 남자의 것보다 공을 더 들여서 제작한다.[27] 남녀 피포의의 각각의 특징은 다음 〈표 1〉로 정리하였다.

〈표 1〉 남녀 피포의의 특징

성별 / 항목	남자용 피포의	여자용 피포의
이미지	〈그림 4〉 어룬춘박물관 소장	〈그림 5〉 어룬춘박물관 소장
형태 및 특징	· 전체적인 길이가 무릎 위로 올라감 · 피대皮帶 사용	· 몸에 달라붙고 남자용보다 길이가 김 · 젊은 여자 - 채색된 포대 노부녀 - 소색 포대 사용 · 트임 주변의 장식이 화려
착용 용도	· 기마나 달리기와 같은 수렵 활동에 편리하도록 제작	
트임 위치	· 앞뒤	· 좌우
문양	· 간단하고 소박한 느낌의 자수 문양 (트임 주위)	· 화려하고 다양한 자수 문양 (깃, 수구, 트임)

어룬춘족 피포의의 구성에서 시선을 끄는 부분은 바로 트임 주변의 문양이다. 앞서 언급한 바와 같이 남자용 피포의에는 간단한 문양과 색채가 사용되지만, 여자용 피포의에는 홍색, 황색, 남색, 분홍색, 녹색 등의 색채를 사용하여 화려하게 장식한다.[28] 트임뿐만 아니라 사용되는 문양의 종류도 다양하다. 대칭적으로 사용되는데 구름문, 양각문, 식물문, 녹각문, 투창문, 기하문, 동물문 등이 있다.[29] 〈그림 6〉, 〈그림 7〉, 〈그림 8〉은 어룬춘족 의복에 나타나는 트임 부분의 문양으로 현지답사 시[30] 촬영한 자료이다.

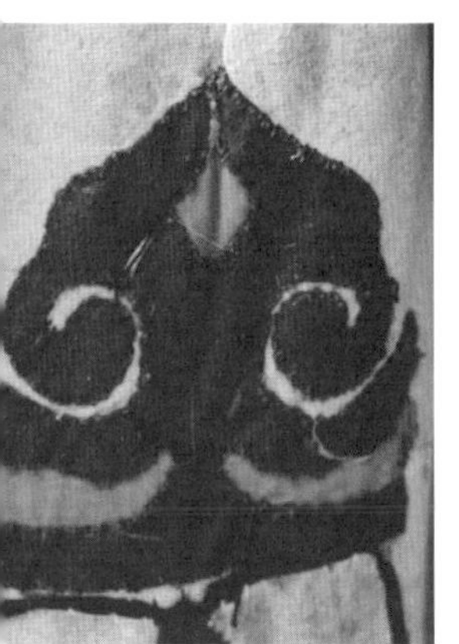

〈그림 6, 7, 8〉 어룬춘 피포의 트임 부분 문양들
(6 어룬춘문화공예관 소장 / 7 거쯔바제格子巴杰 씨 소장 / 8 궈바오린郭寶林 씨 소장)

2. 감견

어룬춘족의 감견坎肩류는 소매가 없는 조끼 혹은 배자 형태의 의복이다. 남녀 모두 착용하였으며 어룬춘어로 더허레得呵列라고 한다. 의복의

〈그림 9〉 어룬춘 여성이 착용한 감견[31]

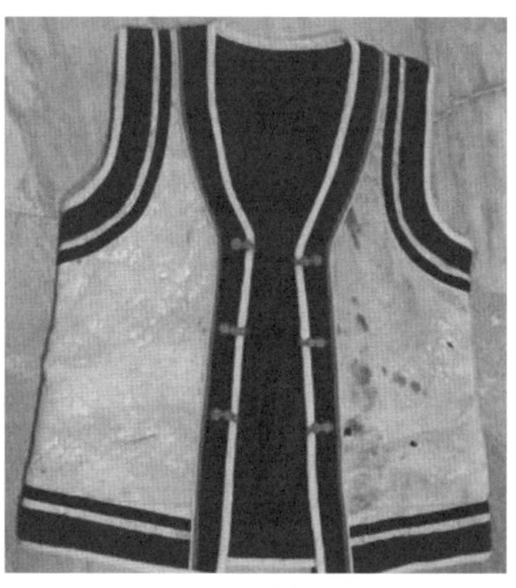

〈그림 10〉 노루 가죽으로 제작한 감견

전체적인 형태는 대금형이며 일반적으로 좌우로 트임이 있으나 뒤트임이 있는 경우도 있다. 피포의와 마찬가지로 주로 노루 가죽을 사용하여 제작하고 깃, 진동, 앞여밈, 도련, 트임 부분에 선 장식을 하며, 여성용 감견의 경우에는 깃, 트임 부분에 화문으로 장식하기도 한다.[32]

3. 바지와 투고

어룬춘족이 하의로 착용하는 의복은 크게 바지(袴, 褲子)류와 투고套褲류가 있다. 바지류는 주로 가죽을 소재로 제작하여 피고皮褲라고 불리며, 어룬춘어로 어르커이厄日克一라고 한다. 투고류는 우리나라의 행전과 유사한 것으로 다리를 감싸는 바짓가랑이 부분으로만 구성된 의복이다. 어룬춘어로는 아러무차阿勒木刹라고 한다.[33]

어룬춘족이 거주하는 중국 동북지역과 내몽골 지역에서 나타나는 바지류의 유형은 일반적으로 부리 쪽으로 갈수록 좁아지는 형태로, 이는 장화 형태의 신발 착용과 연관이 있는 것으로 추정할 수 있다.[34] 남자는 일반적으로 무릎 밑 부분까지 올라오는 포피단고袍皮短褲를 착용하고, 그 밑 부분에 투고를 착용하였다. 그러나 이러한 습속은 청대 말이 되면서 장피고長皮褲를 착용하는 것으로 변화하였으며, 수렵 시에는 보호와 보온의 목적으로 피고 위에 투고를 덧 착용하고 바지의 양쪽 가랑이 부분이 장화 속으로 들어가도록 하였다.[35][36] 여자용 피고는 길고 통이 좁은 편이며 끈으로 고정하고 부리에 운문 장식을 하였다. 가장 주목할 만한 것은 앞가리개 부분, 즉 두두兜肚가 있다는 것으로 이 부분의 가죽끈을 목에 걸어 착용하였다.[37] 봄가을에는 겨우내 착용했던 털이 빠진 피고와 투고를 착용하고, 겨울에는 수렵한 짐승 가죽을 사용하여 피고와 투고를 제작하였다.

투고는 윗부분에 가죽끈을 달고 피고의 요대로 고정하여 착용하였으며 다리와 무릎 부분에 화문으로 장식하는 것이 일반적이다. 투고는 수렵 시에 방한 작용을 하며 수피작업을 할 때 바지의 오염을 막아주는 역할, 자연환경으로부터의 보호 작용 등의 목적으로 착용하였다.[38] 주로 여름철의 털이 없는 동물의 가죽을 사용하는데 털을 완전히 제거한 두 장의 가죽을 재단하여 만든다. 그러나 현재는 남녀 모두 중국식으로 넓은 허리가 달린 피고를 주로 착용한다.[39]

〈그림 11〉 어룬춘 여자용 피고를 착용한 모습[40]

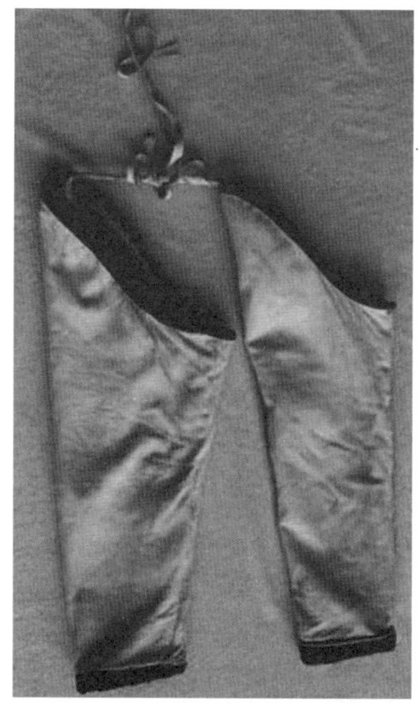

〈그림 12〉 투고(어룬춘문화공예관 소장)

4. 관모 및 두식

어룬춘족이 착용하는 관모류는 그들의 유목과 수렵이라는 생활방식에 적합한 형태로 발달하였다. 이런 이유로 어룬춘족은 그들의 관모류를 특히 자랑스럽게 생각하는 경향이 있는 듯하다.[41] 본고에서는 어룬춘족의 관모를 크게 동물 머리 모양의 포각피모狍角皮帽와 꽃잎형 모양의 첨이 있는 전모氈帽로 분류해 살펴보았다.

먼저 어룬춘족이 수렵 활동 시에 주로 착용하는 포각피모는 일종의 동물 머리형 관모로 사슴, 노루, 들개 등의 머리 모양을 형상 그대로 사용하여 제작한 것이다. 포각피모는 포두각모狍頭角帽 혹은 구두피모狗頭皮帽라고도 하며, 어룬춘어로는 메타타아원滅塔阿文 혹은 메타하滅塔哈라고 한다.[42] 포각피모는 주로 남자나 어린이가 겨울이나 수렵 활동 시에 착용하였다. 완전한 모양의 노루나 사슴의 머리 골육을 파내고 눈, 귀, 뿔 등을 살려 본래의 형상으로 복원하고 가죽 털로 가장자리를 장식하여 제작한다.[43] 노루의 암컷은 뿔이 없고 수컷은 뿔이 있어, 어느 것을 사용하느냐에 따라 뿔이 있기도 하고 없기도 하다. 또한 포각피모는 수렵 시에 최고의 위장 도구로 사용되는데, 사냥 시에 맹수를 유인하거나 미처 눈치채지 못한 맹수들을 급습할 수 있다.[44] 이렇듯 수렵에 대한 일종의 용맹하고 용감한 모습을 상징하고 있는 포각피모는 가죽과 털로 제작되었기 때문에 보온 역할도 뛰어나다.[45]

다음으로 살펴볼 것은 전모이다. 어룬춘어로 아원阿文이라고 하며 주로 여자가 많이 착용하는 펠트모자 혹은 포로 만든 모자 위에 여우나 토끼, 살쾡이 털로 장식한 것이다.[46] 모자의 형태는 주로 양측 좌우에 큰 첨 2개, 앞뒤 전후에 작은 첨 2개, 총 4개의 꽃잎형의 첨이 달려 있다. 모자의 첨들은 착장 방법에 따라 좌우의 첨을 내리거나 올릴 수 있도록 제작되었으며, 특히 겨울철에는 첨을 내려 착용함으로써 방한용 모자의 역할을 극대화할 수 있다.[47] 자작나무 모자나 전모에는 화문 등을 자수 장식하거나 모정 부분에 장식이나 채색을 하여 제작하였다.[48] 남자의 전모는 귀 덮개 부분에 수달피를 두르고 모자의 정수리는 담비 꼬리로 장식하기도 하였다. 여름철의 남자들은 첨정포모添頂布帽를 착용하는데, 이것은 뒷부분에 첨을 늘어뜨린 포로 만든 첨정모로 태양이나 해충을 막아 주는 역할을 하였다.[49]

마지막으로 어룬춘족의 여자들은 여름철과 축제 그리고 혼례 때 주로 두식을 착용하였다. 여자의 두식은 어룬춘어로 망게이라부툰莽給兒布呑이라고 하며[50] 젊은 여자의 것은 치사둔奇啥屯[51]이라고 한다.[52] 치사

〈그림 13〉 포각피모 착용
(어룬춘문화공예관 소장)

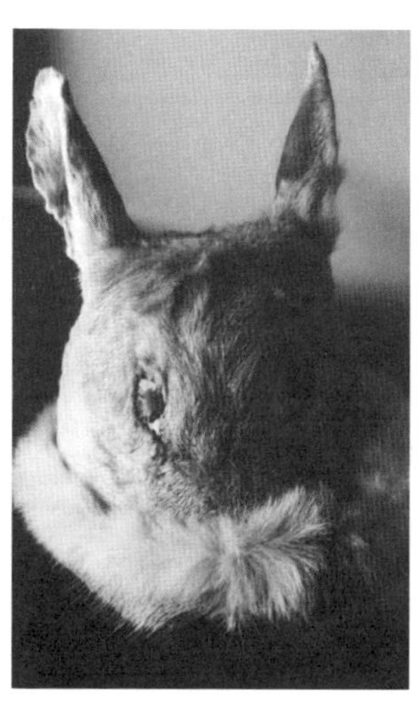
〈그림 14〉 포각피모
(어룬춘문화공예관 소장)

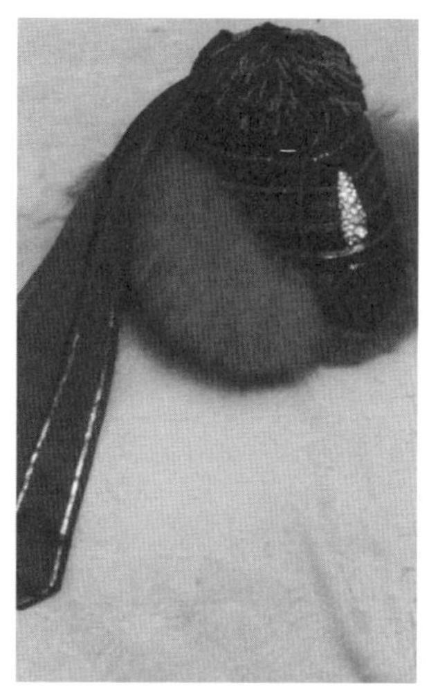
〈그림 15〉 전모
(궈바오린郭寶林[54]씨 소장)

둔은 일종의 둥근 머리띠와 같은 형태로, 박피薄皮나 포布로 만들며 각종 화문으로 자수 장식하고 가장자리는 조개껍질이나 채색단추로 장식하였다. 또한 노년 여자는 모자를 착용하지 않고 수건이나 천 조각을 머리에 덮거나 이마에 맨다.[53]

5. 장갑 및 신발류

장갑은 한랭한 기후에서 살아가는 어룬춘족에게 꼭 필요한 의복으로, 크게 손가락장갑과 벙어리장갑의 두 가지 유형으로 나누어 볼 수 있다. 손가락장갑은 다섯 손가락을 각각 끼우는 형태의 오지수투五指手套가 있고, 벙어리장갑은 이지수투二指手套와 수민자手悶子 두 가지 종류가 있다.

오지수투는 어룬춘어로 사르비허이沙日比和依라고 하며, 이지수투는 다른 말로 단지수투單指手套라고도 불리며, 어룬춘어로는 카오하오루考蒿擄 혹은 카오후뤄考呼落라고도 한다. 수민자는 어룬춘어로 디모底莫라고 한다.[55] 어룬춘족의 장갑은 포피나 녹피로 제작하며 그 착용 방법이 특이하고 다른 의복류에서 볼 수 없는 다양한 장식기법이 사용되어 매우 정교하고 화려하게 제작되었다.

먼저 다섯 손가락에 끼우는 형태의 오지수투에 대해 살펴보면 오늘날의 장갑과 유사하고, 특히 여자용 장갑은 손등, 손가락 및 엄지손가락 안쪽 부분에도 아름다운 자수문양이 장식되어 있다. 손바닥 부분은 녹피나 포피로 제작하고 다람쥐 털 등으로 가장자리를 둘러 보온이 잘

되도록 하였고 때때로 장식스티치를 넣어 실용적이면서도 정교하게 만들었다.[56]

벙어리장갑형인 수민자는 엄지손가락과 4개의 손가락으로 나누어져 있는 형태로 현대의 벙어리장갑과 유사하다. 현재 동북의 한랭한 지역에서 쉽게 찾아볼 수 있는 장갑이다. 녹피나 포피로 만들고 다람쥐 털로 가장자리를 장식하였으며 보온성이 크고 아름답다. 보통은 어린이들이 착용하였다.[57] 또 다른 벙어리장갑형인 이지수투는 사냥 중에 착용할 수 있도록 실용성을 살려 제작한 장갑이다. 실제로 사냥 중에 목표물을 발견했을 때 신속하게 대처할 수 있다고 한다. 장갑의 구성은 엄지손가락과 4개의 손가락으로 분리되어 있으며 손바닥 부분에는 구멍이 있어 사냥 시에 손을 내밀 수 있도록 하였다. 장갑의 착용 모습은 〈그림 19〉와 같다. 장갑의 안쪽에는 긴 털을 넣어서 보온성이 매우 좋다.[58]

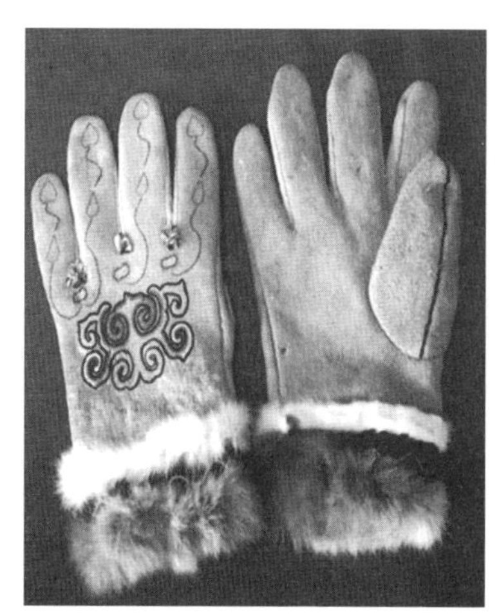

〈그림 16〉 오지수투五指手套
(관샤오윈關小雲[59] 씨 소장)

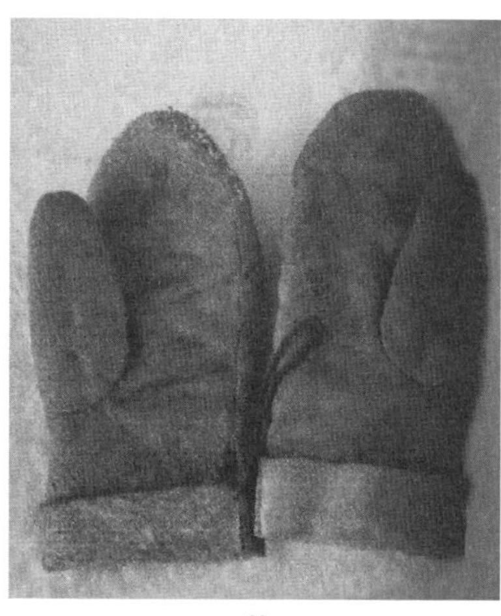

〈그림 17〉 수민자手悶子[60]

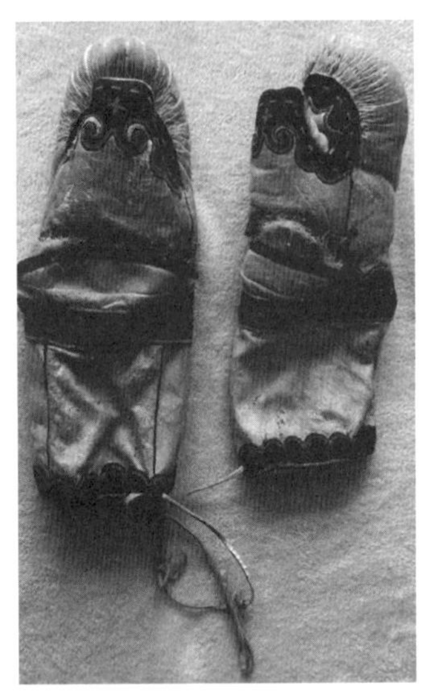

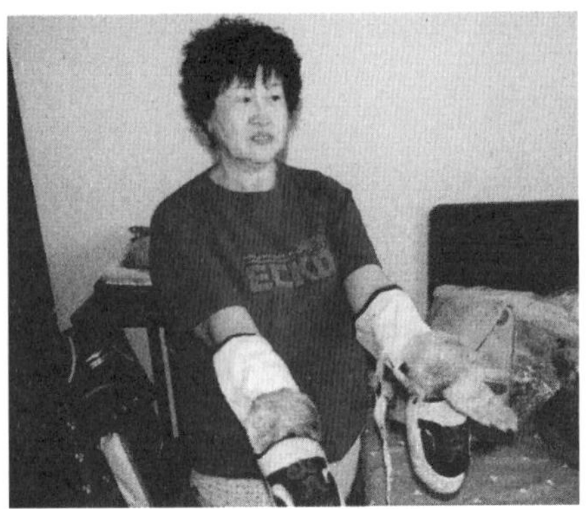

〈그림 19〉 이지수투 착용 모습[61]

〈그림 18〉 이지수투二指手套(어룬춘문화공예관 소장)

신발은 혜鞋와 화靴의 형태가 있는데, 어룬춘족은 그들의 생활방식인 유목과 수렵에 적합한 화 형태의 신발을 착용하였다. 그러나 현재 중국에서 신발을 총칭하는 단어는 '혜'이기 때문에 계절과 용도에 따른 소재 사용에 따라 포혜布鞋와 피혜皮鞋로 나누어 살펴보았다.

먼저 포혜는 어룬춘어로 아오뤄치敖羅奇라고 하며 일종의 여름 신발이다. 가죽으로 신발의 바닥을 제작하고 직물로 신울 부분을 만드는데,[62] 전체적인 형태는 오늘날의 부츠와 유사하다. 신발의 뒤쪽에 2개의 가죽끈을 달아 신발 착용 시에 두 줄을 묶어 신발 앞쪽에서 고정하게 되어 있으며,[63] 발을 넣는 입구의 앞쪽(한국 버선의 수눅선)에 해당하는 곳에 트임이 있어 신발을 신고 벗는 데 편리하도록 제작하였다. 보통 길이는 종아리에 이르며 여자용은 신울 부분에 화문으로 자수 장식을 하였다.[64]

〈그림 20〉 포혜布鞋(관샤오윈 씨 소장)　〈그림 21〉 피혜皮鞋(관샤오윈 씨 소장)

한편 피혜는 어룬춘어로 치하미奇哈密라고 하며 일종의 털신이다. 노루 혹은 사슴의 다리 가죽이나 들개 가죽으로 만들고 신발 속에 올랍초라는 풀을 넣은 가죽버선을 신어 보온 효과를 주었다. 이렇게 가죽으로 제작된 털신은 보온성, 내구성, 항습성이 뛰어나고 가벼우며 눈 위에서 소리가 나지 않아 수렵 시에 꼭 필요한 복식이었다.[65][66]

피혜는 발목 부근까지 오는 길이부터 종아리를 감싸는 길이까지 다양하며, 털을 신발의 안쪽 혹은 바깥쪽에 장식하여 용도에 따라 착용하였다. 일반적으로 털을 바깥쪽에 부착하는 경우는 동물 가죽 자체의 자연스러운 색채와 질감을 살릴 수 있으며 방수 효과가 있다고 한다. 또한 털을 안쪽에 부착, 장식한 경우는 날씨가 좋은 날이나 사냥 시 보온용으로 착용하였으며 부드럽고 가벼우며 쉽게 닳지 않는다는 장점이 있다.[67]

6. 소품류 및 공예품

어룬춘족 복식에 나타나는 소품류 중 흔하게 볼 수 있는 것은 가방과 주머니류, 깔개류이다. 현재 박물관 등에서 볼 수 있는 자료들은 다양한 크기와 소재로 제작되었는데, 의복과 마찬가지로 가죽이나 모피를 사용하여 만든 것이 가장 많다. 또한 어룬춘족만의 독특한 문양과 기법을 사용하여 장식한 것을 확인할 수 있다. 가방에는 보통 식량이나 생산 활동에 필요한 도구들을 담았던 것으로 보인다. 다음 실물 자료들을 통하여 그들의 전통적인 특징을 살펴볼 수 있다.

〈그림 22〉는 모피 소재로 만든 긴 직사각형의 가방으로, 털이 있는 부분은 바깥으로 배치하여 모피의 재질감을 살려 제작하였다. 〈그림 23〉은 덮개가 있는 사각형의 가방으로 어룬춘족의 독창적인 문양이 장

〈그림 23〉 덮개가 있는 가방(어룬춘박물관 소장)

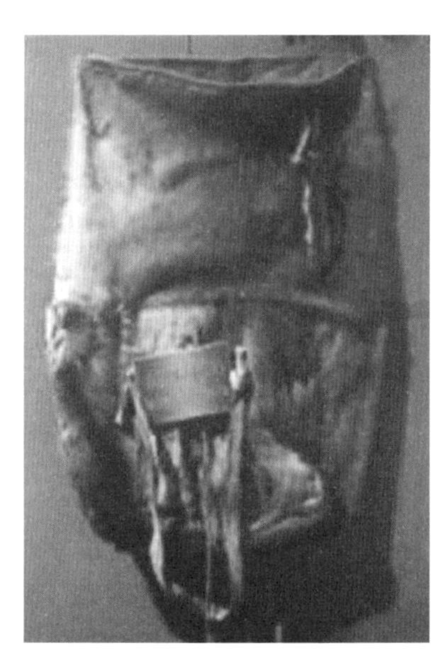

〈그림 22〉 모피제 가방(어룬춘박물관 소장)

식된 것이 특징이다. 깔개류는 노루의 다리 부분 가죽을 사용하여 만드는데 많은 양의 다리 가죽을 모아서 만든다. 〈그림 24〉는 어룬춘박물관에 소장되어 있는 깔개로, 중심은 약 백여 개의 노루 다리 가죽으로 만들었고 가장자리에는 스라소니의 가죽을 사용하였다.

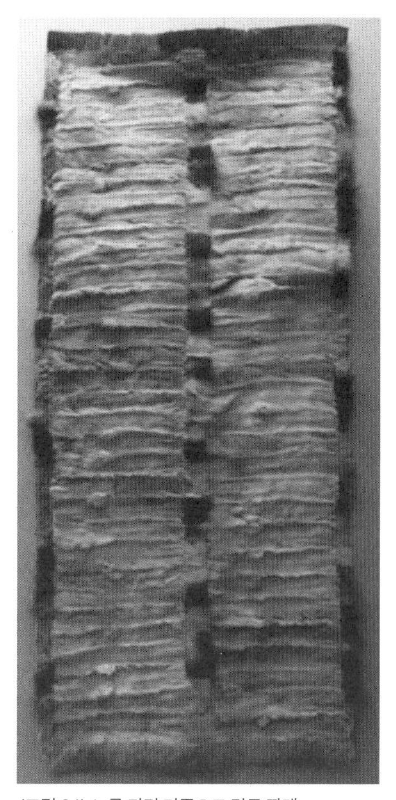

〈그림 24〉 노루 다리 가죽으로 만든 깔개 (어룬춘박물관 소장)

어룬춘족은 가방, 깔개와 같은 모피 소품류 이외에도 자작나무, 즉 자작나무껍질을 재료로 제작한 자작나무껍질 공예 제품을 생산해 내는 것으로도 유명하다. 수공예 제품에도 어룬춘만의 각종 도안을 자수하거나 조각하였으며 그 제작 기술과 기법이 뛰어나다.

현지답사에서 그 제작 방법을 눈으로 직접 확인할 기회가 있었다. 허지화何吉花[68] 씨가 자작나무껍질 공예 제작 과정을 시연해 주었으며 당시의 제작 설명과 상황을 바탕으로 정리하여 어룬춘족 자작나무 공예에 대한 이해를 돕고자 한다. 다음 〈표 2〉는 당시 설명을 바탕으로 간단하게 내용을 정리한 것이다.

〈표 2〉 어룬춘족 자작나무껍질 공예

어룬춘족 자작나무껍질 공예 순서		
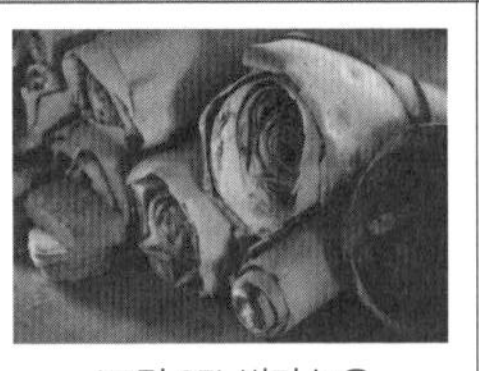 〈그림 25〉 벗겨 놓은 자작나무껍질	 〈그림 26〉 돌로 눌러놓은 자작나무껍질판	 〈그림 27〉 자작나무껍질판을 매끄럽게 만드는 작업
1. 제작에 필요한 나무껍질은 벗겨서 물에 담가 놓았다가 삶아서 가공하여 사용함	2. 원통형 자작나무껍질함을 제작하기 위해 잘라 놓은 자작나무껍질판 - 말려 있는 것을 편평하게 만들기 위하여 돌로 눌러놓은 상태	3. 눌러놓은 자작나무껍질판을 벗겨내어 매끄럽게 가공하는 작업
 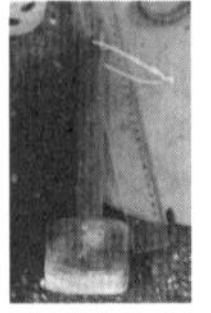 〈그림 28〉 문양 새김을 위해 필요한 도구, 뼈송곳과 나무망치	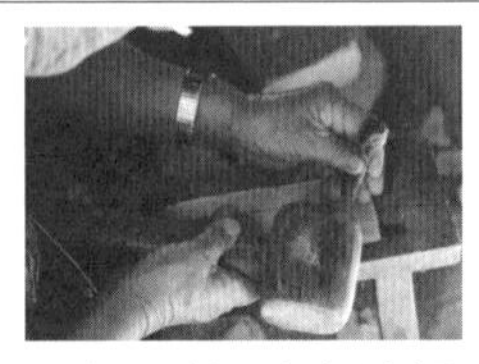 〈그림 29〉 뼈송곳과 나무망치를 사용하여 문양을 새기는 작업	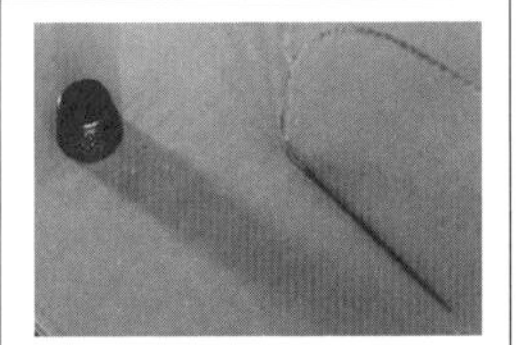 〈그림 30〉 공예용 바늘, 나일론 실, 골무
4. 테두리 및 자작나무껍질함의 바깥 부분에 장식하기 위한 도구 - 망치와 뼈송곳	5. 뼈송곳과 나무망치를 사용하여 자작나무껍질함에 테두리와 문양을 새기는 작업	6. 통형을 만들 때 바느질하기 위한 도구 - 자작나무껍질 공예용 바늘, 나일론 실, 골무
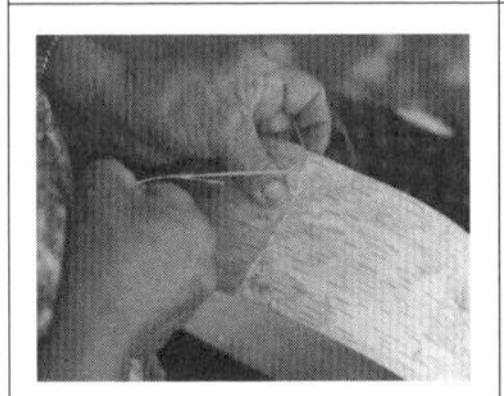 〈그림 31〉 나무판 양 끝을 겹쳐 바느질하는 작업	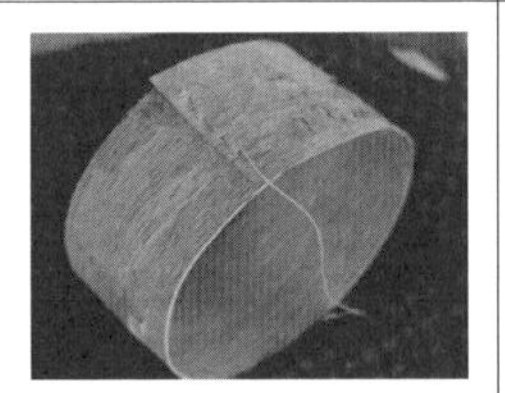 〈그림 32〉 바느질 된 원통형 부분	 〈그림 33〉 완성품
7. 원통형을 만들기 위해 나무판 양 끝을 겹쳐 바느질하는 작업	8. 바느질한 형태 - 원통형을 만든 후 가장자리를 정리함	9. 완성된 원통형 자작나무껍질함

원통형 자작나무껍질함을 제작하는 과정(〈그림 25〉부터 〈그림 33〉까지)을 살펴보면, 먼저 제작에 필요한 자작나무껍질을 벗겨서 물에 담가 두는데 삶지는 않는다. 사용하는 종류에 따라 처리 방법이 다르다. 셰런주를 만드는 데 사용할 것은 삶아야 한다. 나무껍질은 6월 말부터 7월 초의 단 며칠 동안만 벗길 수 있다. 벗겨진 나무껍질은 둥글게 말려져 있기 때문에 편평하게 만들기 위하여 돌로 눌러 압력을 준다. 찬물에 담갔다가 다시 눌러주는데 하루 정도 물에 담가 두면 된다.

제작할 자작나무함의 전체적인 형태가 결정되면 그림을 그려서 작업한다. 원통형 자작나무껍질함을 제작하기 위해 위아래 판, 통과 뚜껑의 옆면의 테두리에 해당하는 각 부위의 자작나무판을 잘라 놓는다. 눌러 놓은 자작나무껍질판을 매끄럽게 만들기 위해 칼로 껍질을 벗기는 작업을 한다. 통 부분 및 가장자리의 바깥 부분에 장식하기 위해 나무망치와 엘크의 뼈로 만든 송곳을 준비하고, 이를 사용하여 자작나무껍질함 외부에 연필로 본을 뜨고 문양을 새긴다. 문양을 새기는 순서는 통형을 만들기 전과 후에 가능하며 정해진 순서는 없다. 자작나무껍질함의 형태를 만들기 위해 공예용 바늘, 나일론 실과 골무를 준비하고 나무판 양 끝부분을 겹쳐 바느질한다. 본래는 엘크의 힘줄을 실로 사용하였으나 오늘날에는 나일론 실을 사용한다. 바느질은 바깥 부분에서 안쪽(제작자 쪽)으로 하는데, 바늘이 다른 사람을 향하지 않도록 한다. 손질한 나무껍질은 부드러워 바늘이 잘 통과하며 대개 홈질이나 감침질 기법을 사용한다. 원통형이 만들어지면 가장자리를 가위로 정리하고 각 부위를 바느질로 연결해 전체적인 원통형 자작나무껍질함을 완성한다. 타원형의 자작나무껍질함이 원통형보다 제작하기 어렵다.

어룬춘족 복식의 실물 조사

본 절에서는 2015년 8월 답사 당시 방문했던 조사지에서 실물 확인이 가능했던 복식 및 자료를 중심으로 치수 및 특징 등을 정리하였다. 조사한 내용은 크게 피포의류, 감견류, 투고, 장갑 및 신발류로 구분하여 정리하였으며 샤먼 복식은 다음 5절에서 고찰하도록 하겠다.

1. 피포의류

어룬춘족 피포의류의 실물 자료는 남자와 여자의 것을 각각 대표로 1점씩 정리하였다. 남자 피포의는 다양수진大楊樹鎭 수렵민 마을의 주민인 거쯔바제格子巴杰[69] 씨가 소장하고 있는 것을 실측하였다. 〈표 3〉의 〈그림 34〉, 〈그림 35〉는 소장자가 13세 손자를 위하여 구매한 것으로 규모는 길이 113센티미터, 화장 84센티미터, 품 59센티미터, 트임 33

센티미터이다. 깃과 트임 부분에 모피 장식이 되어 있으며 가느다란 선과 구름 문양이 장식되어 있다. 일반적으로 남자의 것은 트임이 앞뒤에 있지만 이 피포의는 아동용으로 제작되어 남자의 것임에도 불구하고 트임이 좌우에 위치한 것이 주목할 만하다.

〈표 3〉 남자 피포의 조사 내용

내용 \ 소장지	남자 피포의(다양수진의 거쯔바제 씨 소장)
이미지 및 도식화	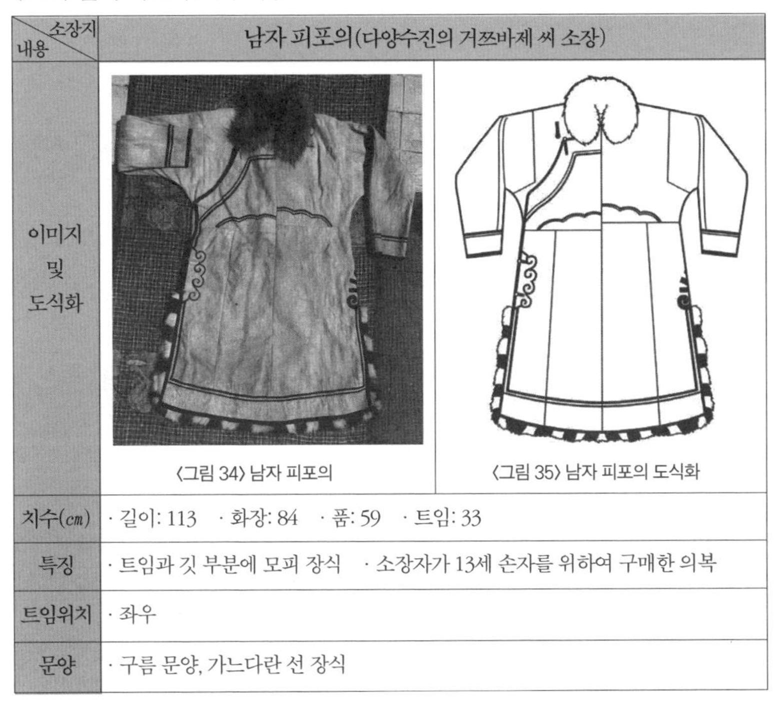 〈그림 34〉 남자 피포의 〈그림 35〉 남자 피포의 도식화
치수(cm)	· 길이: 113 · 화장: 84 · 품: 59 · 트임: 33
특징	· 트임과 깃 부분에 모피 장식 · 소장자가 13세 손자를 위하여 구매한 의복
트임위치	· 좌우
문양	· 구름 문양, 가느다란 선 장식

다음으로 여자 피포의는 어룬춘문화공예관에 소장된 자료를 살펴보았다. 〈표 4〉의 〈그림 36〉, 〈그림 37〉은 전체 규모가 길이 118센티미터, 화장 81센티미터, 품 58센티미터, 진동 38.5센티미터인 여자 피포의다. 가장자리인 수구와 깃, 도련 부분에 다른 색채의 가죽으로 선을 덧대었

다. 의복의 안쪽에는 모피를 대었으며 가죽을 덧대어 보수한 흔적이 군데군데 남아 있다. 트임은 좌우에 위치하며 트임 시작 부분의 문양은 식물 문양으로 빨강, 노랑, 초록색으로 장식되어 있다. 남자의 피포의와 공통적으로 나타나는 점은 피포의 앞면에 나타나는 비대칭형의 구름 문양이다. 이러한 형태의 문양은 어룬춘족 피포의에서 일반적으로 나타나는 문양이라고 할 수 있다.

〈표 4〉 여자 피포의 조사 내용

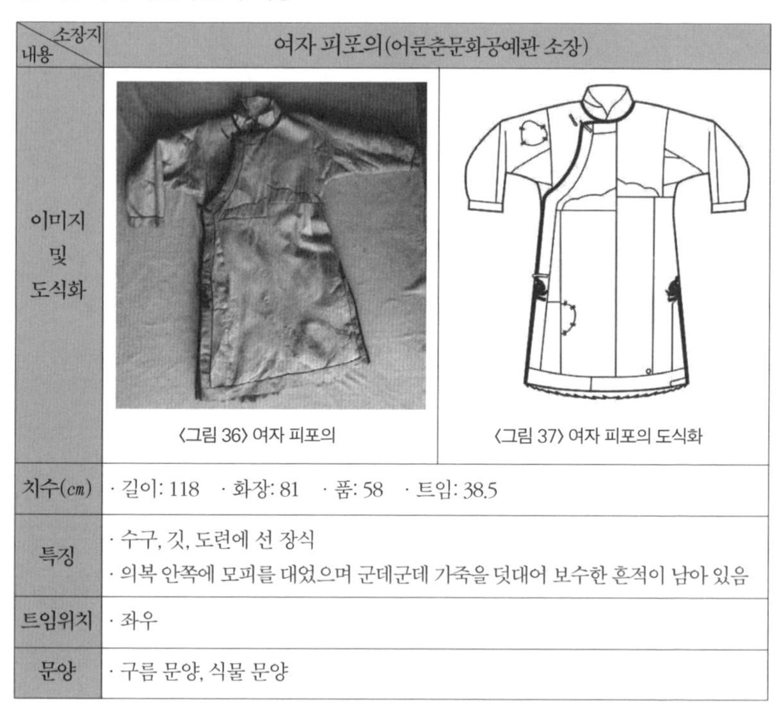

소장지 / 내용	여자 피포의(어룬춘문화공예관 소장)	
이미지 및 도식화	〈그림 36〉 여자 피포의	〈그림 37〉 여자 피포의 도식화
치수(㎝)	· 길이: 118 · 화장: 81 · 품: 58 · 트임: 38.5	
특징	· 수구, 깃, 도련에 선 장식 · 의복 안쪽에 모피를 대었으며 군데군데 가죽을 덧대어 보수한 흔적이 남아 있음	
트임위치	· 좌우	
문양	· 구름 문양, 식물 문양	

2. 감견과 투고

어룬춘족 감견류와 투고의 실물 자료도 각각 대표적인 것 1점씩 정리하였다. 먼저 어룬춘문화공예관에 소장된 피제 감견을 살펴보았다. 〈표 5〉의 〈그림 38〉, 〈그림 39〉에 보이는 피제 감견은 전체적인 규모가 길이 73센티미터, 품 55.5센티미터이며, 좌우에 있는 트임 문양까지의 길이는 24센티미터이고 도련선 장식의 폭은 8센티미터이다. 진동, 깃과 도련에 선을 둘렀으며 의복 안쪽에 모피를 대었다. 여밈은 매듭단추이며, 트임 부분과 깃을 따라 식물 문양이 장식되어 있다.

〈표 5〉 감견 조사 내용

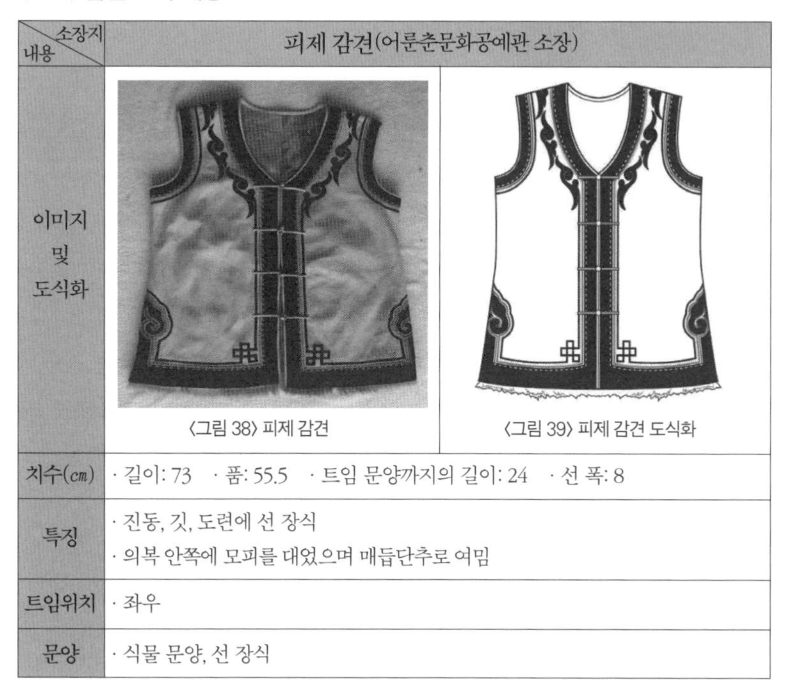

소장지 / 내용	피제 감견(어룬춘문화공예관 소장)	
이미지 및 도식화	〈그림 38〉 피제 감견	〈그림 39〉 피제 감견 도식화
치수(cm)	· 길이: 73 · 품: 55.5 · 트임 문양까지의 길이: 24 · 선 폭: 8	
특징	· 진동, 깃, 도련에 선 장식 · 의복 안쪽에 모피를 대었으며 매듭단추로 여밈	
트임위치	· 좌우	
문양	· 식물 문양, 선 장식	

〈표 6〉의 〈그림 40〉과 〈그림 41〉의 피제 투고는 어룬춘문화공예관에 소장되어 있으며 길이는 82센티미터이고 다리통 양쪽 가장자리에 선 장식이 되어 있다. 안쪽에 모피를 대었으며 끈으로 다리에 고정하여 착용하게 되어 있다. 중앙에 화문이 장식되어 있다.

〈표 6〉 투고 조사 내용

소장지 / 내용	투고(어룬춘문화공예관 소장)	
이미지 및 도식화	〈그림 40〉 피제 투고	〈그림 41〉 피제 투고 도식화
치수(㎝)	· 길이: 82	
특징	· 양쪽 가장자리 부분에 선 장식 · 의복 안쪽에 모피를 대었으며 끈으로 다리에 고정 · 식물 문양 사용	

3. 관모류

관모류 중 포각피모와 전모의 대표적인 실물 자료를 각각 1점씩 정리하였다. 먼저 어룬춘족의 대표적 복식품인 포각피모이다. 〈표 7〉의 〈그림 42〉, 〈그림 43〉은 높이가 26센티미터이며 노루의 머리와 얼굴을 있는 그대로 사용하여 제작한 관모이다. 뿔의 형태까지 그대로 보존된 것으로 보아 매우 섬세한 기술로 제작된 것으로 판단된다.

〈표 7〉 포각피모 조사 내용

소장지 / 내용	포각피모(어른춘문화공예관 소장)	
이미지	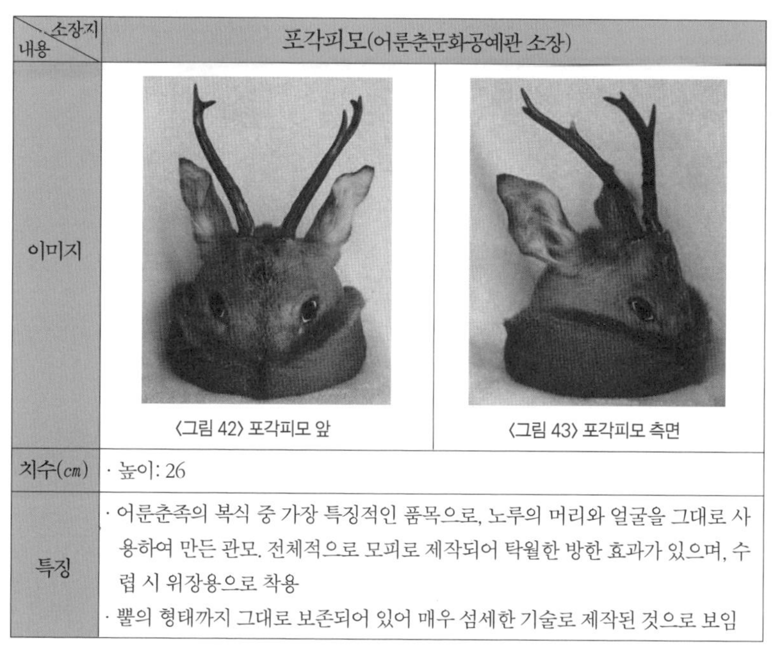 〈그림 42〉 포각피모 앞	〈그림 43〉 포각피모 측면
치수(cm)	· 높이: 26	
특징	· 어룬춘족의 복식 중 가장 특징적인 품목으로, 노루의 머리와 얼굴을 그대로 사용하여 만든 관모. 전체적으로 모피로 제작되어 탁월한 방한 효과가 있으며, 수렵 시 위장용으로 착용 · 뿔의 형태까지 그대로 보존되어 있어 매우 섬세한 기술로 제작된 것으로 보임	

여자용으로 제작된 전모는 전형적인 어룬춘족의 관모이다. 〈표 8〉의 〈그림 44〉, 〈그림 45〉는 전체적인 규모가 높이 21센티미터, 털 둘레 길이 59센티미터, 방울 술 길이 7~8센티미터, 머리 입구 부분의 지름이 21센티미터인 전모이다. 정수리 부분에 술 장식이 있으며 관모의 안쪽과 바깥쪽에 모두 모피가 대어져 있다. 관모의 뒷부분에 분홍, 초록색의 띠 장식을 달아 주었다.

〈표 8〉 전모 조사 내용

소장지 / 내용	전모(귀바오린 씨 소장)	
이미지	〈그림 44〉 전모 전체	〈그림 45〉 전모 세부
치수(*cm*)	· 높이: 21 · 털 둘레: 59 · 술 길이: 7~8 · 머리 입구 부분 지름: 21	
특징	· 전형적인 어룬춘족의 여자용 관모 · 정수리 부분에 술 장식이 있으며 내외에 모두 모피가 대어져 있음 · 뒷부분에 분홍, 초록색의 띠 장식을 달아 줌	

4. 장갑 및 신발류

장갑 및 신발류(포혜와 피혜)의 실물 자료도 각각 대표적인 것 1점씩 정리하였다. 첫 번째로 어룬춘문화공예관에 소장된 이지수투를 실측하였다. 〈표 9〉의 〈그림 46〉, 〈그림 47〉에 보이는 장갑의 규모는 길이 37센티미터, 폭 15센티미터이며, 노루 가죽과 모피로 제작하였다. 이지수투는 한국의 벙어리장갑과 유사한 형태로, 실용성을 고려하여 팔목 부위에 구멍을 뚫었다. 고정용 끈이 달려 있으며 검은색, 분홍색, 빨간색으로 문양이 장식되어 있다. 손가락 부분의 검은색 문양 위에 상침 장식이 있고, 동물의 뿔을 형상화한 듯한 문양을 사용했다. 손가락을 넣는 벙어리 부분에 가죽을 둥글게 만들면서 자연스럽게 만들어진 주름 장식을 볼 수 있다. 어룬춘족의 다양한 장식 기법을 확인할 수 있는 뛰어난 소품이라고 할 수 있다.

〈표 9〉 장갑 조사 내용

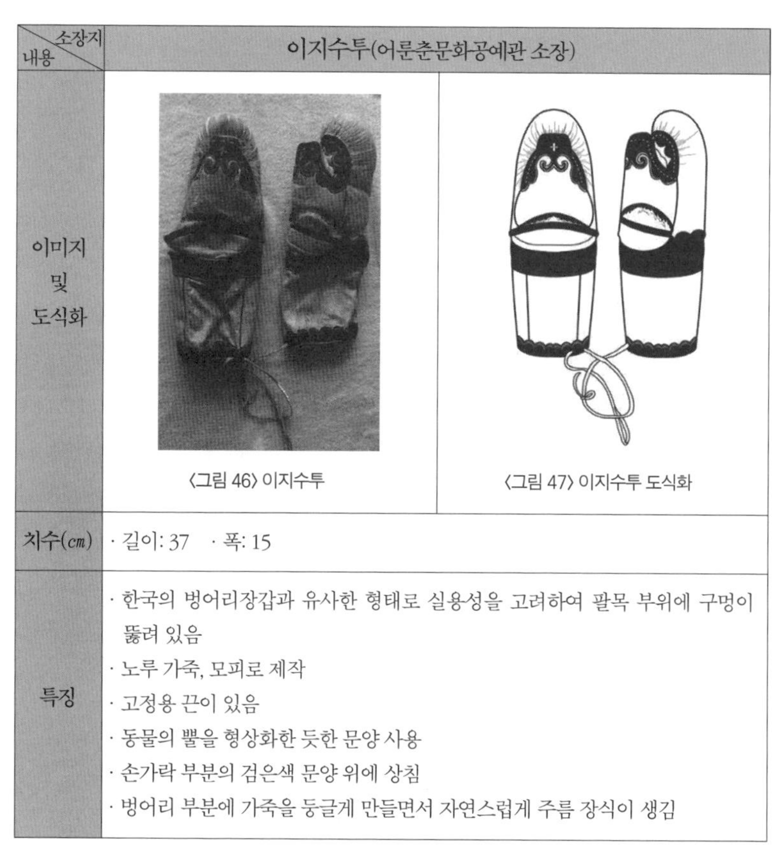

소장지 / 내용	이지수투(어룬춘문화공예관 소장)	
이미지 및 도식화	〈그림 46〉 이지수투	〈그림 47〉 이지수투 도식화
치수(cm)	· 길이: 37 · 폭: 15	
특징	· 한국의 벙어리장갑과 유사한 형태로 실용성을 고려하여 팔목 부위에 구멍이 뚫려 있음 · 노루 가죽, 모피로 제작 · 고정용 끈이 있음 · 동물의 뿔을 형상화한 듯한 문양 사용 · 손가락 부분의 검은색 문양 위에 상침 · 벙어리 부분에 가죽을 둥글게 만들면서 자연스럽게 주름 장식이 생김	

두 번째 포혜는 관샤오원 씨가 소장하고 있는 자료이다. 〈표 10〉의 〈그림 48〉, 〈그림 49〉의 포혜는 발 길이 27센티미터, 폭 16센티미터, 높이 21센티미터, 앞트임 7.3센티미터이며, 신발 바닥과 끈은 가죽으로 신등과 신목 부분은 직물로 제작하였다. 신등에는 검정, 밝은 파랑, 분홍색의 직물로 장식하였으며, 신목 입구에도 흰색 직물을 사용하여 장식 효과를 주었다. 마지막으로 궈바오린 씨가 소장하고 있는 피혜 자료를 실측하였다.

〈표 11〉의 〈그림 50〉, 〈그림 51〉 신발의 규모는 발 길이 31.5센티미터, 폭 12.5센티미터, 높이 23센티미터, 끈 길이 43센티미터이며 노루가죽과 모피로 제작하였다. 끈을 발목에 둘러 묶어 착용하였으며 전형적인 어룬춘족의 모피제 신발이라 할 수 있다.

〈표 10〉 신발류 조사 내용 1

소장지 / 내용	포혜(관샤오원 씨 소장)	
이미지	〈그림 48〉 포혜	〈그림 49〉 포혜 세부
치수(cm)	· 발길이: 27 · 폭: 16 · 높이: 21 · 앞트임: 7.3	
특징	· 신발 바닥과 끈은 가죽, 신등과 신목 부분은 직물로 제작 · 신등에는 다른 색채의 직물 문양을 사용하였고, 신목의 발이 들어가는 입구에도 다른 문양과 색채의 직물을 사용하여 장식 효과를 줌	

〈표 11〉 신발류 조사 내용 2

소장지 / 내용	피혜(궈바오린 씨 소장)	
이미지	〈그림 50〉 피혜	〈그림 51〉 피혜의 바닥 부분
치수(cm)	· 발길이: 31.5 · 폭: 12.5 · 높이: 23 · 앞트임: 43	
특징	· 노루 가죽, 모피로 제작 · 끈을 발목에 둘러 고정하여 착용 · 전형적인 어룬춘족 모피제 신발	

어룬춘족 복식의 조형적 특징

본 절에서는 지금까지 살펴본 어룬춘족 복식에 나타나는 조형적인 특징을 분석하였다. 어룬춘족은 한랭한 기후와 산림을 배경으로 한 자연환경에서 생활하고 있어 주로 동물의 가죽이나 모피를 사용하여 복식을 제작하였으며 이러한 점을 토대로 소재와 제작 기법에 주목하였다. 또한 그들의 생활양식에 따른 의식 및 정서가 반영된 문양과 기법에 대해서도 살펴보았다.

1. 소재와 제작 기법

어룬춘족 복식의 소재는 주로 수렵을 통해 얻은 동물의 가죽과 모피를 사용하였다. 그들이 주로 사용한 동물은 노루, 사슴, 여우 등이며 높은 수준의 박피와 숙피熟皮 기술을 가지고 있어 자연스러운 털의 문양과 재질을 그대로 살려 복식의 소재로 사용하였다.[70] 이러한 소재의 자연미가 두드러지게 표현된 것은 어룬춘족이 착용했던 포각피모이다. 노루의 머리 가죽의 형상과 모피를 그대로 사용하여 자연스러움이 극대화되었으며, 한랭한 기후에서 방한 기능과 함께 수렵 시 위장 기능을 동시에 가진 어룬춘족만의 특별한 관모이다.

한편 어룬춘족 복식의 주요 소재인 노루는 대싱안령 지역에 많은 개체 수가 서식하고 있으며 다른 동물에 비해 사냥이 용이하다. 따라서 잡히는 수량이 많아 손질 후 저장하였다가 의복 제작에 사용하였다. 수확한 노루 가죽을 저장, 발효하는 과정을 살펴보면,[71] 노루 가죽, 즉 포피는 금방 손질할 수 없기 때문에 못으로 고정해 햇볕에 말린 후 창고에 저장한다. 저장했던 포피를 사용할 때는 털이 없는 쪽에 물을 뿜어 방망이를 사용하여 전체적으로 포간狍肝을 골고루 발라주고 접어서 발효시킨다. 일반적으로 하루 정도 포피를 숙성시키는데 이와 같이 가죽을 숙성시키는 것은 어룬춘족의 부녀가 필수적으로 배워야 하는 기본적인 작업으로 체력과 인내심이 필요하다.

구체적인 가죽 손질 과정은 다음과 같다.[72] 먼저 수렵을 통해 얻은 노루나 사슴의 털을 벗기는 작업, 즉 박리(剝離, 剝皮)는 현장에서 바로 이뤄진다. 이렇게 바로 작업하지 않으면 수렵물의 몸이 굳어 버려 손을 쓸 수 없게 된다. 어룬춘의 수렵꾼들은 모두 박피 기술을 가지고 있다.[73]

〈표 12〉 가죽의 손질 과정

가죽 손질 과정 이미지	
 〈그림 52〉 가죽 벗기기[74]	 〈그림 53〉 벗겨낸 가죽 손질[75]
 〈그림 54〉 가죽 말리기[76]	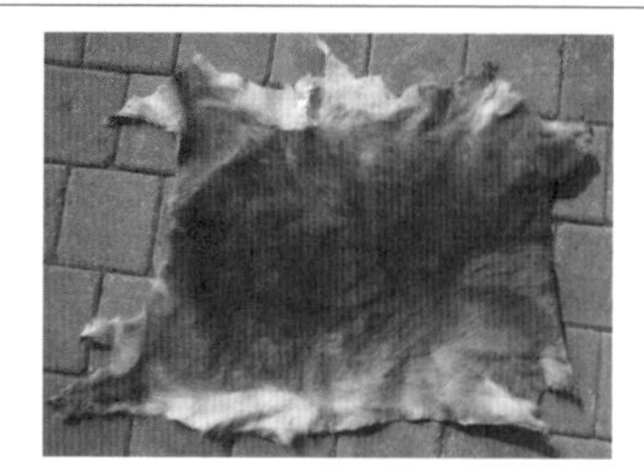 〈그림 55〉 햇볕에 말린 가죽

이처럼 가죽을 벗기고 난 후 숙피 과정에서는 거더러喝得勒라는 강철 소재의 손잡이가 달린 칼 모양의 가죽 벗기는 공구로 가죽의 유지油脂와 부스러기들을 제거해 준다. 가죽을 다듬을 때는 종류에 따라 다른 방법과 도구를 사용한다.[77] 그리고 톱니가 있는 거더러인 모단抹淡으로 가죽을 반복하여 주물러 준다. 이렇게 반복해 주물러 준 가죽은 유연하고 부드럽고 광택이 나고 탄성이 풍부해지면서 완전하게 숙성된다.

이와 같은 손질 과정을 거친 가죽은 특성에 따라 다른 용도의 소재로 사용된다. 즉, 계절에 따라 수렵물의 모피나 가죽의 상태가 다르므로 어느 계절에 수렵했느냐에 따라 사용되는 의복의 종류나 용도가 달라진다.

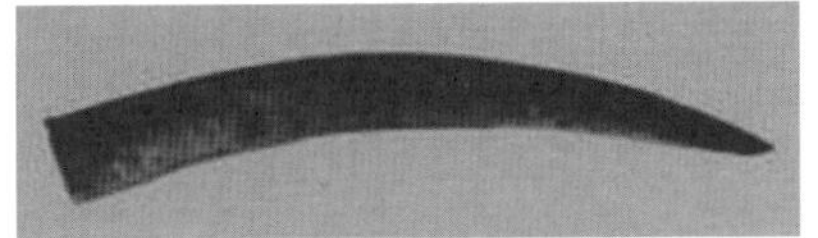

〈그림 56〉 전통 숙피 공구 거더러喝得勒[78]

〈그림 57〉 전통 숙피 공구 모단抹淡[79]

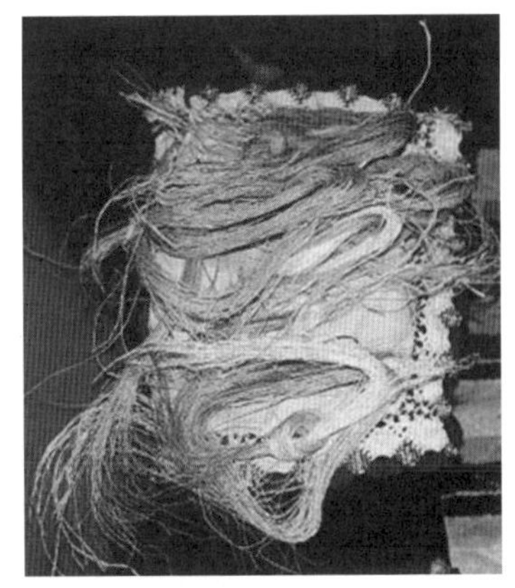

〈그림 58〉 전통 바느질용 쑤무시러거터[80]

이렇게 손질이 끝난 가죽은 염색을 한다. 어룬춘족의 전통적인 염색 방법은 다양하며 식물 줄기, 잎, 과일 등의 천연소재를 사용한다. 일반적으로 산림에서 얻는 황색의 염재를 통한 염색이 많이 이루어지고 있다. 그들의 염색 방법은 식물을 끓여 염액을 만들고, 가죽 위에 빠짐없이 도포하여 발라주고 증발시키는 작업을 반복해 주는 것이다.[81][82] 염색이 끝난 가죽은 카이치凱氣라고 부르는 재단용 철제 공구를 사용하여 부위별로 재단한다. 이러한 철제 공구가 도입되기 이전에는 석기를 사용하여 재단하였다.[83] 측량할 수 있는 공구가 없어 손가락을 사용하여 측량한다. 엄지와 중지를 주로 사용하는데 꽤 정확한 편이다. 가죽은 그 어떠한 낭비도 없도록 재단한다. 부위에 따라 제작하는 의복의 종류가 다르며 조각들은 모아서 서로 이어 붙여 깔개, 덮개류의 제작에 사용한다.

봉제에는 골침이나 목침, 가죽용 강철바늘과 우니아부툰五你啊不屯이라 불리는 골무, 쑤무시러거터蘇木希熱介特라는 동물의 힘줄로 만든 실[84]

을 사용한다.

먼저 골침은 노루나 사슴의 소퇴골을 섬세하게 가공하여 가늘게 만들며, 목침은 골침에 비하여 더욱 견고하고 예리하다.[85] 두꺼운 수피를 봉제할 때는 사슴의 뿔을 가공하여 만들며,[86] 강철바늘은 현대에 들어와서 도입된 것으로 보인다. 바느질은 바늘의 뾰족한 부분이 자신을 향하게 하여 타인이 다치지 않도록 한다. 이는 자작나무껍질 공예의 바느질에서와 마찬가지로 지켜지는 암묵의 약속인 듯하다. 전통적인 골무는 수골獸骨로 제작하며 예전에는 노루, 엘크 등의 동물 힘줄로 실을 만들어 사용하였으나 오늘날에는 나일론 실을 사용한다. 이렇게 동물의 힘줄을 말려 만든 실은 의복이 낡더라도 끊어지거나 하는 일이 없이 매우 견고한 특징을 가지고 있다.

이와 같은 가죽제 복식류는 한국의 제주도에서 사용한 전통 모피, 가죽 소재의 복식과의 연관성을 고찰해 볼 수 있다. 제주도는 섬이라는 특수한 지리적 특징과 폐쇄적인 조건으로 기후에 적응하기 위한 모피나 가죽으로 제작한 복식류가 발달하였다. 이는 모피나 가죽이 가지고 있는 방한 기능과 실용성을 고려하여 제작한 포(두루마기)류, 관모류, 족의(신발)류 등이며, 사용된 가죽은 노루, 개, 소, 오소리 등이다. 이미 선행연구[87]를 통하여 어룬춘족이 거주하고 있는 중국 동북지역과 내몽골지역의 전통 모피 피혁류와 제주 지역의 복식은 소재뿐만 아니라 형태, 장식 기법에서도 유의미한 유사성이 있음이 밝혀졌다. 때문에 이와 관련하여 추후 보다 구체적이고 밀도 있는 연구가 진행되어야 할 것으로 생각된다.

2. 문양 및 장식 기법

어룬춘족은 그들만의 경험과 노하우가 살아 있으며 실용성, 기능성뿐만 아니라 장식성까지 갖춘 복식을 착용하였다. 이들은 주변의 자연환경에서 발견한 야생의 형상을 기억하고 이러한 인상印象을 복식의 문양으로 활용하였다. 전통적으로 활용된 이러한 문양들은 외지와의 교류가 없던 환경에서 발달한 그들만의 독특한 복식문화라고 할 수 있다. 어룬춘족 복식에 주로 사용된 문양은 크게 식물 문양, 동물 문양, 기하학 문양으로 볼 수 있으며, 이 중 기하학 문양이 가장 많이 나타난다. 각 문양의 종류와 특징을 보다 구체적으로 살펴보면 다음과 같다.

기하학 문양은 원점圓點 문양, 삼각三角 문양, 낭화浪花 문양, 반원半圓 문양, 소용돌이渦 문양, 회자回字 문양, 정자丁字 문양, 방형 문양 등이 사용되었다. 식물 문양은 낙엽 문양, 나무 문양, 화초 문양, 꽃봉오리 문양 등이 표현되었다.[88] 이러한 식물 문양은 가지와 잎이 무성한 모습으로 추상적으로 표현되며 창성昌盛함과 무사함을 상징한다. 또한 자연 문양 중에서 운문雲紋은 어룬춘족이 뭉게구름의 형상을 매우 아름답다고 생각하여 많이 사용하였으며 길상과 행운의 의미를 상징한다. 또한 '고산高山'은 높은 주변 산맥을 바탕으로 살아온 어룬춘족 의식의 근원으로 옷의 가슴과 등 부분에 자수로 표현하며 그들의 조상을 찬미하는 의미를 가진다.[89] 동물 문양은 사슴 문양, 나비 문양, 말 문양 등이 사용되는데, 그중 녹각형 문양이 가장 많이 쓰인다.

장식 기법은 주름, 셔링, 프린지, 탑스티칭(상침), 자수 등의 다양한 기법을 사용하였다.[90] 이 중 프린지는 가장자리에 달아서 장식하는 술이며 입체적인 장식 효과를 낸다. 상침 기법은 의복과 소품류에 같은 색 혹은 보색의 실을 사용하여 장식하는 것으로 이지수투 등에 많이 나타난다. 자수 기법은 신발과 소품류에 주로 사용되었으며, 그 사례로 화려한 화문 자수 장식이 된 신발과 손등 전체에 화조 문양 자수 장식을 한 오지수투를 찾아볼 수 있다.

어룬춘족 자수의 방식에는 두 가지 종류가 있다고 하는데,[91] 하나는 가죽 위에 바로 수를 놓는 것이다. 다른 방식은 가죽을 잘라서 문양을 만들고 홍색, 남색, 주황색과 같은 다른 색채로 염색한 후 다시 바탕이 되는 가죽 위에 수를 놓아 꿰매는 방식인데, 아플리케 방식으로 보아도 무방할 듯하다. 이들 자수의 특징은 의복에 트임이 있는 위치에 반드시 문양을 장식하였다는 점이다. 특히 좌우 트임이 있는 경우 대칭을 중요시하여 문양을 표현하였으며 이는 일종의 규칙성을 표현하는 형태의 고전적인 심미관을 반영하는 것으로 보인다.[92]

이러한 특징은 남녀 성별에 따른 피포의에 나타난 트임 부분의 문양들을 살펴보면 파악할 수 있다. 〈그림 59〉와 〈그림 60〉은 남자용 피포의 트임 부분에 나타난 문양들을 모아 놓은 것이다. 수렵 활동을 주로 하는 남자들에게는 동물의 뿔을 형상화한 듯한 문양을 수놓은 것을 알 수 있다. 〈그림 61〉과 〈그림 62〉는 여자용 피포의에 나타난 문양들을 모아 놓은 것이다. 주로 식물 문양과 기하학 문양이 많이 사용되었음을 알 수 있으며 남자의 것보다 규모가 크고 화려하며 다양한 색채로 문양을 표현했음을 알 수 있다.

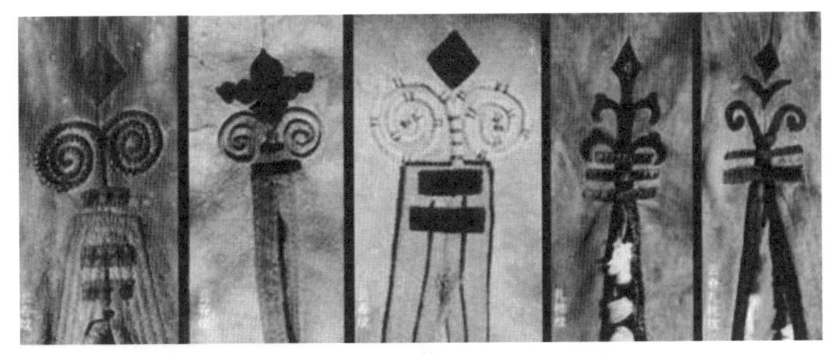

〈그림 59〉 어룬춘 남자용 피포의 트임 부분 문양 모음1[93]

〈그림 60〉 어룬춘 남자용 피포의 트임 부분 문양 모음2[94]

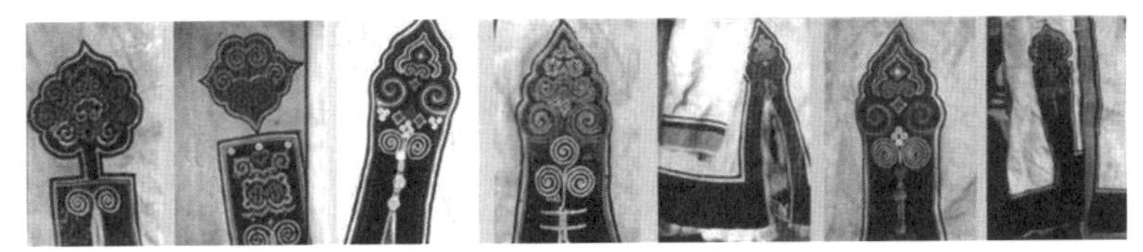

〈그림 61〉 어룬춘 여자용 피포의 트임 부분 문양 모음1[95]

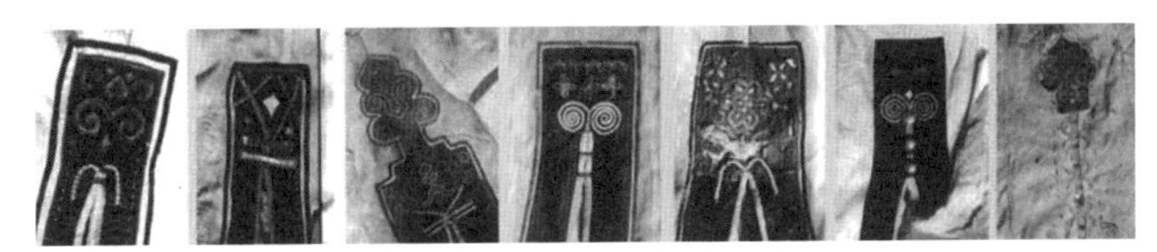

〈그림 62〉 어룬춘 여자용 피포의 트임 부분 문양 모음2[96]

샤먼 복식의 특징과 상징

1. 샤먼 복식의 종류와 특징

어룬춘족의 문화 중 샤먼은 빼놓을 수 없는 중요한 요소이다. 이러한 샤먼 문화에서 샤먼이 착용하는 복식인 신복神服은 특히 중요하게 여겨진다. 신복은 외형적으로 볼 때 샤먼을 보조하는 역할을 하는 신의 형상을 하고 있으며 이러한 효과를 극대화하기 위하여 신록神鹿, 신웅神熊, 신조神鳥와 같은 상징물들을 장식하였다.

샤먼 복식인 신복의 종류를 간단하게 살펴보면 상의인 신의神衣, 하의인 신군神裙, 머리에 쓰는 신모神帽가 있다.

신의는 피제皮製와 포제布製가 있다. 전통적인 신의는 보통 피제가 많은데, 녹피나 엘크 가죽의 털을 제거하고 황색으로 염색한 가죽을 사용한 것이 없고 전개형(앞부분에서 여미는)의 의복이었다. 신의의 양어깨 부분에는 포나 목재로 만든 뻐꾸기가 있는데 어룬춘족은 이 새를 신조神

鳥로 여긴다고 한다. 또한 가슴 부분에는 6개의 둥근 동경과 뒷면에는 5개의 동경이 자리 잡고 있으며 호신 작용을 한다고 한다.[97]

신군은 다양다색의 직물 조각을 모아서 만든 표대군飄帶裙이다. 표대는 일반적으로 12조이며 이는 12개월을 각각 의미한다. 선행연구에 의하면, 신군의 표대는 새의 깃털을 상징하며 본래 샤먼은 날 수 있었다는 것을 의미한다고 한다.[98] 신군의 표대 위에는 각종 화문과 금수, 일월, 나뭇잎, 야생 닭 등의 도안을 아플리케하여 장식한다.

신모는 보통 철재로 만드는데 윗부분에 3개 혹은 6개의 표대를 달아준다. 이는 하늘다리를 상징하며 녹각은 신이 땅에 내려왔다는 것을 상징한다.[99]

한편 신복에는 두 가지 유형이 있는데 이것은 선과 악(흑과 백)의 대립을 의미한다. 또한 어떤 신복에는 아기를 갖게 해 달라거나 성공적인 사냥을 기원하는 의식 혹은 환자의 영혼이 그 육체로 돌아가 병이 완치되는 것을 기원하는 등의 특별한 의미가 부여되기도 한다.

이렇듯 어룬춘족이 살고 있는 중국 동북지역의 소수민족 샤먼의 신복에는 새 모양이나 사슴을 상징하는 것들이 있는데, 그중 야쿠트족 사람들은 사슴형 신복을 병 치료에만 사용한다. 또한 새 모양의 신복에는 작은 종과 방울을 매달아 새가 날개를 펴고 날아가는 형상을 표현하기도 했다. 뿐만 아니라 신복을 장식하고 있는 각각의 구성물들도 다양하고 특별한 의미를 가지고 있다. 예를 들면 야쿠트족 샤먼의 상의에 달린 금속제 원반은 태양과 달을 상징하며 해골 형식의 장식물은 샤먼의 신의가 이리저리 흩어졌다가 다시 모이는 것을 의미하는 것으로 '탈혼' 이라는 죽음과 재생을 상징한다고 한다. 샤먼의 신복과 보조신과의 관계는 자신의 신력을 발휘하기 위한 것이며 이는 샤먼의 사후에 신복을 모두 매장하는 것으로 보편화되었다.

한편 두식頭飾은 유라시아의 관冠류와 그 형태가 유사하다. 깃털 장식은 보조신 중에서 신의 새, 동물 뿔은 신의 사슴을 표시하였다.

신복이 가진 상징적 의미에 대하여 좀 더 구체적으로 정리하면 샤먼의 신복은 중계자로서의 특수한 신분을 나타내고 있다. 신복의 구성양식의 특징과 문양, 장식으로 표현되는 것들은 샤먼의 보조신을 상징한다. 즉, 대부분의 민족의 전통관념 중에서 샤먼의 신복은 특수한 신력을 갖고 있다고 인식되며, 샤먼이 신복을 착용하면 그의 영혼이 신령세계와 서로 통한다고 한다.

예를 들어 온자나상 샤먼의 신복 구성을 살펴보면 다음과 같다. 먼저 갑옷 모양의 상의 전후에 철재 혹은 동재로 만든 동물신령의 우상을 걸고 방울과 작은 종 등을 달았다. 등판에는 철제의 갈매기, 오리, 고니 등의 조형鳥形 신령을 매달고 양 소매에는 청동판을 배치하여 새의 보조신을 좌우대칭으로 고정시켰다. 등 뒤의 대형 금속원반은 태양을 상징하고 반원형의 금속원반은 달을 의미한다.

같은 맥락에서 한국의 무복이 가지는 상징적 의미도 복식의 강한 색채나 특이한 형상을 통하여 강렬한 이미지와 함께 메시지를 전달하기 위한 매개체라고 할 수 있다. 무복은 한국의 샤먼인 무당이 전달하고자 하는 의미를 전하는 수단이며 각각의 굿거리에 따라 상징하는 의미가 다양하게 나타난다.[100]

또한 복식류는 아니지만 신고神鼓, 즉 북은 샤먼의 가장 중요한 신구神具이다. 북의 외형을 통해 제작한 사람과 그 주인이 어느 민족인지 알 수 있는데, 이것은 북이 종교의식을 위해 만들어진 것으로 그 모양이 전통에 근거하고 신앙을 결정하는 근거가 되기 때문이라고 한다. 북의 각 구성 부위는 상징과 의미를 가지고 있으며 신비로운 도상을 그려 넣어 신구로서의 효과를 극대화하였다.

〈그림 63〉 최후의 무당 관커우니[101]

지난 8월 답사지에서 방문한 어룬춘족 최후의 무당 관커우니關扣尼와의 인터뷰를 통해 샤먼 복식에 관한 내용을 추가로 정리할 수 있었다.

관커우니가 가지고 있던 샤먼 복식은 가죽이나 모피로 제작한 옷이 아니고 어머니(계모)께서 직접 직물로 만들어 주신 전문적인 샤먼 복식이었다. 굿을 안 할 경우에는 옷을 항상 소중하게 보관하며 굿을 할 때만 그 옷을 꺼내어 입는다. 착용할 때는 그 규모나 무게가 엄청나기 때문에 친척들의 도움을 받아 착용한다. 제작 시에 특별하게 정해진 색채는 없었고 관커우니의 의복은 남색 바탕지에 자수 장식이 되어 있는 것이다. 어머니께서 만들어 주신 이 의복을 첫 번째 굿을 할 때 착용하였다고 한다. 가죽이나 모피로 제작한 옷은 샤먼이 된 후 3년이 지나야 착용할 수 있으며, 1995년에는 박물관에 소장되어 있는 것을 빌려 입었다.

샤먼이 춤을 추다가 의복 조각이 떨어진 곳에서 샤먼이 생긴다는 설도 있다. 샤먼 복식에 대한 주의사항은 높은 곳에 보관해야 하며 가족이 제작해야 하고 아무나 함부로 만지면 안 된다는 점이다. 또한 샤먼이 쓰는 관모에는 눈을 가릴 수 있도록 많은 수의 술 장식이 되어 있는 경우가 많은데 이렇게 눈을 가리는 이유는 굿 같은 행사 때 햇빛을 피하기 위해서이다. 또한 예전에는 샤먼을 보호하거나 샤먼의 머리를 보호하는 기능으로 착용했다고 한다.

샤먼 복식의 문양과 색채는 이전 시기부터 전해져 오는 것을 그대로 사용한다고 하였다. 샤먼 복식에 사용하는 문양과 장식물의 숫자는 모두 상징과 의미가 있다고 하는데,[102] 오늘날까지 전해지는 그 상징과 의미에 대해서는 착용자인 샤먼뿐만 아니라 제작자도 잘 알지 못하는 것 같은 인상을 받았다. 모두 "이전 시기의 것을 참고하여 샤먼 의복을 만들었다."라고만 말하였다.

2. 샤먼 복식의 실물 조사

본 절에서는 실제 어룬춘족이 착용했거나 어룬춘문화공예관에 소장 중인 샤먼 복식에 대한 실물 조사 내용을 정리하였다. 〈표 13〉과 〈표 14〉는 어룬춘문화공예관에 소장된 샤먼 복식이다. 〈표 15〉는 궈바오린 씨 댁에 있는 샤먼 복식을 실측한 것이다. 전체 이미지, 주요 문양의 이미지와 도식화, 특징을 제시하였다.

〈표 13〉 샤먼 복식 사례 1

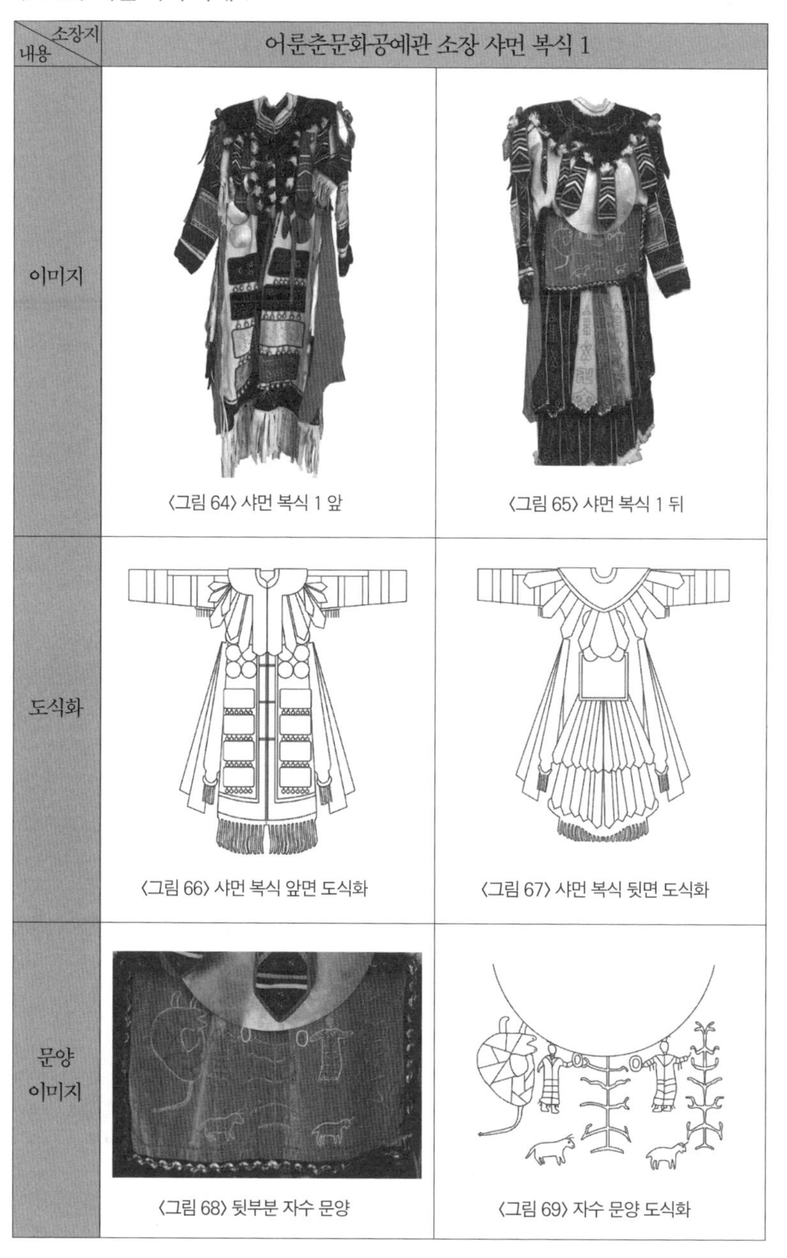

소장지 / 내용	어룬춘문화공예관 소장 샤먼 복식 1	
이미지	〈그림 64〉 샤먼 복식 1 앞	〈그림 65〉 샤먼 복식 1 뒤
도식화	〈그림 66〉 샤먼 복식 앞면 도식화	〈그림 67〉 샤먼 복식 뒷면 도식화
문양 이미지	〈그림 68〉 뒷부분 자수 문양	〈그림 69〉 자수 문양 도식화

특징	· 노루 가죽으로 제작하였다. 깃이 없고 좁은 소매에 앞 중심이 트여 있는 대금형이다. 의복의 소매에 용, 용 발가락, 거북이 등의 문양이 있으며 앞가슴과 뒤판에 크고 작은 금동판이 달려 있다. 도련에는 동령이 있고 양측에 각종 헝겊으로 된 끈을 달고 화문을 자수하였다. 의복의 뒷부분은 등판에 5개의 동경이 있고 위에 샤먼의 피견을 두른다. 중간에 신군神裙을 입고, 군 위에는 호랑이, 뱀 등의 샤먼 도안을 자수로 장식하였다. 신군 밑에는 두 줄이 24절기를 상징하는 표대가 있고, 위에 화문을 장식하였다.[103] · 전통적인 샤먼 복식으로 퉈자민향托扎敏鄉 유역의 복식이다. 샤먼 복식을 전문적으로 제작하는 인간문화재가 제작한 것으로, 약 5~6년 전에 제작한 옷이다. 의복의 무게는 50kg이 넘는다. 부착된 모피는 양털이며 방울은 약 50개가 앞면에만 달려 있다. 문양의 숫자가 많거나 방울이 많다고 하여 샤먼의 역량이 강한 것은 아니고, 고정된 수량이 있다. 또한 색채도 정해져 있어 홍색과 녹색 위주로 사용한다. 의복에 나타난 문양 중 동그라미는 태양을 나타내며 만卍 자는 불교적 요소이다. 뒷부분에 있는 자수 문양에 대해 구체적으로 살펴보면 나무에 뱀이 걸려 있으며 두 명의 샤먼, 사슴과 여우의 모습을 표현한 것이다. 나무에 걸려 있는 뱀은 각각 5마리로, 입을 벌리는 등 각각의 모습이 다르게 나타난다.[104]

〈표 14〉 샤먼 복식 사례 2

소장지 / 내용	어룬춘문화공예관 소장 샤먼 복식 2
이미지 및 도식화	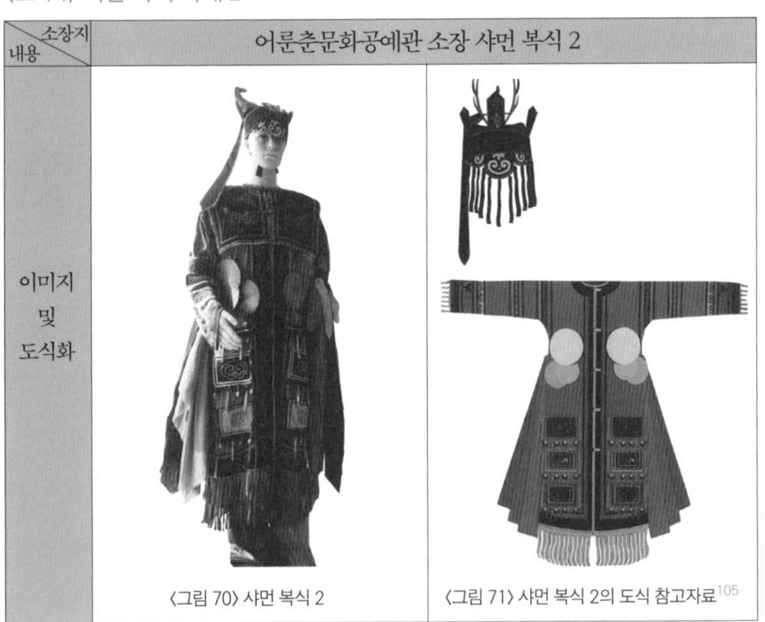 〈그림 70〉 샤먼 복식 2 / 〈그림 71〉 샤먼 복식 2의 도식 참고자료[105]

특징	· 샤먼 복식은 성별, 무쿤穆昆샤먼과 더러쿠德勒庫샤먼, 경력에 따라 신복에 각각 특색이 있고 차이가 난다. 같은 지방 동일한 종류의 샤먼이라 해도 복식은 다르다. 여자의 샤먼 복식은 남자의 것보다 더 정교하고 화문의 자수 장식이 더욱 세밀한 특징이 있다.[106] · 후마현呼瑪縣 샤먼의 복식이다. 실제로 남자 샤먼이 착용한 것으로 예전 복식을 고증한 것이다. 흰색을 제외한 오방색을 사용하는데, 예전부터 이러한 색채를 사용하였으며 동경의 수는 남녀에 따른 차이가 없다.[107]

〈표 15〉 샤먼 복식 사례 3

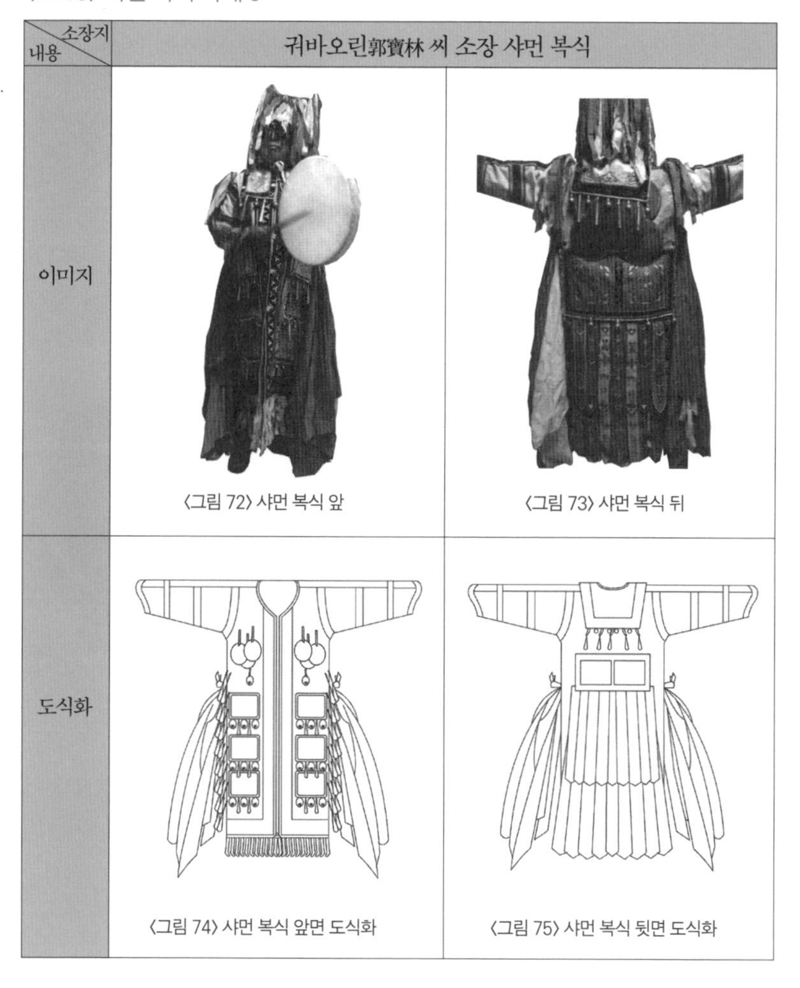

내용 \ 소장지	궈바오린郭寶林 씨 소장 샤먼 복식	
이미지	〈그림 72〉 샤먼 복식 앞	〈그림 73〉 샤먼 복식 뒤
도식화	〈그림 74〉 샤먼 복식 앞면 도식화	〈그림 75〉 샤먼 복식 뒷면 도식화

<table>
<tr><td>치수(cm)</td><td>· 앞 길이: 100.8 · 품: 69 · 화장: 87 · 수구: 6.5
· 고대: 21 · 등 부분 금동판 전체 규모 가로×세로: 40×37
· 장식 술: 2.6×47 / 3×38 / 3×46 / 4.3×52.5 / 3×44 등</td></tr>
<tr><td>특징</td><td>· 엘크 가죽으로 만들었고 무게는 20kg이 넘는다. 겨드랑이 부분의 끈은 꼭 있어야 하는 것이다. 신성한 샤먼의 복식에는 5개의 동경금동판이 있는데 이는 정통하고 큰 신력을 가지고 있음을 의미한다. 샤먼 복식은 아무나 만들 수 있는 것이 아니라 샤먼과 관계있는 사람만이 제작할 수 있다. 이 집안의 경우, 삼촌이 샤먼이었으며 복식은 가족 중에 의복을 제작할 충분한 자격을 가진 사람이 제작한다. 의복을 제작할 때는 대충 만드는 것이 아니고 모든 정성을 다해서 만든다. 의복을 제작할 때 패턴이나 본이 있는 것은 아니다. 이 의복은 박물관에 있는 다른 사람이 제작한 의복을 참고하여 만들었다.
겨드랑이에 달린 술은 꼭 필요한 것으로 무지개를 형상화하기 위하여 일부러 여러 가지 색채의 천을 부착한 것이다. 샤먼의복을 입을 때 입는 특별한 내의는 없다. 때때로 사냥꾼들이 입는 의복을 착용하기도 한다.[108]</td></tr>
</table>

〈표 16〉 샤먼 복식 중 피견

<table>
<tr><td>소장지
내용</td><td colspan="2">귀바오린 씨 소장</td></tr>
<tr><td>이미지</td><td colspan="2">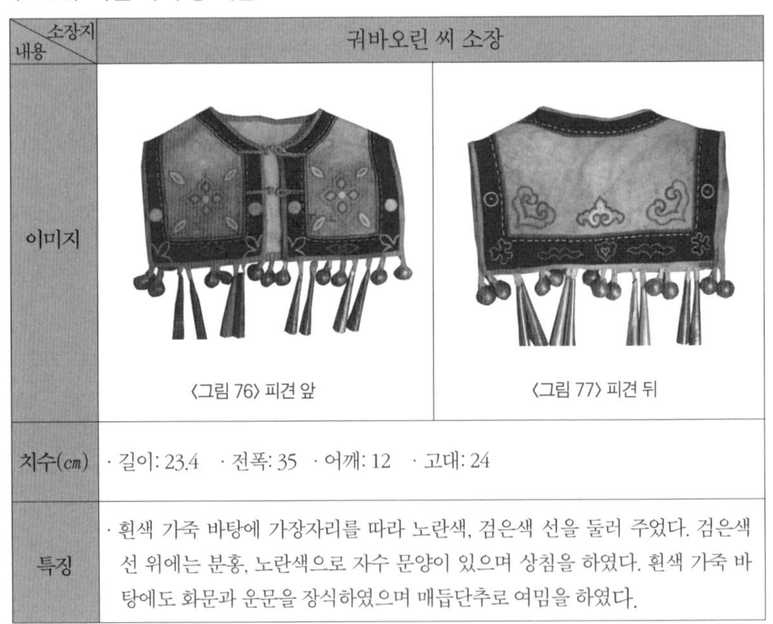
〈그림 76〉 피견 앞 〈그림 77〉 피견 뒤</td></tr>
<tr><td>치수(cm)</td><td colspan="2">· 길이: 23.4 · 전폭: 35 · 어깨: 12 · 고대: 24</td></tr>
<tr><td>특징</td><td colspan="2">· 흰색 가죽 바탕에 가장자리를 따라 노란색, 검은색 선을 둘러 주었다. 검은색 선 위에는 분홍, 노란색으로 자수 문양이 있으며 상침을 하였다. 흰색 가죽 바탕에도 화문과 운문을 장식하였으며 매듭단추로 여밈을 하였다.</td></tr>
</table>

결언

지금까지 어룬춘족의 복식문화에 대한 전반적인 이해를 돕기 위하여 그들의 의복과 장신구 및 샤먼 복식의 종류와 특징을 소개하였다. 어룬춘족이 거주하고 있는 중국 동북지역과 내몽골 지역은 지형적으로 춥고 한랭한 기후와 풍토가 나타나는 곳이다. 따라서 어룬춘족은 유목 및 수렵 생활을 주로 하며 자신들의 생존과 발전을 추구하기 위하여 사냥에서 얻은 털과 가죽으로 만든 복식, 독특한 그들만의 수피 복식문화를 창조, 발달시켰다.

먼저 의복은 피포의, 감견, 바지, 투고류로 나누어 살펴보았다. 어룬춘족의 의복은 모두 수렵 생활과 큰 관련성이 있어 활동에 편리하도록 내구성과 보온성이 좋은 노루, 사슴 가죽을 많이 사용하였다. 피포의와 감견류의 경우 우임대금형으로 깃, 소맷부리, 트임 주변에 선을 두르고 자수 등의 장식을 하였다. 트임의 위치로 성별에 따른 피포의를 구분할 수 있다. 바지와 투고류는 모두 부리 쪽으로 갈수록 좁아지는 형태로,

이는 장화 형태의 신발 착용과 관련이 있다.

관모류는 주로 방한의 목적으로 착용하였으며 유목과 수렵 생활에 적합한 형태로 발달하였다. 동물 머리를 그대로 형상화하여 착용함으로써 생동감 있는 최고의 위장 도구로 사용되었다. 또한 자작나무껍질모나 전모는 4개의 첨이 있어 기후에 따라 귀 덮개 부분을 올리거나 내릴 수 있도록 구성되었다. 장갑과 신발류는 한랭한 기후에서 살아가는 어룬춘족에게 꼭 필요한 의복이다. 장갑은 세 개의 유형이 있는데 포피나 녹피로 제작하며 그 착용 방법이 특이하고 다양한 장식 기법으로 화려하게 제작되었다. 신발은 화 형태의 신발이 발달하였는데 여름용 포혜와 겨울용의 치하미라고 불리는 피혜로 구분할 수 있다.

또한 노루나 사슴의 다리 가죽 부분을 모아 만든 깔개나 이불류를 살펴보고, 어룬춘족의 전통 공예인 자작나무껍질 공예에 대한 실제 과정을 직접 확인하여 정리하였다.

이와 같은 복식의 종류와 특징을 바탕으로 현지답사를 통해 실측한 각 의복을 차례대로 하나씩 고찰하였다. 피포의는 남녀의 것을 구분하여 그 특징을 살펴보았으며 감견과 투고의 실물 자료들을 각각 고찰하였다. 아쉬운 점은 바지류의 실물 자료를 직접 실측할 수 없었던 것이다. 인터뷰 상에서는 바지를 착용하지 않았다고 하는데, 선행연구나 문헌 자료에는 바지류가 존재하는 것으로 나타나 있다. 현지에서도 박물관 소장품으로만 확인할 수 있었고 실제 구조나 구성을 직접 확인하기는 힘들었다. 또한 포각피모, 전모의 실물을 실측하여 정리하였는데, 이 외에도 여자의 관모와 두식의 종류가 많으나 실제로 확인하지 못하여 아쉬움이 남는다. 그 밖에 이지수투, 여름용 포혜와 겨울용 피혜의 실물을 실측하고 그 특징을 고찰하였다.

이러한 고찰에 따라 어룬춘족의 복식은 춥고 척박한 자연환경과 고립된 지역에서 유목과 수렵이라는 생활방식을 통해 얻을 수 있는 거칠고 투박한 가죽과 모피를 주된 의복 재료로 사용하였음을 알 수 있다. 또한 대부분의 의복과 장신구에 다양한 종류의 장식 기법을 사용하여 기능성과 심미성을 살린 복식문화를 발달시켰다. 즉, 어룬춘족 복식의 특징은 크게 실용성과 상징성으로 나누어 살펴볼 수 있다.

어룬춘족은 오랜 시간 수피 복식이라는 수렵민의 특유한 풍습을 이어 왔으며 이는 현재 중국 동북지역 민족만의 특색으로 그 고유성과 독특함을 표출하고 있다. 이러한 복식문화의 실용적인 특징은 그들의 생활환경 및 용도에 따라 다른 형태로 나타나는 점에서 확인할 수 있다. 이와 관련하여 여름에는 직물과 털이 없는 가죽으로 의복을 만들고, 겨울용으로는 의복의 내외 부분에 모두 모피를 대어 사용한 것을 예로 들 수 있다. 또한 어룬춘족의 대표적인 포피각모도 방한의 기능뿐만 아니라 수렵 시에 위장 기능을 하기 위한 최고의 아이템임을 알 수 있다. 또한 노루나 사슴의 목덜미 가죽은 가볍고 튼튼하여 신발의 밑창으로 사용되어 다른 짐승의 접근을 유인하는 역할을 하였다.[109]

다음으로 상징적 특징은 그들의 복식에 나타난 문양과 장식 기법을 통해 잘 드러난다. 어룬춘족은 주로 기하학 문양, 식물 문양, 동물 문양을 사용하였는데, 이 문양들 중 다수는 길상을 상징하는 도안이다. 이들의 길상 관념은 장기간의 수렵 생활과 공동생활이 바탕이 된 심리를 기초로 형성된 것이다.

또한 장식 기법 중 자수는 생활과 밀접한 관계가 있으며 여자 기예의 기준이기도 하다. 즉, 여자의 자수기술을 통해 그 사람의 가정교육과 인품까지도 판단하는 기준이 된다는 것이다. 이와 같이 자수는 어룬춘족의 매우 중요한 습속 중 하나이다.[110]

중국 동북지역은 고대 고조선, 부여, 고구려 사람들이 활동했던 지역으로 현존하는 어룬춘족의 의생활문화를 통해 고대 한국복식의 초기 형태를 엿볼 수 있다.

고구려 고분벽화 중 무용총 벽화(〈그림 78〉)를 비롯해 다수의 인물이 착용하고 있는 유, 고, 포 및 군에 두드러지게 표현된 점 문양은 조사지역의 피포의 등의 피제 의복(〈그림 79〉)에 간간이 나타나고 있음을 확인하였다. 양 지역에서 나타나는 점 문양이 있는 의복은 꽃사슴 또는 대륙사슴이라고 명명하는 일종의 사슴류 가죽을 사용한 것인데, 당시에는 의복 재료로 흔히 활용되었다.

고조선과 고대 국가에 대한 정격正格 연구에 관심이 커지고 있는 현 시점에서 어룬춘족의 복식, 특히 피혁제 복식은 고조선의 복식 구조와 형태, 소재, 문양 등을 재현하는 데 근접 자료로 활용할 수 있으리라 보인다. 즉, 기후환경과 밀접한 관계를 갖는 점 문양의 가죽 소재의 공급과 활용 특징, 방한용 착수형 의복의 구조와 모카신 제작 기법을 사용한 부츠형 신발靴(〈그림 80〉, 〈그림 81〉) 등과 같은 고조선을 기원으로 하는 우리 민족 복식의 기본 형식에 대한 세부적인 고찰이 필요하다. 따라서 이 시점에서의 어룬춘족 복식 조사 자료는 한민족 복식문화의 원형을 재현하고 세부적인 연구를 진행하기 위한 기초자료로 활용될 수 있다고 판단된다.

〈그림 78〉 무용총 무용도의 여자 춤꾼, 점 문양 복식[111]

〈그림 79〉 어룬춘족 점 문양 피포의
(어룬춘문화공예관 소장)

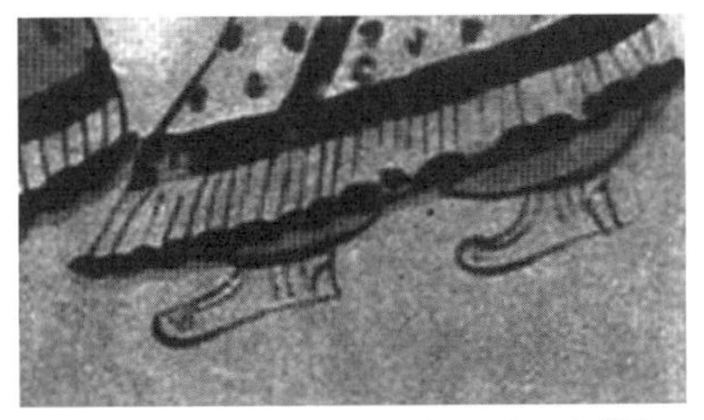
〈그림 80〉 무용총 무용도의 여자 춤꾼, 가죽 장화[112]

〈그림 81〉 어룬춘족 피혜 부츠
(어룬춘문화공예관 소장)

마지막으로 샤먼 복식인 신복은 샤먼이 신과 인간의 중계자라는 특수한 신분을 나타내는 복식임을 확인하였으며, 신복의 구성(양식적 특징)과 문양, 장식으로 표현되는 것들이 샤먼의 보조신을 상징하고 있음을 알 수 있었다. 현지답사를 통해 실제 샤먼이었던 인물을 만나보고, 샤먼 복식을 입어보고, 실측하면서 어룬춘족에게 신과 인간을 이어주는 샤먼문화가 그들의 삶과 문화에 큰 영향을 미쳤음을 직접 느낄 수 있었다. 지금은 비록 그 맥이 끊어져 버려 전통으로만 남아 있게 되어 버린 점이 매우 아쉬운 부분이다.

추후에는 어룬춘족과 같은 계통인 민족, 현재 중국 동북지역과 내몽골 지역에 거주하고 있는 다른 민족의 복식문화에 대한 실증적 연구를 통해 이들의 복식문화를 종합적으로 고찰, 분석하는 연구가 진행되어야 할 것이다. 또한 한국 제주도의 가죽, 모피 문화와의 관련성이 밝혀져, 양 지역 유물조사 및 인터뷰 등의 작업을 통하여 양 지역의 가죽, 모피 문화에 대한 심도 있는 분석이 필요하다고 사료된다.

6장

육류 중심의 음식문화

[김천호]

고기와 물고기를 주식으로 하는 음식문화

어룬춘족이 생활하는 지역은 전형적인 한온대 대륙성 계절풍 기후이다. 겨울은 길고 건조하며 영하 40도까지 내려가고 여름에는 비가 많이 내리고 습하다. 이와 같은 독특한 지리조건과 기후조건으로 광대한 숲의 바다를 이루었으며 다양한 종류의 동물들이 다량 서식하게 되었다. 또한 헤이룽강을 중심으로 그물망처럼 엉켜 있는 하류에는 각종 물고기가 서식하였다. 《흑룡강지고黑龍江志稿》에 의하면 "어룬춘족은 수렵을 위주로 생활하며 내싱안령內興安嶺 산중에 거주하는데 집이 없으며 수렵물을 따라 이동한다. 수렵 외에 물고기잡이에 능하다."[1] 라는 기록이 남아 있다. 어룬춘족에게 수렵은 가장 중요한 생산 방식이며 그다음은 어렵이다. 오늘날에도 헤이룽장성 타허현 스바잔十八站과 후마현 바이인나白銀那, 헤이허시 신성향新生鄉 쉰커현遜克縣 신어新鄂, 신싱新興 내지 내몽골자치구 어룬춘자치기 등의 어룬춘인은 어렵 위주의 생산 방식을 가지고 있다.

〈그림 1〉 어룬춘족과 필자

어룬춘족은 지리환경, 기후조건, 경제조건의 영향으로 오랜 역사 동안 야생 동물을 주식으로 하고 물고기를 부식으로 하는 생활을 해 왔다. 《애휘현지愛輝縣志》에 의하면 청나라 시기 어룬춘인은 "추위를 막기 위해 자작나무로 집을 짓고, 짐승고기를 양식으로 삼는다. 손님 접대에 사슴고기를 먹으며 친구를 만나면 술을 대접하였다."[2]라고 한다.

어룬춘족의 식생활은 고기와 물고기가 중심이며 산에서 채집한 산나물과 야생 과일은 보조적인 역할을 하였다. 청나라 이후에는 교환을 통해 들어온 소량의 곡물을 먹기 시작하였다. 청나라 시기 총이 들어오기는 하였으나 여전히 원시수렵단계에 있었기 때문에 동물을 잡지 못한 경우에는 좁쌀이나 채소로 배고픔을 달랬다. 《흑룡강외기》에 청나라 시기 "고기가 부족하면 좁쌀이나 채소로 보충하였다."[3]라는 기록이 남아 있다.

일제강점기에도 여전히 수렵 위주의 생활을 하였으며 식생활 수준은 열악했던 것으로 보인다. 어룬춘인의 음식은 질이 매우 좋지 않아 사람을 놀라게 한다. 수렵 갈 때 소금, 차, 솥을 가지고 가며 산에서 1~2개월간 사냥한다. 만약 수렵을 나간 후에 10여 일간 수렵물을 잡아오지 못하면 집에 남아 있는 아이와 부인은 보관해 둔 뼈를 끓여서 먹어야 하며 소량의 좁쌀을 넣고 죽을 끓여 먹으며 부친이 돌아오기만을 기다려야 했다.

수렵민에게 조와 같은 곡물은 맛있는 것으로 손님에게 대접할 때나 먹는다. 이들 중 일부는 최근에야 곡물의 맛을 볼 수 있었다. 아침에 일어나 차를 마시고 고기를 끓여 소금과 함께 먹는 것이 아침 식사다. 좁쌀죽을 먹는 것도 아주 드문 일이며 아침은 고기죽을 먹는다. 여름철이 되면 동물이 더욱 줄어들고 좁쌀도 얻기 힘들다.[4]

어룬춘족은 유렵 생활을 하였기 때문에 식사 시간이 고정되어 있지 않았다. 보통 여름에는 세 끼를 먹고 겨울에는 두 끼를 먹었다. 수렵을 하는 경우 계절 또는 상황에 따라 하루에 두 끼 혹은 세 끼를 먹었다. 하루의 두 끼는 모두 고기를 먹는데 부녀자가 음식을 만든다. 주로 고기를 잘라 채소와 함께 삶아 먹으며 수렵장에서는 대부분 구워서 먹었다. 음식의 분배는 부녀자가 하고 맛있는 것은 노인에게 먼저 주며 부녀자는 마지막에 먹는다.[5] 그러나 항상 수렵물을 획득할 수 있는 것이 아니므로 늘 하루에 두세 끼를 먹을 수 있는 것은 아니며 수렵물을 잡지 못한 경우에는 며칠 동안 음식물을 먹지 못하기도 하였다.

음식문화의 특징

어룬춘족의 음식문화는 네 가지 특징이 있다. 동물 기름을 좋아하고 술 마시는 것을 좋아하고 순대를 좋아하고 생식을 좋아한다는 것이다.

동물 기름을 좋아하는 것은 독특한 지리환경과 겨울철의 한랭한 기후환경의 영향을 받은 결과이다. 겨울철에는 영하 40도까지 내려가기 때문에 술을 마심으로써 한기를 이겨낸다. 겨울철에 수렵을 하기 위해서는 충분한 열량이 필요하기 때문에 과거에는 수렵을 하기 전에 동물 기름이 많은 식품을 먹어 추위를 이길 수 있도록 하였다고 한다.[6] 특히 곰 기름을 한 그릇 먹으면 추위를 막는 데 효과가 있고 배고픔도 견딜 수 있어 사냥 가기 전에 먹었다. 곰을 잡은 후 지방 부분을 잘라 기름을 내어 동물의 방광 혹은 자작나무껍질로 만든 바구니에 보관한다. 곰 기름으로 채소를 볶아 먹기도 한다.

술을 많이 마시는 것 역시 방한을 위해서다. 술은 어룬춘족 생활의 필수품으로 과거에는 남녀 모두가 술 마시는 것을 좋아하였다. 술은 어룬춘어로 아라카이이阿拉開衣라 하며 어떤 때는 며칠 동안 마시는데 완전히 취해야 끝이 났다. 예전에는 말 젖으로 말젖술[馬奶酒]을 담갔는데 말 젖과 좁쌀을 자작나무껍질로 만든 통에 넣어 10일간 발효시킨 후에 증류주를 만들었다. 말젖술을 어룬춘어로는 쒀라아라카이이莎拉阿拉開衣라고 한다.

순대를 먹는 것도 좋아하였는데 순대는 어룬춘어로 부여우써布油色라고 하며 상등上等 식품이라는 뜻이다. 동북지역의 소수민족 음식에서 자주 보이는데 사슴, 노루, 엘크, 멧돼지 등 비교적 큰 동물의 창자로 만든다. 피를 침전시켜 흰색의 혈청과 붉은색의 혈액을 분리하고 다른 식재료를 섞어 창자 안에 넣고 삶은 후에 자르면 붉은색과 흰색이 분명하고 맛이 독특하다.[7] 창자를 깨끗이 씻은 후 피에 소금과 양념을 섞어 창자 안에 넣고 솥에 넣어 삶는다. 다 익으면 꺼내서 잘라 야생부추꽃으로 만든 소스나 소금물에 찍어 먹는다. 순대를 삶은 물로 죽을 쑤거나 수제비나 면을 넣어 끓여 먹기도 한다. 모양은 유사하나 순대를 만드는 구체적인 방법은 민족마다 다르다. 순대소를 만드는 최초의 재료는 동물의 피가 중심이었을 것이며 이후 주변에서 생산되는 야생 향신료나 소금을 첨가하였을 것으로 보인다. 이후 메밀과 같은 곡류도 첨가하고 채소류도 첨가하게 되었다. 현재 한국의 순대는 피, 내장, 기름, 육류보다 오히려 채소, 찹쌀, 당면과 같은 식물성 식품의 양이 많다.

어룬춘족은 생식으로 먹는 것도 좋아한다. 각종 동물의 간을 먹는데 주로 엘크, 노루, 사슴의 신장과 간을 생으로 먹는다. 복부를 열고 간과 신장을 꺼낸 후에 여름철에는 맑은 물에 한 번 헹구고 겨울철에는 눈에 씻어 먹는다. 동물의 간을 생으로 먹는 것을 어룬춘어로는 아쓰건阿思根

이라 하며 콩팥과 심장을 생식하는 것은 바오사오쿠타오包少庫陶라 한다. 노루의 경우 천엽을 생으로 먹으며 피를 마시기도 한다. 노루의 신장을 감싸고 있는 포를 없애고 먹는데 체온을 유지하고 있어 아삭아삭하고 단맛이 나며 소금을 찍어 먹기도 한다. 노루의 신장을 먹으면 사람의 신장에 좋다고 한다. 노루 간은 약간 쓴맛이 있는데 열을 내리고 눈을 맑게 한다.[8] 생식은 거의 사라진 습속이긴 하지만 노루를 잡아 간과 신장을 생으로 먹는 습속은 여전히 남아 있다.

각종 장기를 생으로 먹을 뿐만 아니라 골수를 생으로 먹거나 요리해 먹기도 한다. 동물의 무릎 관절에 있는 골수를 먹는 것을 우만烏滿이라 한다. 동물의 다리뼈를 자른 후에 도끼나 칼로 뼈를 잘라 골수를 빼서 먹는다. 뼈를 구운 후에 골수를 빼 먹기도 하는데, 골수는 몸을 건강하게 하는 효과가 있다고 한다.

노루의 골수에 고기와 채소, 조미료를 섞어 먹는 방법도 있다. 어룬춘어로는 아쑤무阿素木 또는 아쑤阿蘇라고 한다. 익힌 노루 머리 고기, 심장과 폐, 등심 등을 잘게 자르거나 사방형으로 자르고 멧돼지 기름, 노루의 골수, 야생파, 야생 후추, 야생부추꽃, 소금을 넣고 비빈다. 그냥 먹을 수도 있고 볶아 먹을 수도 있다. 아쑤무는 손님을 접대하는 귀한 음식으로 노인들이 특히 좋아한다.

음식문화의 구성 요소

어룬춘족 음식은 육류, 어류, 곡물류, 기름류, 야채류, 야생 과일류, 조미료류, 음료로 구성되어 있다.

사냥에서 얻은 동물의 고기는 어룬춘족 음식에서 가장 중요한 재료이다. 식용한 동물로는 노루, 엘크, 회색 쥐, 사슴, 멧돼지, 토끼, 곰, 오소리 등이 있다. 이 밖에도 꿩, 들꿩, 들오리, 백조, 기러기와 같은 새 종류도 식용하였다. 어룬춘족이 활동한 지역은 노루가 매우 많아 생활 중 80%의 고기와 가죽은 노루에게 얻었다.[9] 그다음으로 많이 먹는 고기는 사슴 고기, 엘크 고기, 곰 고기, 멧돼지 고기이다. 고기를 먹는 방법은 매우 많으나 기본적으로는 열 종류가 있다.

위와 같은 동물을 잡지 못할 때는 강가에 가서 물고기를 잡는다. 주로 큰 냉수어冷水魚를 잡는데, 예를 들면 줄철갑상어, 잉어, 강준치, 붕어, 타이멘, 열목어, 화시, 야레, 쏘가리, 창꽁치, 메기, 초어, 버들치 등이 있다.

청나라 중엽 이후 주변 민족과 접촉이 많아지면서 교환을 시작하였고 수렵물을 곡물과 바꾸게 되면서 음식물의 구조에 큰 변화가 생겼다. 처음 교환할 때는 곡물의 양이 많지 않아 고기를 먹은 후에 죽을 끓여 먹었다. 현재 어룬춘족은 산에서 내려와 농경을 중심으로 한 정착 생활을 하고 있어 육식이 아닌 곡류 중심의 식생활을 하고 있다.

동물을 잡으면 지방 부분을 떼어 내어 녹여서 기름으로 만든 다음 동물의 방광이나 자작나무그릇에 담아 저장하는데 채소를 볶아 먹을 때 사용한다. 기름을 이용한 볶음 요리는 발달하지 않았다.

채소류는 유호아柳蒿芽, 노산근老山芹, 원추리黃花菜, 조총旱葱, 고사리, 명아주, 압취채鴨嘴菜, 포이타채狍耳朵菜, 산강酸姜, 야생백합뿌리, 홍화紅花뿌리, 목이버섯, 노루궁뎅이버섯, 권마圈蘑, 개암버섯, 느릅나무버섯 등 40여 종에 달한다. 동물을 잡지 못할 경우 뿌리식물과 산나물은 배고픔을 견딜 수 있게 해 주는 구황식품이다.

야생 과일로는 블루베리, 조리자稠李子, 산정자山丁子, 머루, 돌배, 용가시나무, 딸기사과, 아흘탑牙疙瘩, 산리홍山里紅, 오미자, 개암, 잣, 호두, 도토리 등이 있다.

조미료류로는 야생부추꽃, 야대료野大料, 산차山茶, 야생파가 있다.

음료는 발달하지 않았다. 여름에는 샘물을 먹고 겨울에는 눈을 녹여 먹는다. 여름철에는 자작나무의 수분이 풍부하여 나무의 하부에 작은 구멍을 내어 수액을 먹는데 단맛이 난다. 수렵인이 수렵 도중 물을 찾지 못할 때도 자작나무 수액을 먹는다.

조리도구와 식기

어룬춘족은 청나라 시기 철기가 유입되기 전에는 자작나무껍질로 각종 그릇과 바구니, 상자 등을 만들어 음식물을 끓이거나 저장하고 물을 긷는 데 사용하였다. 자작나무로 만든 생활용품은 어룬춘족 생활에서 매우 중요한 부분을 차지한다. 식품과 관련된 각종 공구뿐만 아니라 집 안의 가구도 자작나무껍질로 만들고 여름철 셰런주(우산형 와붕)의 외부도 자작나무껍질로 덮는다.

2015년 8월 11일 네이멍구자치구 후룬베이얼시 어룬춘자치기 퉈자민향托扎敏鄉을 방문하여 허지화(何吉花, 76세) 할머니로부터 자작나무껍질의 채취와 제작에 대해 조사할 수 있었다.

자작나무껍질은 6월 말에서 7월 초의 며칠 동안만 벗길 수 있다. 이 시기가 자작나무껍질을 벗기기에 습도와 건조한 정도가 적당하기 때문이다. 나무에 벗길 부분을 위아래로 선을 그은 다음 중간 부분을 벗긴다. 막 벗겼을 때는 휘어져 있는데 하루 정도 물에 담갔다가 무거운 것을 올려놓아 편평하게 펴 준다. 만약 여전히 휘어져 있으면 다시 한 번 물에 담갔다가 무거운 것으로 눌러 준다. 용도에 따라 삶아서 사용하기도 한다. 상자와 같은 일용품을 만들 경우에는 물에 담갔다가 사용하나 셰런주에 덮는 테커샤를 만들 때는 삶아야 한다.

제품을 만들 때는 원하는 용도에 따라 자르고 엘크의 힘줄로 꿰맨다. 문양을 내는 가는 송곳도 엘크의 뼈로 만든다. 이 송곳은 문양의 종류에 따라 끝이 2개, 3개, 4개로 갈라져 있다. 소수민족들은 바느질할 때 자신 쪽으로 꿰매서 찔러도 자신을 찌른다. 한족은 바깥쪽으로 한다고 한다.

자작나무껍질로 생활에 필요한 각종 생활용구를 제작하였는데 용도에 맞는 이름을 어룬춘족 언어로 보면 다음과 같다.

자작나무껍질 식기 – 아르산阿勒參

자작나무껍질 바구니 – 카미르佧米日

담배를 넣은 함 – 마타瑪塔

반짇고리 – 아오사奧沙

자작나무껍질 상자 – 아다마러阿達瑪勒

자작나무껍질 함 – 니나尼那

자작나무껍질 통 – 쾅게이匡給

모자 모양의 뚜껑이 있는 통 – 마오르춘毛日春

물 긷는 동이 – 무링커木靈克

〈그림 2〉 자작나무껍질로 만든 식품 용기

철 솥을 사용하기 전에도 고기를 삶는 방법이 있었다. 하나는 노루, 사슴, 엘크의 위를 잘라 세척하고 그 안에 물을 담고 고기를 잘라 넣은 후에 입구를 묶어 불 위에서 굽는 방법이다. 불 위에서 굽는데 만약 불이 강하여 타려고 하면 내려서 물을 뿌리고 다시 굽는데 이러한 과정을 여러 번 반복한다. 물이 끓어오르면 고기는 70~80% 익은 것으로 고기를 꺼내 소금을 찍어 먹는다.

다른 방법은 자작나무껍질이나 나무로 만든 솥에 고기를 잘라 넣고 물을 부은 후에 작은 돌을 불에 달궈 수십 차례 반복하여 넣어 고기가 익으면 꺼내 먹는다. 나중에 그릇까지 먹어 버린다.

청나라 때 모닥불 위에 걸어서 사용하는 솥인 적과吊鍋가 들어온 후에는 더 이상 위와 같은 방법을 사용하지 않게 되었다. 일반적으로 농경민들은 돌이나 흙으로 받침을 세우고 그 위에 솥을 얹어 조리하나 이동하는 민족들은 3개의 나무 막대를 삼각형 모양으로 세우고 여기에 솥을 걸어서 사용한다. 어룬춘족 역시 이러한 방법을 사용하고 있다.

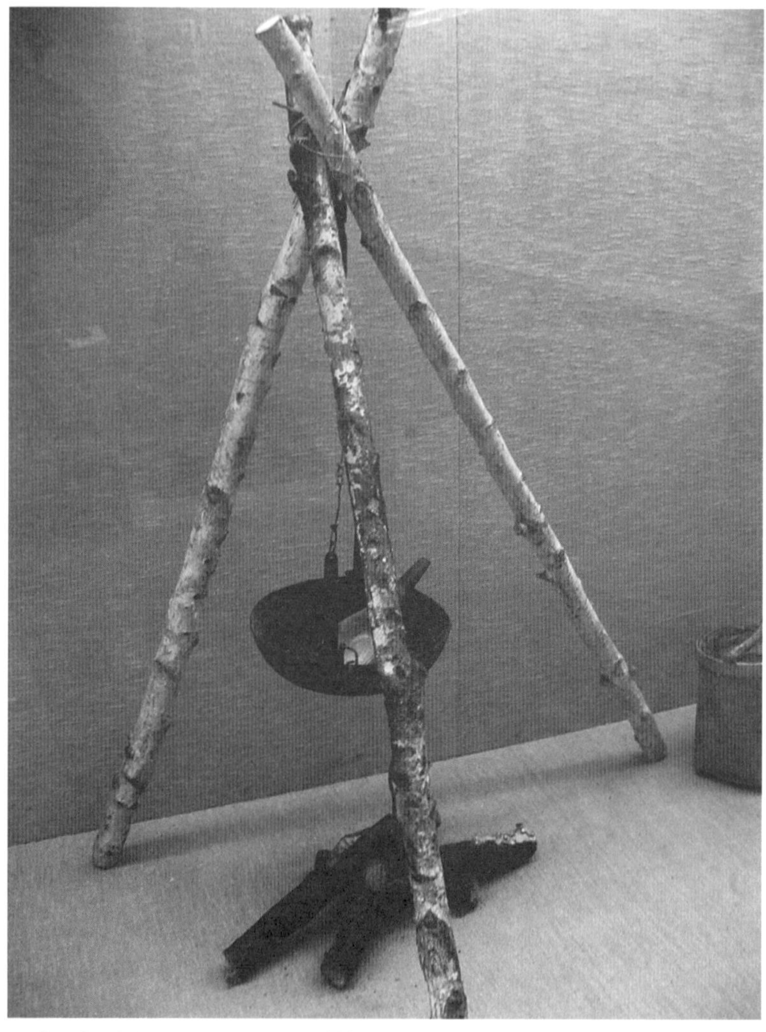

〈그림 3〉 나무 막대에 연결하여 사용하는 적과 吊鍋

각종 음식 재료의 조리법

1. 육류 요리

주로 끓여서 먹는 탕 요리와 구워서 먹는 조리법이 발달하였으며 사냥을 못할 때를 대비하여 가늘게 썰어 훈제하거나 건조하여 저장해 두기도 한다. 앞에서 살펴본 바와 같이 생식으로 먹는 예도 발달하였다. 육류를 먹는 방법은 매우 다양하나 기본적으로 20가지 종류가 있다.

(1) 우마이런烏買任, 삶기

통째로 삶아 먹는 것으로 백숙과 같은 종류이다. 동북부 소수민족 지역에서 공통적으로 보이는 요리법으로 건조하고 추운 환경으로 인하여 발달한 요리법이다. 이와 같은 탕 요리는 고기와 국물을 배부르게 먹을 수 있고 몸을 따듯하게 덥힐 수 있으며 여러 사람이 나누어 먹을 수 있다는 장점이 있다.

〈그림 4〉 손으로 들고 칼로 잘라 먹는 수조포육

〈그림 5〉 삶은 멧돼지 머리

예전에는 야생동물이 많아 손님이 온 후에 노루를 잡으러 갔으며 온기가 있는 노루로 요리하였다.[10] 뼈에 고기가 붙은 상태로 삶아서 한 손에는 고깃덩어리를 들고 다른 손에는 칼을 들고 잘라 먹는데 어룬춘족이 가장 좋아하는 요리로 수조포육手抓狍肉이라고 한다. 고기는 잘라서 소금이나 야생 조미료를 찍어 먹는다. 고기를 먹은 후에는 국물에 채소를 넣어 삶아 먹기도 한다. 어룬춘족은 곰 발을 삶아 먹기도 했는데 현재는 곰 사냥 금지로 맛볼 수 없게 되었다.

〈그림 5-1〉 삶은 멧돼지 머리를 먹기 좋게 손질하는 남자

(2) 투하라우여런吐哈拉烏有任, 찌기

시루를 발명하기 이전의 찜 요리로, 강가의 습기가 있는 곳에 화덕을 만들어 찜 요리를 한다. 상층은 반원형의 구덩이를 파는데 큰 솥과 같은 모양이다. 구덩이 밑의 15센티미터 되는 곳을 30~60센티미터 깊이로 파서 아궁이를 만든다. 아궁이의 한쪽은 크게 파고 다른 한쪽은 좁게 파 연기가 나가는 구멍으로 사용한다. 노루, 사슴, 엘크 고기를 잘라 상층의 구덩이에 넣는데 이 구덩이는 솥 역할을 한다. 고기를 넣은 후에 젖은 모래로 덮고 증기가 나도록 하는데 대략 1시간이 지나면 증기가 모두 없어진다. 고기가 50~60% 정도 익으면 먹는다. 허칭화何青花씨에 의하면 이와 같은 방법으로 고기를 찌면 고기가 부드러워 특별한 맛이 난다고 한다. 그녀는 50여 년 전 어렸을 때 고기를 찌는 전 과정을 본 적이 있다고 한다.[11]

(3) 다얼가란達爾嘎蘭, 구운 고기

철제 솥이 유입되기 전에는 고기를 주로 구워서 먹었다. 수렵을 나갔을 때도 고기를 구워 먹는 방법을 택한다.

수렵 칼로 고기를 덩어리로 잘라 불구덩이에 던져 넣고 직접 굽는 방법으로 가장 원시적인 방법이다. 겉이 검게 눌으면 검댕을 긁어내고 먹는데 안쪽의 고기는 60~70% 정도 익어 있다. 잘라서 소금과 다른 양념을 찍어 먹는다. 이러한 방법으로 고기를 구워 먹는 것은 해방 전까지 매우 보편적인 방법이었다.

새 종류도 다얼가란 방법으로 구워 먹는다. 숯불에 묻어 두었다가 외부의 탄 부분을 벗겨 내고 심장과 간만 남기고 나머지 내장을 제거한 후에 먹는다. 진흙이 있는 곳에서는 진흙을 새의 몸에 바른 후에 모닥불에 넣는데 이렇게 구운 고기는 매우 맛있다고 한다.

〈그림 6〉 다얼가란 방식으로 요리하는 고기

(4) 시라란席拉蘭, 꼬치구이

고기를 끼울 꼬챙이는 60~90센티미터로 양쪽을 뾰족하게 깎는다. 한쪽에는 고기를 꽂고 다른 한쪽은 모닥불 가장자리에 꽂는다. 모닥불의 열기로 굽는데 수시로 꼬챙이를 돌려가면서 굽는다. 겉이 금황색을 띠고 기름이 흐르면 적당히 익은 것이다. 익은 고기는 소금이나 산초 등을 찍어 먹는데 어룬춘인은 이러한 방식으로 먹는 것을 좋아한다.

(5) 쿠후러庫呼熱, 훈제 육포

사냥을 못할 때를 대비하여 고기를 말려서 저장하는 방법이다. 노루, 사슴, 엘크의 고기를 작게 잘라 소금과 산초를 가하여 물에 삶아 쑥으로 만든 발에 널어 훈제한 것을 말한다. 이러한 종류의 육포는 그 자체로 먹거나 고기죽을 끓여 먹을 수도 있고 면 요리에 넣어 먹거나 탕으로도 먹을 수 있다.

〈그림 7〉 고기를 건조할 때 사용하는 발

(6) 시루하西魯哈, 생고기 말린 육포

노루, 사슴, 엘크의 다리 고기를 가늘고 길게 잘라 소금에 절여 나무 구조물에 걸어 연기로 훈제하는데 반숙성된 것을 저장한다.

〈그림 8〉 시루하를 만드는 장면

2. 생선 요리

헤이룽강이나 주변 하천에서 잡은 물고기는 주로 조림이나 탕을 해서 먹는다. 근래에 와서 기름을 사용하게 되면서 튀김 요리로도 먹게 되었다.

비교적 큰 물고기의 비늘을 없애고 내장을 꺼내고 삶아 소금물을 찍어 먹는다. 또는 채소와 함께 졸여서 먹기도 한다. 어렵 생산을 하러 야외에 나갔을 때는 일반적으로 구워서 먹는데 잡은 물고기를 나무 꼬챙이에 꿰어 불에 구운 뒤 비늘을 제거하고 내장을 꺼낸 후에 먹는다. 고기와 마찬가지로 생선도 수확을 많이 했을 경우에는 말려서 저장한다.

(1) 구워 먹기

야외에서 먹을 때는 일반적으로 구워서 먹는다. 물고기를 나무 막대에 끼워 불로 구운 후에 비늘과 내장을 걷어 내고 먹는다.

(2) 삶아 먹기

비교적 큰 물고기는 비늘을 먼저 없애고 내장을 제거하여 끓이며 소금물에 찍어 먹는다. 가정에서 생선 요리를 할 때는 삶아서 먹는 방법이 가장 일반적이다.

(3) 말린 물고기

물고기의 비늘과 내장을 제거하고 작게 잘라 소금물에 끓인 후에 말려서 저장한다. 음식물이 부족할 때 먹는다.

(4) 반건조 물고기

비늘을 제거하고 등 부분을 두 쪽으로 갈라 소금을 뿌리고 나무 구조물에 걸어 훈제한 후에 저장하는데 식용할 때 익혀 먹는다.

(5) 푹 삶은 고기

생고기나 말린 고기를 야채와 함께 푹 끓인다.

〈그림 9〉 야채와 함께 삶아 만든 냉수어 요리

(6) 푹 끓인 죽

쌀과 건조한 물고기를 함께 넣고 끓여 죽을 만든다.

(7) 회로 먹기

물고기 비늘을 제거하고 깨끗이 씻어 편으로 자르거나 채 썰어서 소금, 식초와 함께 먹는다.

3. 곡물 요리

청나라 시기부터 곡물이 유입되고 농경에 종사하게 되면서 식생활이 육식에서 곡물 중심으로 변하고 있다. 최근에는 한족의 영향을 받아 빵, 꽃빵, 만두, 포자包子 등을 만들어 먹는다.

(1) 시루하쑤무순西露哈蘇木順

좁쌀과 사방형으로 썬 고기를 함께 넣고 끓인 죽을 말한다.

(2) 라오카오타이老考太

일반적으로 좁쌀이나 기장을 넣어 만든다. 소금과 채 썬 고기를 넣고 끓여 70~80% 정도 익었을 때 주걱으로 쌀을 부숴 걸쭉할 때까지 끓이고 기름이나 설탕을 넣는다. 신랑 신부가 결혼 시 합방할 때 먹으며 신에게 바치는 음식이기도 하다.

(3) 구루부다古魯布達

어떤 곳에서는 펜라탄偏拉坦 또는 구넌자쿠터古嫩加庫特라고도 하며 한국의 수제비와 유사한 음식이다. 만드는 방법은 밀가루를 얇게 밀어 조각으로 자르거나 손으로 떼 내어 고기를 끓인 물에 채소와 함께 넣어 끓인다. 어떤 곳에서는 밀가루 편을 꺼내 기름, 소금, 각종 조미료를 넣어 비벼 먹기도 한다.

(4) 부라만우언布拉曼烏恩

다른 말로는 부라넌布拉嫩이라고도 한다. 밀가루 반죽을 한 후에 작은 크기의 빵을 만들어 불씨가 살아 있는 재 안에 넣어 익은 후에 먹는다.

(5) 카라처허卡拉車赫

카라쓰커卡拉斯克라고도 한다. 밀가루를 반죽하여 둥글게 만든 후에 눌러서 빵처럼 납작하게 한다. 다시 가운데 둥근 구멍을 내고 재 속에 넣어 익혀 먹는다. 수렵할 때 가지고 가며 아이들도 좋아한다.

(6) 셰누원謝努溫

교자를 말한다. 일반적으로 명절에 먹으며 노인이 손님으로 오면 대접한다. 고기를 잘게 썰고 다진 파, 채소, 조미료 등을 섞어 소를 만들어 밀가루 피에 싸서 삶아 먹는다. 최근 몇십 년간 교자의 소는 돼지고기와 배추, 부추, 셀러리, 양배추 등을 넣어서 만들며 한족과 같아졌다.

4. 채소 요리

해방 이전 어룬춘인은 대량으로 산나물과 야생 과일을 채집하였는데 약 40종에 이른다. 유호채柳蒿菜와 멧미나리 종류인 산근채山芹菜가 가장 많다. 채집한 후에 바로 먹는 것 외에 남는 것은 말려서 저장한다.

산나물은 노루 고기와 삶아서 먹거나 고기를 먹은 후에 국물에 데쳐 먹기도 한다. 최근에는 기름에 볶아 먹는 예가 많아졌다.

가을철에는 과일이 많이 열리며 일반적으로 채집한 후에 바로 먹는다. 조리자稠李子가 가장 많이 채집되는데 일종의 야생 자두로 검은 대추와 비슷하며 허기를 면할 수 있다. 뜨거운 물에 담갔다가 말리면 겨울철에 죽을 끓여 먹을 수도 있다.

〈그림 10〉 산에서 채집한 각종 산나물과 과일을 파는 상인

〈그림 11〉 원추리 볶음

의례와 음식

1. 제사와 혼인 음식

남자 집에서 여자 집에 예물을 전달한 날 부부는 여자 집에서 합방한다. 이날 저녁에 부부는 라오카오타이라는 특별한 죽을 먹는다. 이 죽은 어룬춘인들의 현지 발음으로는 '록테'라고 한다. 록테는 노루 고기와 좁쌀을 넣어 끓인 죽으로 주걱으로 좁쌀을 눌러 점성이 있으며 채썬 고기를 넣고 멧돼지 기름, 소금, 파를 섞어서 비빈다.

록테는 제사에 사용하는 음식인데 민간에서는 결혼식 때 먹는다. 록테를 하나의 자작나무껍질로 만든 그릇에 담아 엘크 뼈로 만든 한 개의 젓가락으로 부부가 함께 먹는다. 하나의 그릇에 하나의 젓가락으로 먹는 것은 "부부가 평생 달고 쓴 것을 함께하며 해로하라."라는 뜻이다. 신랑 집에서 결혼식을 할 때 합방하는 날 밤 역시 록테를 먹는다.

2. 출산 음식

어룬춘족 여성은 원래 거주하던 셰런주에서 50미터가량 떨어진 곳에 새로 지은 산실에서 아이를 낳는다. 식사는 남편 혹은 시어머니가 자작나무껍질로 만든 함에 음식을 담아 나무 막대에 묶어 멀리서 산실로 들여보낸다. 산모는 붕어탕이나 메기탕을 먹는데 젖이 잘 나온다고 한다. 사슴의 음경 또한 젖이 잘 나오게 하는 데 효력이 있다고 한다.[12] 산모는 한 달이 지난 후에 원래 거주하던 셰런주로 돌아온다.

여자들은 생리 기간에 노루나 사슴 고기의 내장을 먹지 못하였다. 먹으면 수렵인의 총알이 동물을 죽이지 못한다고 생각하였다.

3. 곰의 식용

어룬춘어로 곰을 뉴뉴쿠牛牛庫라고 하나 직접 이름을 부르지는 않는다. 수곰은 아야雅亞라고 하는데 할아버지라는 뜻이다. 아마하阿瑪哈라고도 하는데 큰아버지 또는 외삼촌이라는 뜻이다. 암곰은 다톄大帖라고 하는데 증조모라는 뜻이다. 곰은 어룬춘족의 토템 동물로 맘대로 죽일 수 없었다.

1990년대 후반까지 어룬춘족 남자들은 간혹 곰 사냥을 했다. 동네에 들어가면 곰 가죽을 통째로 널어놓은 광경을 볼 수 있었다. 현재는 곰 사냥이 금지되었다.

59세의 웨이솽쿠이魏雙奎 씨는 곰 사냥을 한 경험담을 필자에게 자세

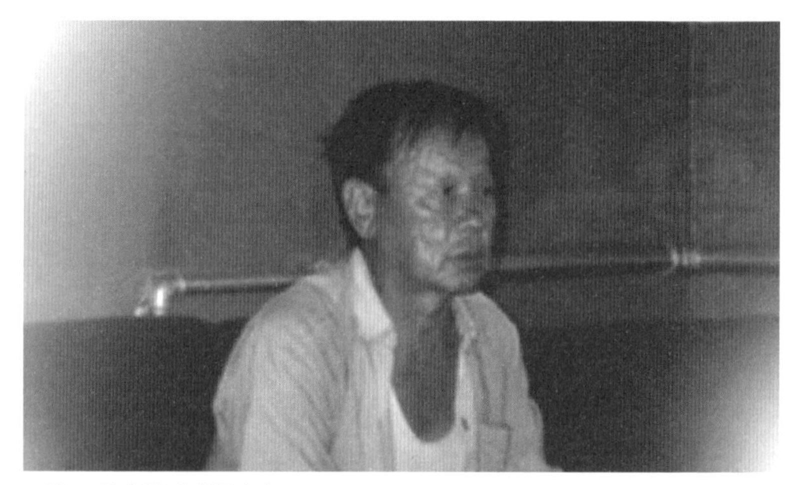

〈그림 12〉 곰 사냥꾼 웨이솽쿠이 씨

히 전해 주었다. 어느 동굴에 들어갔다가 곰을 발견하고 도망 나오는데 곰이 자신을 봤는지 따라 나왔다고 한다. 5~6미터 둘레의 큰 나무 뒤에 숨었는데 곰이 달려들면서 오른뺨을 덮쳐 한쪽 뺨을 뜯기고 기절했다가 다시 정신을 차렸을 때는 한밤중이 되었다고 한다. 죽이지 않고 살려둔 것만을 다행이라 생각하고 줄행랑쳐서 마을로 도망쳤다고 한다.

곰은 어룬춘족이 숭배하는 동물이기 때문에 여러 가지 금기가 있다. 곰을 죽일 때 '죽었다'라고 말하지 않고 '아마차阿帕恰하였다'라고 하는데 잠을 잔다는 뜻이다. 곰을 죽인 후에 곰 머리는 풍장을 하고 나머지는 집으로 가져온다. 곰 고기와 내장을 먹을 때는 기도의식을 거행하는데, 이는 곰에 대한 존경을 표하면서 곰 고기를 먹는 상황의 모순을 제거하고자 하는 것이다. 먹고 난 후에는 뼈를 모아 수렵을 했던 곳이나 곰 머리를 풍장한 곳에 갖다 놓는다. 사람들은 곰에게 풍장의식을 거행하고 다시 우는 시늉을 하며 곰의 영혼을 위해 기도하고 절대 사람을 괴롭히지 말 것과 많은 수확을 얻기를 기도한다. 과거에 어룬춘인은 호랑이도 직접 라오마쓰老瑪斯라 부르지 못하고 관리官吏란 의미의 눠언諾彥이라 부르거나, 신神이란 의미의 보루칸博如坎, 할아버지란 의미의 우다지烏塔其라고 불렀으며 일부 지역의 어룬춘인은 지금도 호랑이 신을 공경하고 있다.[13]

청나라 때부터 세금을 징수하는 전문직 관리인 암달諳達을 파견하여 웅담, 곰 발바닥, 곰 가죽을 거둬들인 이후 곰의 수렵을 금기하는 습속이 약해졌다.

잡은 곰은 가죽을 벗긴 후에 해체하여 고기는 굽거나 탕을 해서 먹었다. 주로 암놈을 좋아하는데 배 아래쪽은 여자가 먹고 위쪽은 남자가 먹는다. 여자는 곰의 가슴 쪽 고기를 먹지 못하며 곰의 생식기 또는 생식기 근처의 고기도 먹지 못하는데 만약 먹으면 미친다고 한다. 월경과 출산 기간에도 곰 고기를 먹을 수 없다. 곰은 어룬춘인과 한 가족이기 때문에 자신들의 할아버지의 머리를 먹을 수 없다고 생각하여 곰 머리는 원래 잡았던 곳에 풍장을 한다.

곰 고기는 피부에 기름이 돌 정도로 영양가가 높다고 한다. 살짝 익혀서 먹는 습속은 한족이 푹 익혀서 먹는 것과 차이가 난다. 곰 고기를 날것으로 먹거나 산에서 먹는 일은 없으며 집으로 운반한 후에 익혀서 먹는다. 곰의 생간을 먹는 일은 있으나 곰 피를 마시지는 않는다. 꼬치에 끼워 즉석 꼬치구이를 만들어 먹기도 하고 훈제하여 저장하기도 한다.

곰 고기를 먹을 때는 까마귀 우는 소리를 내고 까마귀 자세를 하는데 "우리가 너의 고기를 먹는 것이 아니라 까마귀가 너의 고기를 쪼아 먹는 것이다."라는 것을 표현하기 위한 것이라고 한다. 이와 같이 행동하는 것은 토템 동물인 곰의 고기를 먹으면서 곰에게 그 사실을 숨기기 위한 것이다.

최근엔 야생동물 보존을 위해 국가에서 수렵을 금지하고 있다. 그래서 어룬춘족의 유명한 요리이자 만한전석滿漢全席에 나오는 청대 명물인 곰 발 요리는 지금은 사라졌다.

4. 화신에 대한 제사 음식

정월 초하루 아침에는 셰런주 안에 불을 피우고 화신을 숭배하는 의식을 거행한다. 향을 피우고 고기를 던져 넣고 술을 뿌리며 불더미에 절하면서 화신이 가져다준 온기와 행복에 감사한다. 어룬춘족의 화신에 대한 제사는 그들의 중요한 세시풍속 중 하나이다. 다른 북방 수렵 민족도 새해에 화신에 제사하는 습속이 있으나 어룬춘족처럼 성대하지는 않다.

야외에서 식사하든 자신의 집에서 식사하든 반드시 먹기 전에 음식물을 던져 넣어 화신에 대한 숭배를 표시한다.

현재의 변화

동물의 수가 줄어들어 수렵이 금지되고 곡물과 채소를 심게 되면서 육식에서 쌀이나 밀가루를 먹는 방식으로 변하였다. 주식은 이미 고기와 물고기에서 곡물을 중심으로 하는 식생활로 변하였고 술을 마시는 습속도 약화되었다. 생식 또한 이제는 사람들이 좋아하지 않게 되어 사라지고 있다.

해방 초기 일상 음식은 기본적으로 두 번의 부식과 한 번의 주식을 먹었는데 주식은 고기와 물고기이고 부식은 좁쌀죽과 고기죽이었다. 그러나 1950년대 이후 농작물을 심고 다른 지역에서도 곡물이 유입되면서 두 번의 주식과 한 번의 부식을 먹는 형식으로 변하였다. 면 요리나 곡물이 주식이 되고 고기는 부식이 되었다. 주식으로는 빵, 교자, 국수, 밥 등이 있다.

7장

이동식 가옥 셰련주와 가정생활

[김인희]

1
가족의 범위와 성원 구성

2
정착지의 선택 조건

3
이동식 가옥 위주의 주거형태

4
가족의 일상생활과 규칙

5
가신신앙

6
현재의 주거생활

가족의 범위와 성원 구성

어룬춘 사회단위 중에서 가장 큰 단위는 무쿤으로 씨족공동체를 말한다. 무쿤은 많은 우리린烏力隣으로 구성되어 있는데 우리린은 남성 노인의 직계 자손으로 이루어진다. 우리린은 '자손들'이라는 뜻으로 하나의 우리린은 한 아버지가 낳은 3~4대 자손과 그의 아내로 구성된다. 북방 퉁구스 민족에 보편적으로 존재하는 조직이다.[1] 하나의 우리린은 3~5가정 혹은 6~7가정으로 구성되며 사람 수는 10명에서 30명이 거주한다.[2] 통계에 의하면 1953년 이전 대략 150여 개의 우리린이 싱안령 일대에 있었다고 한다.

우리린의 수령을 타탄다라고 하는데 수렵, 이동을 안배하고 범죄인을 처리하며 대외관계도 담당한다. 일반적으로 어룬춘인의 생산, 생활은 주로 우리린 내에서 이루어진다. 무쿤다는 전체 성원이 합의하여 선출하며, 반드시 생산경험이 많고 공정한 노인이 담당한다. 무쿤다의 지위는 일반 성원과 평등하며 마찬가지로 생산에 참여하고 어떠한 특권도 없다. 중요한 문제는 우리린 대가정의 가족회의를 통해 상의해 결정한다. 만약 선출한 가장이 능력이 부족하거나 잘못을 저지르면 가족회의를 열어 비판하고 다른 사람으로 대체한다.

우리린의 하부 단위는 혼인 관계에 있는 부부와 그의 자녀로 구성된 가정으로, 이들은 하나의 셰런주斜仁柱에 거주한다. 일부일처제를 원칙으로 하며 첩을 두는 경우는 없다. 가정은 부친이 주관하며 부친이 연로하거나 사망하면 장자가 권리를 계승한다. 여성은 가장이 될 수 없다. 재산의 계승에 있어 부모가 죽으면 아들이 계승하는데 아들이 여러 명일 경우 생전에 부양한 아들이 계승한다. 아들이 없으면 양자의 계승이 가능하며 남성 친족이 없을 경우 미혼인 딸이 계승할 수 있다.[3]

아들은 결혼한 후에 분가하며 이때 부모는 화신火神에게 기도하고 자신의 불더미 중에서 불을 한 더미 꺼내 아들과 며느리가 새로 만든 셰런주에서 불을 붙이는데 이는 새로운 가정의 탄생을 의미한다.

정착지의 선택 조건

1953년 정부 주도로 정착 생활을 하기 이전 어룬춘족은 계속 유렵 생활을 하였다. 계절의 변화에 따라 수렵물을 좇아 이동하였는데 주로 봄과 가을에 이동하며 겨울에는 이동하지 않는다. 1930년대 일본인 아사카와 시로淺川田郞가 쓴《싱안령의 왕興安嶺之王》에 의하면 "일 년에 몇 차례 이주를 하는데 이주 원인은 두 가지이다. 하나는 천연두와 같은 전염병이 유행할 때로 치료 방법이 없기 때문에 사망률이 매우 높다. 떠날 때는 바람처럼 사라져 흔적을 남기지 않는다. 다른 하나는 유목 민족으로 물과 풀이 있는 곳으로 이동하는데 매년 두 차례 정기적으로 봄과 가을에 이동한다."[4]라고 한다. 1900년대 초중반 전염병이 유행하였고 많은 수의 어룬춘족이 죽었다고 한다. 아사카와 시로가 이동의 원인 중 전염병을 들고 있는 것으로 보아 그가 현지조사를 한 1930년대도 전염병이 있었으며 어룬춘족이 이동하는 데 중요한 원인이었음을 알 수 있다.

현지답사 중 만난 궈바오린郭寶林 노인은 "동물이 많지 않고 깨끗하지 않은 경우에 이사한다. 한 곳에서 오래 살지 않으며 반달 정도 산다. 수렵하는 사람들은 어느 곳이 좋은지 알기 때문에 사람을 파견하여 미리 알아보거나 하지는 않는다. 일반적으로 모래밭이 있고 평탄한 곳을 좋아한다. 한 번 떠나면 그해에는 다시 오지 않고 다음 해에 온다."[5]라고 하였다.

어룬춘족은 수렵을 주업으로 하고 어렵을 부업으로 하기 때문에 거주지의 선택에 있어 수렵지, 물, 풀이 중요한 요소이다. 일반적으로 강가이면서 산을 등지고 있는 곳을 선택하는데 이러한 곳은 물을 얻기 쉽고 방목이 편하며 수렵과 목재를 구하기 쉽다. 청나라 문헌에 의하면 어룬춘인은 17세기 이전 헤이룽강 상류와 어얼구나하額爾古納河 일대에 거주하였다고 한다. 넌강嫩江 지류의 둬부쿠얼하多布庫爾河, 아리하阿里河, 간하甘河, 눠민하諾敏河, 어얼구나하의 지류인 하이라얼하海拉爾河, 건하根河 일대로 이동했다고 한다.[6]

일반적으로 강변의 산허리나 구릉지에 정착지를 선택하는 것을 좋아하지만 계절에 따라 차이가 난다. 겨울철에는 일반적으로 이동하지 않으며 숲이 우거져 바람을 피하고 햇빛이 잘 들고 샘물이 있는 곳을 택하고 우둔주 혹은 무커렁을 짓는다. 봄에는 눈이 녹은 후에 이동하는데 작년 가을에 태워 놓아 풀이 무성하게 자란 곳으로 정한다. 이 계절은 말이 새끼를 낳는 계절이다. 거주지로 높은 언덕을 택하여 임신한 말의 동향을 자주 살피고 출산을 하면 바로 돕는다. 여름철에는 지세가 비교적 높은 곳의 숲이 밀집되지 않은 곳을 택하는데 이러한 곳은 통풍이 좋고 태양을 피하기에 좋다. 또한 여름철에는 썩은 나무가 많은 곳을 택하는데 태워서 모기와 등에를 쫓는 데 사용한다. 가을철에는 자작나무 주변에서 거주하는데 자작나무가 많은 곳은 습도가 높고 풀이 쉽게 마르지 않아 말을 기르기에 좋다.[7]

정착지에 도착한 후에는 한두 집 혹은 많은 경우 10여 집이 일정한 거리를 두고 셰런주를 짓는다. 각각의 셰런주는 일자형으로 배열하는데 그 이유는 셰런주 뒤쪽에 신을 모시기 때문에 여성들이 뒤쪽으로 가서 부정을 타는 것을 막기 위해서이다.

이동식 가옥 위주의 주거형태

어룬춘족 가옥의 형식은 이동식과 고정식 두 종류가 있다. 이동식은 봄, 여름, 가을에 거주하는 셰런주이고, 고정식은 겨울에 정착 생활을 할 때 거주하는 흙과 목재로 만든 단층집과 반지혈식半地穴式 집이다.

1. 셰런주

청나라 시기에 쓰인 《북요기유北徼記游》를 보면 "어룬춘족은 가옥이 없으며 면직물이나 비단도 없다. 농사를 짓지 않고 산에 흩어져 거주하며 유렵을 위주로 하는데 동물이 있는 곳을 쫓아다닌다. 즉, 동물이 있는 곳에 나무로 구조물을 세우고 그 위에 동물의 가죽을 덮고 산다."[8] 라고 한다. '나무로 구조물을 만들고 그 위에 동물의 가죽을 덮고 생활을 한다'는 것은 청나라 시기 어룬춘족이 셰런주를 제작하여 거주하였음을 말하는 것이다. 셰런주는 이동 시에 잠시 머무는 가옥으로 매우 간단한 구조이며 가옥 중 가장 원시적인 형태라 할 수 있다.

'셰런'은 어룬춘어로 '나뭇가지'라는 뜻이며 '주'는 '집'이라는 뜻으로 합치면 '나뭇가지를 세워 만든 집'이라는 뜻이다. 셰런주의 크기는 식구 수, 계절 그리고 며칠 머물 것인가에 따라 달라진다. 식구가 많거나 여름철에는 큰 셰런주를 짓는다. 큰 셰런주는 8제곱미터, 작은 것은 6.4제곱미터이다.

셰런주는 나무 기둥을 세워 만든 원뿔형의 골조, 지붕을 덮는 덮개물, 출입하는 곳의 문으로 구성되어 있는데 제작하는 과정도 위의 세 가지를 단계적으로 완성해 나가는 과정이라 할 수 있다. 구체적인 제작 과정을 보면 다음과 같다.

〈그림 1〉 셰런을 고정하기 위해 솨나를 세우는 모습

〈그림 2〉 쇼나에 셰런을 고정하여 셰런주를 만드는 모습

셰런주를 제작하기 위해서는 먼저 목재를 마련해야 한다. 일반적으로 가는 자작나무, 버드나무, 낙엽송을 선택한다. 나무 기둥은 보통 지름이 6~7센티미터, 길이는 5~6미터이며, 나무 기둥의 수는 셰런주의 크기에 따라 달라진다. 먼저 깍지가 있는 3개의 기둥을 서로 맞물리게 세우는데 이 3개의 기둥을 쇼나刷娜라고 한다. 전체 셰런주의 나무 기둥을 고정하는 기능을 한다. 쇼나 위에 얹은 기둥을 셰런斜仁이라고 하는데 많은 기둥으로 만들었기 때문에 셰런주라 한다.

필자가 2003년에 만난 아위중阿玉中 할머니는 18세 때까지 셰런주에서 생활한 경험이 있는데 사람이 많은 경우에는 40여 개의 가는 나뭇가지를 세워야 하며 사람이 적은 경우는 20여 개의 나뭇가지를 이용하여 셰런주를 만들었다고 한다.[9] 비교적 굵은 두 개의 중심 기둥인 아취안阿權을 세우고, 그다음에 곁가지가 있는 6개의 나무 기둥을 중심 기둥

위에 얹는다. 중심 기둥의 꼭대기에 우루바오텅烏魯包藤이라는 버드나무 고리를 끼우고 버드나무 고리 주변에 다시 30~40개의 가는 나뭇가지 기둥을 세우면 셰런주의 골격이 완성된다.

궈바오린 노인은 젊어서 셰런주를 직접 만든 경험이 있다고 한다. "한 사람이 사는 셰런주는 기둥 13개로 만들 수 있다. 위쪽에 곁가지가 있는 나무 기둥 3개를 먼저 세우고 9개의 얇은 기둥을 그 사이에 끼워 넣으면 된다. 셰런주 하나를 완성하는 데 30분이면 지을 수 있다."[10]라

〈그림 3〉 완성된 셰런주 모습

〈그림 4〉 자작나무껍질로 세런주를 덮은 모습

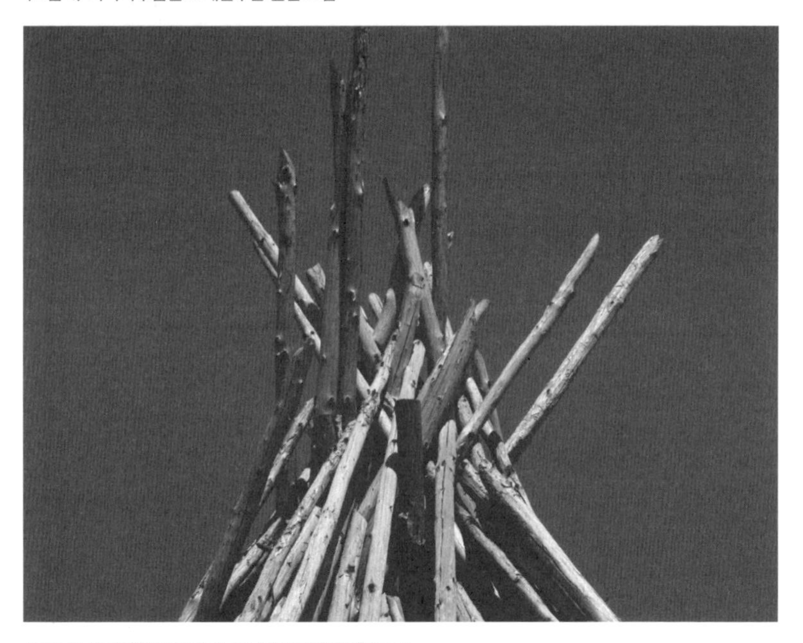

〈그림 5〉 아취안을 중심으로 나무 기둥을 끼워 넣은 모습

〈그림 6〉 셰런주 내부에서 본 모습

고 한다. 일반적으로 큰 셰런주의 경우 두세 명이 힘을 합치면 한 시간 안에 만들 수 있다.

셰런주의 구조물을 남성들이 완성했다면 덮개를 완성하는 것은 여성들의 몫이다. 셰런주의 덮개는 크게 두 종류로 나뉘는데, 여름에는 자작나무껍질을 덮고 겨울철에는 노루 가죽을 덮는다.

자작나무껍질로 만든 덮개는 어룬춘족 말로 톄커샤鐵克沙라 한다. 자작나무는 물이 오른 6월 말에서 7월 초 며칠 동안만 껍질을 벗길 수 있는데, 이 시기에만 가능한 이유는 습도와 건조한 정도가 딱 알맞기 때문이다. 필요한 크기에 따라 위아래에 선을 긋고 중간 부분을 벗겨 낸다. 벗긴 상태의 자작나무껍질은 휘어져 있는데 무거운 것으로 눌러 편평하게 만든다. 하루 정도 찬물에 담가 두면 되는데 만약 여전히 휘어져 있으면 다시 한 번 눌러 준다.[11]

〈그림 7〉 수평으로 줄무늬가 있는 자작나무

〈그림 8〉 자작나무껍질을 벗기는 모습

자작나무의 복원력은 놀라워서 껍질을 벗긴 후에 바로 복원이 되어 마치 옷을 갈아입은 것과 같다고 한다. 벗긴 자작나무껍질은 외피와 안쪽의 두꺼운 껍질을 벗겨 물에 2~3일간 담그고, 그 후에 삶아 건조한 곳에서 말린다. 이러한 과정을 거치지 않으면 변형되거나 손상되며, 이렇게 해야 비를 막고 바람을 막는 데도 효과적이다. 한 장의 톄커샤는 자작나무껍질 5~6장을 꿰매서 대략 1미터 크기의 부채모양으로 만든다. 셰런주를 덮기 위해서는 톄커샤 12장이 필요하다. 아래쪽을 덮는 톄커샤는 크기가 크고 위쪽을 덮는 톄커샤는 상대적으로 크기가 작다. 아래부터 위쪽으로 덮어 가는데 위쪽 것이 아래 것을 누르게 하며 자작나무껍질의 안쪽이 바깥으로 향하게 한다. 꼭대기는 가죽끈으로 고정하여 흘러내리지 않도록 하며 50센티미터 정도 남겨 통풍과 채광에 도움을 주고 연기가 나가도록 한다. 비나 눈이 오거나 밤에는 가죽으로 만든 모자 모양의 뚜껑으로 구멍을 덮는다. 낮에 날씨가 좋을 때는 열어 둔다.

자작나무껍질 안쪽 색깔은 한국의 장판 색과 비슷하며 갈색으로 1센티미터 정도의 직선 문양이 자연스럽게 있다. 여러 겹의 섬유질로 되어 있어 단단하고 장판처럼 반질반질하여 윤기가 나기 때문에 이 문양을 그대로 살려 가정용 생활용구를 만들 수 있다. 자작나무껍질은 내구성이 강하고 가벼우므로 가지고 이동하기에 편하다. 이동 시에는 말아서 말 등에 싣고 간다.

노루 가죽 덮개는 어룬춘어로 어러둔額勒敦이라 하며 셰런주를 덮기 위해서는 어러둔 3개가 필요하다. 3개의 어러둔을 만들기 위해서는 적어도 노루 가죽 50~60장이 필요하다. 때에 따라서 노루 가죽 100장이

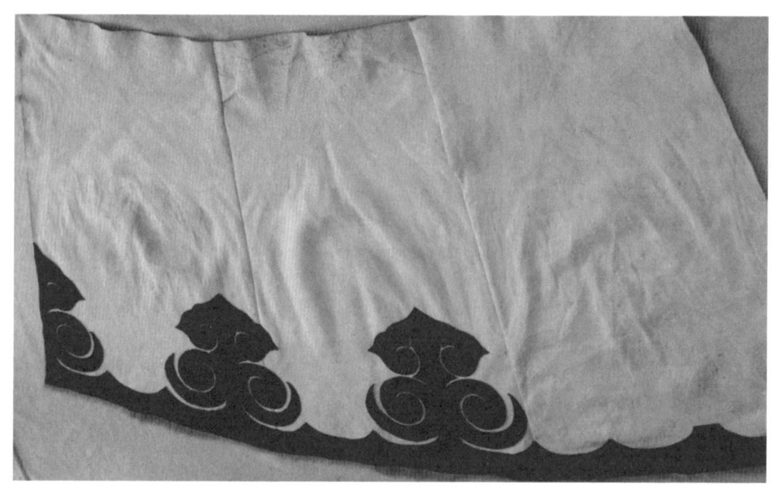

〈그림 9〉 노루 가죽으로 만든 어러둔

필요한 경우도 있다.[12] 어러둔을 덮을 때는 털이 바깥으로 향하게 해야 비나 눈이 자연스럽게 흘러내린다. 이동할 때는 어러둔만 가지고 간다.

문은 남쪽이나 동쪽으로 만들며 넓이는 1미터 좌우이다. 여름철에는 쑥이나 버드나무 가지를 엮어 만든 산원善文이라는 발을 달고, 겨울철에는 가죽으로 만든 발인 우루커부투언烏魯克布吐恩을 건다. 우루커부투언은 노루, 사슴, 엘크의 등가죽으로 만든다. 하나의 발을 만드는 데 노루 가죽은 3장, 사슴이나 엘크는 1.5장이 필요하다. 노루 가죽은 3년간 걸고 사슴이나 엘크 가죽은 5년 동안 걸 수 있다.

2. 무커렁

무커렁木刻楞은 겨울철에 거주하는 고정식 가옥이다. 지름 30센티미

〈그림 10〉 겨울철에 거주하는 무커렁

터의 원목을 잘라 끝에 홈을 파거나 돌기를 내어 서로 끼워 쌓는데 이렇게 하면 못이 필요 없다. 집 안에 온돌이나 화덕을 만들 수 있어 따듯하기 때문에 겨울에 사용한다.

3. 수렵 시의 거주 방식

거주지에서 벗어나 멀리 수렵을 가거나 수렵물이 많아 집으로 돌아올 시간이 없을 때는 노숙을 하게 된다. 수렵물이 많은 계절에는 보통 10일 혹은 반달 동안 돌아오지 못한다.

겨울철에 노숙할 때는 평지를 골라 풀을 깔고 모닥불을 피운다. 그 후에 옷을 벗고 노루 가죽으로 만든 침낭 안에 들어가서 잠을 자는데 땀이 나기도 한다고 한다.[13] 《흑룡강지고》에는 "노루 가죽으로 침낭을 만들어 야외에서 노숙을 하며 몸 전체를 침낭 속에 넣으면 바람과 눈이 두려울 것이 없다."[14]라는 기록이 있다. 노숙하는 주변에 셰런주와 비슷한 모양의 구조물을 세우고 노루 가죽을 덮어 추위를 피하기도 한다.

또 하나의 방법은 에스키모처럼 이글루를 짓는 것이다. 싱안령의 겨울은 영하 40여 도에 이르고 눈이 50센티미터 이상 쌓인다. 깊은 눈구덩이를 파서 주위에 목간을 세우고 동물의 가죽을 두른다. 눈으로 만든 집 안에는 모닥불을 피우고 솥에 음식을 하고 노루 가죽 침낭에 들어가서 잠을 잔다.[15]

4. 반지혈식 가옥, 우둔주

우둔주烏頓柱는 토굴과 같은 형태로 햇빛이 드는 산기슭에 1미터 깊이의 구멍을 뚫고, 위쪽에는 들보를 얹으며 앞쪽에 문을 낸다. 또는 지하로 1미터 정도를 파고 만족과 같은 형태의 온돌과 창문을 설치하며 벽과 지붕에 진흙을 바른다.[16]

5. 창고 건물, 아오룬

아오룬奧倫은 저장 창고로 자주 입지 않는 옷, 침구, 말린 고기, 채소 등을 저장한다. 이동할 때 중요하지 않은 물건을 보관하기도 하는데 필요한 경우 말을 타고 와서 가져간다. 마을 안에 짓거나 사람들이 아주 적은 산속에 짓기도 한다. 일종의 고상식 창고로 2미터 높이의 나무 기둥 4개를 세우고 그 위에 나무를 깔고 간단하게 벽체를 만들고 지붕을 올린다. 고상식으로 만드는 이유는 습기를 방지하고 동물의 피해를 막기 위해서이다. 때에 따라서는 나무 기둥에 철판을 대거나 껍질을 벗겨

〈그림 11〉 숲 속에 지은 아오룬의 모습

동물이 위로 올라가지 못하게 하기도 한다.

한쪽에 문을 내고 나무 사다리를 이용해 올라가는데 동물이 올라가는 것을 방지하기 위해 평상시에는 사다리를 치워 놓는다.

어룬춘어로 북두칠성을 아오룬이라 하는데 고상식 창고와 발음이 같다. 이들은 북두칠성을 아오룬 신으로 숭배하며 창고를 관리하는 여신이라고 한다. 전설에 의하면 한 여자와 그 여자가 사용하던 아오룬이 변한 것이라 하는데 구체적인 내용은 다음과 같다.

> 예전에 한 부부가 살았는데 남편이 부인을 학대하여 사람들은 이 남자를 악귀라 불렀다. 결국 여자는 매 맞는 것을 참을 수 없어 개를 데리고 말을 타고 도망을 갔다. 가다가 창고를 지나게 되어 먹을 것을 가져가기 위해 사다리를 올라갔다. 남편은 소리를 지르며 따라왔다. 그녀는 이번에 잡히면 반드시 맞아 죽을 것이라 생각하여 그에게 맞아 죽느니 사다리에서 떨어져 죽는 것이 낫다고 생각하여 뛰어내렸다. 그런데 떨어지지 않고 오히려 아오룬은 말과 개를 데리고 날아올라 하늘로 올라갔다. 남편은 아오룬이 요괴라고 생각하여 하늘로 올라가는 아오룬에 화살을 쏘았고 결국 아오룬의 다리 하나를 쏘았다. 전하는 말에 의하면 하늘에 원래는 북두칠성이 없었으며 아오룬이 하늘로 올라간 후에 변하여 생긴 것이라고 한다. 북두의 국자 모양을 형성하는 4개의 별은 아오룬의 4개의 다리가 변한 것이며 자루 부분의 3개의 별은 아오룬의 사다리가 변한 것이라 한다. 국자 부분에서 4개의 다리 중 하나가 비뚤어져 있는데 이는 악귀에 의해 화살을 맞은 다리라고 한다. 이후 어룬춘인은 북두칠성을 아오룬보루칸, 즉 아오룬 신이라 부르고 있다. 아오룬에서 떨어진 여인은 하늘로 올라가 창고의 보호신이 되었다고 한다.[17]

가족의 일상생활과 규칙

셰런주의 높이는 3미터 정도이고 지름은 4미터 전후이다. 중앙에는 취사와 보온을 위해 불을 피우기 위한 화당火塘이 마련되어 있다. 화당은 바닥을 파서 조금 깊게 만들었을 뿐 별다른 시설이 없으며 이곳에 다리가 3개 혹은 4개인 철 솥을 놓거나 적과吊鍋를 건다.

가구는 셰런주 안에 비교적 고정적인 위치에 배열하는 습관이 있다. 입구의 좌우에는 물통, 솥 등을 배열하고 그 뒤에는 자작나무껍질 통, 가죽 주머니, 말안장 등을 배열한다. 문의 정면, 즉 가장 안쪽에는 각종 신상을 건다. 마루 위치에 자작나무상자나 가죽 주머니 등을 놓을 수 있으나 안에는 반드시 남성 노인과 어린아이의 옷이나 용품만을 넣을 수 있다. 그중 자작나무 제품은 중요한 가구로 어룬춘 지역은 자작나무가 잘 자라는데 모자, 신발, 각종 도구, 셰런주, 배 등을 만들 때 모두 자작나무껍질을 사용한다.[18] 자작나무껍질로 만든 가구는 휴대하기 편하고 잘 깨지지 않으며 충돌에 강하여 이동하는 유렵 생활에 매우 적당하다. 청나라 이후 외부로부터 철기와 자기가 유입되었으나 자작나무껍질을 대신하지는 못하였다.

큰 셰런주의 경우 5명이 잘 수 있다. 한 명은 마루에서 자고 2명은 오른쪽, 2명은 왼쪽에서 잔다. 마루에는 남성 노인이 거주하고 오른쪽에는 할머니와 손자가, 왼쪽에는 아들과 며느리가 거주한다.

셰런주 안에서 사용하는 자리는 엄격히 규정되어 있다. 문의 맞은편은 가장 높은 자리로 어룬춘어로 마루瑪路라고 하는데 '신이 거주하는 자리'라는 뜻이다. 실제로 이곳에는 조상신을 비롯한 각종 신을 모신다. 따라서 마루 앞쪽은 집안의 남성 노인이나 남성 미성년자의 잠자리이다. 손님이 온 경우 남성 노인은 이 잠자리를 이용할 수 있으며, 만약 부부인 경우 오른쪽 문가에 자리를 봐 준다. 좌우측은 아오루奧路라고 하며 우측에는 부모가 잠을 자고 좌측에는 아들과 며느리가 잠을 잔다.

〈그림 12〉 셰런주에서 생활하는 노부부의 모습

마루에 가까운 쪽에는 남성이 거주하고 문에 가까운 쪽에는 여성이 거주한다. 만약 사람이 많으면 우측의 문 근처에 다시 아오루를 깔고 미혼 여성이 이곳에서 잔다. 셰런주에는 일반적으로 4~6명이 자며 식구가 많으면 따로 셰런주를 짓는다. 아들이 결혼한 경우 경제적 여유가 있으면 새로 셰런주를 짓지만 그렇지 못한 경우에는 함께 생활한다.

노루 가죽으로 만든 이불을 우라烏拉라고 하는데 두 가지 종류가 있다. 하나는 보통의 이불과 비슷한 것으로 6~8장의 노루 가죽을 꿰매 만들며 이불의 끝자락을 검게 물들이고 한쪽 끝에 구름 문양을 수놓는다. 다른 하나는 침낭식으로 6장의 노루 가죽을 이용하여 만들며[19] 털이 안쪽으로 들어가게 한다. 어룬춘족은 잠을 잘 때 나체로 자는데 겨울철 노루 털을 이용해 침낭을 만들면 보온성이 뛰어나서 땀이 나기도 한다고 한다. 옷을 입고 침낭에 들어가면 오히려 보온성이 떨어지기 때문에 나체로 잠을 잔다고 한다.

가죽 요는 스커투언師克吐恩이라 하는데 흔히 보이는 것은 두 장의 노루 가죽을 연결하여 만든 것으로 장식을 하지 않는다. 곰 가죽도 요로 사용하는데 곰은 어룬춘족이 숭배하기 때문에 남성 노인만이 사용할 수 있다. 부녀자는 절대로 위에 앉을 수 없고 위를 넘어갈 수도 없는데 그 이유는 여성은 불결하므로 신의 보복을 받는다고 생각해서이다. 다른 가죽 요는 노루 다리 가죽으로 만든 것으로 노루의 다리털이 각종 문양을 만들어 아름답기 때문에 여자들은 이 요를 제일 좋아한다.[20] 경우에 따라서는 15센티미터 정도 높이의 자작나무로 만든 작은 침대를 놓기도 한다.

가신신앙

1. 가신을 모시는 곳

어룬춘어로 신을 보루칸博如坎이라 한다. 가신으로 모시는 보루칸은 두 종류가 있는데 하나는 셰런주 안의 마루瑪魯에 모시는 신이고, 다른 하나는 셰런주 뒤쪽의 2~3미터 떨어진 곳에 모시는 신이다. '마루'는 어룬춘어로 '존귀한', '신성한'이라는 의미이다. 아키바 다카시秋葉隆의 조사에 의하면 셰런주 안의 자작나무함에 모시는 신을 주보루칸(卓-博如坎, ju-borkan)이라고 하며, 셰런주 뒤쪽 조금 먼 곳에 자작나무 3개를 겹쳐 세워 그 위에 자작나무함을 올려놓고 모시는 신을 보라보루칸(博拉-博如坎, bola-borkan)이라고 한다. 주보루칸의 '주'는 어룬춘어로 셰런주 혹은 가족의 의미이며 이 신은 가신이다. 주보루칸을 모시는 셰런주의 중앙을 마루 혹은 마루오瑪羅라 하기 때문에 이 신들을 마루보루칸(瑪魯博如坎, malu-borkan) 혹은 간단하게 마루瑪魯라 한다. 보라보루칸은 옥외에 모시는 가신으로 이러한 성소가 존재하는 것은 샤먼 가정의 특징이다.[21] 아키바 다카시는 보라보루칸을 모시는 것을 샤먼 가정의 특징이라 하였는데 학자에 따라서는 "별로 중요하지 않은 신상과 화상은 자작나무함에 넣은 후에 셰런주 뒤쪽의 나뭇가지에 걸어두거나 혹은 가지가 있는 자작나무 기둥에 건다."[22]라고 하였고, "이러한 신은 일반적으로 흉신"[23]이라고도 하는데 의견의 통일을 보지 못하고 있다. 2015년 필자의 조사에 의하면 밖에 모시는 보루칸은 마루에 모시는 보루칸과는 다른 종류로 중복되지 않는다고 한다.[24]

우취티엔吳曲天[25] 씨는 "마루보루칸은 한 씨족 사회에 하나씩 있으며 이동을 한 후에 수령이 거주하는 곳을 가장 좋은 곳으로 정하고 셰런주를 지은 다음 수령의 집에 마루보루칸을 모신다. 마루는 셰런주의 입구를 통해 들어가 정면에 바로 보이는 중앙으로 바닥에서 50~60센티미터 떨어져 있다. 마루보루칸은 가죽, 말 꼬리털 또는 자작나무껍질에 목탄으로 그리기도 한다. 마루보루칸은 하늘과 같은 개념으로 힘이 가장 강한 전지전능한 신이라 할 수 있다."라고 하였다. 그러나 씨족 사회가 해체된 후에는 각 가정에서 모시는 신이 되었다.

마루에는 각종 신을 모시는데 태양신, 달신, 별신, 용신, 번개신, 매신, 조상신인 아조르보루칸을 자작나무로 만든 상자 안에 담아 모신다. 자작나무상자는 셰런주에 사람이 앉았을 때 머리 정도 위치에 건다. 재물신인 지아치吉雅其는 자작나무상자 아래쪽에 건다.

위쪽 자작나무상자에는 목재로 만든 다양한 신상을 모시고 그 아래에 재물신인 지아치를 걸어 놓은 모습이다.

〈그림 13〉 마루에 모신 신들의 모습[26]

마루는 매우 신성한 공간으로 인식되어 여성들은 이곳에 갈 수 없다. 세런주 뒤에 모신 신은 여성이 보아서는 안 되기 때문에 여성은 세런주의 뒤쪽으로 가지 못한다. 그래서 과거 아이들은 잘못을 하면 어머니가 오지 못하는 세런주 뒤쪽으로 피하곤 하였다고 한다. 어룬춘족이 세런주를 지을 때 한 줄로 짓는 것도 여성들이 세런주 뒤쪽으로 가는 것을 막기 위해서라고 한다. 여성이 신과 접촉하는 것을 극도로 꺼리는 현상에 대하여 두 가지 의견이 있다. 하나는 여성이 남성 씨족 집단의 성원이 아니라는 것이고, 다른 하나는 여성의 생리 현상을 부정한 것으로 인식하여 꺼린다는 것이다. 그러나 남성 손님의 경우 마루에 거주하는 것이 허용되는 것으로 보아 여성이 신과 접촉하는 것을 꺼리는 것은 피부정과 관련이 있는 것으로 보인다.

신상을 담은 자작나무상자는 이사를 할 때 가까운 경우에는 어린이가 메고 가지만 먼 경우에는 말에 싣고 간다. 신상을 담은 상자는 말의 가장 높은 곳에 실으며 상자를 전문적으로 운반하는 말을 어룬춘어로 '엉거'라고 한다. 맨 앞에서 한 사람이 말을 타고 길을 인도하고 그 뒤에 한 사람이 엉거를 끌고 간다. 여자는 이 말을 탈 수 없고 만져서도 안 된다.

마루신은 문화대혁명 시기인 1960~1970년대에 모두 사라져 현재 마루신을 모시는 경우는 없다.

2. 불신, 퉈어우보루칸

마루에 모신 가신신앙의 대상이 되는 신들은 민간신앙 부분에서 자세히 언급되므로 여기에서는 불신인 퉈어우보루칸托欧博如坎에 대해서만 언급하도록 하겠다.

불신은 특별한 신상이 있는 것이 아니라 셰런주 안에 음식을 만들고 보온을 위해 피우는 불더미 안에 있는 것으로 인식된다. 전설에 의하면 할머니의 형상을 하고 있는 것으로 보이는데 현지인들은 불신을 그저 불 속에 있는 신 정도로만 이야기한다.

불은 모든 인류에게 매우 중요한 의미가 있지만 특히 겨울에 영하 40도 이상 떨어지는 한랭한 지역에 거주하며 야생동물이 많은 숲에서 생활해야 하는 어룬춘족에게는 더욱 중요한 존재라 할 수 있다. 한겨울에 불씨를 꺼트린다는 것은 생존과 관련된 문제로, 불씨를 보존하고 불을 숭배하는 것은 당연한 일이라 할 수 있다.

이동을 할 때는 불구덩이에서 불타는 목탄을 꺼내 바오하오쿠터包豪庫特라 불리는 야생 버섯에 붙여 이동한다. 중국어로는 수지즈樹鷄子라 하는데 영지버섯의 일종이다. 재를 깐 자작나무껍질로 만든 함에 불붙인 버섯을 넣고 다시 그 위에 재를 가득 덮어 뚜껑을 닫은 후에 어른이 안고 간다. 바오하오쿠터는 자작나무에 사는 버섯으로 백색이며

〈그림 14〉 바오하오쿠터

지름이 15~20센티미터 정도 된다. 새로운 정착지에 도착하면 셰런주를 짓고 불씨를 화덕에 묻은 후에 간단하게 불신에 대한 제사를 지낸다. 청나라 때 부싯돌이 들어왔으나 이러한 습속은 그 후에도 비교적 오래 계속되었다.

정월 초하루 아침 화당에 불을 피우고 화신을 숭배하는 의식을 거행한다. 고기를 불 속에 던져 넣고 술을 뿌리고 절을 하며 화신의 은혜에 감사한다. 또한 매번 식사할 때도 음식을 먹기 전에 일부를 떼어 불 속에 던져 넣는다.

어룬춘인에게는 불에 대한 공경을 표시하기 위한 금기가 많다. 예를 들어 불 위에서 물을 뿌리지 말아야 하는데 물은 불신의 적이기 때문이다. 칼과 같은 뾰족한 것으로 불 위에 있는 고기를 집지 말아야 하는데 화신의 얼굴을 찌르는 것을 금하기 위해서이다. 몽둥이로 불을 쑤시지

말고 침을 뱉지 말아야 한다.[27]

어룬춘족 민간에는 불신에 대한 예의를 지키지 않아 화를 당한 이야기가 전하고 있다.

화신을 퉈부칸托布堪이라 한다. 예전에 수렵인이 불로 고기를 익힐 수 있다는 것을 안 이후에 부부와 아이가 있는 세 식구가 산에서 수렵에 의존해 생활하였다. 아침 일찍 남편이 수렵을 나가기 전에 화덕 옆에 앉아 노루 가죽으로 만든 양말을 말렸다. 실수로 노루 털이 불에 그슬렀고 큰 구멍이 났다. 남편은 매우 화를 냈고 자작나무그릇으로 물을 퍼서 불더미에 뿌린 후에 수렵을 나갔다.

아내는 일을 마친 후 추위를 느껴 안으로 들어가 불을 붙였다. 그런데 불길이 일어나더니 그녀가 새로 입은 노루 가죽 윗도리에 구멍을 냈다. 그녀는 화가 나서 발로 불더미를 몇 번 밟았고 땔감을 구하러 나갔다.

얼마 지나지 않아 아이가 일어났는데 부모가 모두 보이지 않자 자신이 직접 불을 붙여 불더미 옆에 앉아 고기를 구워 먹었다. 그러나 조심하지 않아 불씨에 손을 데었다. 아이는 화가 나서 나무 막대로 불을 쑤셔 꺼 버리고 나갔다.

아내가 돌아와 식사 준비를 하려고 불을 붙였으나 붙지 않았다. 남편이 돌아와 불을 붙여도 붙지 않았다. 부부가 점심부터 저녁까지 노력하여도 붙지 않았고 아이가 불을 붙여도 붙지 않았다.

부부는 상의한 끝에 사람들이 사는 곳으로 이사 가서 살기로 하였다. 세 식구는 굶주림 속에서 하룻밤을 보내고 이사를 하였는데 도중에 배가 고프고 추워서 각각 말을 달려 땔감을 찾기로 하였다.

남편은 말을 타고 땔감을 찾으러 갔는데 도중에 한 할머니를 만났다. 할머니는 나무토막에 앉아 슬프게 울고 있었으며 하반신은 얼음으로 덮여 움직이지 못하고 있었다. 남편은 매우 이상하게 생각하여 안부를 물었다. "무슨 마음 아픈 일이 있으십니까?" 그러자 할머니는 급히 "네가 무슨 염치로 묻느냐? 너는 나에게 찬물을 붓지 않았느냐? 내가 어찌 이러한 일을 당한단 말인가?" 하였다. 남편은 그 말을 듣고 바로 이해하였으며 자신이 불신에게 죄를 지었음을 알았다. 그가 할머니에게 무릎을 꿇고 사죄하자 할머니는 울음을 멈추고 고개를 끄덕인 후에 사라졌다.

아내도 멀리 가지 않아 할머니를 만났는데 돌 위에 앉아 있었으며 온몸이 얼음으로 덮여 있었다. 눈에도 얼음이 얼어 있었고 코를 노랗게 흘리고 있었으며 가슴에는 두 개의 황색 얼음고름이 솟아 있었다. 아내가 놀라서 "어찌 이러십니까?" 하자 할머니는 "네가 무슨 염치로 묻느냐? 네가 나를 밟지 않았느냐?" 하였다. 아내는 상황을 이해하고 보루칸에게 사죄하였다. 그러자 할머니는 코를 닦았고 다시는 보이지 않았다.

아이는 가까운 곳을 두 차례 돌았는데 썩은 나무를 찾지 못하였다. 그러다 한 할머니를 만났는데 나무에 앉아 있었으며 온몸이 얼음으로 덮여 있었다. 눈에도 얼음이 가득하였으며 누런 코를 흘리고 입에서는 피를 뿜어내고 있었는데 옷에도 피가 묻어 있었다. 아이는 놀라서 뒤로 물러나며 물었다. "할머니 무슨 일이십니까?" 그러자 할머니는 "네가 무슨 염치로 묻느냐? 네가 나무 막대로 나의 입을 때리지 않았느냐?" 하였다. 아이는 바로 이해하였고 자신이 보루칸에게 죄를 지었음을 알았다. 아이가 무릎을 꿇고 죄를 빌자 할머니는 다시 피를 토하지 않고 사라졌다.

남편, 아내, 아이는 만나서 각자 자신이 경험한 일을 말했다. 남편이 "우리 어서 가서 다른 사람들에게 불을 빌립시다."라고 말하였다.

새로운 곳으로 이사 가서 아내가 옆집에서 불을 빌려 왔는데 불을 붙였으나 푸른 연기만 날 뿐 불씨가 일지 않았다. 고기를 준비해 바치고 삼배하니 그제야 불씨가 일어났다.
이후 보루칸에 제사하기 시작하였으며 그러한 습관이 형성되었다. 맛있는 것을 하거나 술을 마실 때도 잊지 않고 불에 던지며, 불에 물을 뿌리거나 칼로 쑤시지 않아 보루칸에 대한 숭배를 표하였다.[28]

위의 이야기는 불에 물을 붓고, 발로 밟고, 막대로 쑤셔서 불신이 얼음처럼 얼게 되고 상처를 입게 되었다는 이야기를 생동감 있게 보여 주고 있다. 불신을 하나의 인격체로 인식하였으며, 특히 할머니로 인식하고 있는데 이러한 점은 앞으로 한국의 조왕할머니(부엌을 지키는 신)와의 비교연구가 필요하다.

현재의 주거생활

어룬춘족은 1953년 이후 정착을 시작하여 현재는 셰런주에 거주하는 이들이 없다. 당시 중국 정부에서는 교통이 편하고 산과 가까우며 강가 옆이어서 수렵과 농업이 가능한 곳에 9개의 정착지를 만들었고 313채의 집을 지었다. 1983년과 1984년 인민정부는 345만 원을 투자하여 기와집을 지었다.

현재도 정부에서는 현대식 가옥을 지어 어룬춘족에게 나눠 주고 있다. 우리는 내몽골자치구 후룬베이얼시 어룬춘자치기 퉈자민향과 다양수진大楊樹鎭을 방문하여 현대식으로 조성된 마을과 가옥을 확인할 수 있었다. 마을은 깨끗하고 모던한 분위기를 띠었으며 집은 현대식 가옥으로 디자인도 세련되고 살기에도 편하게 지어졌다. 어룬춘족은 텃밭에 꽃이나 채소를 심었는데 마치 전원주택을 연상시켰다.

〈그림 15〉 중국 정부에서 조성한 어룬춘족 가옥

8장

수렵민의 일생

[김인희]

1
피부정과 출산의례

2
데릴사위제와 형사취수

3
수장과 말을 순장하는 습속

피부정과 출산의례

1. 출산을 위해 새로 짓는 야타주

어룬춘족은 산모의 출산이 임박하면 새로 산옥産屋을 짓는다. 이러한 산실을 야타주雅塔柱라 하며 지역에 따라서는 '요람을 거는 작은 집'이라는 의미로 언커나리주하한恩克那力柱哈汗이라고도 한다. 본래 거주하던 셰런주에서 50~70미터 떨어진 서남쪽에 짓는데 부르면 들릴 정도의 거리이다. 셰런주의 뒤쪽에는 신을 모시기 때문에 야타주는 일반적으로 셰런주의 앞쪽에 짓는다. 산모 본인이 직접 짓는 경우도 있고 남편이 지어 주는 경우도 있다.《흑룡강외기》 권6에 의하면 "어룬춘 부녀자가 아이를 낳을 때가 되면 남편이 몇 리 떨어진 곳에 움막을 짓고 아내를 보내 거주하게 한다. 아이를 낳고 한 달을 채운 후에 돌아온다."[1] 라는 기록이 있다. 이 기록에서 '몇 리 떨어진 곳에 움막을 짓는다'라고 한 것으로 보아 이전에는 훨씬 더 먼 곳에 지었음을 알 수 있다. 야타주는 셰런주와 같은 형태이나 크기가 작으며 대충 짓는다. 겨울철에는 노루 가죽을 덮고 여름철에는 자작나무껍질이나 풀을 엮어 덮는다.

본래 거주하던 셰런주에서 아이를 출산하지 않고 야타주를 따로 짓는 이유는 셰런주에는 신들을 모신 마루가 있어 임신한 여성에 의해 마루가 오염되는 것을 방지하기 위해서이다. 어룬춘족은 여성의 임신을 부정한 것으로 인식하기 때문에 신성한 마루와 접촉하는 것을 피한다.

내부에는 산모와 아이를 보호하는 신인 아싸랑디신阿薩讓迪神을 건다. 내부 설비는 매우 간단하여 바닥에 풀을 깔고 그 위에 낡은 요를 까는데 일반적으로 산실에는 좋은 것은 깔지 못하게 하였다고 한다. 겨울철에는 노루 다리 가죽으로 만든 요를 깔았으며 노루의 다른 부위로 만든 요는 깔지 못한다고 한다. 그 외에 세숫대야 정도가 있을 뿐이다. 산모가 머무는 자리 위쪽에는 횡으로 나뭇가지를 걸어 산모가 아이를 낳을 때 잡도록 한다.

또한 산모가 불신을 접촉하는 것을 두려워하여 산실에 불을 피우지 못하게 하였다. 따라서 영하 40~50도가 되는 겨울에 아이를 낳을 때도 산실에 불을 피우지 못하고 굵은 나무에 불을 붙여 난방을 하였다고 한다. 이러한 환경에서 아이를 낳는 것은 매우 고통스러운 일이나 이들은 추위가 아이를 빨리 낳게 하는 작용을 한다고 생각하였다.

어룬춘족 여자들은 출산할 때 쪼그리고 앉아서 아이를 낳는다. 약 50센티미터 정도 높이에 횡으로 나무 막대를 설치하는데 손으로 잡아 힘을 주기도 하고 복부에 압력을 가해 아이가 빨리 나올 수 있게 한다. 이 막대를 어룬춘어로 '모'라고 한다. 또는 야타주 벽에 나무 막대를 꽂아 이 막대를 잡고 아이를 낳기도 한다.

아이를 낳을 때 일반적으로 시어머니가 관여하지 않고 씨족 내 아이를 받을 줄 아는 사람이 받는다. 아이를 낳을 때 남편은 와서 볼 수 없다. 만약 겨울에 아이를 낳으면 물로 씻지 않고 눈으로 씻는데 이렇게 하면 아이가 커서 추위를 잘 견딘다고 여겼다. 이후 아이를 노루 가죽으로 싸서 방의 한 귀퉁이에 놓는다.

산모는 아이를 낳은 후 한 달간 야타주에 머물러야 한다. 함부로 밖으로 돌아다닐 수 없으며 늙은 여자 노인만이 출입할 수 있다. 남편의 경우 산모와의 접촉이 철저히 제한되어 산실에 들어올 수 없다. 그 이유는 산모와 접촉하면 사냥할 때 운이 좋지 않기 때문이라고 한다. 남편이 밥을 줄 때는 야타주 밖에서 손잡이가 길고 끝이 양쪽으로 갈라진 나뭇가지 사이에 밥그릇을 올려놓아 안으로 들여보내 준다. 밥그릇을 들여보내 줄 때 사용하는 나무는 '차불라나무'라 한다.

산모는 한 달이 지난 후에 집으로 돌아가는데 입었던 옷과 이불, 요람은 모두 버려야 한다. 셰런주로 돌아올 때는 일종의 소나무인 '야차'에 불을 붙여 연기를 내어 산모와 아이가 쐰 후에 셰런주로 들어온다. 또는 셰런주 입구에 불을 피우고 산모와 아이가 그 위를 넘어 들어오기도 하는데 이로써 오염을 없앨 수 있다고 생각한다.

돌아온 후에 조상신을 제사하는 의식을 거행하는데 신상에 술과 고기를 바치고 아이의 이름과 성별, 출생 시간을 알리고 아이가 건강하게 자라기를 빈다. 의식을 마친 후 산실에 걸었던 산신産神을 보내고 야타주를 바로 부숴 귀신이 그곳에 살며 사람을 해치는 것을 방지한다. 산모와 아이는 셰런주 문 근처에 이불을 깔고 한 달간 거주한다. 한 달이 지난 후에야 남편과 잠자리를 할 수 있다.

2. 피부정과 임신에 대한 부정적 인식

월경을 어룬춘어로 아치커achike라 한다. 여성이 분만할 때 배출되는 분비물을 남편이 접촉하면 수렵물을 잡을 수 있는 능력을 상실하게 된다고 생각한다. 월경 중에 사용했던 물건들도 아치커라 한다. 어룬춘 사회에는 여자의 피부정과 관련된 여러 가지 습속이 있는데, 그 이유는 남성에 비해 상대적으로 낮은 지위로 인하여 여성적인 특징이 부정적으로 인식되었기 때문이다.

수렵에 의존하여 생존하는 어룬춘 사회에서는 남성이 여성보다 훨씬 유리한 조건을 가지고 있기 때문에 여성들은 남성에 의존할 수밖에 없었다. 따라서 여성들의 지위는 매우 낮아져 각종 금기가 발생한 것으로 보인다.[2] 여성의 피부정과 관련된 금기를 정리하면 다음과 같다.

- 어룬춘 남자들은 여자가 셰런주 안에서 아이를 낳으면 신을 오염시키고 수렵인에게 불길함을 가져와 동물을 잡지 못한다고 생각한다.
- 어룬춘인은 산모가 분만 후에 날고기를 만지면 안 된다고 생각하여 밖에서 고기를 익힌 후에 산실로 쓰는 야타주로 들여보낸다. 노인들의 말에 의하면 이는 수렵이 잘 되게 하기 위해서라고 한다.
- 산모는 아이를 낳은 후 한 달 동안 옷을 갈아입거나 새 신을 신으면 안 된다. 이불과 아이가 자는 요람도 다른 것으로 바꾸면 안 된다. 즉 산모와 아이가 사용하는 물건은 처음 사용했던 것을 다른 것으로 바꾸면 안 된다는 것이다. 한 달이 지난 후에 사용했던 물건은 모두 나무에 걸어 놓아 스스로 떨어지게 한다. 사용한 물건을 모두 버리고 산모와 아이는 깨끗한 몸으로

정화되어 집으로 돌아오는데 그렇지 않을 경우 신의 노여움을 산다.

- 산모가 식사할 때는 남편이나 다른 여자가 음식을 날라다 주는데 남편은 산실로 들어갈 수 없다. 그 이유는 산실이 깨끗하지 않기 때문에 산실로 들어가면 신의 노여움을 사서 수렵에 영향을 주기 때문이다.
- 일상생활 중에 남자가 사용하는 수렵 도구를 여자가 사용할 수 없으며 여자는 곰 고기 중 상반신과 오장을 먹을 수 없고 곰 가죽을 침구로 사용할 수 없는데 그 이유는 곰은 어룬춘족의 토템이기 때문이다.
- 어룬춘족은 여자의 월경을 매우 부정한 것으로 생각하여 월경 중인 여자는 노루, 사슴, 엘크 등의 내장과 머리를 먹을 수 없다. 만약 먹으면 남자들이 수렵할 때 총알이 동물을 뚫지 못한다.
- 월경 기간에 강가에 가서 목욕을 하면 장마가 내려 강의 물이 넘친다. 그리고 월경 중에 샘물 위로 건너면 물이 말라 버린다.
- 임산부는 상갓집에 가면 안 되며 시신을 메고 갔던 길을 지나면 안 된다. 그렇게 하지 않으면 아이가 바로 죽거나 난산을 한다.
- 여자가 남자들의 수렵 공구나 남자의 옷을 뛰어넘으면 남자가 불행을 당하게 된다.
- 임산부는 말을 타면 안 되는데 만약에 임산부가 말을 타면 말이 병이 나거나 죽는다.
- 임신한 여자는 친부모를 포함하여 죽은 사람을 보면 안 된다. 그렇지 않으면 죽은 사람에게 죄를 짓게 하여 지옥에 떨어져 다시 인간계로 돌아오지 못하게 한다.
- 여자는 월경이 시작될 때부터 늙을 때까지 노루 가죽 위에 앉지 못하며 노루 가죽 요나 이불을 펴지 못한다. 다른 동물의 가죽 혹은 노루의 다리

털을 이용한 요는 사용할 수 있다. 금기를 어기면 남자들이 동물을 잡지 못한다.

- 임신한 여자는 곰 가죽 위에 앉을 수 없으며 만약 앉으면 유산을 한다.
- 아이를 막 낳은 여자는 한 달 내에는 동물의 내장을 먹지 말아야 한다. 만약 동물의 내장을 먹으면 남편의 총이 수렵물을 맞히지 못하게 된다.
- 여자가 곰의 생식기 또는 생식기 근처의 고기를 먹는 것을 금하는데 먹으면 미친다고 한다.

3. 요람에서 자라다

요람은 어룬춘어로 언모커恩莫克라 하며 어룬춘족뿐만 아니라 북방 유목민과 수렵민이 보편적으로 사용하고 있다. 부녀자들이 직접 제작하는데 일반적으로 자작나무로 만들며 측면에서 보면 '인人' 자형이다. 아이는 보통 3세까지 요람에서 생활하는데 커가면서 요람도 점점 더 큰 것을 사용한다. 이처럼 아이를 요람에서 키우는 이유는 이동이 잦기 때문이다. 평상시에는 아이를 가죽 주머니에 넣어 요람에 눕혀 셰런주 기둥에 묶어 놓으며, 이동할 때는 어머니가 등에 지고 이동한다. 매우 가벼워서 부녀자는 아이를 요람에 담아 업고 말을 타기도 하였다. 잠을 잘 때 어머니는 아이를 요람에 눕힌 채로 옆에서 잠을 잔다.

요람의 바닥에는 노루나 사슴 가죽을 깔고 엉덩이 부근에 움푹 파인 작은 구덩이가 있어 대소변을 담는다. 아이의 소변으로 요가 젖는 것을 방지하기 위해 일종의 기저귀를 발명하였다. 아직 지상에 서 있지만 부

〈그림 1〉 요람을 안고 있는 여인

패하지 않은 상수리나무로 만드는데 이러한 나무는 벌레가 없고 쉽게 수분을 흡수하기 때문에 천연 건조제라 할 수 있다. 깨끗한 부분만 취하여 가루로 만들어 자작나무껍질로 만든 기저귀에 넣는다. 이렇게 만든 기저귀는 한 번 사용하고 버린다. 겨울철에는 기저귀 위에 부드럽게 처리한 엘크 털을 올려놓기도 한다.

요람에 아이를 눕혔을 때 귀가 놓이는 부분에 새나 쥐 모양을 그리거나 새긴다. 새를 그리는 이유는 아이가 귓병을 앓지 말고 새처럼 날개를 펴고 훨훨 날기를 바라기 때문이다. 쥐는 아이가 쥐처럼 영민하고 지혜가 있으라는 뜻이다. 아이가 잠을 잘 때 귀가 닿는 부분에 귀를 그리기도 한다. 수렵인은 귀가 잘 들리는 것이 중요하기 때문에 소리를 잘 들으라고 그려 넣은 것이다.

〈그림 2〉 요람의 뒤쪽에 단 동물 뼈

〈그림 3〉 아이의 귀가 놓이는 부분에 귀 모양을 그린 요람

4. 아이를 보호하는 신

아이의 병을 관리하는 보호신을 아싸랑디신阿薩讓迪神이라 한다. 검은 자작나무를 깎아 만드는데 모양은 사람의 형상을 하고 있다. 신상은 노루 가죽으로 만든 모자를 쓰고 눈, 코, 입은 그리거나 깎아서 만든다.[3] 이 신은 산모가 아이 낳는 것을 도와주는 신으로 남녀 조각상이 함께 묶여 있다.

어떤 이는 검은 천으로 한 명의 성인과 작은 사람 두 명의 형상을 만들어 요람의 머리 부분에 건다. 큰 사람은 어른으로 어린아이 둘을 보호하고 있는 것이라고 한다. 아이가 잠을 잘 자고 병에 걸리지 않게 해 준다고 믿었으며 아이가 병에 걸렸을 때 옷에도 걸어 준다.

〈그림 4〉 아이의 출산을 도와주는 아싸랑디신[4]

〈그림 5〉 요람에 거는 아이 보호신

데릴사위제와 형사취수

1. 씨족외혼제 중심의 일부일처제

어룬춘족은 17세기까지 우리린烏力楞 중심의 대가정을 이루고 살았다. 이러한 가정은 한 남성이 낳은 자손들로 구성되는데 몇 개 혹은 수십 개의 셰런주를 포괄하며 각 셰런주에는 혼인 관계에 있는 하나의 가정이 생활하였다. 하나의 우리린은 3~5가정 혹은 6~7가정으로 구성되어 있으며 10여 명에서 많게는 30여 명이 거주한다.[5]

어룬춘족은 주로 산을 뒤로 하고 강가에 거주한다. 여름철에는 전 가정이 수렵 생활을 하고 겨울철 혹은 가을철에는 노인, 부녀자, 아동은 영지營地에 남아 있고 남자들은 수렵조직을 만들어 수렵을 떠난다.

혼인 관계에 있어 동족불혼의 씨족외혼제와 일부일처제를 준수한다. 하나의 가정은 일부일처제를 원칙으로 하며 일부다처 또는 여러 명의 첩을 두는 것을 금한다. 다만 아내가 아이를 낳지 못하는 경우 아내를 한 명 더 얻을 수 있다. 같은 씨족 내 결혼은 엄격히 금하며 만약 같은 씨족 내에서 성관계가 발생하면 인륜을 저버린 것으로 생각하여 엄격한 처벌을 받게 된다.

어룬춘인은 성씨가 비교적 적어 통혼 범위가 매우 좁다. 특히 서로 혼인을 하는 두 성씨 간에 인구비율이 불균등한 경우 조혼이나 평생 결혼을 하지 못하는 경우도 있다. 이러한 불균형을 해결하기 위해 세대를 벗어난 혼인을 하거나 씨족의 분화, 새로운 씨족의 파생, 외부 종족과 통혼하는 방법을 취한다. 예를 들어 후마현呼瑪縣 스바잔十八站의 어룬춘인은 최초에는 마나이이얼瑪乃依爾 맹孟 씨와 거와이이얼葛瓦依爾 갈葛 씨가 있었다. 인구가 증가하여 혼인문제를 해결하기 위해 맹 씨에서 우차얼칸吳查爾坎 오吳 씨가 분화되었고, 갈 씨에서 웨이라이이얼魏拉依爾 위魏 씨와 구라이얼古拉依爾 관關 씨가 분화되었다. 따라서 맹, 오 두 성과 갈, 관, 위 성씨 사이에는 통혼이 가능하다. 그러나 맹, 오 씨 사이와 갈, 관, 위 씨 사이에는 통혼이 엄격히 금지된다.[6]

일제강점기 조사에 의하면 여성의 수가 남성에 비해 적어 남성이 결혼하기 매우 어려웠으며 혈연관계가 비교적 가까운 이나 다른 민족과 결혼하는 경우도 종종 보인다.[7]

2. 혼인 과정

어룬춘족은 유년기에 정혼을 하는 습속이 있으며 혼인 연령은 대체로 17~18세이다. 여자는 남자를 고를 때 모르건莫日根, 즉 수렵을 잘하는 사람인가를 중시한다. 그러나 일반적으로는 어른들이 소개하는 남자와 결혼하였으며 자신이 선택할 수는 없었다. 혼인 과정은 구혼인 마라나런瑪拉那仁, 상견례인 이써나런依瑟那仁, 예물 증정인 찬퉈라런產托拉仁, 혼인식인 우위무런烏玉木仁의 네 단계를 거친다. 단계별로 내용을 살펴보면 다음과 같다.

(1) 마라나런瑪拉那仁, 구혼

일반적으로 남녀의 친척들이 혼인을 제기하고 남자 쪽에서 여자 쪽에 구혼하는 형식을 취한다. 구혼하는 방법은 아래의 네 종류가 있다.[8]

첫째, 남자의 부모와 중매인이 술과 멧돼지 고기를 가지고 여자 집에 가서 여자의 부모에게 구혼한다.

둘째, 남자의 부모가 직접 술을 가지고 자기 집과 비교적 관계가 밀접한 여자 집에 가서 여자의 부모에게 구혼한다.

셋째, 남녀의 부모가 수렵을 할 때 우연히 만나 남자의 부모가 여자의 부모에게 담배를 권하고 혼인을 제의한다.

넷째, 아내가 임신을 한 두 친구 사이에 자녀가 태어나면 결혼시킬 것을 약속하였는데 한쪽이 아들을 낳고 다른 한쪽이 딸을 낳으면 결혼시킨다.

일반적인 경우는 중매인이 양쪽 집안을 오가며 혼인을 성사시킨다. 중매인은 항렬이 높지 않은 중년의 부녀자로 남자 집과 친척 관계에 있으며 여자 집에 얘기할 수 있는 사람이다. 거쯔바제格子巴杰 할머니의 경우는 고모의 소개로 남편을 만났으며 남편은 고모부의 먼 친척이었다고 한다.[9] 중매인을 청할 때는 먼저 노루 머리 고기를 삶고 술을 따뜻하게 대우고 최고의 귀빈으로 대우한다. 중매인에게 "이번 혼인을 성사시키면 우리 집안의 복이다."라고 말한다.[10]

중매인은 여자의 집을 세 번 방문하여 청혼하는데 일반적으로 여자 집에서는 한두 번 갔을 때는 허락하지 않고 세 번째 갔을 때 허락한다. 세 번째에도 허락하지 않으면 혼사가 성립되지 않은 것으로 보아야 한다.

중매인은 말을 타고 술을 가지고 청혼을 하러 가는데 말을 타고 가기 때문에 이때 가지고 가는 술을 마등주馬鐙酒라고 한다. 중매인은 여자 집에 도착하면 여자의 부모에게 자신이 온 이유를 설명한다. 어룬춘족 습속은 처음 혼인을 제안받았을 때 만족하건 만족하지 않건 무조건 거절한다. 가볍게 허락하지 않으며 "딸이 아직 어려 혼인을 하기 어렵다.", "딸이 어리석어 총명한 청년과는 어울리지 않는다." 등의 인사치레 말을 한다. 이때 중매인은 딸을 과장되게 칭찬하는 말을 하여 여자 부모의 응답을 받아 낸다. 이와 같이 두세 차례 반복하여 여자 집에서 동의하면 가능하나 세 번째도 거절하면 혼인은 이루어지지 않는다. 여자 집에서는 동의할 때도 직접적으로 이야기하지 않고 말하는 중에 슬쩍 꺼낸다. 중매인은 이에 대해 매우 민감하여 '동의한다'는 말을 들으면 바로 여자의 부모에게 절을 하는데 일반적으로 절을 하면 혼례가 성사된 것이다.

(2) 이써나런依瑟那仁, 상견례

중매인에 의해 구혼이 성공하면 중매인, 신랑의 엄마 혹은 숙모가 신랑을 데리고 술과 멧돼지 고기를 가지고 여자의 집으로 찾아가서 상견례를 한다. 이때 신랑은 여자 집의 모든 친척에게 술을 따르고 절을 하나 장인, 장모에게는 절을 하지 않는다. 장인, 장모에게는 이후 예물을 전달한 후에 정식으로 인사한다.

(3) 찬튀라런産托拉仁, 예물 보내기

상견례가 끝난 후에 중매인과 남자의 부모는 여자의 집을 찾아 예물을 보낼 날짜와 수량에 대해 본격적으로 상의한다. 예물을 보내는 날 신랑은 부모, 중매인과 함께 가서 예물을 전달한다. 보내온 예물은 신부의 집에서 만족하면 받아들이고 만족하지 않으면 다시 조절한다.

여자의 집에서는 일반적으로 두세 마리에서 열 마리에 이르는 말, 두 마리의 멧돼지와 두 통의 술을 요구한다. 예물 중에 말, 술, 멧돼지 고기는 반드시 있어야 하는데 멧돼지 고기는 친정집을 떠남을 상징하는 고기이다. 서로 합의가 된 예물 외에 어떤 지역에서는 멧돼지 머리 반쪽을 보내기도 한다. 예물 중 가장 중요한 것은 말이다. 신랑의 집에서 말을 보내온 후 신부 집의 젊은 남자들은 말을 타고 자신의 집의 말과 비교한다. 예물을 받은 후 신부의 집에서는 우리린 사람들을 초청하여 식사하고 신랑이 보내온 술과 멧돼지를 대접한다. 남자는 이때 장인과 장모에게 절을 하는데 이것이 정식으로 장인, 장모를 만나는 것이라 할 수 있다. 이때 혼례를 거행할 날짜를 상의한다.

일제강점기 일본인에 의한 조사를 보면 "신랑 집에서 신부 집에 먼저 술 한 단지와 멧돼지 머리 두세 개를 보낸다. 동시에 예단으로 두세 마리의 멧돼지와 40근의 술과 말 여러 마리를 여자의 집에 보낸 후에야 여자를 자신들의 텐트로 데려올 수 있다. 특히 말을 한 번에 여자 집에 모두 보내지 않으며 여러 차례 나누어 보내는데 이로 보아 예단을 보내기 전 이들의 내왕은 매우 신중함을 알 수 있다. 이러한 상황은 남자에게 있어 억울하고 부끄러운 일이다. 그러나 말을 완전히 보낸 후에는 여자를 아내로 삼아 집으로 데려올 수 있다. 이들의 지위는 갑자기 바뀌어 여자는 남편의 마음을 불편하게 하지 않으려 최선을 다하며, 아내와 다른 남자가 인사를 하거나 말을 하는 것은 모두 신중히 해야 한다."[11]고 한다. 따라서 예물의 전달 과정에서 양쪽은 계속해서 기 싸움을 하며 예물의 수량을 조절하고 예물이 완전히 증여된 이후에 남자 쪽에서는 신부에 대한 권리를 얻게 됨을 알 수 있다.

예물을 주지 않는 예외적인 경우도 있다. 신랑이 수렵을 잘할 경우에는 말을 주지 않아도 결혼할 수 있다. 거쯔바런格子巴杰 할머니의 남편은 수렵을 잘하였기 때문에 신랑 집에서 신부 집에 말을 주지 않았다고 한다. 도리어 할머니의 친정에서 남편 집에 말을 주었는데 이는 할머니가 시집에서 대우받고 살기를 바랐기 때문이라고 한다.[12]

신랑이 예물을 전달하는 날 만약 남녀가 모두 성인이면 부모가 거주하는 셰런주 옆에 부부가 동침할 셰런주를 짓고 20일에서 한 달 정도 함께 거주한다. 이날 밤 잠자리는 기혼 여성이 깔아 준다. 잠을 자기 전에 부부는 반드시 아산阿山이라는 자작나무그릇에 노루 고기와 좁쌀, 멧돼지 기름을 넣어 비빈 일종의 죽인 라오카오테老考貼를 엘크 뼈로 만든 한 쌍의 젓가락으로 함께 먹는다. 한 쌍의 젓가락으로 먹는 것은 서로 협조하며 고난과 기쁨을 함께하고 영원히 서로 사랑하고 헤어지지 않겠다는 뜻이다. 이후 두 집은 정식으로 결혼할 날을 상의한다.

예물과는 별도로 여자는 결혼 시 가지고 갈 혼수품도 준비한다. 신부의 집에서는 딸이 시집에서 경제적으로 권리를 갖게 하려고 가능하면

〈그림 6〉 말에 혼수품을 싣고 이동하는 신행 행렬

많은 혼수품을 보내려 한다. 가장 중요한 혼수품은 말이며 주로 암말을 보내는데 이 말은 영원히 딸의 소유이며 이후 암말이 새끼를 낳으면 이 또한 딸의 소유가 된다.

혼수품이 많고 적고 간에 반드시 가져가야 하는 것은 자작나무로 만든 아다마라阿達瑪拉라는 상자이다. 이 상자에는 귀중한 옷이나 허리띠, 모자를 담는다. 상자 뚜껑에 난춰뤄화南綽羅花 문양을 새긴다. 난춰뤄화 문양은 십자가형 구조를 중심으로 꽃잎이 사방으로 퍼지는 형태를 취하고 있다. 난춰뤄화는 일종의 야생 백합으로 가장 아름다운 꽃이라는 뜻이며 순결한 사랑을 상징한다. 아다마라 상자는 타원형으로 부부가 서로 잘 협조하고 단결함을 상징한다. 상자 뚜껑의 네 주변에 나비 문양인 쿠이러거인奎熱格音 문양을 새기는데 부부가 흰머리가 파뿌리가 될 때까지 마음이 변하지 말라는 뜻이다.

〈그림 7〉 난춰뤄화 문양

(4) 우위무런烏玉木仁, 혼인식

혼례 전에 남자 집에서는 새로운 침구와 신랑 신부의 옷을 준비한다. 그리고 충분한 고기와 술도 준비한다. 남자 집에서는 친척들이 여러 마리의 말을 타고 신부 집으로 가서 신부를 데려온다. 신부 쪽에서도 여러 마리의 말을 타고 신부를 배웅하는데 신부의 부모는 참여하지 못하며 친척들이 데려다준다.

중간 지점에서 두 팀이 만나는데 남자 쪽에서 먼저 와서 불을 피우고 기다린다. 신랑 쪽에서 신부를 데려가려 하면 신부 쪽에서 막아서고 양쪽 부모를 대신하는 가수는 서로 노래를 부른다. 신부 쪽 가수가 부모를 대신해 부르는 노래의 내용은 다음과 같다.[13]

산길이 굽어 길을 가기에 좋지 않고
늘씬하고 아름다운 딸을 너희들이 원하였다.
우리는 긴 시간 동안 딸을 키웠고

우리는 먼 길을 배웅하여 왔으며
우리의 핏줄을 양보하라 하니
딸을 보내 시아버지를 만나게 하네.

신랑 쪽 가수가 부모를 대신해 부르는 노래는 다음과 같다.

흰 자작나무는 푸른 잣나무와 배필을 하고
손기술이 뛰어난 아가씨는 잘생기고 능력 있는 수렵인에게 시집가기를 원하네.
오늘 이후 우리는 그녀의 가족이니
당신들은 부부가 빨리 서로 만나게 하라.

이때 부르는 노래의 전체적인 내용은 '신랑 집에서 신부를 데려가려는 것을 신부 집에서 반대한다'는 내용으로 노래가 무르익었을 때 신부

〈그림 8〉 신부를 배웅하는 신부 가족과 신부를 맞이하는 신랑 가족이 한자리에 모여 있다.

는 도망친다. 이후 신랑이 쫓아가 손을 잡고 돌아온다. 어떤 곳에서는 남자 집에 들어가기 전에 하기도 하는데 이는 '우리 집 딸을 함부로 할 수 없다'고 경고하는 것이라고 한다.

양쪽은 이때 말 경주대회도 하는데 두 집단이 세력을 다투는 것으로 반드시 여자 집에서는 일부러 져서 남자 집에서 승리하도록 한다. 이렇게 해야 사위에게 좋다고 한다.

모든 행사가 끝나면 신부 집의 남자 한 명과 여자 한 명이 신부를 도와 말에 태우는데 한 명의 남자와 여자는 이후 아들과 딸을 모두 두라는 의미이다. 신랑 신부 양가는 말을 재촉하여 남자 쪽의 우리린으로 간다.

신부를 배웅하는 이들이 남자 집의 셰런주에 도착하면 신랑의 부모는 술을 권한다. 신부가 셰런주로 들어갈 때는 말안장을 넘어 들어가는데 평생 말을 타고 생활하며 평안하게 생활하게 됨을 의미한다. 집에 들어간 후에 신랑과 신부는 문 쪽에 앉는데 신랑의 형수는 젓가락 하나로 두 사람에게 설탕을 첨가한 돼지기름을 먹여 준다. 의미는 '달콤하게 평생 해로하라'는 뜻이다. 이후 신부는 불을 뛰어넘어 신부 집에서 가지고 온 나쁜 기운을 없앤다. 셰런주 안에서 무쿤다의 주재 아래 어른들께 인사한다. 신랑 신부는 모든 어른께 술을 대접하고 절을 하며 항렬이 같은 경우 서로 절한다. 신랑 신부는 반드시 하나의 술잔에 술을 마시고 하나의 자작나무그릇에 있는 수파육手把肉을 하나의 칼로 먹는다. 수파육은 뼈째 삶은 양고기로 한 손에 고기를 들고 다른 손에는 칼을 들고 뜯어 먹는다. 이후 춤을 추고 잔치를 벌인다.

첫날 밤 셰런주의 왼쪽 오룬에 잠자리를 마련한다. 신랑 신부는 다시

라오카오타이老考太를 먹는다. 다음 날 신랑과 신부는 뜨는 태양을 향해 절을 하는데 태양이 그들에게 따뜻함을 주기를 기원하기 위해서이다. 위나라가 기원한 곳이라고 알려진 가셴동嘎仙洞에 가서 제사를 지내는 사람들도 있는데 이는 1953년 정착 이후에 새롭게 생긴 풍속이다.

신부를 배웅한 친정집 식구들이 돌아갈 때 신랑의 부모는 가장 좋은 고기와 술을 선물로 준다. 신랑 신부는 길을 떠나는 친정 식구들에게 술을 권하는데 중간에 술잔을 빼앗는 놀이를 한다. 전설에 의하면 예전에 한 남자가 자신이 좋아하는 여자와 결혼하지 못하였다고 한다. 신랑이 신부 집 식구들에게 술을 권할 때 여자를 사랑했던 남자가 술잔을 빼앗아 도망을 갔을 경우 만약 신랑이 술잔을 빼앗아 오지 못하면 그 남자는 자신이 사랑하는 여자를 데리고 갈 수 있다고 한다. 만약 신부 쪽에서 술잔을 빼앗아 가면 신랑 집에서는 갖은 방법을 동원하여 찾아와야 한다.

3. 아내를 얻기 위한 노동력 제공, 데릴사위

고대 결혼에 있어 여성을 얻는 방법은 세 가지가 있다. 첫 번째는 재물을 여자 쪽에 제공하고 그 대가로 여성을 데려오는 것이다. 두 번째는 여자의 집에서 일정 기간 노동을 한 후에 그 대가로 여성을 데려오는 것이다. 세 번째는 여성을 교환하는 것으로 외삼촌의 아들과 결혼하는 방식으로 여성을 되돌려주는 방식이다. 이러한 방식은 주로 중국 남방 소수민족들 사이에서 발견된다.

어룬춘족의 경우는 재물을 제공하는 방식과 노동력을 제공하는 방식이 혼합된 형태로 나타난다. 일제강점기 일본인에 의한 연구에서 "만약 신랑의 집이 가난하여 한 번에 예물을 준비하지 못하면 신부의 집에 가서 2~3년 도와준 이후 가정을 꾸린다. 신부의 집이 빈곤할 경우 남자는 여자의 집에서 2~3년간 노동을 하며 돕기도 한다."[14]라고 한 것으로 보아 여자 집에 노동을 제공하고 여자를 데려온 것임을 알 수 있다. 필자가 조사한 내용도 이러한 상황을 보여 준다. 어룬춘족 여성의 말에 따르면 "여자 집에 가서 반년 또는 몇 달 동안 노동을 한 후에 결혼한다. 가난한 집만의 특징이 아니라 어룬춘족의 일반적인 특징이다. 신랑 집 가정형편이 좋은 경우 상징적으로 한 달 정도 하기도 하고 노루와 같은 재물을 주는 것으로 대신하기도 한다. 장인의 집이 가난한 경우 장인을 도와 3년간 수렵을 하기도 한다."[15]라고 한다.

혼인 과정 중 신랑 집에서 신부 집에 예물을 전달한 날 밤부터 신랑 신부는 동거를 한다. 신부 부모의 셰런주 옆에 새로 셰런주를 짓고 이곳에서 첫날밤을 맞이한다. 이전에는 여자 집에서 몇 년간 동거를 한 후에 결혼식을 올려 혼례를 하지 않았는데도 아이가 있는 경우를 쉽게 볼 수 있었다고 한다. 여자 집에서는 정혼할 때 여자가 시집을 가서 발생하는 손해를 남자가 와서 몇 년간 노동을 함으로써 보충해 줄 것을 요구한다.

《구당서》〈실위전〉에 의하면 실위의 혼인법은 "남자가 먼저 여자의 집으로 가서 3년간 부역을 하고 아내를 맞이한다. 부역을 마친 후에 여자 집에서 재물을 나눠 주는데 부부는 마차에 싣고 북을 치고 춤을 추며 돌아온다."[16]라고 한다. 《삼국지》〈위서〉 오환선비동이전의 고구려에 관한 기록에도 유사한 기록이 있다. "혼인을 할 때 말로 혼인할 것을 약속하면 여자 집에서는 큰 집 뒤에 작은 집을 짓는데 이 집을 서옥이라 한다. 사위는 저녁에 여자의 집 밖에 이르러 자신의 이름을 말하고 꿇어앉아 여자와 함께 잠을 잘 것을 청한다. 이와 같이 여러 번 청하면 여자의 부모는 마침내 작은 집에서 잠을 자게 하는데 남자는 여자의 집 옆에 돈과 비단을 놓아둔다. 아이를 낳아 성장한 후에 아내를 데리고 집으로 돌아간다."[17]라고 하였다. 고구려에서도 여자의 집에서 거주하며 아이를 낳은 후에 아내를 데리고 자신의 집으로 돌아간다고 하는데 사위는 여자의 집에 머물며 노동력을 제공했을 것으로 보인다. 장인의 집 근처에 작은 집을 짓고 거주한다든지, 처가에 재물을 제공하고 여러 차례 애걸한다든지 하는 모습은 어룬춘족의 습속과 상당히 유사한 측면이 있어 앞으로 구체적인 연구가 필요해 보인다.

어룬춘족 여자의 가정 내 지위는 매우 낮다. 그 이유는 두 가지로 보이는데 하나는 남성이 상당량의 재물과 노동력을 제공하고 여성을 획득했기 때문이며, 다른 하나는 수렵을 위주로 하는 생활에서 남성의 노동력이 여성에 비해 중요한 비중을 차지하기 때문으로 보인다. 여성은 셰런주 주변에서 채집을 하는 것 외에 자작나무껍질로 수공업 제품을 제작하고 가죽을 무두질하여 옷을 만들고 음식을 만드는 등의 노동을 한다. 이러한 노동은 수확과 직결되지 않기 때문에 여성은 가정 내에서 지위가 낮고 남성은 여성에 대한 절대적인 지배권을 갖는다. 여성은 가정 내에서 중요한 문제에 대하여 질문하거나 처리할 권리가 없으며 남자들의 문제에 간섭할 수 없다.

4. 혼외관계에 대한 철저한 응징

정당하지 않은 남녀 관계의 처리에 있어 매우 엄격하다. 유부남이나 유부녀가 부정한 성관계를 가진 것이 발견되면 여론의 질책과 씨족의 징벌을 받는다. 해방 전 아내가 정결하지 않다는 이유로 남편이 아내를 살해하는 사건이 종종 발생하였다. 동일한 씨족의 남녀 혹은 세대가 다른 남녀의 성관계는 교수형에 처하였다. 어룬춘족은 성격이 거칠고 강하며 독립생활에 능하고 곤란을 두려워하지 않아 부모가 혼인을 결정한 것에 불만이 있을 경우 도망가서 결혼하는 일이 종종 있었다. 혼인을 피해 몰래 도망가는 경우 종종 비극으로 끝나는데 잡혀서 돌아오면 씨족대회를 열어 징벌을 가하였다. 가벼운 경우에는 자작나무 가지로 혹독하게 40대를 때린다. 중한 경우에는 사형에 처한다. 청나라 말에서 민국 초기 씨족제도가 해체되면서 이러한 규약은 느슨해졌다.[18]

간음행위에 관한 또 다른 연구 내용에 따르면 "가벼운 경우 무쿤이나 우리린에서 쫓아내며 중범인 경우 교수형에 처한다. 씨족 밖의 사람과 사사로이 결혼하면 간음행위로 처리하여 족보에서 제외하고 죽인다. 같은 씨족 사이에 간음이 발생하면 윤리를 어지럽힌 것으로 처리한다. 행위를 한 이를 교수형에 처할 뿐만 아니라 그들의 가족도 족장에게 문책을 받으며 씨족대회에서 이후 이러한 사건이 다시 발생하지 않을 것을 약속해야 한다. 마카얼瑪卡爾 씨족 내부의 남녀가 부정당한 관계를 맺었는데 무쿤다 회의에서 그들을 나무에 묶어 굶어 죽게 하였다. 양쪽 부모도 무쿤다 대회에서 대중 앞에서 죄를 빌었고 체면이 땅에 떨어지게 되었다."[19]라고 한다.

일제강점기 현지조사에도 간통한 여인에 대해 가혹한 형벌을 가했음을 보여 주는 조사 자료가 있다. "미혼인 여성이건 유부녀이건 만약 다른 남자와 사사로이 정을 통하면 이는 놀라운 소문이 된다. 살상사건은 남녀 관계로 발생한다. 어룬춘족에게는 이혼이 존재하지 않는데 만약 간통이 발견되면 스스로 자살을 해야 한다."[20]라고 하였다. 따라서 어룬춘족은 혼외관계에 대하여 엄격하게 규제하였음을 알 수 있다.

5. 형수와 결혼

어룬춘족은 남편이 죽으면 남편의 형제와 결혼하는 습속이 있다. 형이 죽은 후에 동생이 과부인 형수를 취할 수 있는 권리가 있다. 재혼은 대체로 3년 성복을 한 후에 거행한다. 남편이 사망하면 남편의 동생과 결혼하며 만약 동생이 없으면 다른 남자와 결혼할 수 있다.[21]

만약 소년 과부인데 아이가 없고 남편의 동생이나 형이 형수를 아내로 맞고 싶어 하지 않으면 친정에서 다른 집으로 시집보낼 수 있다.[22] 친정에서는 그녀와 결혼할 사람에게 그녀를 강제로 빼앗아 오도록 하는데 일단 집 밖으로 나가게 되면 시댁에서도 더 이상 잡지 않는다. 그러나 빼앗아 가는 사람은 말 한두 필을 여자의 시집에 배상해야 한다. 이러한 결혼의 경우 결혼 후 아들을 낳아 아이가 스스로 걷고 스스로 밥을 먹게 된 후에야 결혼을 인정받게 된다. 우리린에서는 3년간 수절을 한 후에 개가하기를 요구하기도 한다.[23]

이 밖에도 아내가 일찍 죽은 경우 아내의 여동생이 형부에게 시집가는 풍속이 있었다.

6. 재산 분배와 유산 상속

어룬춘족은 씨족제도를 취하고 있으며 같은 씨족 내에서 재산을 공유한다. 그러나 하나의 가정이 기본 단위가 된 후 가정 단위의 사유재산제도가 확립되었다. 재산을 분할하는 경우는 분가할 경우, 이혼할 경우, 사망할 경우로 나누어 볼 수 있다.

어룬춘족은 성년이 되어 결혼을 하면 분가하고 부모는 막내와 함께 생활한다. 따라서 일반적으로 막내에게 더 많은 재산을 주게 된다.[24]

이혼할 경우 여성은 재산을 거의 분할 받지 못한다. 여자가 아이를 낳지 못하는 것 외에는 이혼을 불허하며 어룬춘족은 이혼을 창피한 일로 생각한다. 남자가 이혼을 먼저 요구하면 여자는 재산의 반을 얻을 수 있고 여자 집에 준 예물을 돌려주지 않아도 된다. 만약 여자 쪽에서 이혼을 요구한 경우 남편은 재산을 분배해 주지 않으며 혼인 시 가져간 예물도 돌려주지 않는다. 여자가 바람을 피워서 이혼하면 남자가 친정에 준 말도 남자에게 돌려주어야 하며 두 손을 바닥에 짚고 이마를 땅에 조아리며 배상해야 한다. 이혼 시 아이가 있으면 남자아이는 남자 쪽에 남기고 여자아이는 남자가 동의하면 데리고 갈 수 있다. 만약 남자아이가 너무 어려 엄마가 길러야 하면 기른 후에 남자 쪽으로 돌려보낸다. 이혼 후 아이들은 원칙상 모두 남자 쪽에 속하게 된다.[25]

유산의 상속은 다음과 같은 방법으로 이루어진다.

① 부모가 죽은 후 아들이 계승한다. 아들이 여러 명일 경우 생전에 부양하던 아들이 계승한다. 아들이 없으면 양자가 계승하는 것이 가능하며 남성 친족이 없을 경우 결혼하지 않은 딸이 계승할 수 있다.

② 성인 남성이 부모보다 먼저 사망한 경우 부모가 아들의 재산을 계승한다.

③ 성인 남성이 죽었을 때 이미 부모가 사망하였다면 유산은 어린 동생에게 계승되며 일반적으로 가장 어린 동생에게 준다. 형이 부모를 대신해 동생을 부양할 의무가 있음을 보여 주는 것이다. 만약 동생이 죽고 조카만 있다면 조카가 계승하며 조카가 많은 경우 가장 어린 조카가 계승한다. 이를 통해 어룬춘족의 상속 습관은 어린 사람을 먼저 배려함을 알 수 있다.

④ 양자는 양부의 유산을 계승한다.

⑤ 장기간 데릴사위를 한 경우 장인의 재산을 계승할 수 있다.

⑥ 여자는 부모의 재산을 계승할 수 없다. 출가한 후 친정에 친척이 없고 형제가 없는 상태에서 부모가 사망해도 재산을 계승할 권리가 없다. 시댁이 3대 안에 친척이 없는 경우 계승이 가능하다. 남편이 죽은 후 재가를 한 여자는 남편의 재산을 가져갈 수 없다. 그러나 예물로 주었던 말은 가져가는 경우가 있다. 여성은 재산소유권이 없으며 재산은 남성을 중심으로 계승된다.

⑦ 망자가 재산의 계승자를 지정한 경우 누구도 임의로 계승할 수 없다. 예를 들어 외삼촌이 죽기 전에 외조카에게 계승권을 주었다면 망자의 같은 씨족 사람들은 계승할 권리가 없다. 유언이 우선하는 원칙이 있다.

⑧ 망자에게 가까운 친척이 없으면 먼 친척이 계승한다. 다른 성씨는 망자가 생전에 지정하지 않는 한 계승할 수 없다. 다른 성씨 사람이 재산을 계승하면 반드시 망자를 잘 돌봐야 한다.[26]

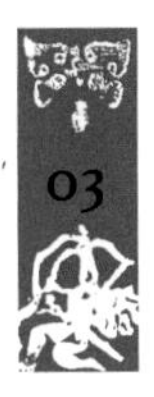

수장과 말을 순장하는 습속

1. 장례문화의 변화 과정

어룬춘인은 죽은 후에 영혼은 인체를 떠나 계속 존재한다고 생각한다. 조상 혹은 씨족 부락 지도자의 영혼은 하늘로 올라가 별로 변하여 태양신을 지키는 호위병이 되는데 영원히 자손들을 비추며 돌보고, 일부 하늘로 올라가지 못한 영혼은 인간계에 남아 씨족 사람들에게 위해를 가한다고 생각했다.[27] 이처럼 어룬춘인은 기본적으로 영혼불멸 사상을 가지고 있으며, 저승에서 계속 살아가면서 조상신이 되어 자손들을 돌본다는 관념과 함께 귀신이 되어 위해를 가한다는 사고를 가지고 있음을 알 수 있다.

신중국이 성립되기 이전 장례법은 수장樹葬, 토장, 화장 세 가지 종류가 있었다. 처음에는 수장만이 있었으나 유렵 범위가 축소되고 거주 범위가 안정화되고, 특히 씨족 묘지를 사용하게 되면서 수장한 후에 토장을 하는, 즉 이차장이 성행하였다. 17세기 중엽 어룬춘족은 헤이룽강 북안에서 남안으로 이동해 왔다. 청나라는 이들을 로路, 좌佐 등 행정조직에 편입하여 활동 범위가 축소되고 확정되면서 토장 방식이 성행하기 시작하였다. 청나라 말, 민국 초기 일부 지역에서 '수렵을 버리고 귀농棄獵歸農'하는 정책을 실시한 후 토장이 점점 풍장風葬을 대신하게 되었다. 이후에는 수장을 한 후에 토장하여 이차장을 하였고, 현재는 토장만이 남아 있다.[28]

청나라 시기 방시제方式濟가 쓴 《용사기략》 〈풍속〉편에는 다음과 같은 기록이 있다. "동북 변경에 풍장을 하는 습속이 있는데 사람이 죽은 후에 풀더미로 시신을 싸서 깊은 산속의 큰 나무 사이에 건다. 시신이 부패한 후에 걸어 놓았던 것을 해체하여 뼈가 땅에 떨어지면 자갈로 시신을 얇게 덮는다."[29] 위 기록은 수장을 한 후에 탈골된 뼈를 수습하여 매장하는 상황을 보여 주는 것으로 수장에서 토장으로 이행하는 과도기 장례법이라 할 수 있다. 1930년대 조사된 자료에 의하면 "헤이룽장성 쿠마얼로庫瑪爾路 관내의 어룬춘인은 풍장을 금지하였으나 아주 적은 사람만이 명령을 따르고 있다."[30]라고 하는 것으로 보아 1930년대에도 여전히 수장이 유행하였음을 알 수 있다. 그러나 또 다른 1930년대 조사 자료에서는 "매장을 하는 예가 많아지나 아이의 경우는 반드시 수장을 하였다."[31]라고 하는 것으로 보아 지역에 따라 상황이 달랐음을 알 수 있다.

세계 여러 민족의 장례 방식은 크게 두 가지 종류로 나눌 수 있다. 농경을 하는 정착민들은 토장을 하여 시신을 오랫동안 보존하고 제사를 거행한다. 그러나 이동하며 생활하는 수렵민이나 유목민의 경우 시신을 보존하는 것이 불가능하므로 훼손하는 방식을 취하고 제사를 거행하지 않는다. 대표적인 것으로는 수장, 천장天葬, 화장과 같은 방법이 있다. 어룬춘족은 이동하는 수렵민이기 때문에 수장과 같이 시신을 방치하여 훼손하는 방식을 취하였으나 청나라 시기 일부 사람들이 정착을 시작하면서 토장이 시작되었다.

화장은 젊은이가 갑자기 죽거나 임산부가 죽은 경우에 한다. 특히 임산부가 죽은 경우에는 매우 부정한 것으로 생각한다. "이러한 사망자는 귀신이 되어 산 자를 괴롭히기 때문에 소각하여 화를 없애야 한다. 여자를 화장할 때 친정에 알려야 하며 친정 식구들은 증인이 되어야 원귀가 괴롭히는 것을 면할 수 있다. 화장할 때는 시신을 완전히 태워야 하는데 특히 심장을 완전히 태워야 한다. 왜냐하면 영혼은 심장에 숨어 있으며 완전히 태우지 않으면 무언가 남아서 귀신이 된다. 화장할 때 샤먼을 불러 굿을 하고 귀신을 몰아낸다."[32]라고 하였다.

2. 나무에 장사지내는 수장

수장은 풍장風葬, 천장天葬, 괘장掛葬, 목장木葬, 공장空葬, 현공장懸空葬이라고도 한다.[33] 시신을 방치하여 스스로 썩게 하는 것으로 이러한 방식은 동호, 퉁구스 민족에게 광범위하게 유행하였다. 중국의 사서 중 실위室韋, 거란, 해奚 등의 민족에 수장 풍속이 있었다. 아사카와 시로淺川四郎는 어룬춘족의 수장에 대해 조사한 후에 "퉁구스 인과 교류가 빈번하였던 고구려에 일찍이 이러한 풍속이 전해져 현재까지 조선에서 사망한 아이를 나무에 걸어 놓는 것을 볼 수 있다. 그들은 아이를 나무에 걸어 놓으면 언젠가는 아이가 다시 살아날 수 있다고 여기는데 이는 자신의 아이에 대한 그리움의 표현이다."[34]라고 하였다.

어룬춘족의 가장 오래된 장례법은 수장이다.《위서》〈실위전〉에 보면 "부모가 죽으면 남녀가 곡을 하며 3년간 상을 치른다. 시신은 숲속의 나무 위에 올려놓는다."[35]라는 기록이 있다.《북사》〈실위전〉에서는 "부락이 공동으로 대붕大棚을 만들어 사람이 죽으면 그 위에 올려놓는다."[36]라고 하였다. 위의 기록으로 보아 부락민이 공동으로 수장하는 특정한 장소가 있었음을 알 수 있다.《신당서》의 북적北狄에 관한 기록에도 "각 부락은 공동으로 대붕을 짓고 시신을 그 위에 올려놓으며 3년간 장례를 치른다."[37]라고 하였는데 역시 같은 내용이다. 따라서 숲 속의 나무 위에 개인적으로 수장을 하는 것 외에도 공동으로 수장하는 일정한 구역이 있었음을 알 수 있다. 청나라 시기 서청西淸이 편찬한《흑룡강외기》에 의하면 "후룬베이얼呼論貝爾, 부터하인布特哈人은 죽은 후에 나무 위에 걸어 놓아 새가 먹도록 놓아두는데 시신이 다 썩으면 하늘로 승천한 것으로 생각한다. 세상에서 조장鳥葬, 수장이라고 하는 것은 바로 이 습속을 가리킨다."[38]라고 하였다.

1930년대에 조사된 수장의 과정은 다음과 같다. 사망하면 친척들에게 알려서 오기를 기다린다. 장례는 샤먼의 지시를 받는다. 시신은 관에 넣어 거주하는 곳에서 400~500미터 떨어진 북쪽으로 옮기는데 머리 방향은 남쪽으로 한다. 원목을 가공한 관을 1.5미터 높이의 나무 기둥 위에 올려놓는다. 샤먼이 망자의 생전 경력과 재산을 기록한 제문을 망자 앞에서 읽은 후에 절을 하는 의례를 거행하면 의식은 끝이 난다.[39]

필자가 만난 궈바오린郭寶林 씨는 어렸을 때 직접 수장을 본 적이 있다고 한다.

"원래는 모두 수장을 했다. 나무 하나를 잘라 가운데를 파서 그 안에 시신을 모신다. 관을 올려놓는 나무 기둥은 4개인 경우가 일반적이며 3개인 경우도 있다. 4그루의 나무가 사방형으로 서 있는 것을 발견하지 못할 때는 3그루 나무를 이용해서 만든다. 나무 기둥의 높이는 2미터 정도 된다. 한쪽은 두 개의 나무 기둥으로 떠받치고 끝 쪽은 나무 기둥 하나로 떠받친다. 관 안에는 평상시에 자주 사용하던 물건을 넣는다. 남자의 경우 수렵에 필요한 공구 한 세트, 식사할 때 필요한 것, 담뱃대 등 생활에 필요한 모든 것을 넣어 준다. 화살은 관 안에 넣지 않고 관 밖에 놓는다. 어룬춘족은 쇠로 만든 물건을 관 안에 넣지 못하는 풍속이 있는데 화살촉은 쇠로 만들었기 때문에 관 밖에 놓는 것 같다. 여자의 경우 여자가 사용하는 물건을 넣으며 화살은 넣지 않는다. 필요한 물건을 넣은 후에 나무로 만든 못을 박아 관을 고정한다.
말은 수장하는 곳에서 잡는데 말안장이 있는 상태로 시신의 다리 아래쪽에 놓는다. 해방 이후에는 이러한 습속이 없어졌다."[40]

궈바오린 씨는 현재 71세로 자신이 6~7세 때 본 것이라고 한다. 어룬춘족이 1953년부터 정착을 시작한 것으로 보아 위의 내용은 궈바오린 씨가 하산하기 직전에 경험한 것임을 알 수 있다. 1950년대까지도 수장을 하는 예가 많았으며 망자를 위해 부장품을 관에 넣어 주고 말을 순장하는 풍속이 있었음을 알 수 있다. 어룬춘족의 수장 절차에 대해 자세히 살펴보면 다음과 같다.

사람이 죽으면 옷을 갈아입히고 머리는 북쪽으로 향하고 다리는 남쪽으로 향하게 하여 셰런주에 눕히고 장지를 선택한다. 만약 당일 시신을 옮기는 것을 도와줄 사람이 있으면 당일 옮기고 없으면 하루 이틀 후에 옮긴다.[41]

시신을 풀, 갈대, 버드나무가지, 자작나무껍질 등으로 감싸거나 덮는 것은 가장 초보적이고 원시적인 형태이다. 독목관獨木棺은 큰 소나무나 백양나무를 반으로 잘라 가운데를 파고 그 안에 시신을 넣은 후에 합치는 것으로 오랜 역사를 가진 장례 도구이다. 민국 시기 이후에는 나무판으로 만든 관을 사용하는 예가 많아졌다.

염을 할 때 망자가 사용했던 젓가락, 숟가락, 그릇을 왼손 옆에 놓는다. 초기에는 자작나무껍질로 만든 그릇, 뼈 젓가락, 나무 국자를 넣었다. 말발굽을 몇 개 넣는데 말을 순장함을 의미하며 사람이 죽은 후에 영혼이 멀리 갈 때 타고 간다고 한다. 적과吊鍋 등 물건은 발 아래쪽에 놓는다. 만약 망자가 남성이면 수렵 칼, 담뱃대, 담배 주머니 등의 물품을 오른손 위에 놓고 동시에 자작나무껍질로 만든 소형의 화살 모형을 오른손 위에 놓는다. 여자인 경우 사용했던 바느질 도구를 담은 자작나무함과 무두질할 때 필요한 공구를 관에 넣어 준다.[42] 부장품 중 망자가 생전에 사용했던 그릇은 주둥이를 쳐서 깨뜨려서 넣는데, 그렇지 않으면 산 사람에게 좋지 않다고 한다.[43] 부장하는 토기의 주둥이를 깨뜨려서 부장하는 예는 고대 장례법에서 자주 보이는 현상으로 비교연구가 필요하다.

나무 4그루가 직사각형을 이루고 있는 나무를 찾아 자르고 나뭇가지에 나무 기둥을 끼우고 그 위에 나뭇가지를 깔아 시신을 올릴 받침대를 마련한다. 받침대 위에 시신을 올린다.

시신을 안치한 후에 망자를 위해 저승에서 일해 줄 말을 잡는다. 망자가 평소에 타던 말을 죽여서 부장하는데 저승에 가서도 타라는 것이다. 말을 죽인 후에 가죽은 벗겨내고 살은 버리고 머리와 내장은 연결되게 한다. 4개의 다리가 붙어 있는 말가죽으로 머리와 내장을 둘둘 말아 망자의 다리 아래에 놓는다. 말을 부장할 때 몇 마디 한다. 예를 들면 망자에게 "집을 그리워하지 말고 다시 돌아오지 말라."라고 한다. 만약 말을 죽여 부장할 경제적 능력이 안 되는 경우 망자가 평상시에 입었던 옷과 마구 등을 말 위에 얹고 장지를 몇 바퀴 돈 후에 말을 부장하였음을 표현하는 말을 몇 마디 한다.[44]

1930년대에 조사된 바에 의하면 수장한 관 위에 두 개의 노와 비슷

〈그림 9〉 여러 구의 시신을 한 곳에 안치하였다.

한 나무판을 꽂는데, 그들은 태양은 매우 성스러운 것으로 망자는 태양이 밝게 비추는 가운데 영혼이 천상으로 승천하여 하늘의 별이 된다고 생각한다. 이 나무판은 이들이 승천할 때 사용하는 것이라고 한다.[45]

장례를 마친 이후에는 시신이 썩어 나무 아래로 떨어져 내려도 관여

〈그림 10〉 나무판을 이용해 만든 관에 시신을 안치한다. 비나 눈이 옆으로 흐르도록 관의 위쪽이 뾰족하다.

하지 않고 방치한다. 세월이 지나면 관을 지탱하던 나무 기둥도 무너지고 백골이 떨어져 주변에 흩어져 있게 된다. 어룬춘족은 탈골이 되어 뼈가 언제 떨어지는가를 보고 망자가 저승으로 안전하게 승천하였는지 알아보는 풍속이 있다. 1~2년이 지나 바닥에 유골이 떨어지면 영혼이 승천하지 못한 것으로 생각한다. 생전의 죄업이 소실되지 않은 것으로 생각하여 샤먼을 불러 다시 제사의식을 거행한다. 만 3년 후에 바닥으로 유골이 떨어지는 것이 가장 좋다. 만약 여러 해가 지나도 떨어지지 않으면 가장 불길한 것으로 생각하여 태워 버린다.[46]

현재 수장을 하는 예는 없어졌으나 외지에서 죽은 경우 임시로 수장하였다가 탈골된 후에 시신을 수습해 와서 토장하는 경우도 있다. 궈바오린 씨의 말에 의하면 "수렵지에서 죽으면 어룬춘족의 고상식 창고인 아오룬奧倫 같은 모양의 집을 만든다. 나무 4그루를 잘라 다리를 만들고 그 위에 나뭇가지를 깔고 시신을 모신다. 한 달 후에 죽은 사람의 형이

〈그림 11〉 탈골된 시신의 뼈가 바닥에 떨어져 있다.

가서 보니 시신이 부패하여 물이 떨어지고 있었다. 시신이 완전히 부패하여 탈골된 상태가 아니었기 때문에 그대로 돌아왔다. 겨울에 3명이 말을 타고 가서 뼈를 수습해 온 후에 토장하였다."[47]라고 한다.

3. 땅에 묻는 토장

토장土葬은 시신을 땅에 매장하는 방식으로 어룬춘족의 가장 후기 장례 방식이며 현재는 모두 토장을 하고 있다. 한족의 영향을 받은 것으로 장례 절차도 한족과 유사하다. 대체적인 내용은 다음과 같다.

사망이 확인되면 셰런주 앞에 따로 셰런주를 하나 세운다. 셰런주 안의 마루 위치에 침상을 펴고 그 위에 이불과 베개를 올려놓는데 망자의 머리는 오른쪽으로 하고 다리는 왼쪽으로 하며 머리 쪽에 촛불을 두 개 켠다. 침상 앞에는 탁자를 하나 놓는데 손님이 가져온 선물을 올려놓는다. 그 밖에 술, 고기, 금은박金銀箔, 과자, 사탕과 라오카오타이老考太 등도 놓는다. 침상의 줄을 연결하여 손님들이 가져온 옷이나 모포에 연결한다.[48] 종이로 얼굴을 가리는데 그 이유는 죽은 사람의 영혼이 종이에 붙어 빠른 시간 안에 염라대왕이 있는 곳으로 간다고 생각한다.[49] 또 다른 견해에 의하면 사망을 한 후에 천 또는 종이로 얼굴을 덮는 것은 망자의 영혼이 인체를 떠나지 말라는 뜻[50]이라고도 한다.

쉰커현遜克縣의 경우 죽은 자에게 좋은 옷을 입히고 방에 하루 이틀 혹은 10여 일 심지어는 반달간 시신을 놓아둔다. 장기간 놓아두는 경우는 겨울철이거나 노인인 경우이다.[51] 후마현 스바잔 어룬춘족의 경우 죽은 후에 관이 준비되어 있으면 바로 염을 하거나 다음 날 염을 하고 2~3일째 매장한다.[52] 어룬춘족은 일반적으로 사망한 후에 바로 시신을 처리하는 방식을 취한다.

수의는 반드시 털을 제거하고 염색을 하지 않은 흰색 가죽을 사용한다. 모든 동물의 털에는 영혼이 있어 죽은 후에 털이 있는 옷을 입거나 털을 만지면 마귀가 된다고 생각한다.[53] 민국 시기부터 관을 목판으로 만들기 시작하여 현재는 보편적으로 목관을 사용한다. 관을 제작할 때는 거친 목판 혹은 지름이 2척인 낙엽송 원목을 이용하여 둘로 나누고 안에 구멍을 만든 후에 합쳐서 관을 만든다. 거친 버드나무와 자작나무로 제작하는 경우도 있다.[54]

망자를 관 안에 안치한 후에 남자인 경우 옷, 담뱃대, 장례용으로 제작한 나무칼을 넣어 준다. 여자인 경우 생전에 사용했던 반짇고리를 넣어 준다.

출상할 때는 샤먼을 불러 영혼을 보내는 의식을 거행한다. 풀로 사람 모양을 만든 초인草人의 몸에 실을 여러 가닥 연결하여 자녀마다 하나씩 잡고 샤먼이 기도한 후에 신의 막대기로 실을 끊는다. 이후 초인을 20~30보 밖으로 던지는데 망자의 영혼이 먼 곳으로 갔다는 뜻이라고 한다.[55]

쉰커현의 경우 안장할 때 시신의 머리는 서북으로 하고 다리는 동남으로 한다. 노인들의 말에 의하면 5대 이내의 가족은 공동묘지를 쓴다고 한다. 묘지는 거주지에서 2~3리 떨어진 산자락에 마련하며 원형의 봉분을 만든다.[56]

4. 간소한 제례의식

《북사》〈실위전〉에서는 "부락이 공동으로 대붕大棚을 만들어 사람이 죽은 후에 그 위에 올려놓는다. 3년간 상을 치르는데 매년 제사를 4번 지낸다."[57]라고 하였다. 고대 어룬춘족은 삼년상을 치렀을 가능성이 있으나 현재는 1주년 제사만을 거행하고 있다.

1930년대의 조사에 의하면 "죽은 자에 대한 제사를 지내는 경우는 거의 보기 힘들다."[58] 또는 "장례를 치르고 1년 후 유족을 모아 추도회를 하고 그 후에는 어떠한 의식도 없다."[59]라고 하는 것으로 보아 어룬춘족은 제례문화가 발달하지 않았음을 알 수 있다.

앞에서 언급한 바와 같이 어룬춘족은 이동하는 민족으로 장례에 있어 시신을 훼손하는 방식을 취하고 영혼이 하늘로 승천한다고 생각하기 때문에 제사가 중요하게 인식되지 않은 것으로 보인다. 농경민의 경우 조상의 영혼의 일부는 이승에 남아 자손들과 함께 거주한다고 생각하여 사당에 위패를 모시고 조상을 위해 수시로 음식을 올린다.

현재 어룬춘족 문화 중에는 복상을 하고 제사 지내는 풍속이 있는데 이는 토장과 함께 들어온 한족문화의 영향으로 보인다. 쉰커현의 경우 노인이 죽으면 5대 이내의 자손은 모두 9개월간 상복을 입는다. 아내는 남편을 위해 3개월간 상복을 입는다. 만약 아내가 자식이 있는 경우 남편은 3개월간 상복을 입고 없는 경우 6~7일 입는다.[60]

부모가 죽은 후에 형제 중 한 명만 복상을 하는데 이는 수렵에 영향을 주기 때문이다. 어룬춘족은 생산력이 떨어지기 때문에 수렵에 전력을 다해야 하고 따라서 한 명만 복상한다. 상제는 춘절 때 다른 사람에게 인사를 해서는 안 되며 다른 사람의 인사를 받아서도 안 되고 오락 활동에도 참여하면 안 된다. 그렇지 않으면 자기와 동족인들에게 불행을 가져온다고 생각했다.[61]

1주년 제사는 거주지인 셰런주에서 하는 경우와 장지에서 하는 경우가 있다. 거주지에서 하는 경우 절차는 다음과 같다.

제사를 거행하기 전에 만족 글자를 아는 사람을 청해 제문을 쓴다. 먼저 망자의 이름, 성별, 출생과 사망 연월일, 사망 원인에 대해 쓴다. 그다음 제사를 지내는 사람은 누구인지(전 가족을 모두 쓴다. 예를 들어 아들, 며느리, 손자, 손녀 등), 망자의 제사에 어떤 물건을 제공하였는지를 쓴다. 이후 손님들의 명단과 손님들이 가져온 선물을 쓴다. 마지막에 제사를 지내는 날짜를 쓴다. 제사의식을 거행할 때 전 가족과 친구들은 모두 망자를 모신 셰런주 안으로 들어간다. 먼저 제문을 읽는데 제문을 읽는 사람은 안쪽 무릎을 꿇고 망자의 침상 앞에 앉는다. 이때 망자보다 항렬이 낮은 사람은 두 무릎을 꿇고 앉고 항렬이 같은 사람은 서 있는다. 자신의 이름을 부를 때 "네."라고 대답하며 무릎을 꿇은 이는 고개를 끄덕이고 서 있는 사람들은 허리를 굽혀 절한다. 제문을 읽고 난 후에 일어선다. 일반적으로 제사는 오후에 시작하며 제문을 읽고 나면 날이 어두워진다. 이때 종이를 한 번 태우고 한밤중에 다시 한 번 태우며 다음 날 해가 뜨기 전에 다시 한 번 태운다. 손님들은 밤새워 술을 마신다. 다음 날 종이를 태운 후에 제사는 끝이 난다.[62]

장지에서 하는 경우 절차는 위와 유사하다. 후마현 스바잔의 경우 다음과 같은 절차로 한다.

1주년 기념제는 일반적으로 겨울철이 끝나고 봄이 시작되는 시기의 밤에 한다. 장지에 탁자를 놓고 그 위에 멧돼지, 술 등을 준비한다. 참가자들은 항렬과 나이에 따라 남녀로 탁자의 양쪽에 서며 가족들은 따로 한쪽에 선다. 중간에는 모닥불을 피운다. 이곳에서 약간 먼 곳에 불을 피워 음식을 준비한다. 이후 만족 글자를 아는 사람이 명단을 읽는다. 이후 저녁 식사를 하고 한밤중에 다시 한 번 명단을 읽고 다음 날 아침 명단을 다시 읽는다.[63] 1주년 제사가 끝난 후 망자의 자손은 탈상을 하는데 망자의 영혼이 집을 떠난 것으로 생각하여 망자가 거주하던 셰런주 안의 자리에서도 생활할 수 있다. 이러한 금기는 해방 후 최근 10년까지 남아 있었다.[64]

9장

샤먼과 샤머니즘

[관샤오윈關小雲]

신의 세계와 인간계를 교통하는 샤먼

중국 동북은 신비한 지역이다. 독특한 지리, 기후조건으로 형성된 자원이 풍부한 생태환경은 북방민족을 길러냈으며 그들은 공동으로 동북 문화권을 창조하였다. 다양한 신령의 고향인 산림과 초원에는 신비한 샤먼 문화가 펼쳐져 있다. 문명인들이 자연종교 혹은 원시종교라고 하는 고대 신앙습속은 이 대지 위에 대대로 전승되었는데 얼마나 많은 시간이 흘렀는지 알 수 없다.

어룬춘족은 중국에서 유일한 수렵 민족으로 '북방 수렵 민족의 활화석'이라 불린다. 전형적인 산림 민족으로 대대로 내몽골과 헤이룽강 유역의 대소 싱안령에서 거주해 왔으며 주로 수렵과 채집, 어렵 생산에 종사해 왔다.

중국 북방의 만-퉁구스어족 중에 만족, 허저족赫哲族, 어원커족鄂溫克族, 어룬춘족 등 5개 민족은 아직도 퉁구스어의 '샤먼'이라는 말을 사용하고 있는데 그 의미는 '알다', '철저히 알다'라는 뜻이다. 샤먼은 '신의 뜻을 아는 사람'이라는 의미로 신의 사자이며 인간의 대표로 사람과 신의 중개자이다. 샤먼은 민족의 지식인으로 박식하고 능력이 있는 문화인이다.

어룬춘족의 원시자연종교를 샤머니즘이라 한다. 이들은 만물에 신령이 깃들어 있다고 믿는다. 사람과 신령을 연계하는 중개인이 샤먼이라고 생각하며 그는 의례의 방식으로 사람과 신 사이를 오간다고 생각한다. 샤먼은 사람과 신 사이를 연계하며 그 사이의 모순을 조절한다. 이러한 종교를 샤머니즘이라 하는데 분포 범위가 매우 넓은 종교로 북방의 알타이어계 여러 민족이 보편적으로 신봉하는 종교다. 북아시아와 북유럽, 북미 등 넓은 지역에서 성행하는 일종의 원시종교로 만물유령 신앙을 기초로 하여 세계를 상, 중, 하 3개의 세계로 구분한다. 위에는 하늘이 있고 아래는 땅이 있고 중간에 사람이 있다. 샤먼은 하늘과 땅을 오갈 수 있으며 인간과 하늘과 땅의 많은 신들을 연계한다. 샤머니즘은 자연종교에 속하기 때문에 교당이 없고 교의가 없으며 다신숭배를 하고 대자연의 신령을 신봉한다.

어룬춘족의 신앙은 자연숭배, 조상숭배, 다신숭배라는 특징을 가지고 있다. 그들은 만물에 영혼이 있다고 믿어 천지산천, 일월성신, 물, 불, 번개, 암석, 초목, 각종 동물에 모두 신령이 깃들어 있다고 믿는다. 이들 신령은 전문적인 분야가 있어 인간의 각종 활동을 주재한다. 신을 경외하고 신뢰하기 때문에 모든 방법을 동원해 신과 교통하여 신의 계시, 도움, 축복, 용서를 받고자 한다.

샤먼이라는 말은 어룬춘어로 '선지자', '아는 자[智者]'라는 뜻이다. 어룬춘인은 샤먼이 사람과 신 사이를 오가는 사자라고 생각하는데 신은 샤먼의 입을 통하여 사람들에게 말을 한다. 그는 인간을 대표하여 신에게 행복을 빌고 재난과 병마를 없애 줄 것을 기도할 수 있다. 따라서 어룬춘인은 마음으로 깊이 샤먼을 존경한다. 샤먼은 특권이 없으며 남녀 모두가 할 수 있다. 남자 샤먼은 니란尼然샤먼이라 하며, 여자 샤먼은 아시阿戲샤먼이라고 하는데 남녀 샤먼의 지위는 평등하다.

〈그림 1〉 굿을 하고 있는 샤먼의 모습

전하는 말에 의하면 어룬춘족 최초의 샤먼은 여성으로 니찬尼産 또는 니순尼順 샤먼이라고 한다. 그녀는 신체가 건강하고 총명하며 활쏘기 실력이 신묘하여 위력이 비할 자가 없었으며 수렵, 채집, 가죽 무두질, 바느질 등 여러 분야에서 초인적인 기술을 가지고 있었다고 한다. 그뿐만 아니라 그녀는 사람들에게 관대하고 인자하였으며 고생을 마다하지 않고 심혈을 기울여 사람들의 걱정과 어려운 점을 해결하고 항상 사람들의 병을 고쳐주었는데 심지어는 지옥에서 사람을 구해 오기도 하였다. 죽은 사람도 살려내는 니찬의 선행은 천신을 화나게 하였다. 천신은 니찬을 징벌하기 시작하였고 그녀를 물구덩이에 넣어 빠져 죽게 하였다. 니찬샤먼이 죽임을 당한 후에 오히려 후세에 샤머니즘이 남게 되었다. 하늘을 날고 땅으로 들어가 죽어가는 사람을 살리는 능력을 가진 여샤먼은 여신 영웅으로 대대로 전해져 내려오고 있다.

1. 무쿤, 씨족샤먼

어룬춘인의 샤먼은 두 종류가 있다. 하나는 무쿤穆昆샤먼으로 씨족의 샤먼을 말하고, 다른 하나는 더러쿠德勒庫샤먼으로 떠돌아다니는 샤먼을 말한다.

무쿤샤먼은 씨족샤먼으로 하나의 씨족에 단 한 명만이 있다. 최초의 샤먼은 모계 씨족사회에서 출현하였다. 따라서 샤먼은 모두 여자이며 그녀와 씨족장은 아마도 겸직을 하였을 것이다. 부계 씨족사회 이후 남자 샤먼이 등장하였으나 이때에 이르러서도 여자 샤먼이 많았다. 무쿤샤먼은 여성으로 남편씨족에 시집을 가도 친정씨족에서는 새로운 씨족샤먼이 출현하지 못하였다. 그녀가 죽은 후에 그녀의 영혼이 친정으로 돌아온 뒤에야 친정씨족에 새로운 샤먼이 출현할 수 있었다. 씨족원들은 씨족샤먼을 언두리恩都力샤먼으로 여겼으며 전지전능한 샤먼이라 생각하였다. 그녀는 신통력이 대단해서 각종 병을 고치고 죽은 사람의 영혼을 쫓아내고 수렵이 잘되도록 기원할 수 있었다. 따라서 해방 전 사람들은 무쿤샤먼을 불러 의식을 거행하기를 원하였다. 무쿤샤먼의 주신은 조상신, 즉 아자오루보루칸阿娇如博如坎으로 이 신은 씨족 성원 사이에서 전승된다.[1]

2. 더러쿠샤먼

더러쿠德勒庫샤먼은 유랑하는 샤먼을 말하는데 한 씨족에 몇 명이 있다. 이와 같은 유랑샤먼은 그녀가 죽은 후에 그 영혼이 반드시 원래 씨족으로 돌아오는 것은 아니다. 더러쿠샤먼의 유래에 관한 다음과 같은 전설이 있다.

아주 오래전에 어룬춘족 바이이얼白依爾 씨족에 무쿤샤먼이 있었는데 그는 바이이얼 씨족의 씨족장인 건터무얼根特木耳이었다. 그의 신통력은 매우 뛰어나 치병에 영험이 있어 치료를 하면 모두 나았다. 그는 매번 의식을 거행할 때 좋은 신의神衣를 입고 다른 사람에게 도끼로 자신의 머리를 매섭게 내려치라고 하였다. 샤먼이 쓰러진 후에 신이 천천히 샤먼의 몸으로 내려왔다. 의례를 거행할 때 수렵 칼로 배를 오른쪽에서 찔러 왼쪽으로 칼이 나오게 하였으며 다시 왼쪽에서 찔러 오른쪽으로 나오게 하였다. 이와 같은 행위는 반복되어 의례가 끝날 때까지 계속되었다. 의례를 거행할 때 소를 희생으로 바쳤다. 신에게 바치는 소는 칼로 잡지 않고 북채로 때려서 잡았는데 소의 몸을 반으로 가른 후에 내장을 꺼내고 다시 북을 두드리면 소가 부활하였다. 샤먼이 춤을 끝낸 후에 다시 한 번 북을 두드리면 소는 완전히 죽었다. 이 샤먼이 죽은 후에 그의 신은 붙을 곳이 없어 하늘로 올라갔다. 그가 입었던 신의는 창고인 아오룬奥倫에 보관하였는데 시간이 오래 지나면서 부식하여 부스러기가 되었고 신의에 붙어 있던 동경과 구리방울은 여러 곳으로 흩어졌다. 오랜 시간이 지나 동경은 무쿤샤먼이 되고 구리방울은 더러쿠샤먼이 되었다. 구리방울은 매우 많기 때문에 이로 인해 더러쿠샤먼이 많아졌다. 더러쿠샤먼의 법술은 무쿤샤먼만큼 높지 않아서 그가 모셔오는 신도 많지 않다. 따라서 환자는 모두 무쿤샤먼을 청하기를 원하며 무쿤샤먼이 없는 경우 더러쿠샤먼을 청한다.

더러쿠샤먼이 숭배하는 신령은 매우 많으나 주로 산에서 유랑하는 신들을 숭배한다. 유랑샤먼과 유사한 샤먼으로 다오나이서원道乃舍文샤먼이 있는데 어룬춘인은 이러한 샤먼은 근본이 없다고 생각한다. 무쿤샤먼과 더러쿠샤먼은 각자 숭배하는 신이 서로 혼동되지 않아 치병과 제사를 위해 신을 청할 때 각자 자신의 신을 청하며 상대방의 신을 청하지 않는다.

샤먼은 지혜가 뛰어난 사람이며 시인이고 동시에 민간가수이다. 그들은 일반인을 뛰어넘는 사람으로 신가神歌의 가사와 곡조를 숙지하고 있다. 샤먼이 신을 청하여 의식을 거행할 때 즉흥적으로 노래를 부르는데 각종 곡조의 신가를 부를 뿐만 아니라 신의 춤을 춘다. 신과 인간 사이를 중개하는 사자인 샤먼은 어룬춘인의 마음속에서 지위가 매우 높으며 어룬춘인의 존중과 사랑을 받고 있다. 샤먼은 기도를 하고 요괴를 소멸할 수 있으며 사람과 신 사이를 오가는 중계자이기 때문이다.

샤먼복의 각 부위 명칭과 기능

샤먼이 신과 교통하기 위해서는 의식을 거행할 때 특수한 복식인 샤먼복을 입어야 한다. 샤먼복은 샤먼의 상징으로 그가 법술을 발휘할 수 있도록 보호하고 도와주는 기능을 한다. 바꾸어 말하면 샤먼복을 입고 무구를 소지하면 신과 소통할 수 있다는 얘기다. 이러한 각도에서 볼 때 샤먼복은 진정한 의미의 인간과 신 사이의 소통의 매개체라 할 수 있다.

1. 샤먼의 옷

신의 두루마기[神袍]라고도 하는데 어룬춘어로는 싸마헤이薩瑪黑라고 하며 일반적으로 사슴이나 엘크 가죽으로 만든다. 옷깃이 없는 대섶의 긴 포로 길이는 4척 정도로 무릎을 넘으며 깃이나 소매, 앞자락 등에 각종 문양을 수놓는다. 앞자락에는 많은 구리방울을 달고 가슴과 등에 10여 개의 동경銅鏡을 달고 그 외에도 많은 물건을 단다.

〈그림 2〉 샤먼복의 정면

〈그림 2-1〉 샤먼복의 뒷면

〈그림 3〉 자하툰의 앞면

자하툰家哈屯은 어룬춘어로 어깨에 걸치는 피견披肩을 말한다. 동물 가죽 혹은 색깔 있는 천으로 만들며 아름다운 도안을 수놓는다. 앞쪽에 혹단추를 끼운다. 샤먼복에서 반드시 갖춰야 하는 것으로 아름답고 시원시원한 느낌을 준다.

미러우米勒雾는 어룬춘어로 '어깨 위의 작은 쇠갈고리'라는 뜻이다. 양어깨에 하나씩 있으며 작은 철편으로 제작한다. 철편의 한쪽은 샤먼복의 안으로 들어가도록 꿰매고 다른 한쪽은 밖으로 나오도록 하는데 이는 천, 즉 룬두하倫都哈를 걸기 위한 것이다.

비투거比突各는 어룬춘어로 샤먼복의 대섶을 가리킨다. 가선에 아름다운 문양을 수놓는다. 한쪽에는 단추를 달고 다른 한쪽에는 단춧구멍을 낸다.

우캉툰屋抗吞은 어룬춘어로 동경을 말한다. 앞쪽 좌우에 각각 3개씩 모두 6개를 단다. 우캉툰은 어룬춘어로 '유방'이라는 뜻으로 고대 여샤먼 중심이던 시기의 흔적이다. 샤먼이 신을 청하여 춤을 출 때 동경은 서로 부딪혀 달그랑 소리를 낸다.

부치란布基蘭은 철편으로 만든 작은 나팔 모양의 물건을 말한다. 샤먼복의 앞쪽 양측과 동경 사이에 위치하는데 이는 신을 부르는 무구이다.

〈그림 4〉 가슴의 양쪽에 단 동경, 우캉툰

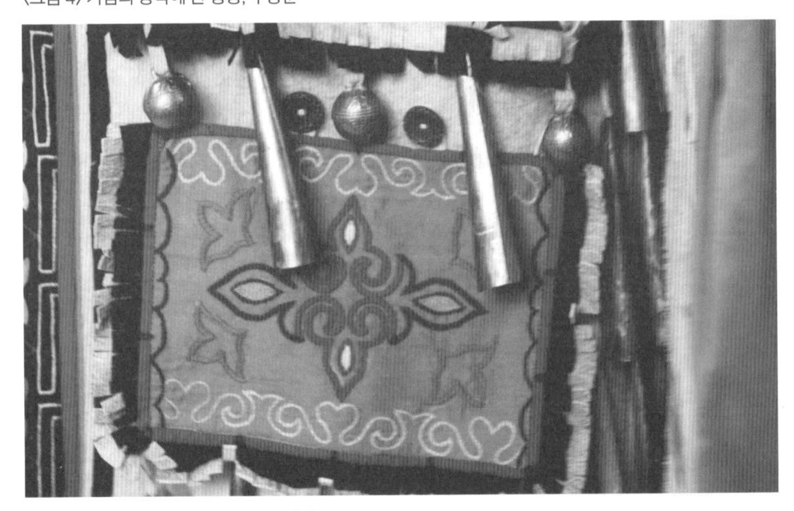

〈그림 5〉 나팔 모양의 작은 장식품, 부치란

부치란과 동경, 구리방울은 서로 조화를 이루어 아름다운 소리를 내며 이는 우주 중의 신령의 소리를 상징한다.

언녜툰嗯聶呑은 어룬춘어로 작은 천 주머니를 말한다. 방형으로 앞쪽 좌우에 각각 3개를 다는데 모두 아름다운 도안을 수놓으며 신령이 강림하는 곳이다. 각 언녜툰에는 부치란과 동경이 달려 있는데 이는 샤먼복을 장식하는 물건이다.

〈그림 6〉 3개의 언녜툰이 달려 있는 샤먼복

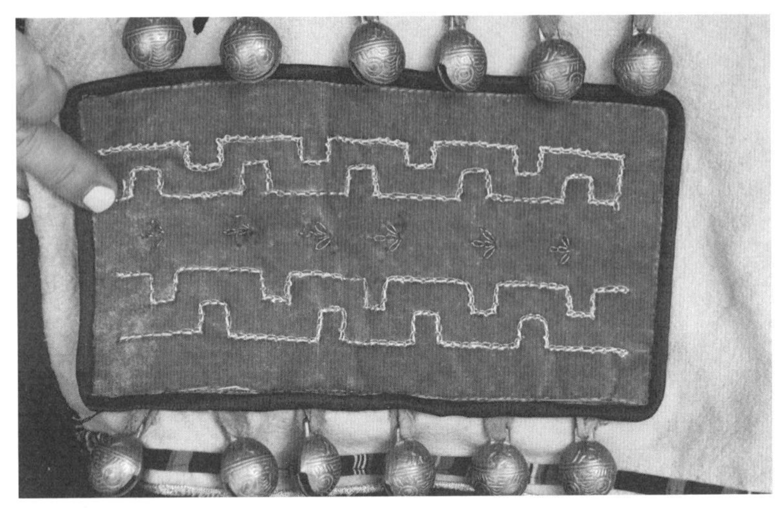

〈그림 7〉 부치란 아래 달려 있는 콰앙터

〈그림 8〉 말발굽 모양을 닮은 우써

콰앙터夸昂特는 어룬춘어로 작은 구리방울이다. 언녜툰의 아래쪽에 꿰매며 장식의 기능을 하는 동시에 아름다운 소리를 낸다.

룬두하倫都哈는 어룬춘어로 술을 말한다. 샤먼복의 하단에 덧대거나 가위로 가죽을 잘라 갈기 형태로 만드는데 샤먼복을 장신하는 중요한 요소이다. 샤먼의 춤이 고조되었을 때 채색의 끈과 함께 날아오르며 장관을 이룬다.

우써烏色는 어룬춘어로 소매라는 뜻이다. 말발굽형이며 전체 소

〈그림 9〉 뒤쪽에 5개의 커다란 아카툰이 달려 있고 그 아래 니루터가 꿰매어져 있다.

매는 문양을 수놓은 어깨, 팔꿈치, 팔목 세 부분으로 구분된다.

아카툰阿卡呑은 어룬춘어로 샤먼복 뒤쪽의 큰 동경을 말한다. 큰 징과 비슷한데 태양을 상징하며 그 아래 4개의 작은 동경은 달과 별을 상징한다. 아카툰은 샤먼을 보호하는 법보法寶로 호신경護身鏡이라 부르며

〈그림 10〉 샤먼복 뒤쪽의 니루터

〈그림 11〉 인구란은 샤먼이 춤을 출 때 바람에 날려 아름다운 자태를 만든다.

이것으로 귀신을 쫓는다.

니루터尼如特는 샤먼복 뒤쪽 허리 부분에 꿰맨 큰 천 조각을 말한다. 위에는 아름다운 문양을 수놓는다. 중심의 큰 도안을 중심선으로 하여 사방에 많은 꽃을 수놓아 돋보이게 한다. 어떤 때는 동물의 머리 모양, 예를 들어 호랑이 머리, 사슴 머리 등을 수놓는다. 아마도 토템숭배의 반영으로 보인다. 니루터의 하단에는 일반적으로 여러 가지 색깔로 조성된 몇 개의 부치란을 달아 장식한다.

인구란音古爛은 어룬춘어로 샤먼복을 입은 후에 하의에 걸치는 것으로 9개의 긴 것과 9개의 짧은 것이 있다. 각 표대에는 개, 말 등의 각종 동물과 나무, 해, 달 등의 아름다운 문양을 수놓는다. 인구란은 새의 깃털을 상징하며 전하는 바로는 샤먼은 원래 날 수 있었다고 한다. 인구란은 니루터의 아래에 덧붙인다. 샤먼이 춤을 출 때 인구란이 날리는데 매우 아름답다.

더구커得古刻는 어룬춘어로 붉은색, 파란색, 분홍색, 노란색, 녹색과 같은 각종 채색 천을 배합하여 만들며 샤먼복의 양쪽에 건다. 더구커는 주로 샤먼이 춤을 출 때 땀을 닦기 위해 사용한다. 더구커는 병을 고친 환자들이 하나씩 걸어 주어 감사를 표시한 것으로 더구커의 개수는 샤먼의 신통력의 크고 작음을 상징한다.

2. 샤먼의 모자

처음에는 두꺼운 가죽으로 만들었으나 이후 점차 쇠로 대체되었다. 쇠로 둥글게 머리 둘레를 만들고 위쪽은 십자형의 철판을 굽혀 반월형으로 둥글게 정상을 만든다. 반월형 정상에는 세 갈래 혹은 여섯 갈래의 가지가 있는 사슴뿔처럼 뻗은 장식물을 부착한다. 사슴뿔을 닮은 모자의 안감은 가죽으로 만들며 수를 놓는다. 모자에는 천 조각을 달고 구리방울과 표대도 건다. 모자챙에는 구술꿰미와 술을 단다.

표대는 하늘로 오르는 사다리를 상징하며 사슴뿔은 신의 발걸음이 머무는 곳을 의미한다. 모자는 샤먼의 특별한 표지이며 샤먼의 등급을

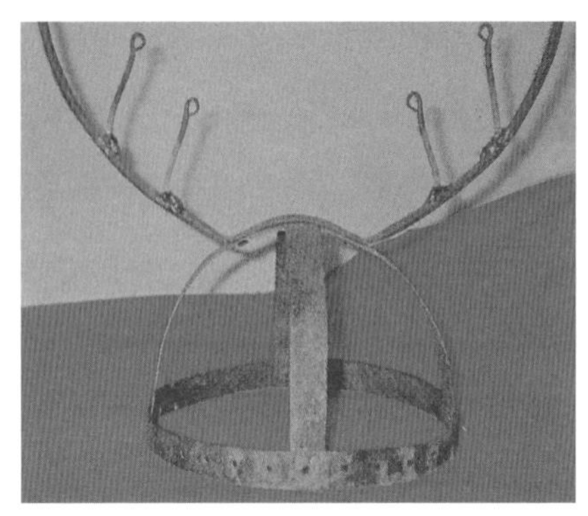

〈그림 12〉 샤먼 모자의 골격

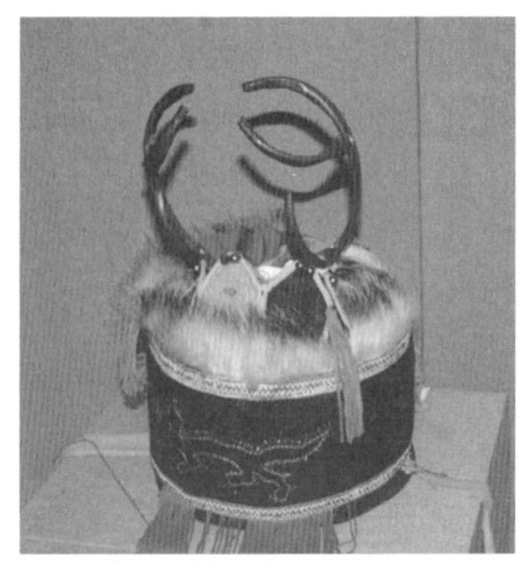

〈그림 13〉샤먼 모자

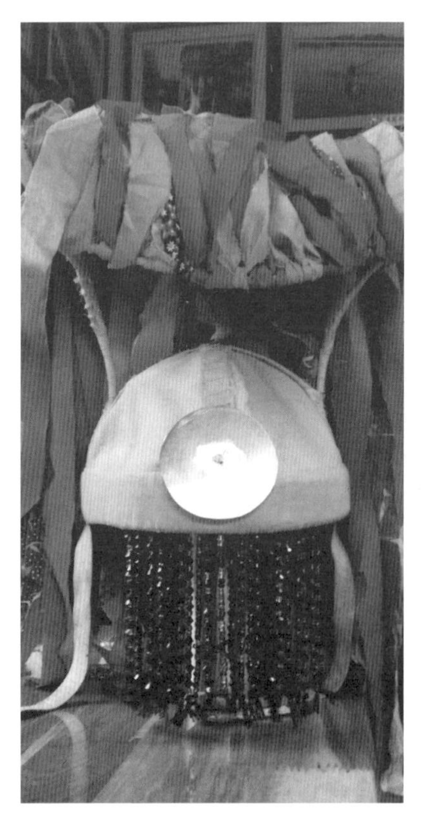

〈그림 14〉 이마 부분에 퉈하터가 달려 있다.

표시한다. 샤먼복과 모자는 서로 어울려 휘황찬란하게 빛나며 샤먼의 신성한 위엄과 정복 불가능한 기세를 형성한다. 샤먼의 모자는 샤먼과 우주의 초월적인 세계를 연결하는 사다리로서 기능한다.

이커依克는 어룬춘어로 모자의 뿔을 말한다. 일반적으로 3개에서 5개의 뿔이 있는데 각각 3개의 철가지를 끼우거나 5개의 철가지를 끼운 것도 있고 방울이나 채색 천 조각을 걸기도 하는데 수가 많으면 샤먼의 자격을 얻은 지 오래되었음을 말한다. 이커는 샤먼 등급의 성장에 따라 증가하며 늙은 샤먼일수록 사슴뿔의 가짓수가 더 많아진다.

콰앙터夸昂特는 어룬춘어로 방울을 말한다. 한 조는 일반적으로 6개 이상으로 조성되며 모자챙 등에 건다.

퉈하터托哈特는 어룬춘어로 작은 거울을 말한다. 어떤 것은 빛나는 철편으로 대신하며 모자의 앞쪽 얼굴 정중앙에 건다. 아름답게 하는 동시에 요괴를 비춰 막기 위해 사용한다. 전설에 의하면 과거 샤먼의 모자에는 퉈하터가 없어 샤먼은 귀신에게 패하였으며 후에 모자에 퉈하터를 건 후에 샤먼의 신통력이 강화되어 요괴를 물리칠 수 있게 되었다고 한다.

룬두하는 어룬춘어로 술이라는 뜻이다. 각종 색으로 만든 술을 모자의 끝 쪽에 꿰매어 장식한다.

추례터初烈特는 눈을 가리는 것이다. 꿴 구슬과 검은색의 비단 조각을 모자의 앞쪽에 달아 아래쪽으로 늘어지게 하여 샤먼의 눈을 가리는데 어떤 경우는 얼굴의 반 정도를 가리기도 한다.

샤먼의 북과 채찍

1. 샤먼의 북

원형과 타원형의 편평한 단면고로 지름은 약 50센티미터이며 노루 가죽이나 엘크 가죽으로 만든다. 북을 만들 가죽은 가죽의 털이 스스로 떨어져 나갈 때까지 물에 담가 둔다. 북의 골격은 낙엽송으로 만든다. 북을 만드는 사람은 산으로 가서 아주 곧고 상처가 없는 잣나무를 잘라 나무판 조각을 만든 후에 원형의 골격을 만든다. 이어지는 부분은 타이멘Hucho Taimen 물고기 가죽을 고아서 만든 아교로 고정하고 다시 끈 등으로 묶어 서늘하고 그늘진 곳에서 말린다. 이후 다시 노루 가죽을 덮어 북면을 만든다. 북의 뒷면은 4개의 엘크 가죽끈으로 북의 골격을 묶고 그 후에 4~5센티미터의 구리 또는 철로 고리를 만들어 4개의 가죽끈과 연결하여 손잡이로 사용한다. 북의 골격 끝부분에는 작은 방울이나 쇠고리를 달아 북을 칠 때 북소리와 함께 조화를 이루도록 한다.

〈그림 15〉 북의 정면

〈그림 16〉 북의 뒷면

북을 사용하기 전에 불에 쬐거나 햇볕에 말려 북면을 팽팽하게 하여 맑고 우렁찬 소리가 나도록 한다. 북은 샤먼의 가장 중요한 법기이다.

샤먼에게 북과 신편神鞭이 없으면 샤먼이 될 수 없으며 북은 반드시 갖춰야 하는 기물이다. 북은 샤먼이 영감과 역량을 얻고 신과 소통하는 매개체이다. 북소리의 상징의미에 대한 가장 오래된 해석은 '요괴를 놀라게 하는 천둥소리'라고 한다.

2. 신의 채찍

북채라고도 하며 초기에는 발톱이 있는 노루 다리 가죽으로 사슴 힘줄을 싸서 사용하였으나 후에 목제를 사용하게 되었다. 길이는 약 50센티미터이며 위쪽에는 각종 색깔의 천 조각을 다는데 이는 우주의 각종 색을 상징한다. 신의 채찍神鞭과 북은 한 조를 이루는 것으로 채찍은 북을 칠 때 사용한다. 손잡이에는 가죽 고리를 연결하여 사용할 때 손가락에 끼워 떨어지지 않도록 한다.

샤먼의 직능과 역할

어룬춘족 샤먼은 스승 샤먼이 입으로 전하는 내용을 기반으로 대대로 전승되었다. 창시한 사람이 없으며 성문화된 경전도 없고 활동을 위한 교당과 같은 공공건물이나 시설도 없다. 샤먼은 사람과 신의 중개자로 여겨지는데 신은 샤먼의 입을 통하여 인간과 대화를 하고 그들의 뜻을 전달한다.

샤먼의 직능 중 첫 번째는 종법족규宗法族規를 수호하는 사자라는 것이다.

평상시 샤먼은 보통 사람과 마찬가지로 수렵인이거나 수공예품을 만드는 장인이며 일반인과 결혼하고 아이도 낳는다. 신의 일을 이행한 후에는 다시 평상시 모습으로 돌아온다. 샤먼은 다른 사람들과 평등하고 호혜적인 관계를 유지하고 있으며 어떠한 특권이나 권리도 가지고 있지 않다. 샤먼은 다른 사람을 위하여 의례를 거행한 경우에도 보수를 요구하지 않는다.

샤먼이 가지고 있는 신적 능력은 그들에게 어떠한 물질적인 이익도 갖게 하지 않지만 샤먼은 씨족 내의 모범적인 성원으로 간주된다. 샤먼은 지식이 풍부하고 사람을 대하는 데 진실하고 노인을 존중하고 아이들을 사랑하며 부지런하고 사심이 없다. 동시에 다방면에 능력과 재주가 있으며 다른 사람을 도와주기를 좋아한다. 만약 샤먼이 이러한 성품과 명망을 가지고 있지 않다면 씨족 사람들에게 영향을 줄 수 없을 것이며 명망도 얻지 못할 것이다. 씨족 사람들도 그의 의견에 동의하지 않을 것이다.

사람들은 샤먼은 본래 씨족을 위해 복무해야 하는 것으로 생각하며 그는 신의 직능도 거행해야 하고 보통 사람들이 하는 일상적인 일도 해야 한다고 생각한다. 사람들은 샤먼을 존중하고 그를 생활의 지도자이자 씨족 이익의 수호자이며 대변인으로 생각한다. 늙은 샤먼은 매우 존

〈그림 17〉 사람들의 고민을 듣고 해결해 주기 위해 굿을 하는 샤먼

경을 받으며 현실 생활에서도 권력이 매우 커서 어떤 경우에는 무쿤(씨족장)을 넘어선다. 샤먼은 씨족 성원들 사이의 갈등을 조절하고 종법과 족규를 집행하고 수호한다. 수렵과 어렵을 시작할 시기를 샤먼에게 문의하며 혼례와 관련된 일도 그와 상의한다. 씨족회의인 무쿤회의가 있을 때 샤먼은 중요한 결정권자이다. 따라서 샤먼이 주관하는 범위는 신의 일만을 주관하는 것에서 벗어나 인간계의 중요한 일들을 주재하고 결정함을 알 수 있다. 그는 신직과 인간사에 관여하며 현실 생활에 영향을 미치고 있다.

두 번째는 신의 의무를 이행하고 본 씨족의 종교문화를 전승하는 것이다.

늙은 샤먼은 전심전력으로 신을 모시고 의례를 거행하는 동시에 새로운 샤먼에게 종교업무를 전승한다. 샤먼은 제사를 주관할 다음 세대를 양성할 책임을 지고 있다. 신을 모시는 직능을 전승하는 것은 늙은 샤먼이 스스로 이행하기를 원하는 것이다. 늙은 샤먼은 자신이 신직을 집행한 경험을 전승하여 다음 세대 샤먼이 직책을 이행하는 데 도움을 준다. 동시에 씨족 성원에게 신화를 구전으로 전승하는데 그중에는 하늘, 땅, 인간이 어떻게 만들어졌는지, 종족의 내력과 종족이 어떠한 중요한 일을 겪었는지, 종족 중에 어떠한 조상과 영웅이 있었는지 등의 내용이 포함된다. 이러한 내용은 종족의 경전이 되어 후대인들에게 전승된다.

모든 족원이 함께 모여 제사를 지내는 새해 명절, 상장의례 혹은 샤먼이 죽기 전 시간은 이와 같은 이야기를 전승하는 중요한 때이다. 샤먼은 씨족문화를 가장 권위 있게 보존, 전승하는 사람으로 견문이 넓고

기억력이 좋으며 말을 잘한다. 의례를 거행할 때 아름다운 춤사위와 음악을 씨족 성원들에게 보여 주고 종족의 신화를 노래한다. 따라서 한 씨족의 문화 수준이 높고 낮음은 많은 부분에서 씨족샤먼의 수준과 지식에 달려 있다. 그가 그 씨족을 대표하는 문화인이기 때문이다.

세 번째로 샤먼은 신과 교통하는 중개자로 중요한 제사를 주관한다.

샤먼은 인간과 신 사이를 교통하며 신의 뜻을 해석하여 사람들의 물음에 대답한다. 씨족의 중대한 사건과 중요한 문제에 대해 결정권이 있는데 결정할 때는 종종 점복을 통해서 한다. 샤먼은 신의 규칙과 의례의 규범, 종족의 역사와 신화를 알고 있으며 천문지리를 이해하고 있는데 이러한 지식을 기반으로 점복을 통해 추론한다. 별자리를 보고 다음해의 기후, 강우량, 자연재해를 추측한다. 또한 별자리와 실물을 이용한 점복을 통해 이미 발생한 일의 원인을 사람들에게 알려 주고 미래에 일어날 일에 대하여 예언한다.

일상적인 생산과 생활의 배치는 신에 대한 의례를 거행하는 시기를 중심으로 배치한다. 무쿤은 몇 개의 대형 제사를 지내는 시기를 중심으로 수렵과 어렵을 하는 시기를 배치한다. 무쿤 제사는 전체 성원이 참여해야 하는데 어디에서 일을 하고 있더라도 돌아와서 참여해야 한다. 제사의 성공 여부는 신이 즐거워하느냐 화를 내느냐에 따라 결론이 나는데 씨족 성원들은 반드시 참여하여 신을 즐겁게 해 주어야 한다. 만약 신에게 죄를 지으면 씨족 내에 불행한 일이 발생하게 되므로 매 가정은 반드시 제사 활동에 참여해야 한다.

네 번째로 샤먼은 신을 강신시켜 귀신을 몰아내고 병을 고친다.

샤먼은 신과 인간 사이의 중개인으로 인식되는데 신령은 대부분 샤먼의 입을 통하여 말을 하며 뜻을 표현한다. 샤먼은 신이 내려 혼미한 상태에서 병의 원인을 묻고 귀신을 쫓아낸다. 샤먼 전통 중 사람들은 병이 나는 것을 신이나 귀신이 벌을 주고 소요를 일으킨 것으로 생각한다. 따라서 자신의 행동 중에서 신이나 귀신이 병을 일으킬 만한 행동을 찾아내어 이를 보완하고 귀신을 진압하는 방식으로 병마를 몰아낸다. 만약 조상신에게 죄를 지었다면 제물을 바치고 빌어 신이 분노를 풀기를 청한다. 만약 악마가 혼백을 빼앗아 갔다면 샤먼은 악마와 싸워 제압하여 환자가 회복되도록 한다. 오랫동안 사람들은 병이 난 경우 신을 청하였지 의사에게 묻지 않았다. 그러나 현재 이러한 전통은 역사의 흔적으로만 남아 있다.

1953년 샤먼들이 모여 신령을 보내는 의례를 거행하였고 그 이후에는 굿을 하지 않게 되었다. 사람들은 새로운 문명과 문화 교육을 받고 새로운 물건을 받아들였다. 현재 샤머니즘은 전통문화로서 복식, 신가神歌, 신곡神曲, 신무神舞, 신화 전설, 샤먼의례는 국가급과 성급 무형문화유산 보호목록에 올라 있다.

다양한 점복 방식

샤머니즘에 있어 점복은 중요한 부분이다. 점복 방식으로는 총복[2], 골복骨卜, 부복斧卜 등이 있다.

1. 총으로 하는 점복, 총복

화승총으로 점복하는 것을 말한다. 일반적으로 성년 남성이 한다. 장기간 수렵물을 잡지 못하고, 사냥물이 총에 맞지 않고, 말이 병들었을 경우 자신의 총으로 점복한다. 총으로 하는 점복은 평상시에는 수렵을 할 때와 잃어버린 말을 찾을 때처럼 예측이 필요할 때 한다.

점복하는 이는 땅에 앉아 오른손으로 총자루를 잡고 입을 총의 노리쇠에 대고 눈을 감고 기도하며 입으로 신의 이름을 하나하나 열거하는데 신의 이름을 열거할 때마다 총을 위로 든다. 신에게 소란을 일으키

〈그림 18〉 총으로 하는 점복

는 작은 귀신을 몰아내고 총이 명중하기를 바라는 내용을 기도한다. 기도를 마친 후에 오른손으로 총을 들어 올린다. 점복의 결과에 따라 신에게 소원을 빌고 용서를 청하며 수렵이 잘되기를 빈다.

점복 후에 해를 입힌 신에게 제물을 바치고 달랜다. 일반적인 가정에서는 노루 고기를 바치는데 소원에 따라 다른 제물을 바치는 경우도 있다. 제물을 바친 후에는 "신이시여! 당신의 뜻을 거슬러서 죄송합니다. 가족을 보호해 주시고 빨리 수렵이 잘되기를 빕니다."라고 말한다.

2. 뼈로 하는 점복, 골복

골복骨卜은 어룬춘어로 샤오하라바구燒哈拉巴骨라고 한다. 수렵의 결과나 일의 순조로움을 예측하기 위해서 하며 노루의 견갑골을 불에 넣어 금이 간 것을 보고 길흉을 예측한다. 예를 들어 뼈에 순방향으로 금이 나 있으면 많은 수렵물을 잡게 된다. 수평으로 금이 나 있으면 수렵을 가도 얻는 것이 없을 것임을 말한다.

어떤 경우에는 삶거나 살을 발라낸 깨끗한 뼈를 불더미 위에서 구워 나타나는 형상으로 점을 친다. 해를 마주하고 보았을 때 돼지 머리, 사슴 머리, 새 등의 형상이 나타나면 사람들은 큰 수확이 있을 것으로 생각한다. 어떠한 동물의 형상도 나타나지 않으면 망쳤다고 생각한다. 과

〈그림 19〉 골복

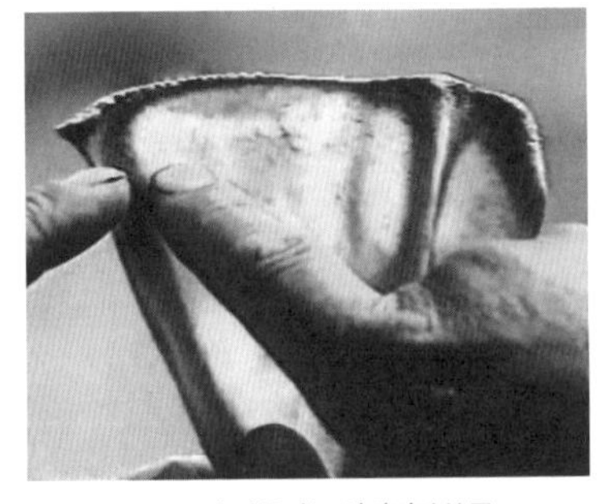

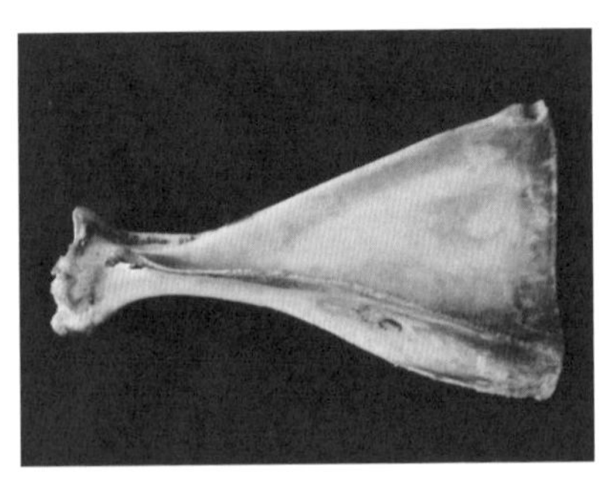

〈그림 20〉 골복에 사용하는 하라바哈拉巴

거 사람들은 골복을 통하여 수렵의 성공을 점쳤으며 골복의 예지력을 믿었다.

골복을 하는 또 다른 방식은 엘크나 사슴 다리뼈의 골수를 먹고 난 후에 수렵의 성공 여부를 점치는 것이다. 골수를 먹을 때 작은 도끼나 수렵용 칼로 가볍게 치는데 만약 뼈가 부러지거나 금이 어지럽게 나면 수렵이 잘되지 않는다고 생각한다. 만약 금이 직선으로 나면 노인들은 기뻐서 "아이들아 바로 수렵을 가거라. 모든 것이 순조로울 것이다. 노루, 엘크가 너희를 기다리고 있을 것이다."라고 말한다. 청년들은 바로 총을 메고 산으로 수렵을 떠난다.

골복은 수렵에서 동물을 잡을 수 있느냐를 점치는 것 외에 날씨에 대한 예측도 가능하게 한다. 물오리의 가슴뼈를 삶아 고기를 발라내 깨끗하게 하고 태양에 비춰 자세히 관찰한다. 만약 뼈가 완전히 검은색 그림자로 덮여 있으면 이달에는 계속해서 비가 온다는 뜻으로 아마도 홍수가 날 것이다. 만약 뼈가 반투명하면 앞쪽 반달은 맑고 뒤쪽 반달은 비가 내린다는 의미이다. 어룬춘인은 오리는 물에서 생활하여 물과 직접적인 관련이 있기 때문에 물에 대한 예지력이 있다고 생각한다. 따라서 오리의 가슴뼈를 이용해 날씨를 예측한다.

3. 도끼로 하는 점복, 부복

도끼로 하는 점복인 부복斧卜은 어룬춘어로 아나탄阿拿覃이라 한다. 기이한 병을 앓거나 귀신에 들리면 부복을 하여 병의 원인을 밝히고 치료한다. 아나탄은 존경을 받고 세상의 이치를 잘 아는 사람을 청해서 한다.

아나탄을 거행할 때 먼저 환자의 옷을 접어 정리하고 그 위에 도끼를 올려놓는다. 이후 "이 아이는 병이 있는데 어떤 신에게 죄를 지은 것입니까? 신께서 아이에게 은혜를 베풀어 아이가 빨리 건강을 회복하게 해 주십시오."라고 기도한다. 말을 마친 후에 오른손으로 도끼를 든다. 만약 언급한 신이 맞으면 도끼가 가볍게 들리고 예측이 맞지 않으면 태산보다 더 무겁다고 한다. 예측이 잘못되었으면 계속 기도를 하여 도끼가 들릴 때까지 한다.

4. 물 항아리 점복

며칠 동안 동물을 잡지 못하면 깨끗한 물 항아리를 달빛 아래 놓고 달을 향해 기도한 후에 달의 신이 더 많은 수렵물을 하사해 주기를 기도한다. 다음 날 물 항아리에 있는 동물의 털의 종류에 따라 그 동물을 잡는다고 생각한다.

5. 조리를 이용한 점복

두 사람이 조리를 들고 천천히 흔들며 입으로는 "한베이 한베이"라고 읊조린다. 이후에 조리고모에게 여러 가지 문제를 낸다. 만약 "멀리

〈그림 21〉 조리를 이용한 점복

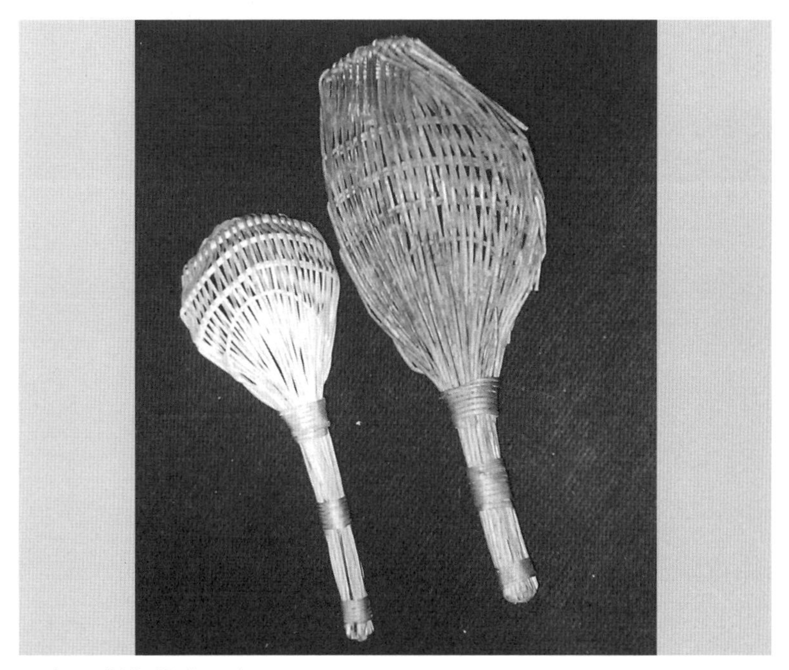

〈그림 22〉 점복에 이용하는 조리

수렵을 간 이들이 언제 돌아올 것인가?"를 물었는데 조리가 앞쪽으로 몇 번 끄덕이면 며칠 안에 돌아올 것이고 양쪽으로 흔들리면 돌아오지 않음을 예측한 것이다. 조리의 흔들린 정도는 사람이 방문하는 것도 예측한다. 예를 들어 흔들리지 않으면 잡귀를 만났음을 예시하는 것이다. 또 다른 방법은 한 사람이 조리를 다리에 묶고 바닥을 보고 엎드려 조리를 흔들며 질문하는 것이다. 다른 하나의 방법은 산에서 길을 잃었을 때 조리를 순이 난 나뭇가지에 묶고 옷을 입히고 모자를 씌운 후에 나뭇가지를 흔들며 질문한다. 만약 조리가 어떤 방향으로 기울어진다면 길을 잃은 사람은 이 방향으로 가면 된다.

10장

자연신 위주의 민간신앙

[관샤오윈關小雲]

1
천체 관련 신앙

2
자연현상과 관련된 신앙

3
동물과 관련된 신앙

4
씨족보호신, 아조루보루칸

5
인격신 숭배

민간신앙은 중국 비물질문화유산非物質文化遺産[1]을 구성하는 중요한 부분이다. 민간신앙은 민간문화현상으로서 긴 역사 발전의 과정 중 민중 생활의 여러 측면이 반영되어 있다. 의식주, 세시풍속, 인생의례 등과 같은 일상적인 생활, 신화와 전설 같은 민간문학, 회화 및 조각 같은 민간예술 등은 모두 민간신앙과 밀접한 관련이 있다. 인류는 자연 속에서 진화와 변화의 과정을 겪었다. 즉, 천둥과 번개가 치고, 산이 붕괴되고, 땅이 갈라지고, 가뭄과 홍수 같은 자연의 재앙을 겪기도 하였고 자연이 준 아름다운 생활을 향유하기도 하였다.

전형적인 산림 민족 중 하나인 어룬춘족의 특징은 긴 원시수렵시대를 거쳤다는 것이다. 그들은 대자연에 대한 정복력이 낮아 대자연에 의존하였다. 그들의 눈에는 세상 만물이 모두 주재하는 이가 있는 것으로 보였는데 이를 신이라 생각하였다. 신은 자연 만물을 지배할 뿐만 아니라 인간도 지배하였다. 이와 같은 원시심리는 어룬춘인의 원시철학, 관념, 심미관, 원시신앙, 문화예술 등의 형성에 직접적인 작용을 하였다.

어룬춘족의 고대 자연숭배 의식은 해, 달, 별, 바람, 비, 번개, 천둥, 수목, 암석, 하천, 무지개, 구름 등의 자연물과 자연현상에 대한 관념을 통해 나타난다.

천체 관련 신앙

1. 천신 언두리

어룬춘인은 천신 언두리恩都力를 숭배한다. 어룬춘인의 마음속에 언두리는 존경을 받는 최고의 천신이다. 그는 멀리 천상에 거주하며 우주를 창조하였는데 형태가 없으며 하지 못하는 것이 없고 들어주지 않는 소원이 없다고 한다. 또한 적극적으로 세상일에 개입하는 신으로 인류의 시조를 창조하였으며 인류의 모든 문명을 창조하였고 인류의 모든 능력을 하사한 신이며 인류의 출생과 사망을 결정하고 인류를 위험으로부터 구해 주는 신이기도 하다.

〈천신이 인간을 만들다天神造人〉라는 신화에는 언두리가 인간을 만든 이야기가 전하고 있다.

언두리가 매의 뼈와 고기로 어룬춘인을 만들었다. 원래는 10명의 남자와 10명의 여자를 만들려고 하였다. 그러나 남자를 만든 후 여자를 만들려고 할 때 고기가 모자라 여자의 하체는 진흙으로 만들 수밖에 없었다. 이 사람들은 옷을 입지 않았으며 몸에 긴 털이 있었다. 이들은 생활을 시작하였는데 여자는 아랫부분을 흙으로 만들었기 때문에 능력이 약하였다. 언두리가 능력을 증가시켜 여자의 능력이 매우 커졌는데 다시 작아지게 하여 남자와 비슷하게 되었다. 언두리가 인간들에게 창을 주어 그들은 동물을 찔러 죽여 먹을 것을 얻게 되었다.[2]

어룬춘족의 창세신화인 〈칭수이롄과 저우쯔쿼青水蓮與粥子擴〉에는 다음과 같은 내용이 전하고 있다.

아주 오래전에 우주에는 상, 중, 하 3층이 있었다. 각각의 층은 서로 다른 언두리가 관리하였다. 큰 언두리는 보좌에 앉아 전체 우주를 관리하였는데 천상과 지하는 모두 그가 관할하였다. 두 번째 언두리는 공중에 있었는데 그는 번개신, 비신, 바람신을 관할하였으며 동시에 하늘의 명령을 하달하는 역할을 하였다. 세 번째 언두리는 가장 아래층에 있으며 지상의 동물, 초목과 인류를 관할하였다. 당시에는 하늘이 낮았기 때문에 대지에는 높은 산이나 강이 없었다. 태양이 직접 지면을 비춰 지상의 인류와 동물이 말라 죽고 갈증으로 죽었는데 큰 언두리가 여자들을 파견하여 고산과 하류를 만들었으며 더불어 사람을 파견하여 국가를 다스렸다.

〈남자와 여자〉, 〈사람은 왜 죽는가〉, 〈사람 몸에는 어찌 긴 털이 나지 않는가〉와 같은 신화에서 언두리는 어룬춘족에게 활을 만드는 것을 가르쳤다. 뿐만 아니라 활을 수렵의 생산 도구로 사용하고 적과 마귀를 이기는 무기로 사용하는 법을 가르쳐 주었다고 한다. 언두리는 사람의 몸에서 동물의 털을 벗겨 인류를 창조하였으며 남녀를 구분하여 후대를 번식하게 하였고 인류의 삶과 죽음을 정하였다고 한다. 그는 외형상으로 인류가 동물과 구분되게 하였으며 인류가 수렵을 하도록 가르쳤다. 따라서 어룬춘인은 언두리를 천신이라 부른다.

2. 디라차보루칸, 태양신

어룬춘인은 장기간의 유렵 생활 중 태양이 빛과 온기를 준다는 사실과 태양을 떠나서는 어떠한 동물, 식물, 인간도 생존할 수 없다는 것을 알았다. 사람들이 태양을 숭배하는 것은 '태양은 매우 성스러우며 영원불멸한다'는 관념과 관련이 있다. 태양은 영원히 자신들의 몸을 비추고 보호한다고 생각한다. 어룬춘족은 태양을 디라차滴拉恰라고 부르며 태양신을 디라차부칸滴拉恰布堪 혹은 디라차보루칸滴拉恰博如坎이라 부른다.

매년 정월 초하루에 전체 씨족원이 모여 태양신에게 제사를 지낸다. 고기와 음식, 술 등을 준비하여 태양을 향해 무릎을 꿇고 머리를 조아리고 새해에도 건강하고 수렵물을 많이 잡기를 기도한다. 평상시에도 사람들은 어려운 일을 당하면 태양신에게 자신의 불행과 고민을 알려 태양신이 고민을 해결해 주거나 그를 위해 정의를 실현해 주기를 기도한다. 수렵 중에 길을 잃으면 태양신에게 방향을 알려 줄 것을 기도한다.

태양신과 달신의 신상은 나무로 조각한다. 태양신은 원형이며 한쪽에 작은 구멍을 내어 가죽끈이나 동물의 힘줄로 묶어 마루에 건다.

3. 베야보루칸, 달신

어룬춘인들의 마음속에 달은 자상하고 선량한 여인으로, 달신을 어머니신이라 여겼다. 어룬춘어로는 베야보루칸別雅博如坎이라고 한다.

달은 주기적으로 차고 기우는데 이는 고대 어룬춘인으로 하여금 각종 상상을 하게 하였다. 밤이나 새벽은 수렵하기에 가장 좋은 시간이기도 하다. 자상한 어머니신인 달신이 밤 동안 각종 동물의 활동을 지켜보고 있으며 빛을 비춰 주어 암흑 속에서 안전하게 길을 가고 수렵을 하도록 도와주었기에 달신을 광명의 여신이라고 생각하였다. 동시에

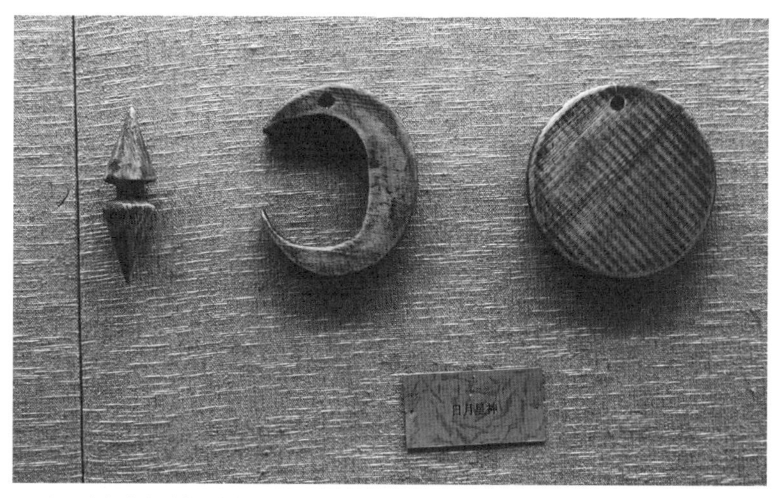

〈그림 1〉 별신, 달신, 태양신 신상

달신을 수렵신이라고도 생각하였는데 달 주변에 둥근 빛의 띠가 있으면 날씨가 변화하리라는 것을 알려 주는 것이라 생각하였기 때문이다. 이때 사람들은 특히 달신을 존경하고 흠모하였다.

쾌청한 밤이면 사람들은 자상하고 귀여운 달신을 바라보며 소원을 빌었다. 음력 5월 15일과 16일은 달신을 숭배하는 날로 굽은 형태의 달신 신상을 만들어 마루의 버드나무가지로 만든 제단의 첫 번째 층에 건다. 달신은 샤먼 제사 중 중요한 신이다.

4. 아오룬, 북두 여신

북두칠성은 어룬춘어로 아오룬奧倫이라 하는데 방향을 가르쳐 주는 신이다. 수렵인이 밤에 수렵할 때 방향을 잃지 않는 것은 북두칠성신이 보호해 준 결과이다. 어떤 이는 북두칠성신이 창고를 관할하는 신이라고 한다. 어룬춘인의 창고는 고상식으로 지면에서 비교적 높이 떨어져 있어 동물이 올라갈 수 없는데 동물이 창고에 올라가지 못하는 것은 북두칠성신이 돌보기 때문이라고 생각한다.

고대 어룬춘인은 북두칠성은 생명의 신으로 수명을 연장할 수 있다고 생각하여 장수신이라 불렀다. 북두칠성신은 매년 12월 23일, 제석, 새해 첫날 저녁에 제사한다. 제사할 때는 북두칠성을 향해 7개의 향에 불을 붙인다. 모닥불을 피우고 밀가루로 만든 7개의 원형 떡과 고기를 북두칠성 방향으로 배열한 후에 절을 하며 건강과 평안을 기도한다. 사람이 매년 한 살씩 늘어나는 것은 북두칠성신이 보호한 결과라고 생각한다.

북두칠성의 유래에 대해서는 어룬춘족 여자가 만든 4개의 다리와 3개의 계단이 있는 창고인 아오룬이 변한 것이라고 한다. 아오룬은 창고이자 천상의 별로 어룬춘인에게는 동일한 것으로 인식된다. 북두칠성은 풍족함을 상징하기 때문에 수렵민들은 북두칠성신을 숭배하였다. 여신은 부녀자의 지위가 높았으며 강했던 시절에 대한 기억이다.[3] 여성신인 아오룬보루칸은 수렵물의 저장과 관리 역할만을 책임지는데 이는 여성이 원시사회에서 담당했던 역할과 완전히 일치한다.

5. 취안얼판, 샛별

동물은 밤에 출몰하는 습성이 있기 때문에 어룬춘인은 밤이나 새벽에 수렵하는 습속이 있다. 밤에 수렵할 때는 별을 보고 방향을 판단한다. 이들은 별자리에 대한 많은 지식을 가지고 있으며 별을 숭배하는 신앙이 있다.

샛별은 어룬춘어로 취안얼판圈爾盼이라 한다. 샛별은 태양신의 선행자로 여명 전 태양이 뜨기 전에 동쪽 하늘에 출현한다. 이 별은 방향을 지정하고 사람들에게 새로운 하루가 시작됨을 알려 준다.

어룬춘인은 천상에 있는 별의 위치 변화에 매우 주의를 기울이며 자신이 별을 관찰한 결과를 잘 설명한다. 예를 들어 두 별 사이 거리가 비교적 멀면 두 나라(인접한 국가) 사이가 현재 좋지 않으며 가볍게는 분쟁이 일어날 것이고 심하게는 전쟁이 발생할 것이라고 한다. 두 별 사이가 매우 가까우면 두 나라 사이에 문제가 없으며 우호적으로 왕래하고 화목하게 지냄을 뜻한다고 한다. 별이 아래로 떨어지는 것은 국왕 또는 나라의 지도자가 사망함을 뜻한다고 한다.

6. 멧돼지별

동방의 별 무리 중 하나의 별자리로 전설에 의하면 3개의 별이 연결되어 있다고 한다. 첫 번째는 구렁이별로 흉악한 큰 짐승이라고 하며 두 번째는 멧돼지별이고 세 번째는 칠선녀별이라고 한다. 전설에 의하면 첫 번째 별인 구렁이별은 칠선녀별을 매우 연모하여 아내로 삼고 싶어 하였으나 중간에 힘이 세고 흉악한 멧돼지별이 있어 어쩔 수 없이 먼 곳에서 멧돼지별의 뒤를 따라갈 뿐이라고 한다. 또는 중간의 멧돼지별이 칠선녀별을 보호한다고 하기도 한다.

7. 견성

여명 시기에 보이는 반월형의 별자리로 동방의 별자리 중앙에 있다. 전하는 말에 의하면 견성犬星은 자주 변화하는데 어떤 때는 웅크리고 있는 모습이고 어떤 때는 서 있는 모습이며 어떤 때는 질주하는 모습이라고 한다. 따라서 사람들은 견성의 각종 모습에 따라 상황을 판단하고 길상을 기원한다. 예를 들어 견성이 둥글게 원형으로 웅크리고 있는 모습이면 개가 쉬거나 잠을 자는 것으로 천하가 태평하고 아무 일이 없다는 뜻이라고 한다. 만약 견성이 뛰어가는 모습이면 천하에 큰 난리가 일어난다고 한다.

8. 궁성과 전성

궁성弓星과 전성箭星은 함께 있으며 동방의 별자리를 조성하는 일부이다. 전설에 의하면 아주 오래전에 새와 동물은 모두 천상에서 번식하고 생장하였으며 하늘의 별에는 그들의 족적이 모두 남아 있다고 한다. 하루는 용감한 어룬춘족 수렵인이 활과 화살을 들고 천상의 거대한 엘크를 쏘아 그를 속세로 내려오게 하려고 하였다. 그러나 화살은 그 엘크를 맞히지 못하고 새끼 엘크를 맞혔다. 이후 사람들이 먹는 엘크 고기는 바로 그때 떨어진 새끼의 고기라고 한다. 그러나 활과 화살은 영원히 하늘에 남아 궁성과 전성이 되었다.

9. 인성

인성人星은 남방의 별자리 중 견성 부근에 있다. 하늘에 만약 빽빽한 한 무리의 별이 출현한다면 이는 여성좌女星座이다. 여성女星이 하늘에 출현하면 날씨가 따뜻하고 맑아진다. 반대로 남성좌男星座가 출현하면 하늘에 빛이 사라지고 추워진다. 특히 겨울에는 큰바람이 불고 눈이 내리며 매우 춥게 느껴진다.

자연현상과 관련된 신앙

어룬춘족에게는 매우 많은 신령이 있다. 이들은 각기 다른 직능을 가지고 있는데 이는 원시적인 다신숭배의 특징이라 할 수 있다. 어룬춘인은 만물에는 영혼이 깃들어 있다고 믿으며 따라서 천체, 산하, 물, 돌, 화초, 수목과 같은 자연물은 모두 숭배의 대상이라고 생각한다.

이들은 우주의 만물은 천신이 주재하며 사계절과 밤낮의 변화는 천신이 배치한 결과라고 생각한다. 산신은 높은 산, 깎아지른 절벽, 동굴 등에 거주하며 산속의 모든 동물을 주재한다. 불에는 불신이 있는데 사람들에게 빛과 온기를 주기도 하고 인간의 모든 것을 잿더미로 만들기도 한다. 바람에는 바람신이 있는데 세계의 모든 바람은 바람신이 불어낸 것이다. 비에는 우신이 있는데 일단 노하게 되면 폭우를 내려 멸하거나 비를 내리지 않아 만물이 시들게 한다. 번개에는 번개신이 있는데 번개가 치고 천둥이 치는 것은 번개신이 뇌고雷鼓를 쳐서 소리를 내고 빛을 내는 것이라고 한다.

어룬춘족의 고대 자연숭배 의식은 해, 달, 별, 바람, 비, 번개, 산림, 수목, 고산, 암석, 하천, 호수, 무지개, 구름 등과 같은 자연과 자연현상을 통해 표현된다.

1. 구룽타보루칸, 화신

화신火神은 어룬춘인의 종교신앙 중 중요한 위치를 차지하고 있다. 언두리가 불을 만드는 법을 어룬춘인에게 알려 준 이후 구룽타보루칸古龍它博如坎 혹은 퉈아언두리托阿恩都力라 불리는 화신은 사람들에게 생명과 생활의 용기를 주는 원천이 되었다.

일 년 내내 불을 꺼트리지 않음으로써 빛과 온기를 주어 동상으로 죽는 사람의 수를 줄일 수 있었으며, 맹수를 몰아내고 침입을 방지하여 생명의 안전을 보장할 수 있었다. 깊은 산에서 수렵을 하는 중에 길을 잃는 일은 자주 발생하는데 서로 불로써 소식을 전하였다. 특히 밤에는 불을 피워 야영할 곳을 찾았다. 모닥불에 고기를 구워 먹고 모닥불 옆에서 춤을 추고 노래를 부르며 축하하였다.

새해가 되면 사람들은 어른께 절을 하기 전에 먼저 구룽타보루칸에게 절을 하고 여러 방면으로 돌봐 주기를 기도한다. 혼례를 할 때도 먼저 화신에게 절한다. 평상시 생활 중에도 자주 화신에게 술을 따르고 좋은 음식을 먹기 전에 먼저 불더미에 던져 넣어 화신에 대한 존경을 표하고 신이 베풀어 준 은혜에 감사한다. 어룬춘인은 현재까지 이러한 습속을 유지하고 있다.

2. 바이나차, 산신

어룬춘인은 산신山神 바이나차白那恰를 매우 숭배한다. 고산준령, 험준한 절벽 혹은 동굴 종류는 모두 산신이 거주하는 곳이라 생각한다.

수렵할 때 산신이 있는 곳을 지나게 되면 최상의 예를 갖추어야 한다. 산신이 거주하는 곳을 피해 우회해서 가야 하며 만약 우회로가 없으면 조용히 지나가야 한다. 그렇지 않으면 산신이 불만을 갖게 되어 수렵이 잘되지 않는다고 한다. 일반적으로 멀리 수렵을 갈 때는 산신에게 제사를 지낸다. 사람들은 산신의 말을 들어야 그가 기쁘게 보호해주며 만약 산신을 어기면 어떠한 수확도 얻지 못하게 된다고 생각한다. 만약 오랫동안 수렵물을 잡지 못하면 바이나차에게 도움을 요청한다.

어룬춘인이 모시는 바이나차 신상은 일반적으로 수렵 중 아무 때나

〈그림 2〉 나무에 바이나차 신상을 만드는 모습

〈그림 3〉 바이나차에게 향을 피우는 모습

〈그림 4〉 바이나차에게 제사하는 모습

제작한다. 수렵인들은 비교적 후미진 곳에 가서 작은 소리로 기도하면서 도끼로 가볍게 나무껍질을 벗긴 후에 숯으로 눈, 코, 입 등을 그려 사람 얼굴의 형상을 만든다. 아르차阿日叉풀에 불을 붙여 향을 바이나차에 쏘인 후에 절을 하고 기도한다.

바이나차에게 제사를 한 후 수렵을 마치고 돌아올 때는 반드시 고기를 바쳐 제사를 지내고 동물의 피를 신상의 입에 묻혀 바이나차의 하사품에 대한 감사를 표시해야 한다. 또한 수렵인들은 주변에 사는 친구들을 초청하여 바이나차가 하사한 수렵물을 함께 즐긴다. 새해에 가족들끼리 식사할 때 노인은 손으로 술을 찍어 위쪽으로 세 번 튕기는데 이 또한 바이나차에게 술을 바치는 것을 의미한다. 이 의례를 마친 후에 술을 마시기 시작한다. 어떠한 장소이건 간에 사람들은 먼저 바이나차에게 술을 바친 후에 음식을 먹는다.

3. 앙디보아, 번개신

어룬춘인들은 번개신 앙디보아昂弟博阿를 매우 큰 신으로 생각하여 수렵물을 잡지 못하거나 병이 난 경우 번개신에게 기도한다.

민간에 전하는 바로는 아주 오래전에는 하늘이 매우 낮아 비가 오고 번개가 치면 사람들이 번개에 맞아 죽었다고 한다. 사람들은 번개에 맞는 것을 피하기 위해 번개신에게 제물을 바치고 절을 하며 재난과 불행이 오지 않기를 빌었다.

번개신 신상은 얇은 나무판으로 만든다. 몸에는 조밀하게 물고기 비

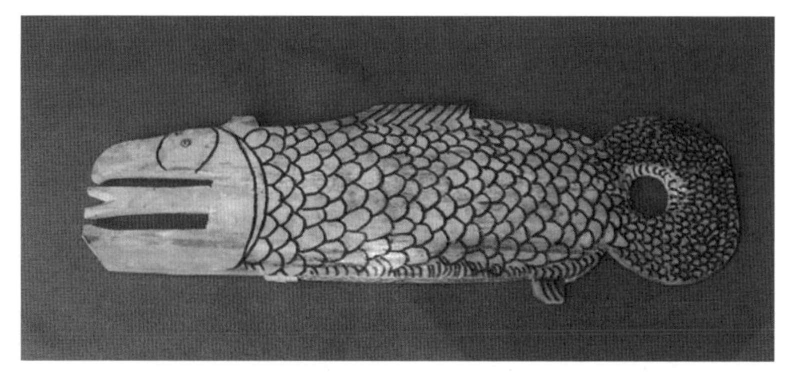

〈그림 5〉 번개신 신상

늘을 가득 새기고 꼬리에는 원형 손잡이가 있다. 머리에는 눈과 날카로운 이빨을 조각하는데 모습이 위풍당당하다. 여러 신상 중 태양, 달 등의 신상과 함께 모신다.

4. 무두, 용신

용신을 어룬춘어로 무두穆都라고 한다. 전설에 의하면 용은 신기한 동물로 몸은 매우 크고 길며 비늘이 있고 뿔과 발톱이 있으며 걸을 수도 있고 날 수도 있고 헤엄을 칠 수도 있다고 한다. 용신은 비와 바람을 상징하는 신으로 제사한다. 비가 내리는 것은 천상의 무두리한穆都里汗이 물을 뿌리는 것으로 무두리한의 몸에는 수많은 비늘이 있으며 비늘마다 물이 가득 차 있다고 한다.

어룬춘인은 두 가지 모양의 용 신상을 제작하는데 하나는 목판으로 조각한 것으로 비교적 추상적인 물고기 모양이다. 머리 부분에 눈을 그

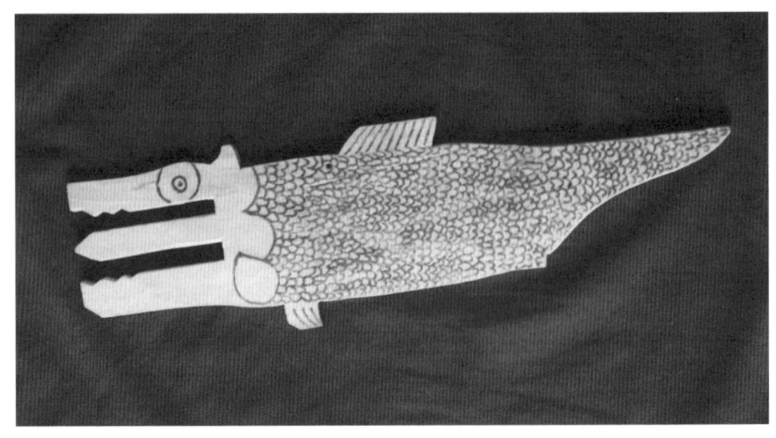

〈그림 6〉 용신 신상

리고 윗입술과 아랫입술 사이에 날카로운 이빨이 있으며 몸에는 가는 물고기 비늘을 그린다. 다른 하나는 중국의 용 모양과 아주 비슷한 것으로 용 머리에 두 개의 뿔과 네 개의 다리가 있으며 몸은 뱀과 유사하고 비늘로 장식한다. 샤먼의 복식에 이러한 용의 조형이 있다. 용신에 대해 특별히 정성을 다하며 다른 나무로 만든 신상과 함께 마루에 모신다.

생활 중에 역경을 만나고 수렵 시 수확이 적거나 자연재해를 당하면 용신을 제사하고 보호를 구한다.

5. 무두리한, 하신

하신河神은 어룬춘어로 무두리한穆都里罕이라 하며 전설에 의하면 용을 관리하며 구불구불 흐르는 강물은 그가 지나갈 때 물결을 일으킨 것이라 한다. 어룬춘족은 한쪽은 산이고 한쪽은 강인 곳에서 거주하며 어렵에 종사하기 때문에 하신을 매우 숭배한다. 강물은 인류의 생존과 분리할 수 없는 것으로 강물을 마실 뿐만 아니라 강물의 물고기를 잡아먹기 때문에 그 실용성은 매우 크다. 다른 한편으로는 강물은 홍수가 나면 인류에게 재난과 불행을 가져다준다. 따라서 사람들은 항상 배를 운항할 때 하신에게 안전을 기도한다. 하신이 누구도 해치지 않기를 기도하는데 물에 빠져 익사하거나 홍수의 침해를 받지 않고, 물이 범람하지 말고, 자작나무배가 앞으로 잘 나가도록 평온한 길을 내어 주고, 물고기를 많이 잡아 순조롭게 돌아오기를 기도한다.

더불어 수초가 풍부하고 가축이 번성하기를 기도한다. 과거에 매년 꽃이 피는 계절이 되면 사람들은 하신에 대한 제사를 거행하였는데 이때 수렵인들은 모두 배를 타고 강에 모여 강에 술을 뿌리고 고기를 던지며 샤먼을 불러 하신에 대한 기도를 하였다. 만약 샤먼이 없으면 수

〈그림 7〉 하신에 대한 제사

렵인이 직접 기도하고 하신에 대한 존중을 표시하고 소원을 빈다.

만약 강이 홍수로 범람하면 샤먼과 노인은 강가에서 침묵한 상태로 강물에 제물을 던지며 하신에 대한 제사를 거행한다. 하신에게 "다시는 범람하지 말고 새와 동물이 편안히 오게 하고 사람들이 행복한 날을 보낼 수 있게 해 주십시오."라고 기도한다.

6. 무르부칸, 수신

사람들의 생활에 물은 필수이기 때문에 어룬춘족은 수신水神을 특별히 숭배하여 생명의 원천으로 생각한다. 수신은 무르부칸木日布堪이라 하며 중요한 자연신이다. 가뭄이 드는 계절이 되면 샤먼과 노인들은 미리 수신에게 기우제를 지내 장기간 비가 내리지 않거나 적게 내려 작물의 정상적인 성장에 영향을 주는 재난이 일어나는 것을 방지한다.

물에 대한 제사는 기우제를 말하는 것으로 어룬춘어로는 부보훠런布播豁任이라고 한다. 가뭄이 들면 샤먼 혹은 존중을 받는 노인을 청하여 자신의 집이나 물가에서 라오산친(老山芹, 채소의 일종) 줄기를 약 5~8촌 길이로 잘라 물병에 꽂은 후에 줄기를 입으로 물고 물을 빨아들여 '구루, 구루' 하는 소리를 내면서 주문을 외운다. 기우제를 마친 후에 물병의 물은 모두 땅에 따르는데 이는 용신이 비를 내리는 것을 상징한다.

어룬춘인은 비가 내리는 것은 천상의 무두리한이 물을 뿌리는 것이라고 생각하며 무두리한의 몸에는 무수한 비늘이 있고 비늘마다 물이 가득 차 있다고 생각한다. 비가 내려야 인류는 물을 얻게 되고 식물과 산림이 번성하여 많은 수렵물을 얻을 수 있다. 어룬춘인은 수신을 매우 중시하기 때문에 강물을 청결하게 하며 오염물을 강물에 투입하는 것을 수신에 대한 불경이라고 생각한다. 이러한 관념의 지배를 받고 있기 때문에 사람들은 강물에 오염물이나 부패한 것을 던지지 않는다. 강물의 청결을 유지하고 오염을 방지해야만 강물이 안전하게 보존되고 인류는 영원한 생존과 발전을 보장받을 수 있다고 여긴다.

7. 쿠레톄, 바람신

바람과 번개, 폭우는 매우 밀접한 관계가 있는 자연현상이다. 샤먼문화 중 바람은 신으로 인식되며 하늘의 네 귀퉁이에서 온다고 생각한다. 사람들은 바람신이 산꼭대기와 협곡에 산다고 생각하기 때문에 산에서 큰 소리로 말하는 것을 금하여 바람신이 놀라지 않도록 한다.

어룬춘족은 산바람이 부는 원인을 '인간계의 끝에 산발한 할머니가 있는데 그녀가 머리를 흔들 때 바람이 일어난다'고 생각한다. 다른 전설에 의하면 "바람신을 쿠레톄庫列貼라고 하는데 이 신의 머리는 위쪽으로 솟아 있으며 곧고 딱딱하여 어떠한 방향으로도 기울어지지 않으나 일단 쿠레톄의 머리카락이 흔들리면 큰바람이 불 것을 예시한다." 라고 한다. 사람들은 회오리바람에 대해 매우 신비감을 가지고 있어 사람이나 가축이 회오리바람을 보게 되면 반드시 멀리 떨어져야 하며 그렇지 않으면 악령을 만나게 된다고 생각한다. 어룬춘인은 경험을 통하여 바람이 위협과 재난을 가져오게 됨을 알았다.

일종의 야생초인 쉬례초須烈草로 풍신의 신상을 만드는데 한쪽은 묶고 한쪽은 풀어놓아 솥을 닦는 수세미처럼 만들며 셰런주 부근에 꽂아놓는다. 사람들은 이를 자주 살피면서 제물을 바친다. 때맞춰 바람이 불고 비가 와서 풍성한 수확을 얻고, 사람과 가축이 바람으로 인한 재난으로부터 안전하기를 기도한다.

어룬춘인이 바람신의 신상을 만든 것을 보면 상상력이 매우 풍부함을 알 수 있다. 한쪽은 묶어 바람의 근원을 표시하고 다른 쪽은 풀어놓아 바람이 부는 범위가 매우 넓음을 표시한다.

어룬춘인은 회오리바람을 매우 무서워하여 만약 수렵하는 사람이 회오리바람이 부는 곳을 지나게 되면 불행한 일이 생긴다고 한다. 따라서 회오리바람을 만나면 바로 피하고 노루, 사슴 등을 제물로 바쳐 바람신이 관용을 베풀어 위해를 가하지 않기를 기도한다.

동물과 관련된 신앙

샤머니즘은 산림 중의 원시수렵문화에서 기원하였기 때문에 신앙과 생활 중의 금기는 모두 수렵의 대상인 야생 동물과 관련이 있다. 산림, 초원, 하류는 처음부터 인류와 동물이 함께 살아온 야생의 공간이다. 이 광대한 야생 공간에서 인류는 고대로부터 각종 동물과 인연을 맺고 우정을 나눴으며 친족이 되었고 죽고 사는 원한관계를 맺었으며 벗어날 수 없는 육식의 사슬을 형성하였다.

사람이 동물과 밀접하게 교류하면서 각종 샤머니즘이 번성하게 되었다. 동물에 대한 태도는 다른 자연물에 대한 태도와 마찬가지로 신비한 색채로 가득 차 있다. 사람들은 초라한 원시 공구로 동물과 물고기를 잡았으며, 다른 한편으로는 이러한 동물이 사람을 해하지 않고 더 많이 잡혀 주기를 기원하였다.

어룬춘인의 조상들은 오랜 수렵 경험을 통하여 점점 주변의 동물에 대해 충분한 이해를 할 수 있게 되었다. 그들은 각종 맹수에 대응하는 방법을 알게 되었으며 각종 동물이 동물의 세계에서 차지하는 지위에 대해서도 알게 되었다. 이로 인하여 동물을 구분하고 특정 동물을 숭배하는 의식이 생겨났다. 동물 세계에서 지위가 높은 맹수를 구분하여 동물신의 자리에 앉히고 인간들의 조상과 연계시켰으며 신성화하였다.

1. 곰신 숭배

어룬춘족은 곰을 매우 숭배한다. 곰은 인간과 비슷한 부분이 많이 있는데 이는 사람들이 곰을 숭배하는 근거가 되었다. 곰은 뒷다리로 지탱하여 직립보행을 할 수 있으며 앞다리의 손바닥으로 물건을 쥘 수 있고 음식물을 먹을 때 다른 맹수가 입으로 물어뜯는 것과는 달리 손으로 잡아 입안에 넣는다. 곰은 사람이나 다른 사물을 볼 때 손을 들어 햇빛을 가리고 멀리 본다. 이처럼 사람과 비슷한 행위는 원시인들에게 많은 연상을 일으켰고 사람과 곰의 관계를 더욱 가깝게 하였으며 사람과 곰이 결혼하였다는 혼인설화가 전하게 되었다.

예를 들면 〈곰의 전설〉, 〈사람과 곰의 전설〉이 있다.

아주 오랜 옛날에 한 사냥꾼이 암곰에게 잡혀가 동굴에 감금되어 밖으로 나오지 못하였다. 몇 년이 지나 암곰은 동굴에서 새끼 곰을 한 마리 낳았다. 하루는 암곰이 새끼를 데리고 먹을 것을 찾으러 나갔는데 동굴 입구를 막지 않고 나갔다. 사냥꾼은 이 기회를 잡아 도망갔다. 그가 강변에 도착하였을 때 마침 뗏목이 흘러내려 와 그는 뗏목을 타고 흘러내려 갔다. 황혼이 질 무렵 암곰이 새끼를 데리고 돌아왔을 때 동굴 문이 열려 있는 것을 보고 일이 발생하였음을 알았다. 동굴에 들어가 보니 과연 사냥꾼이 없었다. 암곰은 매우 분노하여 새끼를 데리고 사냥꾼의 발자국을 따라 강변으로 갔다. 강을 따라 한참을 추격하여 내려가 뗏목에 앉아 있는 사냥꾼을 발견하였다. 암곰은 앞발로 부르며 돌아오기를 권하였으나 사냥꾼은 아무 대답도 하지 않았다. 암곰은 매우 화가 나서 뗏목으로 뛰어올랐으나 강폭이 너무 넓어 뗏목에 올라타지 못하였다. 암곰은 화가 났으나 방법이 없어 새끼 곰을 힘껏 반으로 잘라 그 반을 사냥꾼에게 던져 주고 자신도 반을 가지고 한참 동안 울었다. 이렇게 하여 암곰이 낳은 새끼가 두 곳에서 살게 되었는데 암곰과 함께 산 것은 곰이 되고 사냥꾼(아버지)과 함께 산 것은 어룬춘족이 되었다.[4]

또 다음과 같은 전설이 있다.

아주 오래전에 중년 어룬춘족 여인이 오른손에 붉은 팔찌를 끼고 깊은 산속으로 산나물과 야생 과일을 구하러 갔는데 돌아오는 길에 날이 어두워 방향을 잃었으며 이후 곰으로 변하였다. 몇 년이 지난 후에 이 여자의 남편이 산에 가서 수렵을 하는데 곰이 블루베리를 먹는 것을 보고 총으로 쏘아 죽였다. 앞다리 가죽을 벗길 때 칼을 어떻게 해도 들어가지 않아 자세히 보니 붉은 팔찌가 있었다. 바로 그의 아내가 오른손에 꼈던 팔찌였다. 이후 곰이 어룬춘족의 화신임을 알게 되었다.[5]

위의 두 이야기는 모두 곰은 어룬춘족이 변한 것이며 또는 어룬춘인은 곰이 변한 것이라는 사실을 설명한다. 어룬춘인은 곰을 민족의 조상으로 생각하고 매우 숭배한다. 사람과 곰은 원래 하나의 생명체로서 분리될 수 없는 것으로 여긴다. 어룬춘인은 곰을 부를 때 친족에 대한 호칭을 사용하여 존경을 표시한다. 곰을 할아버지, 할머니, 외삼촌 등으로 불러 혈연관계에 있음을 보여 준다.

어룬춘인은 곰은 초월적인 능력을 가지고 있기 때문에 사람들이 그에 대하여 가지고 있는 생각이나 의도, 행위 등을 알아차려 미리 경계한다고 한다. 또한 곰은 매우 총명하고 기억력이 뛰어나 그가 본 사람이나 사건은 절대로 잊지 않는다고 한다. 전설에 의하면 곰은 지면을 통해 인간들의 각종 언행을 알 수 있다고 한다. 어룬춘 말에 '대지는 곰의 귀'라는 말이 있다. 어룬춘족은 감히 곰을 거스르지 못하며 곰의 견갑골에 있는 작은 구멍으로 점을 치지 않고도 예측할 수 있는 능력이 있다고 한다. 사람들은 곰에 대한 부정적인 말을 감히 하지 못하며 곰을 잡을 때도 샤머니즘의 금기와 의식을 엄격히 지켜야 한다.

곰을 나무에 수장樹葬하는 장례의식을 어룬춘어로 구뤄이런古落一仁이라고 한다. 이러한 의식은 곰에 대한 위로와 경외, 곰신이 평안하게 가기를 희망하는 내용을 담고 있다. 또한 곰이 사람을 해치지 않기를 기도하며 이후 인간들이 더욱 평안하고 풍성한 수확을 얻을 수 있도록 도와주기를 기도한다. 곰을 잡아 곰 고기를 먹음으로써 인간은 배가 부르게 되나 정신적인 측면에서 보면 이러한 과정은 곰이 인류를 구하고 인류의 생존과 발전을 보장하는 의례임을 알 수 있다.

2. 호랑이 숭배

어룬춘족이 호랑이와 곰을 숭배하는 것은 단순히 그들이 용맹하고 역량이 있기 때문만은 아니다. 더욱 중요한 것은 이들이 어룬춘족의 생존과 밀접한 관련이 있기 때문이다. 어룬춘족은 고대로부터 호랑이와 곰에 대해 숭배의식을 가지고 있었으며 각종 금기와 의식을 통해 이를 표현하였다.

어룬춘인은 연장자를 부르는 칭호로 호랑이와 곰을 부르는 습관이 있다. 호랑이를 우타치(烏塔其, 할아버지) 혹은 보루칸(博如坎, 신)이라고 부른다. 이러한 칭호에는 경외의 심리가 담겨 있을 뿐만 아니라 가정의 성원으로서의 친근한 의미가 있다. 호랑이와 어룬춘인은 서로 존경하고 평화롭게 공존하며 생사를 함께해 왔다. 어룬춘의 많은 습속과 구비전설에 이러한 내용이 반영되어 있다.

호랑이에 대한 친근한 칭호는 어룬춘족이 숭배하는 산신 바이나차에서 기원한다. 어룬춘인은 호랑이를 바이나차의 화신으로 생각한다. 많은 민간전설 중에 바이나차는 흰 수염이 있는 노인의 모습으로 등장한다. 산신의 신상을 흰 수염이 있는 모습으로 그리는데 호랑이와 산신을 동일한 존재로 보기 때문이다. 사람들이 호랑이에 대해 이와 같이 예의를 다하는 것은 산신이 인간에게 은혜를 베풀어 많은 수렵물을 하사하기를 소망하기 때문이다.

구비전설 중 〈어룬춘족은 왜 호랑이를 잡지 않는가〉[6]는 다음과 같은 내용을 담고 있다.

아버지가 없는 남자아이가 다른 집의 7형제와 함께 사냥을 나갔다가 쫓겨나 혼자 집으로 돌아오게 되었다. 돌아오는 길에 호랑이를 만났는데 호랑이의 발톱에 나뭇가지가 끼어 있었다. 소년은 호랑이 발톱의 나뭇가지를 뽑아 주었고 호랑이는 은혜를 갚기 위해 소년에게 동물의 가죽과 고기를 주었다. 아이의 어머니는 아들이 무사히 돌아오고 더구나 많은 가죽과 고기를 가지고 돌아온 것을 보고 매우 기뻐하였으며 그동안 일어났던 상황을 물어보았다. 아이는 길에서 벌어졌던 일을 어머니에게 자세히 설명하였고 어머니는 다 듣고 난 후에 무릎을 꿇고 호랑이가 있는 방향을 향해 절을 하고 보호해 주기를 기원하였다. 그리고 이 일을 모두에게 이야기하였는데 이후 어룬춘인은 다시는 호랑이를 잡지 않게 되었으며 호랑이를 산신인 바이나차로 숭배하게 되었다.

〈지산吉善과 호랑이〉[7] 전설의 내용은 다음과 같다.

지산吉善이라 불리는 사냥꾼은 쓰러진 나무에 깔린 호랑이 새끼를 구하였으며 자신이 잡은 수렵물을 호랑이와 나누었다. 2년 후에 지산과 아내는 모두 죽었고 오직 14살짜리 아들 샤오차이무小柴姆만이 남았다. 이후에도 호랑이는 샤오차이무에게 자주 고기를 가져다 주었는데 이러한 행동은 그가 독립적으로 수렵을 할 때까지 계속되었다.

〈호랑이〉[8] 전설의 내용은 다음과 같다.

3형제가 수렵을 가서 호랑이에게 죄를 지었다. 두 형은 셋째가 죄를 지은 것이라 하며 따라오지 말라고 하였다. 셋째는 혼자 가다가 호랑이를 만났다. 호랑이는 그들을 추격하는 과정에서 발톱에 나뭇가지가 끼었는데 셋째가 나뭇가지를 빼 주었다. 호랑이는 셋째에게 은혜 갚을 방법을 물었으며 많은 동물을 잡아 주었다.

위의 세 가지 이야기에서 인간은 약자로 나타나는데 특히 인간 중에도 약자인 아이와 여자로 등장한다. 호랑이는 동물 중의 왕이지만 인간의 도움이 필요하며 인간이 손을 내밀어 호랑이의 손을 잡는 순간 호랑이는 인간에게 은혜를 갚는다. 호랑이는 자신의 가죽과 음식물을 인간을 위해 제공하였다. 신화와 전설은 한 민족의 집단의식을 보여 주는 것으로 호랑이와 곰은 어룬춘족 문화에서 용감함을 상징할 뿐만 아니라 인간을 도와주는 상징적인 동물이다.

3. 더이보루칸, 매신

동북지역에서 새와 그 신령은 매우 중요한 것으로 대부분 숭배의 대상이 된다. 샤먼을 대신해 하늘을 나는 많은 새 중에 더이는 매신으로 다른 것으로 대체할 수 없다. 그 이유는 매가 샤먼 자신의 영성을 대신하기 때문이다. 전하는 바로는 매신인 더이보루칸得義博如坎은 어룬춘인의 보호신이라고 한다. 매의 두 날개는 주인을 보호하고 매의 두 눈은 요괴를 능히 식별하며 매의 날카로운 발톱은 귀신을 잡을 수 있으며 마귀를 몰아낼 수 있다. 매신은 아무런 욕심 없이 인류를 보호하는 신이

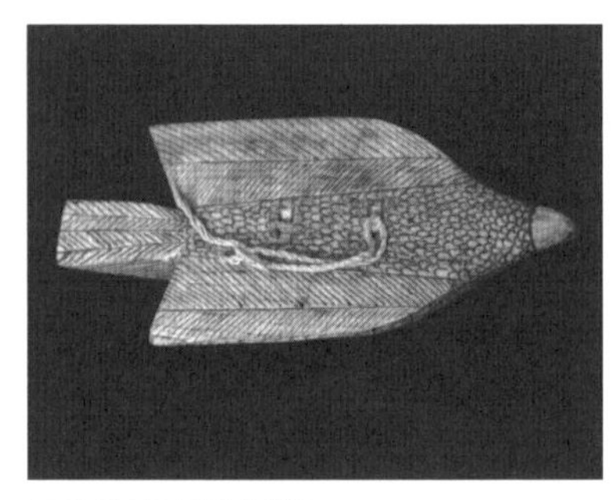
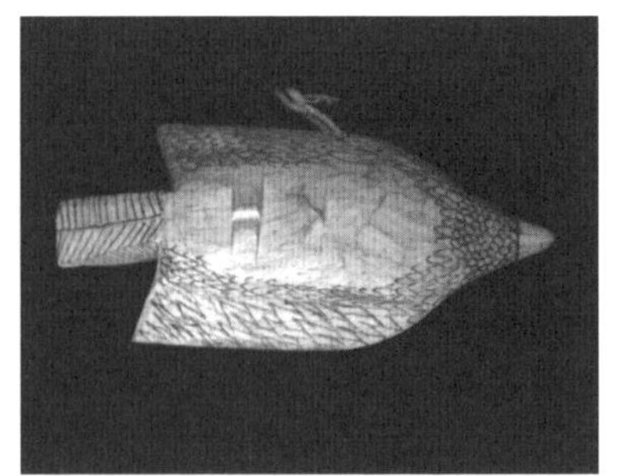

〈그림 8〉 더이보루칸 신상

라고 한다. 어룬춘인은 새신은 천신에 가까운 신이며, 동물신은 산림신이나 인간의 조상신에 가깝다고 생각한다. 이로 인하여 매신은 어룬춘인의 숭배를 받고 있다.

사람들은 나무로 매신의 형상을 제작한다. 신상의 위쪽에 새의 깃털을 닮은 아름다운 문양을 그리는데 마치 새가 날개를 펴고 나는 것 같다. 매 꼬리는 돌출되어 있고 방향을 장악한 듯이 보이며 복부에는 날카로운 발톱이 있다. 등에는 작은 구멍을 뚫고 가는 줄을 끼워 마루에 걸어 놓는다.

4. 길상조吉祥鳥

매년 눈이 녹고 봄이 올 때 철새, 예를 들어 백조, 기러기, 야생오리 등은 무리를 이루어 북방으로 날아온다. 그들은 때로는 물에서 천천히 헤엄을 치고 때로는 하늘을 나는데 이러한 모습은 아름다운 봄에 새로운 색채를 더한다. 동시에 어룬춘인에게 봄의 정취와 새로운 활력을 불어넣어 준다. 어룬춘인은 야생오리를 잡을 때 항상 머리 가죽을 벗겨 셰런주의 문틀 혹은 문 위에 붙인다. 흑록색의 야생오리 머리 가죽은 문 위에서 푸른색의 빛을 내며 반짝이는데 매우 아름답다. 사람들은 매년 아름다운 야생오리의 머리 가죽을 붙이고 그것이 그들에게 행운과 행복을 가져오기를 빈다.

까마귀를 숭배하는 것은 북방민족의 오래된 습속이다. 어룬춘인 사이에 전승되는 바에 의하면 까마귀는 예지능력이 있다고 한다. 불행이 발생하기 전에 까마귀는 기괴하고 슬픈 소리를 낸다고 한다. 따라서 까마귀가 일단 자신의 머리 위 또는 셰런주 위에서 슬프게 울면 불길하다고 생각하며 곧 재난이 올 것이라고 생각한다. 이러한 상황에 접할 때마다 사람들은 까마귀를 보고 크게 꾸짖으며 쫓아내거나 총소리를 내어 불행을 막는다. 어룬춘인은 까마귀는 밤에 보초를 서며 경비를 서는 새로, 사람과 가축을 위해 순시를 돈다고 한다. 위험한 상황에서 갑자기 이상한 기미가 있거나 동물의 사체를 보면 까마귀는 하늘을 날며 울어대어 사람들에게 소식을 전한다.

5. 사슴신

전설에 의하면 사슴신은 사람들에게 아주 진기한 보물을 준다고 하며 복이 있는 수렵인은 수렵 중에 사슴의 몸에서 보물을 찾아낸다고 한다. 따라서 어룬춘족은 사슴을 길상물로 숭배한다. 녹각은 샤먼을 보호하는 신의 저장소라고 인식되며 샤먼의 모자에서 특별한 표지로서 위로 뻗어 있는 하늘과 통합을 상징한다. 샤먼의 사다리처럼 샤먼의 영혼이 하늘로 올라가는 데 의존하는 물건이다.

〈사슴의 전설〉에는 다음과 같은 내용이 전하고 있다.

"사슴신은 아주 먼 하늘 끝에 엎드려 있으며 여러 개의 뿔은 천상까지 뻗어 있고 사람들은 거대한 뿔을 따라 천상에서 아름다운 생활을 한다."라고 한다. 영웅 이야기인 〈시러터건喜勒特根〉에서는 "높은 산꼭대기에 일 년 내내 큰 사슴이 엎드려 있는데 두 개의 뿔은 하늘까지 뻗어 있었다. 사람들은 천신인 언두리에게 동물의 이름을 정할 것을 청하였으며 어룬춘인이 모든 동물의 주재자가 되었다."라고 묘사되어 있다. 〈산과 강의 형성 전설〉에서는 "대싱안령 일대에는 넓은 평원이 있었고 산과 강이 없어 날씨가 건조하여 사람들은 숨을 쉴 수가 없었는데 용감한 청년 모르건莫日根이 신성한 사슴을 잡아 녹각으로 하늘을 뚫었다. 청년은 사슴을 위하여 풀을 베어 먹였으며 이후 사슴의 뿔을 타고 위쪽으로 기어올랐다. 거의 천궁에 도달했을 때 모르건 청년은 감정을 억제하지 못하여 '천상에 기어올랐다.'라고 큰 소리를 질렀다. 신성한 사슴은 이미 천궁에 도착한 것으로 생각하여 마음이 홀가분해져 뿔을 흔들었다. 젊은이는 손으로 천궁의 한 귀퉁이를 잡았으나 사슴의 녹각은 큰 소리를 내며 거꾸러져 떨어져 내렸다. 녹각이 떨어진 곳은 깨져서 도랑이 되었고 강으로 변하였다. 도랑 양쪽의 튀어나온 곳은 가장 높은 산인 이러후리산伊勒呼里山이 되었다. 모르건 청년의 어머니는 매일 산 정상에 올라 아들이 돌아오기를 기다렸는데 후에 산 정상의 늙은 흰 자작나무로 변하였다. 이때부터 대싱안령 지역에 가뭄이 사라지고 산, 강, 숲이 있게 되었다. 산은 푸르고 물은 맑아 새와 동물이 모이게 되었으며 사람들은 행복한 날을 보내게 되었다.

또 다른 어룬춘족 민간전설에 의하면 최초의 시조신은 웨이자거다한魏加格達汗이라고 하는데 머리에 두 개의 녹나무 뿔이 솟은 용맹한 남자라고 한다. 또 다른 시조신은 멍샤야라孟沙牙拉로 한 쌍의 엘크 말발굽 형태의 영웅이라고 한다. 이 전설 역시 고대 어룬춘인은 사슴의 역량을 빌려 자신을 변화시키고 자연력을 이기고자 하였음을 보여 주며 사슴신에 대한 숭배가 민간전설에 반영된 예라 볼 수 있다.

6. 신조

어룬춘인은 뻐꾸기를 신조神鳥로 생각하여 위해를 가하는 것을 엄금한다. 뻐꾸기는 비록 몸은 작으나 울음소리가 낭랑하고 우렁차 소리가 멀리까지 전해진다. 뻐꾸기는 봄이 오는 것을 전달하기 때문에 사람들에게 사랑을 받는다.

어룬춘어로 뻐꾸기를 커쿠克庫라 하며 신으로 숭배한다. 이는 악마를 순록으로 변하게 한 영웅의 전설인 〈바이이지산白依吉善의 이야기〉와 깊은 관련이 있다.

선량하고 젊은 수렵인인 바이이지산은 산에서 상처를 입은 많은 사람을 구하였는데 그중에는 흰 뻐꾸기와 같은 약한 동물도 포함되어 있었다. 여자 요괴 등 악마를 순록으로 변하게 하여 어룬춘인에게 나눠 주어 부려먹게 하였다. 그러나 바이이지산은 자신의 친구에 의해 잔인하게 살해당했는데 그의 시신을 나눠 흔적을 없애려고 하는 순간 흰 뻐꾸기가 날아와 불더미에서 바이이지산의 시체를 움켜잡고 공중으로 날아올랐다. 흰 빼꾸기는 구름과 안개를 뚫고 바이이지산을 헤이룽강의 원류인 컨터산肯特山 정상으로 데려갔다. 흰 빼꾸기는 황기黃芪로 컨터산의 생물을 찍어 바이이지산의 상처를 씻었는데 산상의 나뭇잎이 다 떨어질 때가 되어서야 바이이지산의 상처가 완전히 회복되었다. 그러나 그는 계속해서 혼수상태에서 깨어나지 못하였다. 흰 빼꾸기는 그의 옆을 지키며 자신의 몸의 털을 뽑아 은인을 위하여 망토를 짰다. 깃털을 하나 뽑을 때마다 피가 흘러 흰 빼꾸기는 죽게 되었으며 이로써 바이이지산을 위한 망토 하나를 완성할 수 있었다. 그의 몸은 몸 전체가 새의 깃털로 빛났으나, 피가 다 빠져나간 흰 빼꾸기는 그의 옆에서 죽어 있었다. 후에 바이이지산은 깨어나 깃털로 만든 망토를 입었는데 망토가 날개처럼 펼쳐져 하늘로 날아올랐다. 이후 사람들을 해하는 악마를 제거하고 자신이 사랑하는 여자를 찾아 행복한 생활을 하였다.

빼꾸기가 자신의 생명을 바쳐 수렵인을 구한 정신은 어룬춘인에게 존경과 사랑을 받고 있다. 어룬춘족 샤머니즘 속에 신조는 천신이 사는 곳과 통하며 심지어는 천신의 사자 혹은 시종이라고 인식된다. 신조인 빼꾸기는 선량한 사자이다.

04

씨족보호신, 아조루보루칸

어룬춘족의 조상신을 아조루보루칸阿嬌儒博如坎이라고 한다. 아조루는 '근원'이라는 뜻으로 조상을 말하며 보루칸은 신이라는 뜻이다. 고대에는 모계가족인 외삼촌과 이모 등의 친족을 근원, 즉 아조루라 불렀다. 후에 부계 씨족이 모계 씨족사회를 대신하게 되면서 남자가 씨족부락의 주인이 되었고 부계 씨족부락의 조상을 아조루라 하게 되었다.

어룬춘인이 숭배하는 것은 죽은 사람의 영혼이 아니라 씨족 공동의 조상이다. 씨족에 공헌이 있거나 씨족 중 중요한 영향을 미친 사람을 조상신으로 숭배한다. 예를 들어 민간전설인 〈마오카오다이한毛考代汗 전설〉, 〈우다나이吳達內의 이야기〉, 〈아야모르건阿雅莫日根 이야기〉, 〈웨이자다한魏加格達汗과 멍샤야라한孟沙雅拉汗 이야기〉, 〈시러터건喜勒特根 이야기〉 등의 영웅적 인물이 있다. 이들은 모두 씨족장으로 씨족 중에서 매우 높은 존경을 받고 있다. 대외적으로는 전쟁할 때 말을 타고 활을 쏘는 명장으로 국가를 보위하는 용감한 전사들이고 대내적으로는 어

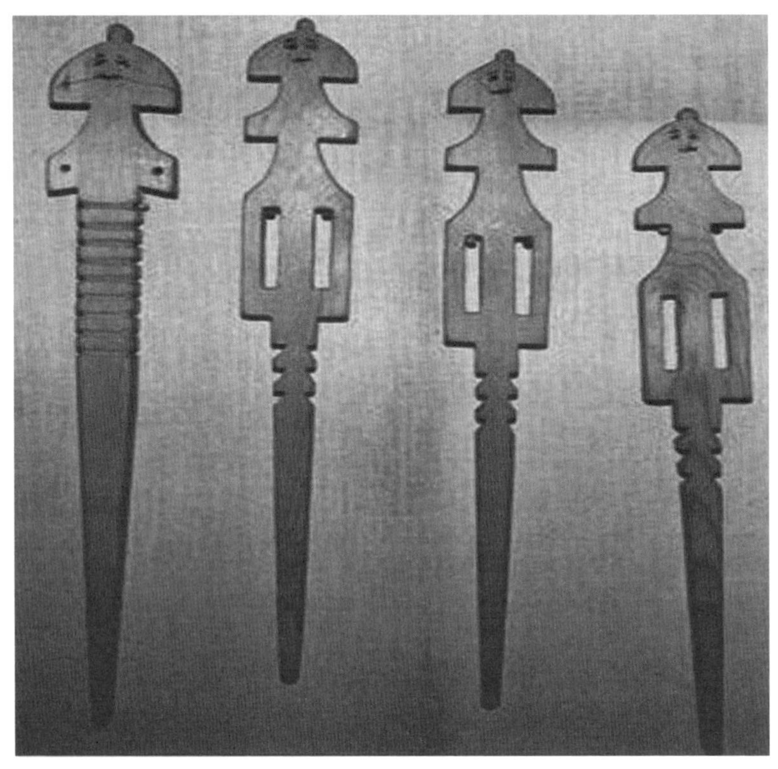

〈그림 9〉 씨족 조상신 신상

룬춘족의 오랜 습속을 운영하고 씨족사회를 질서 있게 다스린 씨족장들이다. 어룬춘인이 숭배하는 조상은 주로 위대한 업적을 쌓은 영웅으로 어룬춘족의 씨족보호신이다. 대싱안령 후마하呼瑪河 유역에 거주하는 사람들은 이와 관련된 많은 목각 신상을 숭배하고 있다.

어룬춘족이 숭배하는 조상신은 용감하고 담력이 일반인을 뛰어넘으며 지혜가 출중한 인물들이다. 씨족부락의 조상신은 매우 중요한 것으로 사람들은 동일한 씨족 조상에서 내려온 혈연관계를 중시한다. 씨족부락의 조상신은 씨족 성원을 응집시키는 핵심적인 존재이다.

1. 아니란보루칸

아니란보루칸阿尼冉博如坎은 목각 신상으로 9개의 작은 사람이 연결되어 있다. 전하는 바로는 이들 아홉 명은 생전에 함께 생활하였고 함께 노동하고 함께 위험한 전쟁에서 승리한 전우라고 한다. 그들은 죽어서도 헤어지지 않았으며 신으로 숭배되었다.

나무판으로 밑받침을 만드는데 땅을 의미하며 그 위에 9개의 목각 신상을 하나하나 배열한다. 위쪽에는 얇은 나무판을 깎아 반원형을 만드는데 하늘을 의미한다. 아홉 명의 신상의 머리는 마름모 모양으로 눈, 코, 입 등을 그린다.

〈그림 10〉 아니란보루칸

2. 카원보루칸

전쟁에서 늘 승리하는 무적의 장군신이라는 뜻이다. 전하는 바로는 카원보루칸卡稳博如坎은 오랫동안 전장을 누빈 지혜롭고 용감한 장군으

〈그림 11〉 카원보루칸

로 적과 전쟁을 할 때 피와 생명을 바쳐 씨족을 보호하였다고 한다. 사람들은 그를 매우 존경하여 신으로 숭배하였다.

카원보루칸 목각 신상은 머리가 크고 얼굴에 눈, 코, 비교적 긴 수염을 그려 무사의 모습을 보여준다.

3. 우류첸보루칸

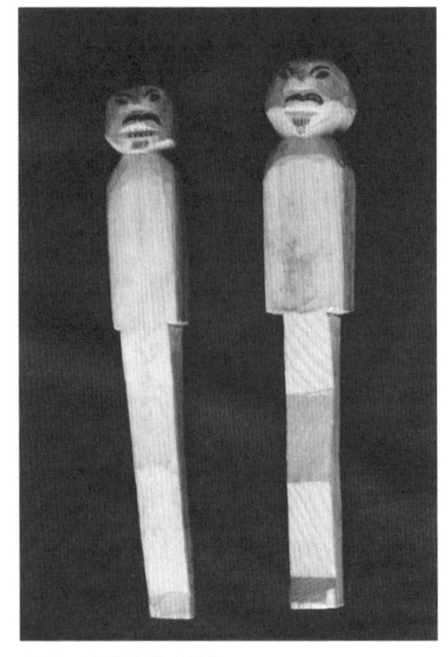

〈그림 12〉 우류첸보루칸

다리가 하나인 신이라는 뜻이다. 그의 신통력은 매우 커서 구름과 안개를 타고 하늘을 날 수 있었다. 이 산에서 저 산으로 뛸 수 있으며 먼 곳의 소리를 듣고 멀리 볼 수 있는 능력이 있었다. 따라서 어룬춘인은 그를 신으로 숭배했다. 우류첸보루칸烏溜欠博如坎 목각 신상은 머리 부분이 넓고 윗몸이 머리보다 작으며 하반신은 가늘고 길며 다리가 하나이다.

4. 쿠리진보루칸

풀을 엮어 만든 것으로 긴 꼬리가 있는 사람 모양의 신상이다. 전설에 의하면 쿠리진보루칸庫粒近博如坎은 원래 3장 길이의 꼬리가 있는 미녀였으며 매우 어질고 총명하였다고 한다. 마음이 착한 절름발이에게 시집을 갔는데 남편은 너무 솔직하여 그녀가 긴 꼬리가 있다는 사실을 다른 사람에게 말했다. 쿠리진은 소문이 나자 참을 수 없어 자살하였고 남편은 자책하여 물에 빠져 죽었다. 쿠리진이 죽은 이후 사람들은 그녀가 숲에서 슬픈 노래를 부르는 것을 자주 들었다. 사람들은 그녀의 불행을 애도하여 그녀를 제사하기 시작하였다. 그러자 그녀의 슬픈 노래는 더 이상 들리지 않았다.

쿠리진보루칸의 신상은 강가에 나는 쉬례(須烈, 일종의 야생초)를 엮어서

〈그림 13〉 쿠리진보루칸

몸체를 만들고 그 후에 꼬리를 만든다. 먼저 목에서 한 바퀴 돌리고 다시 온몸을 감아 꼬리만 밖으로 튀어나오게 한다.

5. 다오바오런보보루칸

다오바오런보보루칸刀保任播博如坎은 밤의 보호신이다. 전하는 바에 의하면 이들은 부부 사이로 밤에 전문적으로 활동한다고 한다. 어룬춘인이 밤에 길을 가거나 야영하는 것을 보호하며 수렵과 어렵 시 귀신이나 요괴의 위해를 받거나 놀라는 일이 없도록 밤에 전문적으로 보호한다. 목각 신상이며 몸 전체가 검은색이고 오직 눈, 코, 입만이 흰색이다.

〈그림 14〉 다오바오런보보루칸

6. 다공

〈다공達公이 태양을 쏘다〉라는 신화의 내용은 다음과 같다.

고대에는 태양이 12개 있었다. 12개의 태양은 매일 번갈아 가며 운행하여 하나의 태양이 지면 다른 태양이 떠올랐다. 이 시기에는 오직 낮만 있고 밤이 없었다. 강도 없고 물도 없어 인간이 생존하기 어려웠다.

선량하고 용감한 다공이라는 어룬춘족 청년이 있었는데 그는 체력이 매우 좋아 큰 나무를 뽑을 수 있었다. 다공은 사람들이 더위로 고생하는 것을 보고 있을 수만 없어 대싱안령에만 있는 의기송依奇松으로 활을 만들고 12그루의 백화수로 화살을 만들었다. 그는 수렵 생활에서 가장 중요한 공구인 활과 화살을 만든 후에 매일 활쏘기 연습을 하여 결국 대단한 실력을 갖추게 되었다. 하루는 식사를 하였는데 이때 한 마리의 호랑이, 두 마리의 곰, 세 마리의 멧돼지와 네 솥의 밥을 먹었다.

식사를 한 후에 마을 사람들과 이별하고 등에 활과 화살을 지고 높은 산으로 기어 올라갔다. 태양을 향해 활을 쏘기 시작하였는데 모두 명중하였고 태양이 떨어진 곳에 깊은 구멍이 생겼으며 구멍에서 물이 솟아나 강과 호수가 되었다. 이때 하늘에 하나의 태양만이 남았으며 뜨고 지게 되어 낮과 밤이 생기고 강과 물이 있어 사람들은 행복한 생활을 하게 되었다. 세상은 그제야 사람들이 거주하기에 좋은 곳으로 변하였다.

다공이 12번째 태양을 쏠 때 체력이 다하여 화살이 태양에 박히고 통과하지 못하였다. 화살은 태양의 열에 타서 흰색의 재가 되어 떨어졌는데 이 재는 새하얀 안개가 되었다고 한다.

다공은 사람들을 위해 행복을 만든 영웅으로 사람들은 대대로 그의 공덕을 숭배하였다. 머리는 마름모꼴이며 윗몸은 길고 두 다리를 벌리고 서 있다.

인격신 숭배

인간에 대한 자연의 보호와 압력으로 인간들은 자연에 대해 의존감, 공포감, 신비감을 느끼게 되었으며 이로 인해 자연력에 대한 숭배의식이 발생하였다. 어룬춘족은 자신의 방식으로 신령 세계를 상상하였고 각종 의례를 계획하고 신에게 제사 지냈다. 이로 인해 원시신앙과 숭배의식이 생겨났다. 신령은 인류가 자신이 상상하는 방식대로 창조하여 정신과 영성을 부여한 것으로 인류는 신령을 통해 자연의 역량을 제어하고자 하였다. 자신의 심리 상태를 신령에게 전가하고 일련의 신령을 숭배하였다. 신령을 기쁘게 하고 신령에게 재난을 없애고 복을 주기를 기원하였다. 신령에 대한 공포감이나 신비감에서 시작하여 신령을 의존하고 숭배하게 된 것이다. 사람과 신이 결합하여 민간신앙이 발생했으며 민간신앙은 점점 규범화되었다. 민중은 민간신앙의 제약 속에서 생활하고 생존하였다.

어룬춘족은 고대 수렵을 하던 시기 많은 질병을 발견하면서 이러한 병을 치료할 치병신을 창조하였다. 다양한 민간 활동과 신들을 창조하였는데, 예를 들면 어룬춘족 사이에는 다음과 같은 치병신과 관련된 이야기가 전하고 있다.

1. 낭낭신

아주 오래전에 대싱안령에 한 남매가 살았는데 어렵에 의존해 생활하였다. 하루는 오빠가 기괴한 물고기를 잡았다. 물 위로 올라온 물고기가 눈물을 흘리자 마음이 여린 사람이었던 오빠는 물고기를 놓아주었다. 원래 이 물고기는 용신의 딸로 용신은 그에게 보답으로 신마神馬를 한 필 주었다.

이후 오빠는 수렵을 하는 중에 사슴뿔에 가슴을 찔려 죽었다. 신마는 그를 태우고 집으로 돌아왔고 여동생은 오빠가 이미 죽은 것을 보고 통곡하였다. 신마는 선녀만이 그녀의 오빠를 구할 수 있다고 여동생에게 알려 주었고 여동생은 바로 신마를 타고 선녀들이 자주 수영하는 삼성지三星池에 도착하였다. 여동생은 신마가 알려 준 대로 남자로 분장하고 수영을 하는 선녀 3명의 신의를 훔쳤다. 여동생은 3명의 선녀와 결혼하기를 요구하였는데 3명의 선녀는 신의가 모두 그의 손에 있는 것을 보고 물에서 나오지 못하고 허락하였다. 후에 여동생은 선녀와 함께 하늘에 도착하였고 자신의 용감한 지혜로 선녀 부모의 허락을 받아 선녀를 데리고 집으로 돌아왔다. 막 마을에 도착하였을 때 여동생은 선녀들에게 잠시 기다리라고 하고 자신이 먼저 세런주로 들어갔다. 그리고 바로 여자 옷으로 갈아입고 밖으로 뛰어나와 선녀들에게 "오빠가 무슨 일인지 모르겠으나 집에 들어오자마자 죽었다."라고 말하고 크게 울면서 선녀들에게 오빠를 구해 달라고 요구하였다. 세 명의 선녀는 새신랑이 죽었다는 소식을 듣고 급히 셰런주 안으로 들어가 신기한 묘약으로 오빠를 구하였다. 세 선녀는 씨족부락에 온 후에 적지 않은 어룬춘족을 구했으며, 이때부터 이 마을에는 질병이 없게 되었다.

선녀들은 죽은 후에 어룬춘족을 보호하는 낭낭신娘娘神이 되었다. 전하는 바로는 큰 선녀는 천연두를 관리하는 어구두낭낭신額古都娘娘神이고, 두 번째 선녀는 홍역을 관리하는 니치쿤낭낭신尼其坤娘娘神이고, 세 번째 선녀는 장티푸스와 열병을 관리하는 어후낭낭신娥胡娘娘神이라고 한다.

민간에 전승되는 치병에 관한 전설을 통하여 전염병은 인간의 힘으로는 고칠 수 없으며 오직 신에게 기댈 수밖에 없다고 사고하였음을 알 수 있다. 이로 인해 사람들을 감동케 하는 전설이 창조되었고 이상적인 신의 모습 또한 창조되었다.

2. 차루보루칸

차루보루칸查魯博如坎은 말을 관리하는 신이다. 이 신상은 대부분 방형의 천이나 가죽에 말 꼬리털로 두 사람의 얼굴을 수놓고 다리 아래에 있는 두 개의 주머니에 목마를 넣는다. 나무판자에 무언가를 호소하는 사람의 모습을 새긴 경우도 있다. 이 경우 하단에 말편자를 줄에 매어 거는데 편자의 숫자는 말을 낳은 숫자를 의미한다. 어떤 경우는 종이에 그리는데 중앙에는 '말을 관리하는 주신司馬主神'인 긴 수염의 노인을 그리고, 오른쪽 아래에는 마용두馬龍頭를 쥔 남자, 왼쪽 아래에는 말방울을 쥔 여자를 그리는데 이들은 남녀 수렵인을 의미한다. 화면의 왼쪽에는 말이 매어져 있는 나무 한 그루를 그리는데 이것은 차루보루칸이 하사한 것이다.

〈그림 15〉 차루보루칸

차루보루칸을 숭배하게 된 이유에 대하여 다음과 같은 전설이 전하고 있다.

어룬춘족 부부는 말을 길렀으나 살림이 나아지지 않았으며 가정이 매우 빈곤하였다. 하루는 남편이 수렵을 갔다가 기이한 나무를 보았는데 나무 중앙에 큰 혹이 솟아 있었으며 혹 위쪽의 나무는 매우 가늘어 나뭇잎도 일반적인 것과 달랐으나 이 나무에서 향기가 뭉게뭉게 퍼져 나왔다. 이 나무를 신수神樹라고 생각하여 매일 말을 이 나무에 매어 놓았고 계속해서 절을 하고 기도를 하였는데 이때부터 말이 잘 번식되었다.

이 이야기는 순록 사육이 도태되고 막 말을 사육하기 시작하던 시절 경험이 부족하여 신에게 말의 사육을 도와주기를 기원하는 과정에 등장한 것으로 이때부터 차루보루칸을 숭배하기 시작하였을 것이다.[9]

3. 추하보루칸

추하初哈는 어룬춘어로 초원을 말한다. 초원의 신인 추하보루칸初哈博如坎의 직능은 가축의 번식과 생장을 돕는 것으로 어룬춘인이 말을 사육한 이후 녹색의 목초와 초원은 더욱 중요하게 되었다. 가축의 번식을 위해 모시는 신으로 풍부한 목초지는 말에게 사료를 제공하고 말이 살찌게 한다. 이뿐만 아니라 추하보루칸은 말을 보호하여 늑대로부터 습격을 받아 상해를 입지 않도록 한다. 추하보루칸은 어룬춘인의 마음속에 지고무상한 신으로 천신과 마찬가지로 숭배를 받으며 가축의 번식과 평안을 보장한다.

추하보루칸은 천이나 종이에 신상을 그리는데 긴 두 쌍의 팔이 있는 노인의 형상으로 한 쌍의 손에는 구리방울을 높이 들고 있는데 사악한

〈그림 16〉 추하보루칸

것을 몰아내고 말 무리를 부른다는 뜻이다. 다른 한 쌍의 손에는 각종 야생 과일과 채소를 들고 있는데 말을 사육함을 의미한다. 하단에는 제사상과 제물을 그렸으며 좌우에 각각 시종을 그렸다. 시종 양쪽의 신성한 나무에는 각각 말이 매어져 있고 공중에는 무지개가 그려져 있다.

어룬춘인은 추하보루칸과 앙난카탄보루칸인 오소리신과 태양신, 달신, 매신인 더이得義 등을 모두 셰런주의 마루瑪路 신위에 모신다.

4. 앙난카탄보루칸

오소리신으로 전하는 바에 의하면 협곡은 오소리가 바위에서 튀어나오면서 형성된 것으로 양쪽이 큰 산이 되었다고 한다. 어룬춘인들은

〈그림 17〉 앙난카탄보루칸

오소리 지방을 녹여 만든 오소리 기름을 불에 덴 곳을 치료하는 데 사용한다.

앙난카탄보루칸昂難卡坦博如坎은 천이나 종이에 그리며 3명의 노인이 큰 산 아래 단정하게 앉아 있는데 형상이 위풍당당하다. 모자를 쓰고 이마에는 꽃을 꽂았다. 신상 앞 탁자에는 블루베리, 자두, 산정자山丁子 등 오소리가 좋아하는 과일이 제물로 놓여 있다. 앙난카탄보루칸의 왼쪽 아래에는 거미줄, 나방, 오소리가 그려져 있고 오른쪽에는 두 마리의 나비, 두 마리의 오소리가 그려져 있고 옆에 오소리굴이 그려져 있다.

5. 지야치보루칸

지야치보루칸吉雅其博如坎은 재물신 또는 행운신으로 한 가정의 구성원과 가축의 번창을 관할하는 신에서 가정의 생명과 재산의 안전을 보호하는 신으로 발전하였다.

전설에 의하면 동물을 잡지 못한 수렵인이 수렵지에서 흰 수염을 한 노인을 만나 노인에게 동물 잡는 방법을 알려 달라고 하였다. 노인은 그에게 집으로 돌아가 지야치상을 그려 놓으면 많은 동물을 잡을 것이라고 하였다. 수렵인이 그 말대로 하니 과연 많은 동물을 잡게 되었다고 한다. 이로부터 지야치를 신으로 모시고 지야치보루칸이라 부르게 되었다. 원래는 수렵 보호신이었는데 후에 가축과 사람의 병과 재난을 보호하는 신을 겸직하게 된 것으로 보인다.

〈그림 18〉 지야치보루칸

6. 마루보루칸

가정 보호신으로 가정의 내부에서 사람과 가축을 보호하는 신이다. 마루보루칸瑪魯博如坎은 사람과 가축의 평안과 수렵을 주관한다.

이 신상은 얇은 나무판자로 사람 모양의 신상을 16개 만든다. 신상을 방형의 천에 꿰매는데 위쪽 끝에는 두 조각의 모피를 팔八 자형으로 꿰맨다. 4개의 나무 신상을 마루보루칸이라고 하는 경우도 있다. 사람과 말이 병이 나거나 동물을 잡지 못할 때 마루보루칸에게 기도하며 제물로는 노루나 꿩을 바친다.

7. 아무훙 마마

아무훙阿木轟 마마媽媽는 생육신으로 아이를 돌보는 신이다. 전하는 바로는 아무훙 마마는 천상에 사는데 아주 많은 아이가 있으며 온몸에 유방이 있다고 한다. 천당의 모든 아이는 아무훙 마마의 젖을 먹고 자랐으며 그녀는 모든 아이들의 자애로운 어머니였다.

결혼 후에 임신을 하지 못하는 여자는 샤먼을 통하여 아무훙 마마에게 아이를 청하는데 아무훙 마마는 많은 아이들 중의 하나를 임의로 고른다고 한다. 그러나 아이는 엄마를 떠나고 싶어 하지 않아 그녀는 모질게 마음을 먹고 손바닥으로 아이의 엉덩이를 때린다. 그래서 아이가 태어났을 때 앙앙 울고 엉덩이에는 푸른색의 모반이 있다고 한다. 아무훙 마마는 아이가 걸을 때 길에서 어떠한 장애를 만날 것인지 예측할 수 있어 미리 준비한 좋은 줄과 나무 막대기를 아이에게 준다. 이 줄과 나무 막대기는 아이가 여러 관문과 위험한 곳을 순조롭게 통과할 수 있도록 도와 인간계의 부모 품에 안기게 한다. 사람들이 아무훙 마마를 숭배하는 것은 임신하게 도와주어 사람들이 번성할 수 있게 해 주기 때문이다.

8. 영유아 보호신과 호신부

아이는 민족의 희망이며 미래로 어룬춘족은 아이를 매우 좋아하여 남자아이이건 여자아이이건 자녀가 많은 것을 행복이라고 생각한다.

과거에는 거주환경이 열악하고 의료조건이 낮아 아이들의 생존율이 매우 낮았다.

어룬춘족은 출산과 육아에 대한 체계화된 습속이 있다. 예를 들어 아이를 재우는 요람에는 반드시 호신부를 건다. 검은색 천으로 작은 신상을 만들고 흰 실로 꿰매어 눈과 입을 표현하고 허리에는 붉은색의 허리띠를 매어 주는데 벽사를 하기 위해서이다. 호신부는 하나는 크고 둘은 작다. 이 신상은 요람의 머리 부분에 거는데 신이 아이를 안전하게 보호하고 아이가 울지 않고 잠을 잘 자고 병이 들지 않고 건강하게 자라게 해 준다고 생각한다. 만약 아이가 병에 걸리거나 놀라면 어른들은 호신부를 만들어 아이 옷의 등 쪽에 붙여 주고 건강하게 보호해 주기를 기도한다. 이러한 습속은 전통 관념을 반영한 것으로 유렵 생활의 필요에 따라 적응한 결과라 할 수 있다.

11장

어룬춘족의 곰 신화와 신앙

[서영대]

곰에 대한 양가감정

어룬춘족은 중국의 대소 싱안령興安嶺 산맥 일대에서 사냥으로 의식주를 해결하던 수렵민족이었다. 그러므로 그들의 삶은 동물과 밀접한 관계를 가졌는데 그중 하나가 곰이다.

싱안령 일대에서 서식하던 곰은 불곰Ursus arctos과 흑곰Ursus thibetanus 두 종류이다. 불곰은 갈색곰 또는 큰곰이라고도 하는데 곰 종류 가운데 가장 크고 무게가 많이 나가며 빛깔은 대개 갈색이다. 흑곰은 가슴에 'V' 자 또는 'U' 자형의 무늬가 있어 반달곰이라고도 하는데 크기나 무게가 불곰보다는 작고 검은 빛깔이다. 양자는 외형뿐만 아니라 여러 가지 차이가 있다. 불곰은 나무에 잘 오르지 못하여 자연동굴이나 땅을 파고 사는 데 비해(어룬춘인은 이를 '땅속 창고地倉'라 불렀다), 흑곰은 나무를 잘 타며 주로 나무 속에서 산다('하늘 창고天倉'라고 한다). 불곰은 시각이 발달한 데 비해 흑곰은 그렇지 못하다. 그러나 주로 야간에 활동하는 잡식동물로서 동면을 하며 동면 중 새끼를 낳는 등 양자 간의 공통점도 많다.[1] 그래서 어룬춘 사람들 사이에서도 양자에 대한 구별이 없었던 것은 아니지만[2] 이러한 구분에 큰 의미를 두지는 않은 것 같다.

곰은 어룬춘 사람들에게 특별한 존재였다. 곰은 싱안령 일대에서 가장 덩치가 크고 힘이 센 동물이어서 이 점에서는 인간을 훨씬 능가했다. 그뿐만 아니라 곰은 모든 것을 꿰뚫어보는 예지력을 가지고 있다고 여겼다. 곰의 견갑골에는 미래를 예지할 수 있는 안공眼孔이 있어 사람의 심리와 계획을 훤히 꿰뚫어볼 수 있다고 여겼으며, 그래서 자신을 욕하는 사람을 알고 보복한다고 생각했다.[3]

또 곰은 동물 중에서도 특히 사람의 모습이나 행동과 닮은 점이 많다. 예컨대 직립보행을 하며 일어섰을 때 젖가슴 등이 사람과 흡사하다든지 앞발로 음식을 쥐고 먹는다든지 먼 곳을 바라볼 때 눈두덩이 위에 앞발을 갖다 댄다든지 하는 것이다. 그래서 어룬춘 사람들은 '디리칸底力坎'[4] 또는 '뉴뉴쿠牛牛庫'란 생물학적 명칭이 있음에도[5] 이들로 곰을 지칭하지 않고 특별한 경칭을 사용한다. 곰의 경칭은 주로 친족 호칭인데, 수곰은 야야(雅亞, 할아버지), 어티칸(額替堪, 영감), 아마하阿瑪哈 또는 아마한(阿瑪罕, 외삼촌)이라 했다. 암곰은 타이톄(太帖, 할머니), 어녜허(額聶赫, 외숙모), 언민허(恩民河, 큰어머니)라 부른다(조사 중 가장 많이 들은 말은 아마하이다).[6] 어룬춘 사람들은 자기 조상이나 생존한 노인을 말할 때 이름을 말하는 것을 금기시하는데,[7] 곰에게 친족 호칭을 사용하는 것도 바로 이러한 의미에서이다.

그러나 현실에서는 곰과의 마찰을 피할 수 없다. 물론 곰도 사람을 두려워하여 충돌을 피하려 한다.[8] 그러나 곰은 자신의 둥지 주위의 나무들을 깨물어 영역 표시를 하는데 이 영역을 침범한 인간에 대해서는 공격을 가했다. 또 오랜 동면에서 깨어나 허기가 극도에 달했을 때나 인간의 공격을 받았을 때도 사람을 해치는 수가 있다. 그러므로 생명을 위협받을 때는 곰과 싸워 죽일 수밖에 없었고, 곰 사냥에 따른 경제적 이득(웅담, 곰 발바닥, 곰고기)도 무시할 수는 없었다.

이렇듯 곰은 외경의 대상인 동시에 죽이지 않으면 안 되는 대상이었다. 어룬춘족의 곰 관련 신앙과 민속은 이러한 양가감정 위에서 전개된다.

어룬춘족은 중국 정부의 정책에 따라 1950년대 초반부터 수렵 생활을 청산하고 산에서 내려와 정착 농경 생활을 시작하였다. 그뿐만 아니라 수렵 제한정책과 이어진 1990년부터의 수렵금지 조치로 말미암아 수렵에서 완전히 멀어지게 되었다.[9] 그래서 곰 문화는 점차 희미해지면서 그들의 기억 속에만 남아 있는 것이 되었다.

그들이 하산하기 전의 삶의 모습은 과거 만주국 시절 일본인들에 의해 조사된 바가 있지만 지극히 단편적이며[10] 더구나 곰 문화에 대해서는 거의 언급한 내용이 없다. 한편 중국에서의 조사와 연구는 어룬춘족이 하산한 이후에 이루어진 것이기 때문에 생동감이 떨어지는 것이 사실이다. 그러나 하산 이전의 삶을 기억하는 사람들을 통한 조사인 만큼, 어룬춘 사람들의 전통문화를 엿볼 수 있는 가장 좋은 자료가 된다. 이 글은 이러한 자료에 2015년 8월에 실시한 현지조사의 결과를 덧붙인 것이다.

곰 신화

어룬춘족의 곰에 대한 인식을 잘 보여 주는 것은 그들의 곰 신화이다. 어룬춘에서 전승되는 곰 신화는 1978년에 나온 치우푸秋浦의《어룬춘 사회의 발전鄂倫春社會的發展》에서 처음 소개된 이래 지금까지 몇 가지 설화들이 채록된 바 있다. 과거 수렵 생활을 하던 시절에는 곰 관련 신화가 더 풍부했을 것으로 짐작되지만 현전하는 곰 신화는 크게 네 종류로 수렴된다.

① 먼 옛날 어떤 사냥꾼이 암곰에게 잡혀가 산속의 동굴에 갇혀 밖으로 나올 수가 없었다. 그렇게 몇 년간 동거하다가 새끼 곰 한 마리를 낳았다. 어느 날 어미 곰이 새끼를 데리고 먹거리를 찾으러 외출하면서 동굴의 입구를 막아 두지 않았다. 사냥꾼은 이 틈을 타서 밖으로 달아나 강가로 갔는데, 마침 뗏목 하나가 강을 따라 내려오고 있어 바로 뗏목에 올라 하류로 도망갔다. 저녁에 어미 곰이 새끼 곰과 먹거리를 등에 업고 돌아왔는데 얼핏 보기에도 동

굴의 입구가 크게 열려 있어 사정이 심상치 않다고 느꼈다. 동굴에 들어와 보니 과연 사냥꾼이 없었다. 어미 곰은 대단히 분해서 새끼 곰을 데리고 사냥꾼의 발자국을 따라 강가에 이르렀고, 얼마간 강을 따라 내려가다가 사냥꾼이 강 위의 뗏목에 앉아 있는 것을 발견했다. 어미 곰은 두 앞발로 사냥꾼을 부르면서 돌아오기를 권했으나 사냥꾼은 도무지 거들떠보지도 않았다. 어미 곰은 강폭이 넓어 단번에 뗏목 위로 뛰어오르지 못하는 것이 한스러웠으나 다른 방법이 없어 새끼 곰을 잡고 힘껏 찢어 새끼 곰의 반쪽을 사냥꾼에게 던졌고, 나머지 반쪽은 자기가 안고 오랫동안 울음을 그치지 않았다. 이렇게 해서 반으로 갈라진 새끼 곰은 두 곳으로 나누어져 살게 되었는데, 어미를 따라간 것은 곰이 되었고 아비를 따라간 것은 어룬춘인이 되었다고 한다.[11]

② 아주 오랜 옛날 중년의 어룬춘 부인이 오른손에 붉은 팔찌를 낀 채 깊은 산속 밀림으로 채소와 야생 과일을 따러 갔다. 돌아올 때 하늘이 깜깜해져 그만 방향을 잃어버리고 말았다. 그래서 오랫동안 산속에서 생활하다가 결국 곰으로 변하고 말았다. 몇 년이 지난 어느 날 그녀의 남편이 이곳에 사냥하러 왔다가 곰 한 마리가 마침 감을 먹고 있는 것을 보고 바로 창으로 곰을 죽였다. 사냥꾼은 사냥칼을 꺼내 곰의 껍질을 벗겼는데 어쩐 일인지 앞발에서 칼이 들어가지 않았다. 그래서 자세히 들여다보니 그것은 자기 아내가 손에 차고 있던 팔찌 때문이었다. 이때부터 사람들은 곰은 사람이 변한 것으로 생각하게 되었다.[12]

③ 옛날 쿠얼빈하庫爾濱河의 상류에 한 어룬춘 여성이 살고 있었다. 하루는 그녀 혼자서 깊은 산 나무가 우거진 곳으로 채소와 과일을 따러 갔다. 그녀

는 이것들을 따기도 하고 먹기도 하면서 한 바구니를 가득 채웠다. 돌아올 즈음엔 하늘이 이미 어두워져서 그녀는 어쩔 줄 모르고 산림 속을 헤매었는데 방향을 잃어버려 아무리 해도 그곳을 벗어날 수 없었다. 그녀는 안달이 나서 애초에 왜 같은 우리린烏力隣 사람들과 함께 산에 오지 않고 혼자 왔는지 후회했다. 그녀는 춥고 피곤하여 바람을 피할 수 있는 큰 나무의 구멍을 찾아 들어가 휴식을 취했다. 계속해서 몇 년 동안 산속에서 고독하게 지내면서 점차 자신의 고향을 잊었으며 우리린의 친척들도 잊어버렸다. 그녀는 마침내 한 마리 곰으로 변했다.

하루는 한 사냥꾼이 그 지역을 지나가다가 어지럽게 흩어진 풀 위에서 곰의 발자국을 발견하고는 열심히 곰을 찾던 중 앞의 그루터기에 마치 다하大哈라는 가죽 외투를 입은 것 같은 사람이 등을 돌리고 앉아 졸고 있는 것을 발견했다. 그는 다른 사람이 먼저 이곳에 사냥을 왔다고 생각하여 방해하지 않고 물러나려고 했다. 그런데 그 사람이 갑자기 일어나 기다란 검은 코를 내밀고 붉은 입을 벌리고 뾰쪽한 이빨을 드러내면서 하품을 하고 털이 숭숭 난 발을 벌리는 것이 아닌가. 사냥꾼은 그것이 사람이 아니고 분명 한 마리의 검은 암곰임을 깨닫게 되었다. 사냥꾼은 활을 잡고 팽팽하게 당겨 '핑' 하고 화살을 쏘았지만 화살은 검은 곰 뒤에 있는 나뭇가지에 맞고 말았다. 곰은 화살 소리를 듣자 몸을 돌려 침착하게 앞으로 나와서 앞발을 눈두덩에 올려 빛을 가리고는 사방을 둘러보다 사냥꾼을 발견했다. 사냥꾼의 두 번째 화살이 발사되어 곰의 앞발에 명중했다. 곰은 화가 나서 화살을 두 동강이로 부러트리고 사냥꾼을 향해 달려왔다. 사냥꾼은 당황하여 소나무 뒤로 몸을 숨겼으나 곰은 소나무로 달려와 세 번 흔들고 두 번 밀어서 소나무를 넘어뜨렸다. 사냥꾼은 한쪽 다리가 소나무에 깔려 도망가려 해도 갈 수가 없었다.

신기하게도 곰은 이러한 정경을 보고 그를 해치지 않고 반나절 동안 그 주위를 맴돌다가 엉덩이로 단번에 나무둥치를 밀쳐내어 소나무에 깔린 사냥꾼의 발이 빠져나오도록 했다. 그러나 사냥꾼의 다리는 상처를 입어 일어나지 못했을 뿐만 아니라 움직이지도 못했다. 곰은 사람과 마찬가지로 사냥꾼을 업고 나무 구멍 속으로 들어와서 그를 구멍 안의 둥지에 눕히고 휴식하게 했다. 그리고 풀뿌리와 풀잎을 물고 와서는 이를 씹어 사냥꾼의 다친 다리에 발라 주었으며 야생 과일과 야생 벌꿀을 가져와 사냥꾼이 허기를 채우도록 했다. 사냥꾼의 상처는 하루가 다르게 좋아졌으며 이때부터 곰과 사냥꾼은 동거에 들어갔고 암곰은 반은 곰을 닮고 반은 사람을 닮은 새끼를 낳았다. 사냥꾼은 온종일 나무 구멍 속에서 상처를 다스렸고 암곰은 새끼 곰을 데리고 늘 밖으로 나가 먹거리를 찾았으니, 마치 하나의 가정과 같았다. 어미 곰은 매번 외출 때마다 반드시 큰 돌로 구멍의 입구를 막아 맹수들이 들어와서 사냥꾼을 해칠 수 없도록 했다.

그러나 사냥꾼은 시종 그의 고향을 잊을 수 없어 밤낮없이 우리린에 있는 친척들을 그리워했다. 어느 날 그는 다리가 완전히 낫자 어미 곰과 새끼 곰이 먹거리를 찾으러 나간 기회를 틈타 입구를 막아 놓은 돌을 밀치고 기어 나와서 다리의 힘을 시험했더니 예전과 마찬가지로 힘이 있었다. 그는 신속하게 나무 구멍 위에서 활과 화살을 내려서 태양이 뜨는 방향으로 달아났다. 그가 숲을 벗어나 강가에 이르렀을 때 마침 우연히 뗏목을 타고 있는 사람을 만났다. 그는 큰 소리로 뗏목을 강가에 오도록 불러 뗏목에 뛰어올라 강물의 흐름에 따라 하류 쪽으로 흘러갔다.

사냥꾼이 나무 구멍을 떠난 지 오래지 않아 어미 곰과 새끼 곰이 돌아와서는 사냥꾼이 달아났고 활과 화살도 없어진 것을 발견했다. 풀 둥지의 냄새를 맡

았더니 어느 정도 따뜻한 기운이 남아 있었다. 어미 곰은 사냥꾼이 아직 멀리 가지는 못했을 것이라 생각하고 새끼 곰을 데리고 강가로 이어진 사냥꾼의 발자국을 따라가서 뗏목을 타고 강의 중앙을 향해 흘러가는 사냥꾼을 보았다. 어미 곰은 대단히 화가 나서 고함을 지르며 강가를 따라 추격했지만 사냥꾼은 거들떠보지도 않았다. 어미 곰은 너무나 원망스러웠지만 단번에 뗏목에 뛰어오르지 못했고 그럴 능력도 없었다. 어미 곰은 화가 극도에 다다라 새끼 곰을 붙잡아 두 토막으로 찢어 한쪽은 강으로 던지고 자기는 나머지 반쪽을 껴안고 강가의 큰 바위에 걸터앉아 대성통곡했다.[13]

④ 형제가 사냥을 나갔는데 어리석은 동생은 번번이 사냥감을 놓쳤을 뿐만 아니라 가지고 있던 식량마저 강물에 빠뜨려 버렸다. 그래서 형이 계획을 세워 동생을 살해했고 동생은 결국 흑곰으로 변신했다.[14]

이 중 ①은 인간 남자가 암곰과 혼인하였다는 남혼웅男婚熊 유형의 전승이다. 이러한 유형은 여러 문헌에 보이며[15] 그중에는 사냥꾼의 이름이 모르건莫日根이며, 그래서 어룬춘족은 예로부터 곰 사냥을 금했으며 아울러 웅제熊祭의 풍속이 생기게 되었다고 전하는 이전異傳도 있다.[16] 따라서 ①은 어룬춘의 민족기원과 곰 관련 풍속의 기원을 설명하는 신화라 할 수 있다.[17]

②는 오랜 기간 숲을 방황하던 여성이 마침내 곰으로 변했다는 것으로, 여변웅女變熊 유형이라 할 수 있다. 이것은 곰이 원래는 인간이었다는 어룬춘 사람들의 인식을 보여 주는 것이라 할 수 있다.

③은 여성이 곰이 되고, 그 곰이 사냥꾼과 혼인하여 어룬춘인의 조상

을 낳았다는 것이다. 여기서의 곰은 착하기 그지없다. 자신을 죽이려는 사냥꾼을 치료해 주고 사냥꾼을 보호하기 위해 나무 구멍의 입구를 막아 둔다. 이렇듯 세부적인 면에서는 차이가 있지만 ③은 기본적으로는 ①과 ②를 하나로 합친 유형이라 할 수 있다.

④는 남자가 곰으로 변했다는 것으로, 남변웅男變熊 신화라고 할 수 있다. 그리고 이것 역시 곰이 원래는 인간이었다는 어룬춘 사람들의 인식을 보여 주는 것이라 할 수 있다.

이를 통해 첫째, 어룬춘에는 남혼웅, 여변웅, 남변웅 등 다양한 유형의 곰 신화가 전승되고 있었다고 할 수 있다. 북아시아 여러 민족 사이에 곰 신화가 널리 분포되어 있다는 것은 잘 알려진 사실이며,[18] 중국과 한국에서는 곰과 인간의 밀접한 관련을 설명하는 설화가 일찍부터 전승되고 있다.[19] 그중에는 여성과 곰이 혼인하는 여혼웅女婚熊 유형이나[20] 단군신화처럼 곰이 사람으로 변하는 웅변인熊變人 유형도 있지만 이런 유형은 어룬춘에서는 확인되지 않는다. 그렇긴 하지만 어룬춘처럼 다양한 유형의 곰 설화가 전해지는 경우는 흔하지 않다.

둘째, 인간과 혼인한 것이든 인간이 변한 것이든 간에 곰은 인간과 밀접한 관계를 가진 존재로 인식되었음을 보여 주며 그중에서도 곰은 어룬춘인의 조상이란 것이 대표적이라 할 수 있다.

셋째, 곰은 ①에서 사냥꾼을 납치하여 감금하는 것으로 나오지만 악의 화신은 아니다. 이에 비해 사할린과 헤이룽강黑龍江 하류역에 거주하는 니브흐Nivkh족의 전승에서는 곰이 여인을 유인하여 잡아먹었을 뿐만 아니라 그녀의 동생까지 해치려고 한 인간의 적대자로 등장한다.[21] 어룬춘족 전승에서의 곰은 사냥꾼을 먹여 살리고 이별을 안타까워했다는 점에서 인간의 적대자는 아니다. 오히려 결국 인간이 곰을 죽이거나 배신하여 달아난다. 나쁜 쪽은 인간이라 할 수 있다.

이러한 공통점에도 불구하고 앞으로 풀어나가야 할 문제가 여럿 남아 있다. 예컨대 어룬춘의 전승과 유사한 곰 신화가 북아시아에 많이 분포하고 있기 때문에 그들과의 관계를 어떻게 보아야 할 것이냐는 문제이다. 즉, 어룬춘에서 발생해서 주변으로 전파된 것인지, 아니면 어룬춘이 주변 지역의 것을 받아들인 것인지가 문제다. 또 여러 유형의 어룬춘 곰 신화 가운데 어느 것이 더 오래된 것이냐는 점도 문제가 된다. 즉, 남녀를 불문하고 사람이 곰으로 변했다는 유형이 더 오래되었는지, 아니면 인간의 조상이 곰이란 유형이 더 오래되었는지 하는 문제이다. 그러나 이러한 문제들은 당장 해결하기는 어렵고 앞으로의 숙제로 남겨 둘 수밖에 없다.

또 어룬춘에서는 이 밖에도 토끼와 곰이 해가 뜨는 방향을 두고 다투다 토끼는 언청이가 되고 곰은 허리 부분이 변형되었다는 전승이 채록된 바 있으나[22] 이런 것은 민담의 범주에 속하는 만큼 일단 논의에서 제외하고자 한다.

곰 의례

어룬춘족은 앞에서 언급한 바와 같이 곰을 조상으로 여기고 경외의 대상으로 삼았지만 자신의 생명을 지키기 위해, 또는 식량을 얻거나 외부세계와의 교역품을 확보하기 위해 곰을 죽이지 않을 수 없었다. 어룬춘의 곰 사냥은 봄에서 가을 사이에 행해지기도 했다. 곰은 봄에서 여름에는 개미나 야생 과일을 먹고 살기 때문에 저습지나 산골짜기에서, 가을에는 도토리 등을 먹고 살기 때문에 주로 산림에서 곰 사냥을 했다.[23] 그러나 곰 사냥은 주로 곰이 동면하는 겨울에 행해졌다. 곰이 동면을 위해 살을 많이 찌웠기 때문이다. 어룬춘의 사냥은 잡는 동물에 따라 5~8월의 여름 사냥과 10~3월의 겨울 사냥으로 나누어지는데, 이러한 이유에서 곰은 겨울 사냥의 대상으로 분류된다.[24]

곰은 특별한 동물로 여겼기 때문에 다른 동물을 사냥했을 때와는 달리 죽이는 과정에서부터 사체 처리에 이르기까지 다양한 의례와 금기가 수반된다.

먼저 사냥감을 찾는 도중 곰의 은신처를 발견하면 일체 말을 해서는 안 된다. 곰은 동면 중에도 꿈을 통해 사람이 생각하는 것을 알기 때문이다. 그래서 발견한 사람은 타탄다(塔坦達, 우리린의 수령)의 가죽신 위에 조용히 소나무 씨앗을 하나 올려놓는다. 그러면 타탄다는 누군가가 곰의 동굴을 발견한 것을 알아채고 다음 날 사람들을 조직해 곰을 사냥하러 나간다.[25]

곰이 땅속이나 동굴, 즉 지창地倉에 숨어 있을 때는 돌이나 막대기 또는 불을 붙인 풀 묶음을 던져 넣는데 그래도 나오지 않을 때는 위험을 무릅쓰고 장대로 지창 안을 쑤시거나 사람의 땀 냄새가 밴 옷이나 모자를 던져 넣기도 한다. 나무 속, 즉 천창天倉에 숨어 있을 때는 유인해 내기가 더욱 어려운데, 이때는 한 사람이 옆의 나무로 올라가 풀 묶음이나 나무토막을 던져 넣어 밖으로 나오게 한다.[26]

곰을 죽일 때는 곰의 고통을 최소화할 수 있도록 일격에 죽여야 하며 눈과 귀는 상하지 않게 해야 한다. 그리고 잡은 후 반드시 "우리를 불쌍히 여기소서."라고 해야 한다.[27] 또 말도 조심해야 한다. 예컨대 총으로 곰을 쏘아 명중해도 "명중이다!"라고 소리치는 것이 아니라 "나를 불쌍히 여겼구나."라고 해야 하며, 죽어가는 곰을 보고는 "죽었다."라고 하면 안 되고 "부투챠布土恰" 혹은 "아파챠阿帕恰"라고 해야 하는데 이는 '이루셨다' 또는 '주무시다'라는 뜻이다.[28] 또 곰을 잡았다고 하면 안 되고 쾅예런曠迭仁이라고 해야 하는데, 이것은 곰이나 호랑이를 잡았을 때만 사용하는 특수한 말이다.[29] 이 밖에 어룬춘어로 곰고기를 해체할 때 사용하는 칼을 커얼건지刻爾根基라 하는데 '고기를 자를 수 없는 무딘 칼'이란 뜻이며, 곰을 잡을 때 사용하는 창은 후웡지呼翁基라 하는데, '동물을 잡을 수 없는 도구'라는 뜻이다. 이것은 도구의 본디 명칭을 숨기는 방식으로 곰의 영혼을 속이려는 것이다.[30]

곰이 죽으면 젊은이가 먼저 가까이 가서 보아서는 안 되고, 타탄다가 가서 암수를 감별한다. 수곰이면 고환을 잘라서 손상되지 않도록 나무 위에 걸어 두며, 암곰이면 젊은이들이 보지 못하게 하고 그 하체를 담요나 자작나무껍질로 가려 둔다.[31]

곰은 덩치가 커서 한꺼번에 운반하기 어렵기 때문에 현장에서 해체한다. 해체는 곰의 머리를 절단하는 데서 시작한다. 그다음에는 배를 갈라 작은창자를 꺼내어 머리 둘레를 세 번 감고 머리를 바구니에 담거나 풀로 싸서 두 나무 사이에 설치해 놓은 시렁 위에 올려 둔다. 그 목적은 곰의 영혼이 달아나지 못하도록 붙잡아 두기 위한 것이라 한다.[32] 또 곰의 입을 벌려 나무막대를 괴어 두는데 다음에 사냥할 때 곰이 사람을 물지 못하도록 하기 위해서이다.[33]

다음에는 타탄다가 사냥꾼들을 대동하고 그 앞에 나가 무릎 꿇고 담배를 바치고 기도한다. 기도의 내용은 죽인 데 대한 용서를 구하거나 변명을 하는 것이다. 예컨대 "할아버지(암곰일 때는 할머니)! 우리는 당신을 의도적으로 죽이려고 한 것이 아니고 실수로 죽인 것이니 우리에게 화禍를 내리지 마시고 우리가 짐승을 많이 잡도록 도와주십시오."라든가 "할아버지! 잠드셨습니까? 우리의 화살은 정확하지 못하고 칼도 대단히 무딥니다. 그래서 실수로 당신을 죽인 것입니다. 그러하오니 우리에게 화내지 마시고 앞으로 보살펴 주시고 짐승을 많이 잡을 수 있도록 복을 내려 주십시오."라고 빈다. 때로는 우리가 죽인 것이 아니라 다워얼족達斡爾族이나 한인漢人이 죽인 것이라고 하여 다른 사람에게 책임을

전가하기도 한다. 기도가 끝나면 풀에 불을 붙여 연기로 곰의 머리를 그슬린다.[34]

곰을 해체하는 데는 약 1시간 정도 소요되며 먼저 눈, 코, 이빨, 발톱부터 제거해야 하고[35] 곰 머리의 가죽을 벗겨서는 안 된다. 가슴을 열 때는 피가 심장으로 돌아갈 수 있도록 동맥에 손상이 가지 않게 해야 하고, 요리할 때까지 혀와 심장이 서로 분리되지 않도록 조심한다.[36] 현지조사 때 제보자에 의하면 이때 해체하는 사람은 여러 번 "아마하 타이라자(외삼촌 미안합니다)."라는 말을 되풀이한다고 한다.[37]

곰고기는 말에 싣고 마을로 돌아온다. 이때 말은 반드시 거세한 것(고환이나 난소를 제거한 말)이어야 한다. 그렇지 않으면 암말은 유산하거나 불임이 되고, 수말은 곰처럼 흉포해져 사람이나 다른 말을 문다고 한다.[38] 그런데 곰고기를 싣고 올 때 머리를 어떻게 하는지에 대해서는 두 가지 설이 있다. 하나는 가져오지 않는다는 것으로 잡은 장소에 아무렇게나 버려두거나[39] 나무에 걸어둔다. 곰 머리는 먹지 않는데 그렇게 하지 않으면 곰으로부터 징벌을 당하기 때문이라고 한다.[40] 그러나 가져와서 다른 뼈들과 함께 풍장風葬을 한다는 설도 있다.[41]

곰고기를 운반할 때 사냥꾼들은 사람이 죽은 것처럼 곡을 하기도 하고[42] '카 카 카' 하면서 까마귀 소리를 내기도 한다. 이것은 책임을 까마귀에게 돌려 곰의 보복을 방지하기 위한 것이라고 한다.[43] 이 소리를 들으면 우리린에 남아 있던 사람들도 곰을 잡은 것을 알고 모두 셰런주에서 나와 같이 까마귀 소리를 내면서 이들을 맞이한다.[44]

곰이 도착하면 우리린에 남아 있던 노인이 나와 "아마하阿瑪哈 또는 어녜허額聶赫가 직접 너에게 입을 맞추었는가?"라고 물으면, 사냥꾼은

"어네허가 입을 맞춰 주었습니다."라고 대답한다. 그러면 사람들은 암곰을 잡은 줄 안다.[45]

가져온 고기는 여자들이 삶는데[46] 삶은 다음 일정한 크기로 잘라 곰기름에 무쳐 먹었다고 한다.[47] 곰을 먹을 때는 다른 고기와는 달리 모든 우리린 사람들이 모여 함께 먹는다. 사람들이 남녀로 갈라 원을 이루고 꿇어앉아 있으면 곰을 잡은 사람이 모든 이에게 고기를 한 점씩 나누어 준다. 남자에게는 곰의 허리 윗부분을, 여자에게는 허리 아랫부분을 나누어 주는데 여자가 위쪽을 먹으면 곰에게 잡혀 죽는다고 한다. 여성이 곰고기를 먹을 때는 먼저 고기를 삶은 큰 솥에 절을 한 다음 남자들과 같이 앉아서 먹을 수 있었다고 한다.[48]

한편 곰의 심장이나 간과 같은 내장은 공동으로 먹고, 남은 것은 잡은 사람의 가족만 소비하며 다른 사람에게는 절대 주지 않고 외부인에게도 팔지 않는다. 만약 그렇게 하면 다음부터 짐승을 잡을 수 없기 때문이란 설명도 있다. 곰고기를 먹으면서도 사람들은 계속 까마귀 소리를 낸다. 이것 역시 곰에게 고기를 먹는 것은 사람이 아니라 까마귀라는 것을 알리기 위한 것이다. 먹고 남은 고기는 잡은 사람의 집으로 가져가서 먹으며 다른 사람에게 주거나 팔지 않는다.[49]

같이 먹든 집에서 먹든, 먹은 다음 곰 뼈를 함부로 버려서는 안 된다. 곰 뼈를 잃어버리면 이후 행할 풍장의식의 효험이 없어져 곰의 영혼이 복수한다고 믿기 때문이다. 그뿐만 아니라 개가 곰 뼈를 물어뜯게 되면 미친개가 되어 흉포해지고 사람을 마구 문다고 여겨지기 때문이다.[50]

곰고기를 먹은 후에는 곰 뼈를 모아 곰의 장례식을 거행한다. 어룬춘 사람들의 장례 방식의 하나로 풍장風葬이 있는데 이는 일명 수장樹葬·

천장天葬이라고도 하며, 시신을 나무 또는 나무로 만든 시렁 위에 올려 놓는 것이다. 곰의 장례 방법도 바로 이러한 풍장인데 어룬춘에서는 곰의 풍장을 구뤄이런(古落一仁, 古落依仁)이라 한다. '구뤄'는 탄식하는 소리이고(우리 식으로 '아이고'), '이런'은 '이렇게 한다'라는 뜻으로, '이렇게 애도한다'라는 의미다.[51]

구뤄이런은 버드나무 잎으로 싸 두었던 곰의 머리를 덕이 높고 신망이 두터운 노인에게 주는 데서 시작된다. 노인은 한 손에 곰의 머리를 들고 다른 한 손에는 자작나무 갈고리를 드는데, 갈고리 위에는 자작나무껍질이 있어 여기에 불을 붙인 다음 곰의 머리를 연기로 그슬린다. 이를 '더러운 것 제거하기'라고 하며 곰의 영혼을 멀리 보내 다시는 사람들에게 치근거리지 못하도록 하기 위한 것이라 한다.[52]

그러면 사람들은 구뤄이런 노래를 부르는데, 둘러앉은 사람들의 가운데에 있는 남자가 선창하면 다른 남자들이 이를 따라 하되 여자들은 따라 하지 못한다. 노래의 가사는 정형화되어 있으며 다음과 같다.

一

구뤄, 구뤄, 외삼촌(큰어머니), 구뤄
당신은 어두운 북쪽 산비탈로 가셔야 합니다. 구뤄
우리가 그럭저럭 자라는 것을 기뻐한 당신입니다. 구뤄
우리는 당신의 뼈를 찾아 당신을 풍장하려고 합니다. 구뤄
당신이 떠나실 때가 왔습니다. 구뤄
당신은 당신의 외나무다리를 건너야 합니다. 구뤄
당신이 좋아하던 개미는 다 드셔야 합니다. 구뤄

당신의 자작나무 정리는 마쳐야 합니다. 구뤄

당신은 두 산 사이의 길을 가야 합니다. 구뤄

二

구뤄, 구뤄, 외삼촌(큰어머니), 구뤄

매년 우리가 당신을 볼 수 있게 해야 합니다. 구뤄

매년 우리가 당신을 잡는 것을 좋아해야 합니다. 구뤄

그래서 우리는 당신의 뼈를 찾아 풍장을 합니다. 구뤄

만약 젊은이를 우연히 마주치더라도 물어서 다치게 해서는 안 됩니다. 구뤄

당신이 우연히 노인을 만나 손등을 치는 것은 괜찮습니다. 구뤄

당신은 이 길을 끝까지 가셔야 합니다. 구뤄

우리는 당신의 뼈를 찾아 풍장을 하려고 합니다. 구뤄

당신은 원래 동물입니다. 구뤄

당신은 동물 중에서 가장 무서운 것입니다. 구뤄

사람들은 모두 당신에게 잡아먹힐까 봐 두려워합니다. 구뤄

우리는 당신에게 우리를 잡아먹지 말기를 바랍니다. 구뤄

그래서 우리는 당신의 뼈를 찾아 풍장을 하는 것입니다. 구뤄[53]

구뤄이런 노래의 분위기나 목적은 1절과 2절이 조금 다르다고 한다. 즉, 1절은 곡조가 장중하며 곰의 영혼을 달래서 저 세상으로 보내고자 하는 것인 데 비해, 2절은 상대적으로 유쾌한 분위기에서 곰이 인간에게 해를 끼치지 말기를, 또 재생하기를 기원하는 공리적 성격이 강하다.[54] 그러나 일관된 주제는 곰에게 사죄하고 저승으로 잘 가서 재생하

기를 바라는 것이다.

풍장은 정중하게 치러진다. 곰 뼈를 정리해 올려 둔 들것(버드나무가지로 짠다)을 네 사람이 들고 나머지 사람들은 곡을 하면서 이를 호송하여 나무가 무성한 곳으로 간다.[55] 거기서 가지와 잎이 무성한 나무 두 그루를 선택하여 그 위에 들것을 걸쳐 놓는다. 그런 다음 연기로 곰을 정화한다.[56] 나무 위로 들것을 올려놓을 때 사람들은 "저희가 일부러 당신을 죽인 것이 아니라 실수로 죽인 것입니다. 당신은 저희에게 재앙을 내리지 마시고 저희가 더 많은 짐승을 잡을 수 있도록 보우하여 주십시오."라고 빈다고 한다.[57]

풍장의 마지막 단계는 곰 가죽 전달하기다. 이것은 한 사람이 곰 가죽을 뒤집어쓰고 전체 우리린을 돌면서 셰런주 입구에서 까마귀 소리를 내면 집 안에 있는 사람도 까마귀 소리로 화답하는 것으로, 일종의 곰의 고별의식이라고 한다. 마지막에 들른 셰런주에 노인이 있으면 곰 가죽을 노인에게 선사하며 없을 때는 다시 한 바퀴 돌면서 노인이 있는 집에 곰 가죽을 준다.[58]

금기는 곰 의례가 끝난 다음에도 계속된다. 곰 가죽은 셰런주의 중앙에 두어야 하며 여성들은 곰 가죽을 밟아서는 안 되고 머리 쪽에 앉아서도 안 된다. 특히 월경 중의 여성이 앉으면 곰에 대한 일종의 모독으로 간주되어 큰 재앙이 닥치며 임산부가 앉으면 유산이 된다고 믿는다.[59] 단 폐경기의 여성은 곰 가죽을 만져도 괜찮다고 했다.

독일의 민족학자 파프로트Paproth에 의하면, 퉁구스족 사이에서 곰 의례는 널리 행해지는데 이를 분류하면 크게 두 가지 형태가 있다고 한다. 사냥한 곰을 가지고 하는 것과 잡아온 새끼 곰을 일정 기간 사육하여 축제 기간에 죽여서 먹는 것이다.[60] 전자를 사냥곰 의례, 후자를 사육곰 의례라고 한다면, 이상에서 언급한 어룬춘족의 곰 의례는 사냥곰 의례에 해당한다.

그런데 어룬춘에는 원래 사냥곰 의례 외에 사육곰 의례도 있었을 것이란 추측이 있다.[61] 그것은 1740년대 러시아인이 헤이룽강 하류와 쑹화강松花江 연안에 분포했던 만훈滿琿족이 축제를 위해 곰을 큰 우리에 넣어 기르는 것을 보았으며 만훈족은 어룬춘족의 일부라는 것이다. 만훈족이란 Mangun(러시아 말로는 Manguni)족을 가리키는 것이 아닌가 한다. Mangun이란 아무르강을 의미하는 Manggu에, 사람을 의미하는 nai를 합성한 것으로 '아무르 사람'이란 의미인데, 현재는 이들을 Ul'chi라고 한다.[62] 그러나 만훈이든 Mangun이든, 이들과 어룬춘과의 관계는 미상이다. 또 이동생활을 하는 어룬춘 사람들이 한곳에서 곰을 일정 기간

〈그림 1〉 풍장을 한 곰[63]

〈그림 2〉 사냥을 떠나는 모습

사육할 수 있었을지 의문이다. 그렇지만 무조건 부정할 수만은 없으므로 이 문제에 대한 판단은 유보할 수밖에 없다.

2015년 8월 현지조사에서 들은 바로는 어룬춘 사람들도 1970년대에 세 사람이 곰을 한 마리 잡은 것을 마지막으로 그 이후에는 곰사냥 이야기를 들은 적이 없다고 한다. 따라서 현재는 곰에 대한 의례와 금기의 전통이 단절되었다고 할 수 있다. 그러나 어룬춘족의 곰 의례는 앞으로도 인류문화의 바탕을 이해하는 데 중요한 자료로 남을 것이다.

곰 관련 민속춤

어룬춘족과 곰의 관련성은 그들의 민속무용에서도 찾아볼 수 있다. 어룬춘 사람들은 춤과 노래를 좋아하는 민족이어서 기쁜 일이나 여가가 있을 때는 남녀노소 불문하고 춤과 노래를 즐기는데 그 가운데 흑곰이 서로 싸우는 모습을 흉내 낸 춤이 있다.[64]

이 춤을 내몽골자치기 지역에서는 흑웅박투무黑熊搏鬪舞, 즉 흑곰이 격렬하게 싸우는 것을 묘사한 춤이라 한다. 한편 헤이룽장성黑龍江省 자인현嘉蔭縣 우라가진烏拉嘎鎮 일대에서는 투웅무鬪熊舞라고 한다. 명칭이 다른 만큼 양자 사이에는 차이가 있다. 예컨대 춤의 기본 동작은 흑웅박투무에 비해 투웅무가 훨씬 복잡하고 다양하다. 그러나 곰이 싸우는 모습을 흉내 낸 것이란 점에서 기원적으로 같은 것이며 전승 과정에서 지역에 따라 변화 발전의 양상이 달라진 결과로 여겨진다.

투웅무는 세 사람이 추는 춤으로 남녀노소의 구별 없이 누구나 출 수 있다. 먼저 여러 사람이 빙 둘러앉은 중앙에 곰 역할을 맡은 두 사람이 싸울 듯한 자세로 마주 선다. 이때 두 사람은 윗몸을 앞으로 구부리고 두 손을 무릎에 대고 무릎은 구부린 자세를 취한다. 그리고 성이 난 표정을 짓고 입으로는 '헝모哼莫' 또는 '하모哈莫', '허우, 허우, 허우吼吼吼'라는 소리를 연발한다. 이것이 곰의 으르렁거리는 소리임은 쉽게 짐작할 수 있다. 이러한 자세로 마주 선 두 사람은 머리와 상체를 앞뒤로 흔들며 발을 구르기 시작한다. 시간이 흐름에 따라 두 사람의 동작이 점차 커지고 거리도 조금씩 가까워지고 어깨를 부딪칠 무렵이 되면 대기하고 있던 다른 한 사람이 중간에 끼어들어 같은 동작을 되풀이하면서 두 사람 주위를 맴돈다. 세 사람이 함께 어울려 씩씩거리다가 한쪽이 진 것처럼 행동하면 춤이 끝난다.

이때 춤을 추면서 노래를 부르기도 하는데, 노랫말은 다음과 같다.

> 자혜이자 자혜이자, 아. 자혜이자, 온몸의 근육이 들썩이고 모든 신경이 곤두섰다. 이 싸움은 생사와 존망을 건 결전이다.
> 자혜이자 자혜이자, 아. 자혜이자, 용기는 곧 힘이며, 힘은 곧 승리이고, 힘은 곧 빛이다.[65]

그리고 반주는 없지만 둘러앉아 있는 사람들이 '어후란더额呼蘭德', '어후더후额乎德乎', '제벤제후이介邊介回', '저헤이저哲黑哲', '자헤이자加黑加', '다후다후達乎達乎' 같은 소리를 내어 흥을 돋운다.

이 춤은 원래 곰을 잡아온 후 전 가족이 모닥불 주위에 둘러앉아 곰고기를 먹고 술을 마시면서 노래하며 추던 춤이었는데 이후 사냥감을 많이 잡았을 때나 혼례와 같은 경사가 있을 때 남녀노소 할 것 없이 함께 어울려 추었다. 그래서 이 춤은 어룬춘족의 대표적인 민속무용으로 자리 잡게 되었으며[66] 그중 투웅무는 2009년 헤이룽강성 비물질문화유

〈그림 3〉 투웅무

산명록黑龍江省 非物質文化遺產名錄에 등재되기에 이르렀다.

투웅무가 언제부터 시작되었는지는 알 수 없지만 어룬춘족이 수렵 생활을 하면서 곰을 숭배하던 풍속과 밀접한 관련이 있음은 틀림없는 것 같다. 따라서 투웅무는 어룬춘족의 예술의 일면을 반영하는 동시에 그들의 곰 숭배와 원시수렵시대 생활의 일면을 보여 주는 것이라 할 수 있다.

곰 신앙의 성격

이상에서 어룬춘족의 곰에 대한 신화, 의례, 무용 등을 살펴보았다. 이러한 결과를 토대로 어룬춘 사람들의 곰 신앙의 성격을 살펴봄으로써 결론에 대신하고자 한다.

어룬춘 사람들은 곰을 특별한 동물로 여겼다. 신화에서는 곰을 그들의 조상이라 했고 곰에 대해서 친족 어른의 호칭을 사용했으며 의례에는 살해된 곰을 특별하게 취급했다. 또 산에서 곰의 발자국이나 곰이 먹다 남긴 음식물을 보면 무릎을 꿇고 절을 하면서 존경을 표했다고 한다. 그래서 곰은 어룬춘의 토템이란 해석이 일찍부터 존재했다. 토테미즘에서 동물을 조상으로 여기는 사례가 많기 때문이다.[67]

그러나 곰이 토템이라는 것에 대해 부정적인 견해도 있다.[68] 그것은 첫째, 민속에서는 신에 대해 친족 호칭을 사용하는 것이 보편적이므로 곰에 대한 경칭을 가지고 곰을 조상으로 여겼다고 할 수 없으며 둘째,

곰을 숭배하는 것은 조상이기 때문이 아니라 곰에 대한 의뢰심과 공포심, 곰을 영험한 존재로 여겼기 때문이며 셋째, 곰 신화에는 일부일처제나 정착 생활이 반영되어 있는데 이것은 원시적 토템단계와 맞지 않으며 넷째, 토테미즘에서는 특정 시기를 제외하고 토템동물을 잡아먹지 않는데 어룬춘에서는 곰을 사냥의 대상으로 여기고 있다는 점 등을 근거로 한다.

토템 여부는 토템의 개념을 어떻게 설정하느냐에 따라 달라질 수 있다. 하지만 일반적으로 통용되는 설은 한 사회가 여러 집단으로 나누어져 있고, 각 집단과 특별한 관계(조상-자손)를 가지고 있다고 여겨지는 특정 동물이나 식물의 종(種, species)을 토템이라 한다는 것이다.[69] 다시 말해 집단에 따라 조상으로 숭배하는 동식물의 종이 다를 때 이를 토템이라 하며, 여러 집단이 동시에 특정 동식물을 숭배한다면 토템이라 할 수 없다는 것이다. 그렇다면 어룬춘의 여러 집단에서 모두 곰을 조상으로 여기든지 특별하게 취급하는 만큼 곰을 토템으로 보기는 어렵다. 더구나 곰 숭배는 서쪽으로는 북유럽에서부터 동쪽으로는 북아메리카 대륙에 걸쳐 분포하는 통대륙적(通大陸的; intercontinental) 현상이라고 한다.[70] 다시 말해 곰 토템을 가진 한 집단이 확대되었다고 하기에는 곰 숭배 민족이 너무 많고 지역도 너무 넓다는 것이다. 그러므로 곰을 어룬춘의 토템으로 간주하기 위해서는 보다 많은 근거가 필요하다고 할 수밖에 없다.

어룬춘에서 곰이 토템이 아니라면, 곰 숭배는 동물숭배의 일종일까? 일찍이 세계 여러 지역의 곰 의례를 연구한 미국의 인류학자 할로웰Hallowell은 이들 지역에서 곰은 신 자체가 아니라 신의 사자supernatural agent로 여겨졌다고 하면서, 곰 숭배는 동물 자체를 숭배하는 동물숭배가 아니라고 했다.[71] 그러나 현재까지 알려진 자료에 의하는 한, 어룬춘에서 곰을 신의 사자로 여겼다는 인식은 확실하지 않다.

그렇다고 해서 어룬춘에서 곰이 은혜를 베푸는 자비로운 신으로 여겨졌던 것은 아니다. 어룬춘에는 사람들이 곰으로부터 보복을 당했다는 몇 가지 전설이 전하고 있다. 곰의 대퇴골을 밥주걱으로 사용하던 어떤 할머니가 이동 중 후미에 섰다가 곰에게 납치당해 대퇴골이 뽑혀 죽었다든지, 오랫동안 짐승을 잡지 못한 사냥꾼이 화가 나서 "어째서 곰조차도 잡히지 않지? 만약 곰을 잡는다면 반드시 머리 가죽을 벗겨버리겠어."라고 했다가 곰의 습격을 받아 자신의 머리 가죽이 벗겨졌다는 전설,[72] 곰의 두개골을 그릇으로 썼으면 좋겠다고 말했던 어룬춘 부녀가 산에 갔다가 곰에게 잡혀 두개골이 깨어졌다는 전설[73] 등이 그것이다. 이러한 전설들은 곰이 인간의 마음을 읽고 보복을 할 정도로 인간을 능가하는 존재임을 시사한다. 또 곰이 개체로서가 아니라 종 전체로서 경외의 대상이 되었음을 보여 준다. 죽은 곰의 복수를 다른 곰이 해 준다고 여기기 때문이다.

그러나 곰이 인간을 보호하고 자비를 베푼 전승은 없다. 또 곰 의례의 과정은 곰에게 용서를 구하는 것으로 일관하고 있다. 이러한 사실들은 곰 숭배의 이유가 곰에 대한 두려움 때문이란 사실을 짐작할 수 있게 한다. 나아가 곰 의례의 과정에서 시종일관 까마귀 소리를 내면서 곰을 속이고 살해의 책임을 회피하려 하는데 이는 곰은 속일 수 있는 존재, 즉 전지전능한 신은 아닌 것으로 인식되었음을 보여 준다. 인간을 능가하는 강력한 힘, 그것이 어룬춘 사람들의 곰 숭배의 토대라는 것이다.

끝으로 어룬춘 문화에는 한국과 통하는 점이 있고 이러한 것들은 수렵문화를 비롯한 한국의 고층문화를 이해하는 데 많은 시사를 준다는 점을 지적해 두고자 한다. 우선 어룬춘의 곰 신화는 공주 곰나루 설화나[74] 고령 봉화산 처녀 곰설화 등과[75] 흡사하다. 또 단군신화가 곰이 인간으로 변했다는 여변웅女變熊이라는 점에서는 차이가 있지만 인간집단의 조상신화라는 점에서는 단군신화와도 공통점이 있다. 그리고 어룬춘 사람들이 수사슴 소리를 내어 발정 난 암사슴을 유인하거나 노루새끼 소리를 내어 어미 노루를 유인하는 도구인 녹초鹿哨 또는 포초狍哨[76]를 사용하는 것은 반구대 암각화에서 긴 피리를 불고 있는 사람의 모습을 연상하게 한다. 또 어룬춘 사람들이 사냥을 위해 입산할 때 입구의 한 나무에 산신 바이나차白那恰의 얼굴을 그리고 여기에 사냥의 성공을 기원하며 돌아올 때는 바이나차의 입에 담배를 물려주거나 잡은 동물의 고기를 넣어 준다고 하는데,[77] 바이나차는 반구대 암각화에 새겨

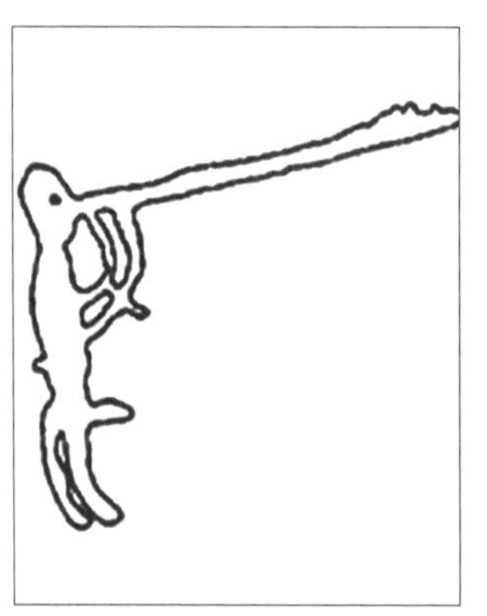

〈그림 4〉 피리 부는 사람(반구대 암각화)

〈그림 5〉 녹초鹿哨(阿里河鎭, 어룬춘박물관)

〈그림 6〉 녹초의 앞부분

진 인면상을 연상시킨다. 그렇다고 하면 한국 문화의 이해를 위해서도 어룬춘 문화에 대한 연구가 앞으로 더욱 활성화될 필요가 있겠다.

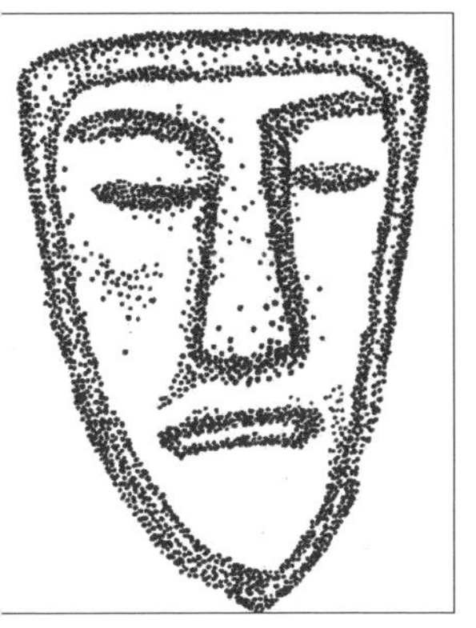

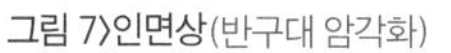
그림 7〉인면상(반구대 암각화)

〈그림 8〉 바이나차 상

〈그림 9〉 바이나차에 대한 의례

〈그림 10〉 보루칸에 기도하는 할머니

〈그림 11〉 셰런주 밖의 신체神體

〈그림 12〉 어룬춘 소녀

12장

1950년대 이후 어룬춘 사회의 변화

[관샤오윈關小雲]

지금 어룬춘족 마을에 간다면 우리가 알고 있는 수렵민 어룬춘족을 만나기는 어렵다. 1951년 10월 31일 네이멍구어룬춘자치기內蒙古鄂倫春自治旗 인민정부가 성립되면서 어룬춘족은 사냥감을 따라 이동하고 자작나무껍질로 만든 셰런주에 거주하던 오랜 역사와 이별을 고하게 되었다. 1인당 말 한 마리, 총 한 자루로 사냥하며 떠돌아다니는 생활을 청산하고 산에서 내려와 정착하였다.

1953년 헤이룽장성 타허현塔河縣의 스바잔十八站, 후마현呼瑪縣의 바이인나白銀納, 새로 생긴 아이후이구瑷輝區, 쉰커현遜克縣의 신어新鄂 · 신성新生, 자인현嘉蔭縣의 우라가烏拉嘎 등에 정착하였으며 이곳에 어룬춘민족향 인민정부를 설립하였다. 기장旗長, 부현장副縣長, 향장鄕長, 현의 인민대표와 같은 지위를 어룬춘족이 담당하게 되어 주도적으로 어룬춘 사회의 발전을 이끌 수 있게 되었다.

어룬춘인은 원래 사냥을 위주로 하고 어렵을 부업으로 하였으며 모

〈그림 1〉 1970년대 퉈자민托扎敏 인민공사에서 조직한 수렵민 농장의 모습

피와 고기를 생활용품과 교환하는 경제생활을 영위해 왔다. 그러나 현재는 농업, 양식업, 요식업, 서비스업, 관광산업 등 다양한 산업을 발전시켰다. 가족 단위의 다원경제구조를 형성하여 농업 생산과 임업 생산에 종사하고 있다.

개혁개방 이후 어룬춘인은 수렵에서 완전히 벗어나 농업이 주가 되는 다각적인 경영을 통하여 발전의 길을 걷고 있다. 국가에서 실시하는 흥변부민행동興邊富民行動[1], 인구가 비교적 적은 민족의 빠른 발전을 돕는 계획扶持人口較少民族發展規劃, 신농촌건설新農村建設, 아름다운 중국美麗中國 등의 사업을 실천하면서 어룬춘 경제는 급속한 발전을 이루었고 생활수준 역시 지속적으로 향상되었다.

어룬춘족의 향鄕과 진鎭에는 모두 학교가 설립되어 적령기 아동의 취학률이 100%에 이르렀으며 공교육 비율도 100%가 되었다. 다수의 대학생, 석사, 박사를 배출하여 각 분야에 진출하게 되었다.

어룬춘족의 모든 향과 진에 병원과 보건소를 건립하여 건강 수준을 향상시켰다. 정부에서는 향촌의 의료 환경을 개선하고 의료설비를 완비하고 의료기술 인력을 배치하여 가까운 곳에서 진찰받을 수 있게 하였다. 모든 사람이 누리는 위생보건이라는 목표 아래 기반을 다지고 있으며 예방접종 의료보험가입률은 100%에 달한다.

1950년대 이전 대싱안령지구에는 눈모嫩漠도로밖에 없었다. 이후 헤이허黑河와 뤄구허洛古河를 연결한 헤이뤄黑洛도로, S-209성도, 산허三合와 타허塔河를 연결한 산타三塔도로가 건설되었다. 하얼빈哈爾濱과 모허漠河를 연결한 하모哈漠철로, 타허塔河와 스바잔十八站, 한자원韓家園을 연결한 타스한塔十韓철로도 건설되었다. 111국도와 201성도와 철로, 하이라얼海拉爾-자거다치加格達奇-하얼빈에 이르는 노선은 어룬춘자치기의 남북을 관통하는 철로이다.

자치기 소재지인 아리허진阿里河鎮으로부터 33킬로미터 떨어진 자거다치구加格達奇區는 북방의 중요한 교통 중심지이다. 이곳에서 베이징, 뤄양洛陽, 다롄大連, 하얼빈, 치치하얼齊齊哈爾 등의 대도시까지 직항 열차와 항공이 운행된다. 현재 헤이룽장과 네이멍구 내에 있는 모든 어룬춘 마을에 도로가 연결되어 있다. 교통시설의 발전으로 인하여 향과 진은 새로운 면모를 갖추게 되었다.

우편통신사업도 급속도로 발전하고 있다. 소도시에도 디지털 전화시스템, 디지털 이동통신시스템이 개통되었고, 광케이블 통신공사, 위성기지국, 통신수신시스템을 건설하였다. 인터넷이 각 가정에 연결되어 인터넷을 통해 각종 물건을 구입할 수 있게 되었다. 어룬춘 가정은 TV, 전화, 휴대폰, 컴퓨터, 냉장고, 오토바이, 자동차를 보유하게 되었다.

어룬춘족은 새로 정착한 마을에 살며 농경 생활을 위주로 곡물음식을 주식으로 하는 생활을 하고 있다. 비록 현재 정착 생활을 하고 있으나 오랜 수렵 생활은 그들의 가슴속에 남아 있다. 따라서 어룬춘인들은 수렵 생활이 그리울 때면 종종 다음과 같은 노래를 부른다.

시간은 알지 못하는 사이에 일체의 것들을 가지고 갔다.

산림 깊은 곳에서의 기억도 포함하여.

어룬춘 사냥꾼은 말한다.

나는 종종 숲에 가서 걷는데

그것은 사냥을 하기 위해서가 아니라

나의 마음을 보기 위한 것일 뿐이라고.

주석

1장 어룬춘족 개관

1) 실카강(Shilka River)-역자 주
2) 제야강(Zeya River)-역자 주
3) 부레야강(Bureya River)-역자 주
4) 암군강(Amgun River)-역자 주
5) 어룬춘족의 일부-필자 주
6) 어룬춘족의 일부-필자 주
7) 曹廷杰,《東北邊防輯要》下, 1883, p.5.
8) 馬克,《黑龍江旅行記》, 商務印書館, 1977, p.103.
9) 馬克,《黑龍江旅行記》, 商務印書館, 1977, p.105.
10) 馬克,《黑龍江旅行記》, 商務印書館, 1977, p.159.
11)《東華錄》卷26.
12)《吉林通志》"奇勒爾, 亦曰奇楞, 在寧古塔東北二千里.……自烏蘇里江口瀕混同江南岸, 東至海濱舊界."
13) 어룬춘족의 일부.
14)《朔方備乘 · 庫頁附近諸島考》"在島之稍南……山南即鄂倫春等所居."
15) 마니야지얼(馬尼亞吉爾), 후마얼첸(呼瑪爾千)이라고도 한다.
16) 비라얼첸(畢拉爾千)이라고도 한다.
17) 로(路)는 송나라, 금나라, 원나라 시기 지역구획명(地域區划名)으로 청나라까지 연용하였다.
18) 日本參謀部 編,《滿洲地制》, 上海商務印書館, 光緒三十年(1904)版, p.93.

2장 기원과 역사

1) 峻林 · 國富 · 寶華 편,《鄂倫春民間故事集成 · 族源的傳說》, 內蒙古文化出版社, 1997.
2) 지금의 러시아 경내의 쓰타눠푸(斯塔諾夫) 산맥을 말한다.
3) 노루머리를 이용해 만든 모자를 말한다.
4) 노루다리가죽으로 만든 장화를 말한다.
5) 峻林 · 國富 · 寶華 편,《鄂倫春民間故事集成, 嘎仙洞的傳說》, 內蒙古文化出版社, 1997.
   中國民間文藝研究會 黑龍江分會会,《黑龍江民間文學》第11集, 嘎仙洞和奇奇嶺的傳說, 1984, p.24.
6)《元朝秘史》"林木中百姓."

7)《大明一統志》"一種北山野人, 乘鹿以出入."

8)《東三省政略》"鄂倫春實亦索倫之別部, 其族皆散處興安嶺山中, 以捕獵爲業, 元時稱爲林木中百姓, 國初謂樹中人, 又謂爲使鹿部."

9)《黑龍江外記》"其人有姓默納赫爾者, 有姓都訥亨者, 蓋即俄倫春類."

10) 타생팔기(打牲八旗)라고도 한다.

11) 치치하얼(齊齊哈爾) 북쪽 160리에 있다.

12) 이웨이치(伊倭奇) 또는 자커단(扎克丹)이라고도 하며 현재 내몽골 모리다와(莫力達瓦) 다워얼족자치기 경내에 있다.

13) 中國歷史博物館,《淸代民族圖志》, 淸海人民出版社, 1997, p.1.

14)《黑龍江外記》"其隸布特哈八旗爲官兵者, 謂之摩凌阿俄倫春. 其散處山野, 僅以納貂爲役者, 謂之雅發罕俄倫春."

15) 지금의 헤이허시(黑河市)를 말한다.

16) 지금의 넌장현(嫩江縣)을 말한다.

17) 지금의 헤이룽장성 넌장현 경내에 있다.

18)《黑龍江志稿》卷43 "改設協領四員, 分城經理."

19) 지금의 헤이룽장성 너허현(訥河縣)을 말한다.

20)《庫瑪爾路鄂倫春族檔案材料》第1册, pp.20-21. "查興安嶺內散屬鄂倫春人一部落---常年以游猎爲生活之道, 嫻于跋涉, 精于射擊, 若將此等人編爲軍旅, 專任巡山, 搜索賊匪巢穴, 且能補助森林警察之不及."

21)《愛琿縣志 · 庫路志下》

22) 內蒙東北少數民族社會歷史調查組,《庫瑪爾路鄂倫春族檔案材料》第二册, 1958, p.39. "兵民等如此窮苦, 無人可去經營(農業), 今請求佐領煩勞代爲經營, 佐領等當即推辭, 則兵民等再三求之, 佐領等無奈, 只可代爲經營, 急行前去招戶開墾耕種, 現有熟地者招人耕種, 所進之地租, 佐領等代爲積存, 以備給兵民等置買牛犁籽種以及應用物品等, 其余生地急行招墾."

23) 매 분(份)은 0.3전(錢)이다.

24) 內蒙古少數民族社會歷史調查組,《鄂倫春族調查材料之四》, 1959, p.177.

3장 사회조직과 지도자의 역할

1) 후마하는 어룬춘어로 '엘크가 많은 곳'이라는 뜻이다.

2) '쥐'라는 뜻이다.

3) '탐욕이 많다'는 뜻이다.

4) 겨울과 여름에 셰런주(斜仁柱)를 덮는 펠트.

5) 후에 16개로 증가하였다.

6) 마땅히 몽골어로 보아야 한다.

7) 지야하(吉雅河) 유역의 사람이다.
8) 현재는 넌장현(嫩江縣)에서 관할한다.
9) 원래 쒀룬기(索倫旗)와 부터하기(布特哈旗)에 나누어 설치하였다.
10) 후룬베이얼(呼倫貝爾) 나원무런멍(納文慕仁盟)의 줄임말이다.

4장 수렵 중심의 생산 활동

1) 하얼퉁(哈爾通), 볜하이(邊海) 일대를 포함한다.
2) 《契丹國志》 "弓以皮爲弦, 箭削樺爲竿."
3) 《清高宗實錄》 "其項即于各該官兵領得俸餉內, 分三年扣抵."
4) 內蒙古自治區編委會 編, 《鄂倫春族社會歷史調查》 第二集, 內蒙古人民出版社, 1984, p.15.
5) 《龍沙紀略》 "鄂倫春無馬多鹿, 乘載與馬無異."
6) 《黑龍江外記》 "四不像亦鹿類, 鄂倫春役之如馬."
7) 《東三省政略》 "復有山中鄂倫春所使者, 彼曰沃利恩, 俗稱四不像子."
8) 지야하(結雅河)를 말한다.
9) 史祿國, 《北方通古斯的社會組織》, 內蒙古人民出版社, 1985, p.101.
10) 內蒙古自治區編委會 編, 《鄂倫春族社會歷史調查》 第二集, 內蒙古人民出版社, 1984, p.16.
11) 內蒙古自治區編委組 編, 《鄂倫春族社會歷史調查》 第一集, 民族出版社, 2005, p.16.
12) 內蒙古自治區編委會 編, 《鄂倫春族社會歷史調查》 第二集, 內蒙古人民出版社, 1984, p.19.
13) 內蒙古自治區編委會 編, 《鄂倫春族社會歷史調查》 第二集, 內蒙古人民出版社, 1984, p.318.
14) 中國民族博物館, 《中國鄂溫克族鄂倫春族赫哲族文物集萃》, 民族出版社, 2014, p.37.
15) 中國民族博物館, 《中國鄂溫克族鄂倫春族赫哲族文物集萃》, 民族出版社, 2014, p.44.
16) 수렵을 하기에 좋은 계절로 봄철의 녹용기(鹿茸期), 겨울철의 타피자기(打皮子期) 등이 있다.
17) 호랑이와 곰 등의 흉맹한 동물을 잡을 때 전문적으로 쓰는 용어.
18) 內蒙古自治區編委會 編, 《鄂倫春族社會歷史調查》第二集, 內蒙古人民出版社, 1984, p.40.
19) 어룬춘어로 가헤이마오(嘎黑毛)라고 한다.
20) 어룬춘어로 워다화(窩達華)라고 한다.
21) 어룬춘어로 니거디(尼格底)라고 한다.

5장 수피 중심의 의생활

1) 박춘순 · 조우현, 《중국 소수민족 복식》, 민속원, 2002, p.4.

2) 張敏杰,《獵民絶藝, 鄂倫春族狍皮制作技藝》, 黑龍江人民出版社, 2011, p. 14.

3) 吳愛群,《鄂倫春族服飾文化傳承硏究》, 哈爾濱師範大學 碩士學位論文, 2011, p.10.

4) 張敏杰,《獵民絶藝, 鄂倫春族狍皮制作技藝》, 黑龍江人民出版社, 2011, 前言 中.

5)《禮記》〈禮運篇〉"昔者先王未有宮室, 冬則居營窟. 夏則居橧巢, 未有火化, 食草木之實, 鳥獸之肉, 飮其血. 茹其毛. 未有麻絲, 衣其羽皮."

6)《韓非子》"古者丈夫不耕, 草木之實足食也. 婦人不織, 禽獸之皮足衣也."

7)《白虎通》卷一 "茹毛飮血而衣皮葦."

8) 張敏杰,《獵民絶藝, 鄂倫春族狍皮制作技藝》, 黑龍江人民出版社, 2011, p.2.

9) 張敏杰,《獵民絶藝, 鄂倫春族狍皮制作技藝》, 黑龍江人民出版社, 2011, p.3.

10)《漢書》"匈奴 自君王以下咸食畜肉, 衣其皮革, 被旃裘."

11)《後漢書》"挹婁, 古肅愼之國也. 在夫餘東北千餘里, 東濱大海, 南與北沃沮接, 不知其北所極. 土地多山險. 人形似夫餘, 而言語各異. 有五穀麻布, 出赤玉好貂. 無君長, 其邑落各有大人. 處於山林之間, 土氣極寒, 常爲穴居, 以深爲貴, 大家至接九梯. 好養豕, 食其肉, 衣其皮."

12)《魏書》"勿吉國----男子豬犬皮裘."

13)《晉書》"肅愼氏----衣其皮 績毛以爲布."

14) 張敏杰,《獵民絶藝, 鄂倫春族狍皮制作技藝》, 黑龍江人民出版社, 2011, p.4.

15) 張敏杰,《獵民絶藝, 鄂倫春族狍皮制作技藝》, 黑龍江人民出版社, 2011, p.4.

16) 張敏杰,《獵民絶藝, 鄂倫春族狍皮制作技藝》, 黑龍江人民出版社, 2011, p.4.

17) 박춘순 · 조우현,《중국 소수민족 복식》, 민속원, 2002, p.47.

18)《魏書》"用角弓----男女悉衣白鹿皮襦袴."

19) 張敏杰,《獵民絶藝, 鄂倫春族狍皮制作技藝》, 黑龍江人民出版社, 2011, p.4.

20) 현지 어룬춘박물관 전시 작품 및 어룬춘족 소개 인터뷰 중(2015년 8월 10일)
어룬춘족 수공업 중에 중요한 것은 부녀가 만든 피모(皮毛)제품과 화피(樺皮)제품으로, 그들은 계절에 따라 획득한 다른 수피(獸皮)로 그 성능과 부위에 따라 그 계절에 맞는 복식을 봉제한다.

21) 吳愛群,《鄂倫春族服飾文化傳承硏究》, 哈爾濱師範大學 碩士學位論文, 2011, p.9.

22) 何青花 · 宏雷 편,《鄂倫春服饰》, 民族出版社, 2010, p.10, p.19.

23) 何青花 · 宏雷 편,《鄂倫春服饰》, 民族出版社, 2010, p. 10.

24) 何青花 · 宏雷 편,《鄂倫春服饰》, 民族出版社, 2010, p. 10.

25) 현지 어룬춘박물관 전시 작품 및 어룬춘족 소개 인터뷰 중(2015년 8월 10일)

26) 張敏杰,《獵民絶藝, 鄂倫春族狍皮制作技藝》, 黑龍江人民出版社, 2011, pp.16-17.

27) 吳愛群,《鄂倫春族服飾文化傳承硏究》, 哈爾濱師範大學 碩士學位論文, 2011, p.10.

28) 박춘순 · 조우현,《중국 소수민족 복식》, 민속원, 2002, pp.49-50.

29) 何青花 · 宏雷 편,《鄂倫春服饰》, 民族出版社, 2010, pp.4-5.

30) 중국 어룬춘족 현지답사는 2015년 8월 9일-17일에 진행하였다.

31) 何青花 · 宏雷 편,《鄂倫春服饰》, 民族出版社, 2010, p.43.

32) 何青花 · 宏雷 편,《鄂倫春服饰》, 民族出版社, 2010, p.38.
33) 何青花 · 宏雷 편,《鄂倫春服饰》, 民族出版社, 2010, p.64.
34) 고순희 · 장현주, 〈동북, 내몽골지역 중국소수민족이 착용한 모피와 피혁류 복식의 유형과 특성〉,《복식》, 60(4), 2010, p.64.
35) 박춘순 · 조우현,《중국 소수민족 복식》, 민속원, 2002, p.50.
36) 何青花 · 宏雷 편,《鄂倫春服饰》, 民族出版社, 2010, p.64.
37) 吳愛群,《鄂倫春族服飾文化傳承研究》, 哈爾濱師範大學 碩士學位論文, 2011, pp.10-11.
38) 何青花 · 宏雷 편,《鄂倫春服饰》, 民族出版社, 2010, p.66.
39) 何青花 · 宏雷 편,《鄂倫春服饰》, 民族出版社, 2010, p.64.
40) 何青花 · 宏雷 편,《鄂倫春服饰》, 民族出版社, 2010, p.65.
41) 吳愛群,《鄂倫春族服飾文化傳承研究》, 哈爾濱師範大學 碩士學位論文, 2011, p.11.
42) 吳愛群,《鄂倫春族服飾文化傳承研究》, 哈爾濱師範大學 碩士學位論文, 2011, p.11.
43) 吳愛群,《鄂倫春族服飾文化傳承研究》, 哈爾濱師範大學 碩士學位論文, 2011, p.11.
44) 고순희 · 장현주, 〈동북, 내몽골지역 중국소수민족이 착용한 모피와 피혁류 복식의 유형과 특성〉,《복식》, 60(4), 2010, pp.59-60.
45) 박춘순 · 조우현,《중국 소수민족 복식》, 민속원, 2002, pp.51-52.
46) 何青花 · 宏雷 편,《鄂倫春服饰》, 民族出版社, 2010, p.100.
47) 박춘순 · 조우현,《중국 소수민족 복식》, 민속원, 2002, pp.51-52.
고순희 · 장현주, 〈동북, 내몽골지역 중국소수민족이 착용한 모피와 피혁류 복식의 유형과 특성〉,《복식》, 60(4), 2010, p.60.
48) 何青花 · 宏雷 편,《鄂倫春服饰》, 民族出版社, 2010, p.93.
49) 박춘순 · 조우현,《중국 소수민족 복식》, 민속원, 2002, p.52.
吳愛群,《鄂倫春族服飾文化傳承研究》, 哈爾濱師範大學 碩士學位論文, 2011, p.11.
50) 何青花 · 宏雷 편,《鄂倫春服饰》, 民族出版社, 2010, p.82.
51) 정확한 어룬춘어의 발음을 알 수 없어 한자어 병기로 표기하였다.
52) 吳愛群,《鄂倫春族服飾文化傳承研究》, 哈爾濱師範大學 碩士學位論文, 2011, p.11.
53) 何青花 · 宏雷 편,《鄂倫春服饰》, 民族出版社, 2010, p.82.
54) 郭寶林, 남, 71세, 塔河縣 十八站鄉 거주, 2015년 8월 14일 조사.
55) 何青花 · 宏雷 편,《鄂倫春服饰》, 民族出版社, 2010, p.50, p.56, p.60.
56) 何青花 · 宏雷 편,《鄂倫春服饰》, 民族出版社, 2010, p.50.
57) 何青花 · 宏雷 편,《鄂倫春服饰》, 民族出版社, 2010, p.60.
58) 何青花 · 宏雷 편,《鄂倫春服饰》, 民族出版社, 2010, p.56.
59) 中國 黑龍江省 塔河縣 統戰部 부부장.
60) 何青花 · 宏雷 편,《鄂倫春服饰》, 民族出版社, 2010, p.60.
61) 張敏杰,《獵民絶藝, 鄂倫春族狍皮制作技藝》, 黑龍江人民出版社, 2011, p.20.
62) 何青花 · 宏雷 편,《鄂倫春服饰》, 民族出版社, 2010, p.72.

63) 何青花 · 宏雷 편,《鄂倫春服饰》, 民族出版社, 2010, p.72.

64) 何青花 · 吳愛群,《鄂倫春族服飾文化傳承硏究》, 哈爾濱師範大學 碩士學位論文, 2011, p.11.

65) 吳愛群,《鄂倫春族服飾文化傳承硏究》, 哈爾濱師範大學 碩士學位論文, 2011, p.11.

66) 박춘순 · 조우현,《중국 소수민족 복식》, 민속원, 2002, p.52.

67) 고순희 · 장현주, 〈동북, 내몽골지역 중국소수민족이 착용한 모피와 피혁류 복식의 유형과 특성〉,《복식》, 60(4), 2010, p.66.

68) 何吉花, 76세, 여성, 內蒙古自治區 呼倫貝爾市 鄂倫春自治旗 托扎敏鄕, 2015년 8월 11일.

69) 格子巴杰, 73세 여성, 2015년 8월 12일(수), 內蒙古自治區 呼倫貝爾市 鄂倫春自治旗 大楊樹鎭 多布庫爾獵民村.

70) 고순희 · 장현주, 〈동북, 내몽골지역 중국소수민족이 착용한 모피와 피혁류 복식의 유형과 특성〉,《복식》, 60(4), 2010, p.70.

71) 何青花 · 宏雷 편,《鄂倫春服饰》, 民族出版社, 2010, pp.2-3.

72) 何青花 · 宏雷 편,《鄂倫春服饰》, 民族出版社, 2010, pp.2-3.

73) 張敏杰,《獵民絶藝, 鄂倫春族狍皮制作技藝》, 黑龍江人民出版社, 2011, p.41.

74) 張敏杰,《獵民絶藝, 鄂倫春族狍皮制作技藝》, 黑龍江人民出版社, 2011, p.39.

75) 張敏杰,《獵民絶藝, 鄂倫春族狍皮制作技藝》, 黑龍江人民出版社, 2011, p.42.

76) 張敏杰,《獵民絶藝, 鄂倫春族狍皮制作技藝》, 黑龍江人民出版社, 2011, p.40.

77) 張敏杰,《獵民絶藝, 鄂倫春族狍皮制作技藝》, 黑龍江人民出版社, 2011, p.41.

78) 何青花 · 宏雷 편,《鄂倫春服饰》, 民族出版社, 2010, p.3

79) 何青花 · 宏雷 편,《鄂倫春服饰》, 民族出版社, 2010, p.3

80) 張敏杰,《獵民絶藝, 鄂倫春族狍皮制作技藝》, 黑龍江人民出版社, 2011, p.46.

81) 何青花 · 宏雷 편,《鄂倫春服饰》, 民族出版社, 2010, pp.2-3.

82) 張敏杰,《獵民絶藝, 鄂倫春族狍皮制作技藝》, 黑龍江人民出版社, 2011, pp.47-49. 또 다른 방법으로는 '썩은 나무로 훈연하고 다시 썩은 나무를 넣고 삶아 황색으로 착색되면 물로 수세한다.'라고 제시되어 있다.

83) 張敏杰,《獵民絶藝, 鄂倫春族狍皮制作技藝》, 黑龍江人民出版社, 2011, pp.43-45.

84) 張敏杰,《獵民絶藝, 鄂倫春族狍皮制作技藝》, 黑龍江人民出版社, 2011, p.45. 어룬춘인은 각종 수피 복식을 봉제할 때 노루 힘줄, 사슴 힘줄, 엘크 힘줄을 사용한다. 짐승 힘줄로 실을 만드는 과정도 오랜 경험을 통하여 숙련 과정을 거쳐 왔으므로 매우 정교하고 세밀하다.

85) 張敏杰,《獵民絶藝, 鄂倫春族狍皮制作技藝》, 黑龍江人民出版社, 2011, p.45.

86) 張敏杰,《獵民絶藝, 鄂倫春族狍皮制作技藝》, 黑龍江人民出版社, 2011, p.45.

87) 고순희,《제주 전통 모피, 피혁류 복식 연구》, 제주대학교 박사학위 논문, 2012, pp.97-108.

88) 吳愛群,《鄂倫春族服飾文化傳承硏究》, 哈爾濱師範大學 碩士學位論文, 2011, pp.10-11.

89) 張敏杰,《獵民絶藝, 鄂倫春族狍皮制作技藝》, 黑龍江人民出版社, 2011, p.36.

90) 고순희 · 장현주, 〈동북, 내몽골지역 중국소수민족이 착용한 모피와 피혁류 복식의 유형

과 특성〉,《복식》, 60(4), 2010, p.71.

91) 소황옥 · 김양희,《중국소수민족과 복식》, 경춘사, 2008, pp.42-45.

92) 소황옥 · 김양희,《중국소수민족과 복식》, 경춘사, 2008, pp.42-45.

93) 內蒙古自治區鄂倫春自治旗文體廣電局博物館 편,《鄂倫春族服裝服飾》, 內蒙古自治區鄂倫春自治旗文體廣電局博物館, 2006, p.4.

94) 內蒙古自治區鄂倫春自治旗文體廣電局博物館 편,《鄂倫春族服裝服飾》, 內蒙古自治區鄂倫春自治旗文體廣電局博物館, 2006, p.4.

95) 內蒙古自治區鄂倫春自治旗文體廣電局博物館 편,《鄂倫春族服裝服飾》, 內蒙古自治區鄂倫春自治旗文體廣電局博物館, 2006, p.10.

96) 內蒙古自治區鄂倫春自治旗文體廣電局博物館 편,《鄂倫春族服裝服飾》, 內蒙古自治區鄂倫春自治旗文體廣電局博物館, 2006, p.10.

97) 張敏杰,《獵民絶藝, 鄂倫春族狍皮制作技藝》, 黑龍江人民出版社, 2011, p.34.

98) 張敏杰,《獵民絶藝, 鄂倫春族狍皮制作技藝》, 黑龍江人民出版社, 2011, p.34.

99) 張敏杰,《獵民絶藝, 鄂倫春族狍皮制作技藝》, 黑龍江人民出版社, 2011, p.34.

100) 김은정,《한국의 무복》, 민속원, 2004, p.35.

101) 張敏杰,《獵民絶藝, 鄂倫春族狍皮制作技藝》, 黑龍江人民出版社, 2011, p.55.

102) 박용숙,《샤먼문명 -별과 우주를 사랑한 지동설의 시대-》, 소동, 2015, pp.245-272.

103) 宏雷,《鄂倫春服饰》, 民族出版社, 2010, pp.106-107.

104) 宏雷 선생과의 인터뷰 내용.(2015년 8월 13일)

105) 宏雷,《鄂倫春服饰》, 民族出版社, 2010, p.108, p.115. 실제 이미지와 유사한 도식화를 참고하기 위하여 넣은 것이다.

106) 何青花 · 宏雷 편,《鄂倫春服饰》, 民族出版社, 2010, pp.108-110.

107) 宏雷 선생과의 인터뷰.(2015년 8월 13일)

108) 궈바오린(郭寶林) 선생과의 인터뷰.(2015년 8월 14일)

109) 張敏杰,《獵民絶藝, 鄂倫春族狍皮制作技藝》, 黑龍江人民出版社, 2011, p.74.

110) 吳愛群,《鄂倫春族服飾文化傳承研究》, 哈爾濱師範大學 碩士學位論文, 2011, pp.10-11.

111) 朝鮮畵報社,《高句麗古墳壁畵》, 학연문화사, 1986, 그림 216.

112) 朝鮮畵報社,《高句麗古墳壁畵》, 학연문화사, 1986, 그림 216.

6장 육류 중심의 음식문화

1)《黑龍江志稿》"以打牲爲業, 住內興安嶺山中, 居無室, 隨牲轉徙. 打牲外, 尤善捕魚."

2)《愛輝縣志》"御冷樺爲屋, 充饑肉作糧, 宴賓燒鹿肉, 遇朋飮酒漿."

3)《黑龍江外記》"肉不足, 則以粟菜輔之."

4) 淺川田郎 저, 趙復興 번역,《興安嶺之王 · 使馬鄂倫春族》, 內蒙古文化出版社, 1999, p.14.

5) 魏娜,《黑龍江世居民族飮食民俗及文化特徵》, 哈爾濱師範大學 2012년 석사학위논문, pp.11-12.
6) 劉荒, 李娟,〈鄂倫春族風俗漫笔〉,《西北民俗》1990, 第3期.
7) 吳雅芝,《最後的傳說, 鄂倫春族文化硏究》, 中央民族大學出版社, 2006, p.90.
8) 吳雅芝,《最後的傳說, 鄂倫春族文化硏究》, 中央民族大學出版社, 2006, p.88.
9) 趙復興,《鄂倫春族游獵文化》, 內蒙古人民出版社, 1991, p.160.
10) 吳雅芝,《最後的傳說, 鄂倫春族文化硏究》, 中央民族大學出版社, 2006, p.88.
11) 趙復興,〈鄂倫春族烹飪獸肉的工具及方〉,《黑龍江民族總刊》2000, 第2期 總第61期, p.95.
12) 魏娜,《黑龍江世居民族飮食民俗及文化特徵》, 哈爾濱師範大學 2012년 석사학위논문, p.18.
13) 孟志 · 東瓦仍台布 · 尼倫勒克,〈鄂倫春族宗教信仰簡介〉,《內蒙古社會科學》, 1981年 第5期, p.66.

7장 이동식 가옥 셰런주와 가정생활

1) 趙復興,〈十七世紀初鄂倫春人的家庭公社〉,《內蒙古師大學報》1984, 第一期, p.68.
2) 趙復興,〈鄂温克族鄂倫春族的夜生活〉,《黑河學刊》1990, 第三期 总第三十七期, p.87.
3) 劉迪志,《鄂倫春族習慣硏究》, 中央民族大學碩師學位論文, 2007, p.30.
4) 趙復興,《興安嶺之王 · 使馬鄂倫春族》, 內蒙古文化出版社, 1999, p.18.
5) 郭寶林, 남성, 塔河縣 十八站鄕, 2015년 8월 14일 조사.
6) 于學斌,〈文化人類學視野中的鄂倫春族居住文化〉,《內蒙古社会科學(漢文版)》第27卷 第3期, 2006年5月, p.90.
7) 吳雅芝,《最後的傳說-鄂倫春族文化硏究》, 中央民族大學出版社, 2006, p.102.
8)《北徼記游》"鄂倫春俗無廬舍, 無布帛. 亦不耕種, 散處山中, 以游獵爲業, 隨獸之所在, 蹤迹之. 即于其處支木爲架, 復于獸皮居之."
9) 阿玉中, 여, 60여 세, 黑龍江省 烏魯布鐵鎭, 2003년 7월 18일 조사.
10) 郭寶林, 남성, 塔河縣 十八站鄕, 2015년 8월 14일 조사.
11) 何吉花, 76세, 여성, 內蒙古自治區 呼倫貝爾市 鄂倫春自治旗 托扎敏鄕, 2015년 8월 11일.
12) 趙復興,《興安嶺之王 · 使馬鄂倫春族》, 內蒙古文化出版社, 1999, p.169.
13) 吳雅芝,《最後的傳說-鄂倫春族文化硏究》, 中央民族大學出版社, 2006, p.100.
14)《黑龍江志稿》"每以狍皮置爲囊, 野處露宿, 全身入囊, 不畏風雪."
15) 吳雅芝,《最後的傳說-鄂倫春族文化硏究》, 中央民族大學出版社, 2006, p.100.
16) 趙復興,《興安嶺之王 · 使馬鄂倫春族》, 內蒙古文化出版社, 1999, p.169.
17) 滿都呼,《中國阿爾泰語系諸民族神話故事》, 民族出版社, 1997, p.321.
18)《龍沙紀略 · 物産》"鄂倫春地宜樺, 冠履器具廬帳舟渡, 皆以樺皮爲之."

19) 吳雅芝,《最後的傳說-鄂倫春族文化硏究》, 中央民族大學出版社, 2006, p.101.
20) 吳雅芝, 最後的傳說-鄂倫春族文化硏究》, 中央民族大學出版社, 2006, p.102.
21) 秋葉隆, 遷雄二 色音 번역,《北方民族與薩滿文化-中國東北民族的人類學調査》, 中央民族大學出版社, 1995, p.23.
22) 鄂 蘇日台,《鄂倫春狩獵民俗與藝術》, 內蒙古文化出版社, 2000, p.68.
23) 石英,〈鄂倫春族传统居住空间环境探析〉,《藝術教育》2009年 第1期, p.119.
24) 布恩巴山, 76세, 남성, 內蒙古自治区 呼倫贝尔市 鄂倫春自治旗 托扎敏鄉, 2015년 8월 11일 조사.
25) 吳曲天, 남, 41세, 阿里河 廣播電視局, 2003년 7월 18일 조사.
26) 鄂 · 蘇日台,《鄂倫春狩獵民俗與藝術》, 內蒙古文化出版社, 2000, p.203.
27) 孟志 · 東瓦仍台布 · 尼倫勒克,〈鄂倫春族宗教信仰簡介〉,《內蒙古社會科學》1981年 第5期, p.67.
28) 滿都呼,《中國阿爾泰語系諸民族神話故事》, 民族出版社, 1997, pp.327-328.

8장 수렵민의 일생

1)《黑龍江外記》卷六 "俄倫春婦臨産, 夫爲搭棚寮數里外, 送婦居之. 旣生兒彌月乃迎歸."
2) 秋葉隆, 遷雄二 色音 번역,《北方民族與薩滿文化-中國東北民族的人類學調査》, 中央民族大學出版社, 1995, p.18.
3) 鄂 蘇日台, 鄂倫春狩獵民俗與藝術, 內蒙古文化出版社, 2000, p.74.
4) 鄂 蘇日台,《鄂倫春狩獵民俗與藝術》, 內蒙古文化出版社, 2000, p.204.
5) 趙復興,〈鄂温克族鄂倫春族的夜生活〉,《黑河學刊》, 1990年 第三期, p.87.
6) 內蒙古少數民族社會歷史調査組 編,《鄂倫春族調査材料之四》, 內蒙古少數民族社會歷史調査組, 1959, pp.9-11.
7) 永田珍馨 저, 趙復興 번역,《興安嶺之王 · 使馬鄂倫春族》, 內蒙古文化出版社, 1999, p.173.
8) 葛長海,〈論鄂倫春民族婚姻習俗〉,《黑河學刊》, 1987年 第1期, p.56.
9) 格子巴杰, 73세 여성, 2015년 8월 12일(수), 內蒙古自治區 呼倫貝爾市 鄂倫春自治旗 大楊樹鎭 多布庫爾獵民村.
10) 葛長海,〈論鄂倫春民族婚姻習俗〉,《黑河學刊》, 1987年 第1期, p.55.
11) 淺川田郎 저, 趙復興 번역,《興安嶺之王 · 使馬鄂倫春族》, 內蒙古文化出版社, 1999, p.44.
12) 林杰, 85세 여성, 格子巴杰, 73세 여성, 2015년 8월 12일(수), 內蒙古自治區 呼倫貝爾市 鄂倫春自治旗 大楊樹鎭 多布庫爾獵民村.
13) 趙復興,《鄂倫春族游獵文化》, 內蒙古人民出版社, 1991, p.330.
14) 永田珍馨 저, 趙復興 번역,《興安嶺之王 · 使馬鄂倫春族》, 內蒙古文化出版社, 1999, p.173.
15) 林杰, 85세 여성, 格子巴杰, 73세 여성, 2015년 8월 12일(수), 內蒙古自治區 呼倫貝爾市

鄂倫春自治旗 大楊樹鎭 多布庫爾獵民村.

16)《舊唐書》〈室韋傳〉"婚嫁之法, 男先就女舍, 三年役力, 因得迎其婦. 役口已滿, 女家分其財物, 夫婦同車而載, 鼓舞共歸."

17)《三國志》〈魏書〉 - 烏丸鮮卑東夷傳. "其俗作婚姻, 言語已定, 女家作小屋於大屋後, 名婿屋, 婿暮至女家戶外, 自名跪拜, 乞得就女宿. 如是者再三, 女父母乃聽使就小屋中宿, 傍頓錢帛. 至生子已長大, 乃將婦歸家."

18) 葛長海, 〈論鄂倫春民族婚姻習俗〉,《黑河學刊》, 1987年 第1期, p.55.

19) 劉迪志,《鄂倫春族習慣法研究》, 中央民族大學碩士學位論文, 2007, p.32.

20) 淺川田郎 저, 趙復興 번역,《興安嶺之王 · 使馬鄂倫春族》, 內蒙古文化出版社, 1999, p.44.

21) 永田珍馨 저, 趙復興 번역,《興安嶺之王 · 使馬鄂倫春族》, 內蒙古文化出版社, 1999, p.173.

22) 燕趙人, 〈鄂倫春人的婚喪習俗〉,《森林與人類》, 1994年 第3期, p.94.

23) 劉迪志,《鄂倫春族習慣法研究》, 中央民族大學碩士學位論文, 2007, p.29.

24) 趙雲孟, 〈試析解放前鄂倫春族的家庭與婚姻〉,《黑龍江民族叢刊》, 1991年 第1期, p.95.

25) 劉迪志,《鄂倫春族習慣法研究》, 中央民族大學碩士學位論文, 2007, pp.28-29.

26) 趙雲孟, 〈試析解放前鄂倫春族的家庭與婚姻〉,《黑龍江民族叢刊》1991年 第1期, pp.30-31.

27) 鄂 蘇日台,《鄂倫春狩獵民俗與藝術》, 內蒙古文化出版社, 2000, p.106.

28) 劉廸志,《鄂倫春族習慣法研究》, 中央民族大學碩士學位論文, 2007, p.35.

29)《龍沙紀略 · 風俗篇》"東北邊有風葬之俗, 人死以芻裹尸, 懸深山大樹間. 將腐, 解其懸布, 墜于地, 以碎石逐體, 薄掩之, 如其形然."

30) 永田珍馨 저, 趙復興 번역,《興安嶺之王 · 使馬鄂倫春族》, 內蒙古文化出版社, 1999, p.174.

31) 淺川四郎 저, 趙復興 번역,《興安嶺之王 · 使馬鄂倫春族》, 內蒙古文化出版社, 1999, p.46.

32) 劉廸志,《鄂倫春族習慣法研究》, 中央民族大學碩士學位論文, 2007, p.35. 刈

33) 夏之乾, 〈從樹葬看樹居〉,《民族研究》1983年 第4期.

34) 淺川四郎 저, 趙復興 번역,《興安嶺之王 · 使馬鄂倫春族》, 內蒙古文化出版社, 1999, p.46.

35)《魏書》列傳 第八十八 室韋傳 "父母死, 男女衆哭三年. 尸則置于林樹之上."

36)《北史》列傳 第八十二 室韋傳 "部落共爲大棚, 人死則置尸其上."

37)《新唐書》列傳 第一百四十四 北狄 "每部共構大棚, 死者置尸其上, 喪期三年."

38)《黑龍江外記》" 呼論貝爾, 布特哈人死挂樹上, 態鳥鷲食, 以肉盡爲升天. 世有鳥葬, 樹葬, 即此俗."

39) 永田珍馨 저, 趙復興 번역,《興安嶺之王 · 使馬鄂倫春族》, 內蒙古文化出版社, 1999, p.174.

40) 郭寶林, 남, 71세, 塔河縣 十八站鄉 거주, 2015년 8월 14일 조사.

41) 內蒙古自治區編輯組,《中國少數民族社會歷史調查資料叢刊》修訂編輯委員會,《鄂倫春族社會歷史調查》1, 民族出版社, 2009, p.61.

42) 鄂 蘇日台,《鄂倫春狩獵民俗與藝術》, 內蒙古文化出版社, 2000, p.107.

43) 內蒙古自治區編輯組,《中國少數民族社會歷史調查資料叢刊》修訂編輯委員會,《鄂倫春族社會歷史調查》1, 民族出版社, 2009, p.61.

44) 內蒙古自治區編輯組,《中國少數民族社會歷史調查資料叢刊》修訂編輯委員會,《鄂倫春族社會歷史調查》1, 民族出版社, 2009, p.61.
45) 永田珍馨 저, 趙復興 번역,《興安嶺之王 · 使馬鄂倫春族》, 內蒙古文化出版社, 1999, p.174.
46) 永田珍馨 저, 趙復興 번역,《興安嶺之王 · 使馬鄂倫春族》, 內蒙古文化出版社, 1999, p.174.
47) 郭寶林, 남, 71세, 塔河縣 十八站鄉 거주, 2015년 8월 14일 조사.
48) 內蒙古自治區編輯組,《中國少數民族社會歷史調查資料叢刊》修訂編輯委員會,《鄂倫春族社會歷史調查》1, 民族出版社, 2009, p.62.
49) 趙復興,《鄂倫春族游獵文化》, 內蒙古人民出版社, 1991, p.336.
50) 鄂 蘇日台,《鄂倫春狩獵民俗與藝術》, 內蒙古文化出版社, 2000, p.107.
51) 內蒙古自治區編輯組,《中國少數民族社會歷史調查資料叢刊》修訂編輯委員會,《鄂倫春族社會歷史調查》2, 民族出版社, 2009, p.103.
52) 內蒙古自治區編輯組,《中國少數民族社會歷史調查資料叢刊》修訂編輯委員會,《鄂倫春族社會歷史調查》2, 民族出版社, 2009, p.265.
53) 鄂 蘇日台,《鄂倫春狩獵民俗與藝術》, 內蒙古文化出版社, 2000, p.107.
54) 永田珍馨 저, 趙復興 역,《興安嶺之王 · 使馬鄂倫春族》, 內蒙古文化出版社, 1999, p.174.
55) 內蒙古少數民族社會歷史調查研究組 編, 〈鄂倫春自治旗托扎敏努圖克情況〉,《鄂倫春族調查材料之一》, 內蒙古少數民族社會歷史調查研究組, p.61.
56) 內蒙古自治區編輯組,《中國少數民族社會歷史調查資料叢刊》修訂編輯委員會,《鄂倫春族社會歷史調查》2, 民族出版社, 2009, p.103.
57)《北史》〈列傳〉第八十二 室韋傳 "部落共爲大棚, 人死則置尸其上. 居喪三年, 年唯四哭."
58) 淺川四郎 저, 趙復興 역,《興安嶺之王 · 使馬鄂倫春族》, 內蒙古文化出版社, 1999, p.46.
59) 永田珍馨 저, 趙復興 역,《興安嶺之王 · 使馬鄂倫春族》, 內蒙古文化出版社, 1999, p.174.
60) 內蒙古自治區編輯組,《中國少數民族社會歷史調查資料叢刊》修訂編輯委員會,《鄂倫春族社會歷史調查》2, 民族出版社, 2009, p.103.
61) 劉廸志,《鄂倫春族習慣法研究》, 中央民族大學碩士學位論文, 2007, p.36.
62) 內蒙古自治區編輯組,《中國少數民族社會歷史調查資料叢刊》修訂編輯委員會,《鄂倫春族社會歷史調查》1, 民族出版社, 2009, p.62.
63) 內蒙古自治區編輯組,《中國少數民族社會歷史調查資料叢刊》修訂編輯委員會,《鄂倫春族社會歷史調查》1, 民族出版社, 2009, p.265.
64) 劉廸志,《鄂倫春族習慣法研究》, 中央民族大學碩士學位論文, 2007, p.36.

9장 샤먼과 샤머니즘

1)《鄂倫春族在社會歷史調查》第二輯, p.261.
2) 총을 이용해 하는 점복 – 필자 주

10장 자연신 위주의 민간신앙

1) 한국의 무형문화유산에 해당하는 말 - 역자 주
2) 王肯,《1956鄂倫春手記》, 吉林人民出版社, 2002, p.89.
3) 馬克思,《摩爾根'古代社會'一書再要》, 人民出版社, 1965, p.39.
4) 秋浦著《鄂倫春社會的發展》上海人民出版社, 1980.
5) 秋浦著《鄂倫春社會的發展》上海人民出版社, 1980.
6) 黑龍江省呼瑪縣民間文學集成編委會,《呼瑪民間故事集成》第二集 內部資料. 1987.
7) 黑龍江省呼瑪縣民間文學集成編委會,《呼瑪民間故事集成》第二集 內部資料. 1987, pp.92-95.
8) 黑龍江省塔河縣民間文學三套集成編委會,《塔河民間文學学集成》內部資料, 1989, pp.3-4.
9) 吳雅芝,《最後的傳說-鄂倫春族文化研究》, 中央民族大學出版社, 2006, p.171.

11장 어룬춘족의 곰 신화와 신앙

1) 韓有峰 편저,《鄂倫春民俗志》, 中央民族學院出版社, 1991, p.18-19.
2) 1939년 만주국 治安部參謀司調査課에 펴낸《鄂倫春族語》(滿洲に於ける鄂倫春族の研究 5) p.31에 의하면 어룬춘어에서 곰과 穴熊(불곰)을 구분했다고 한다. 또 2015년 8월 조사 때 들은 바에 의하면 어룬춘 사람들도 땅을 파고 동면하는 곰과 나무둥지 속에서 동면하는 곰을 구분하고 있었다.
3) 瑜瓊 · 豐收,〈試論鄂倫春族等北方狩獵民族神話中的崇熊意識〉,《黑龍江民族叢刊》2, 1997, p.89.
4) 趙復興,〈鄂溫克與鄂倫春族崇熊祭熊習俗探討〉,《內蒙古社會科學》2, 1988, p.42.
5) 敖樂綺 외,〈鄂倫春族調査〉,《鄂倫春族社會歷史調査》, 1984, p.52.
6) 韓有峰 편저,《鄂倫春民俗志》, 中央民族學院出版社, 1991, p.110.
   1939년 만주국 治安部參謀司調査課에 펴낸《滿洲に於ける鄂倫春族の研究》4 - 馴鹿鄂倫春族 부록 p.10에 의하면 곰을 馴鹿鄂倫春에서는 아오우쿤(アホウクン), 馬鄂倫春에서는 호도루카(ホトルカ)라 한다고 한다. 그들이 같은 해에 펴낸《滿洲に於ける鄂倫春族の研究 5》- 鄂倫春族語, p.31에서는 곰을 아츠도라칸(アツトラカン), 穴熊을 아와루(アワル)로 불렀다고 한다.
7) 秋浦,《鄂倫春社會的發展》, 上海人民出版社, 1978, p.163.
8) 搭河縣 十八站 鄂倫春族鄉 거주 궈바오린(郭寶林, 1945년생)에 의하면, 과거 사냥을 나갔다가 4-5m 앞에서 곰과 마주친 적이 있다고 한다. 그는 한껏 긴장했는데 곰이 먼저 옆길로 비켜가는 바람에 생명을 건졌다고 한다(2015년 8월 14일 조사).
9) 어룬춘족 마을 이름을 '〇〇 獵民村'이라 한 것을 여러 번 보았다. 그래서 이들 마을을 수

렵인들이 사는 곳으로 생각하였으나 알고 보니 어룬춘족이 원래는 수렵민이었다는 의미로 마을 이름 뒤에 으레 따라붙는 말이었다.

10) 治安部參謀司調査課,《滿洲に於ける鄂倫春族の研究》1, 1939.
治安部參謀司調査課,《滿洲に於ける鄂倫春族の研究》4 - 馴鹿鄂倫春族, 1939.
治安部參謀司調査課,《滿洲に於ける鄂倫春族の研究》5 - 鄂倫春語, 1939.
赤松智城 · 秋葉隆, オロチヨン族,《滿蒙の民族と宗教》(大阪屋號書店), 1941.
泉靖一, 大興安嶺オロチヨン族調査記, オロチヨン族踏査報告, フィ-ルト、ワ-クの記錄, 講談社, 1969.
11) 秋浦,《鄂倫春社會的發展》, 上海人民出版社, 1980, p.163-164.
12) 秋浦,《鄂倫春社會的發展》, 上海人民出版社, 1980, p.164.
敖樂綺 외,〈鄂倫春自治旗甘奎努圖克調査〉,《鄂倫春族社會歷史調査》, 內蒙古人民出版社, 1984, p.192.
13) 張鳳柱 · 蔡伯文 編寫,〈熊的傳說〉,《鄂倫春民間文學選》, 內蒙古人民出版社, 1980, pp.6-8.
14) 王爲華,《鄂倫春原生態文化研究》, 黑龍江人民出版社, 2009, p.94.
15) 王榮文,〈熊的傳說〉,《黑龍江民間故事集》(中國民間故事集 32), 臺灣 遠流出版, 1989, pp.106-107 등.
16) 馬名超 · 崔焱,〈鄂倫春族的神話傳說及人物形象-熊與獵手〉,《中國各民族宗教與神話大詞典》, 學苑出版社, 1990, p.131.
17) 어룬춘족의 기원에 대해서는 다음과 같은 신화도 있다.
① 화산 폭발 후 살아남은 남매가 부부가 되어 9남 9녀를 낳았고, 이들이 다시 혼인하여 9성의 시조가 되었다.
② 모르건(莫日根)이 천신 언두리(恩都力)의 도움으로 싱안령 일대에서 마귀들을 쫓아내고 부락을 이루었는데, 이것이 어룬춘족의 시초이다.
③ 천신 언두리(恩都力)가 새의 뼈와 살로 10남 10녀를 만들었는데, 이들이 어룬춘족의 조상이다.
④ 대홍수 후 살아남은 사냥꾼과 얼룩 고양이가 변신한 여인이 혼인하여 다섯 아들을 낳았고, 이들이 어룬춘족의 조상이 되었다.
⑤ 외눈박이 거인에게 위협을 느낀 수령 라이모얼건(來墨爾根)이 무리를 거느리고 헤이룽강 북안에서 서남방으로 이동하여 어룬춘과 어원커족(鄂溫克族)의 조상이 되었다.
이상은 張文靜,〈鄂倫春族族源神話初探〉,《民族藝林》1, 寧夏民族藝術研究所, 2014, p.37 참조.
18) 大林太郎,〈朝鮮の檀君神話とツングスの熊祖神話〉,《東アジアの王權神話》, 弘文堂, 1984, pp.346-354.
黃任遠,〈熊的神話傳說〉,《通古斯-滿語族神話研究》, 黑龍江人民出版社, 2000, pp.59-64.
滿都呼,〈阿爾泰語系民族熊傳說的文化內涵〉,《文化研究》1, 2003, pp.28-34.
那木吉拉,〈阿爾泰語系諸民族熊圖騰崇拜急神話比較研究〉,《中國阿爾泰語系諸民族神話比較研究》, 學習出版社, 2010, pp.63-84.

19) 중국에서는 남북조시대 문헌에 사냥꾼이 곰의 굴에 들어갔다가 살아서 나온 설화(陶蠶, 《搜神後記》 권 9, 熊穴), 남자가 곰으로 변한 설화(劉敬叔, 《異苑》 권 8)가 나오며, 한국에서는 조선 후기 유몽인(柳夢寅)의 《어우야담(於于野談)》 권 5 금수(禽獸), 이원명(李源明)의 《동야휘집(東野彙輯)》, 〈촌맹우현웅치요(村氓遇玄熊致饒)〉에 수록되어 있다. 그리고 1439년 여진족 여자가 곰으로 변했다는 전문을 함길도절제사가 조정에 보고한 사실도 전하고 있다(《세종실록》 권 86, 세종 21년 7월 2일). 그러나 단군신화처럼 곰이 여성으로 변하는, 즉 웅변녀(熊變女) 유형은 다른 지역에서 발견되지 않는다.

20) 荻原眞子, 《北方諸民族の世界觀》, 草風館, 1996, pp.220-229.

21) 荻原眞子, 《北方諸民族の世界觀》, 草風館, 1996, pp.227-229.

22) 王朝陽, 〈兎子跟黑熊打賭〉, 《古里獵民村 鄂倫春民間故事集》, 北方文藝出版社, 1991, pp.118-121.

23) 韓有峰 편저, 《鄂倫春民俗志》, 中央民族學院出版社, 1991, p.19-20.

24) 治安部參謀司調查課, 《滿洲に於ける鄂倫春族の研究》1, 1939, p.50.

25) 秋浦, 《鄂倫春社會的發展》, 上海人民出版社, 1980, p.165.

26) 韓有峰 편저, 《鄂倫春民俗志》, 中央民族學院出版社, 1991, p.20-21.

27) 呂光天, 〈崇拜熊的奇特習俗〉, 《北方民族原始社會形態研究》, 寧夏人民出版社, 1981, pp.266-273.

28) 秋浦, 《薩滿教研究》, 上海人民出版社, 1985, p.124.
民族問題五種叢書 內蒙古自治區編委會 편, 鄂倫春族調查, 《鄂倫春族社會歷史調查》, 內蒙古人民出版社, 1984, p.52.

29) 韓有峰 편저, 《鄂倫春民俗志》, 中央民族學院出版社, 1991, p.48.

30) 瑜瓊 · 豐收, 〈試論鄂倫春族等北方狩獵民族神話中的崇熊意識〉, 《黑龍江民族叢刊》2, 1997, p.89.

31) 徐昌翰 · 龐玉田, 〈鄂倫春族'古落一仁'傳說探析〉, 《學習與探討》 1993-2, p.114.

32) 徐昌翰 · 龐玉田, 〈鄂倫春族'古落一仁'傳說探析〉, 《學習與探討》 1993-2, p.115.

33) 韓有峰 편저, 《鄂倫春民俗志》, 中央民族學院出版社, 1991, p.48.

34) 秋浦, 《鄂倫春社會的發展》, 上海人民出版社, 1980, p.165.
徐昌翰 · 龐玉田, 〈鄂倫春族'古落一仁'傳說探析〉, 《學習與探討》 1993-2, pp.115-116.

35) 瑜瓊 · 豐收, 〈試論鄂倫春族等北方狩獵民族神話中的崇熊意識〉, 《黑龍江民族叢刊》2, 1997, p.91.

36) 秋浦, 《鄂倫春社會的發展》, 上海人民出版社, 1985, p.206.

37) 搭河縣 十八站鄂倫春族鄉 거주 郭寶林(2015년 8월 14일 조사).

38) 呂光天, 〈崇拜熊的奇特習俗〉, 《北方民族原始社會形態研究》, 寧夏人民出版社, 1981, p.267.

39) 秋浦, 《鄂倫春社會的發展》, 上海人民出版社, 1985, p.165.

40) 韓有峰 편저,《鄂倫春民俗志》, 中央民族學院出版社, 1991, p.48.
41) 徐昌翰 · 龐玉田,〈鄂倫春族'古落一仁'傳說探析〉,《學習與探討》1993-2, p.114.
吳雅芝,《鄂倫春族口述家族史》, 民族出版社, 2016, p.178.
42) 民族問題五種叢書 內蒙古自治區編委會 편,〈鄂倫春族調查〉,《鄂倫春族社會歷史調查》, 內蒙古人民出版社, 1984, p.52.
43) 呂光天,〈崇拜熊的奇特習俗〉,《北方民族原始社會形態硏究》, 寧夏人民出版社, 1981, p.267.
44) 趙復興,〈鄂溫克與鄂倫春族崇熊祭熊習俗探討〉,《內蒙古社會科學》2,1988, p.42.
45) 吳雅芝,《最後的傳說: 鄂倫春族文化硏究》, 中央民族大學出版社, 2006, p.162.
46) 趙復興,〈鄂溫克與鄂倫春族崇熊祭熊習俗探討〉,《內蒙古社會科學》2, 1988, p.42.
47) 2015년 8월 12일 내몽골자치주(內蒙古自治州) 어룬춘자치기(鄂倫春自治旗) 다양수촌(大楊樹村) 둬쿠얼촌(多庫爾村) 거주 린제(林杰, 여 85세), 거얼바제(格爾巴杰, 여, 73세) 제보. 또 이들에 의하면 곰기름을 먹으면 배고픔을 참을 수 있었기 때문에 곰기름을 채취해서 솥에 삶아 급류의 상류에 보관했다고 한다. 곰고기는 거의 먹어보지 못했으며 1년에 한두 번이면 자주 먹는 편이라 했다. 그래서 곰고기를 귀하게 여겨 결혼식 때 선물로 보내는 것을 보았다고 한다. 또 곰의 뇌는 육회로 먹었으며, 곰 발바닥은 우리린의 공용이 된다고 했다.
48) 徐昌翰 · 龐玉田,〈鄂倫春族'古落一仁'傳說探析〉,《學習與探討》1993-2, p.114.
49) 韓有峰 편저,《鄂倫春民俗志》, 中央民族學院出版社, 1991, p.48.
50) 徐昌翰 · 龐玉田,〈鄂倫春族'古落一仁'傳說探析〉,《學習與探討》1993-2, pp.114-115.
51) 吳雅芝,《最後的傳說: 鄂倫春族文化硏究》, 中央民族大學出版社, 2006, p.163.
52) 徐昌翰 · 龐玉田,〈鄂倫春族'古落一仁'傳說探析〉,《學習與探討》1993-2, p.116.
53) 1986년 헤이룽강성 타허현(塔河縣) 스바잔(十八站)에서 멍진푸(孟金福)로부터 채록한 것이라 하며, 원문은 다음과 같다.

(一) 古落, 古落, 阿瑪罕(恩民河), 古落；
你就要走向陰坡, 古落；
是你喜爱我們才成长, 古落；
我們要摸你的骨風葬你, 古落；
你到了時辰就要走, 古落；
你要走你的獨木橋, 古落；
你要吃完你喜愛的螞蟻, 古落；
你要收拾好你的白樺樹, 古落；
你要走兩座山中間的路, 古落.

(二) 古落, 古落, 阿瑪罕(恩民河), 古落；
你年年都要讓我們見到你, 古落；
你年年要喜爱我們打到你, 古落；

所以我們摸你的骨風葬你, 古落；

你如果碰見年輕人不要咬傷他們, 古落；

你碰見老人打一巴掌也可以, 古落；

你要走完這條路啊, 古落

我們要摸你的骨風葬你, 古落；

你原來就是動物, 古落；

你在動物中是最厲害的, 古落；

人人都怕你吃掉啊, 古落；

我們要求你不要吃掉我們, 古落；

所以我們要摸你的骨風葬你, 古落.

徐昌翰 · 龐玉田, 〈鄂倫春族古落一仁傳說探析〉, 《學習與探討》 1993-2, p.115.

54) 趙金輝 · 梁偉岸, 〈熊的風葬儀式-鄂倫春人熊圖騰探析〉, 《呼倫貝爾學院學報》16-3, 2008, p.36.

55) 趙復興, 〈鄂溫克與鄂倫春族崇熊祭熊習俗探討〉, 《內蒙古社會科學》2, 1988, p.42 및 鄂倫春簡史編寫組, 《鄂倫春簡史》, 內蒙古人民出版社, 1983, p.173에서는 곰을 잡은 곳에 풍장한다고 했다.

56) 秋浦, 《鄂倫春社會的發展》, 上海人民出版社, 1978, p.165.

57) 秋浦, 《薩滿教研究》, 上海人民出版社, 1985, p.124.

58) 吳雅芝, 《最後的傳說; 鄂倫春族文化研究》, 中央民族大學出版社, 2006, pp.164-165. 그러나 趙復興, 〈鄂溫克與鄂倫春族崇熊祭熊習俗探討〉, 《內蒙古社會科學》2, 1988, p.42에서는 곰고기를 먹은 직후에 곰 가죽 전달하기를 했다고 한다.

59) 徐昌翰 · 龐玉田, 〈鄂倫春族'古落一仁'傳說探析〉, 《學習與探討》 1993-2, pp.114-115.

60) 한스 오아힘 파프로트, 강정원 옮김, 《퉁구스족의 곰 의례》, 태학사, 2007, p.65.

61) 趙復興, 〈鄂溫克與鄂倫春族崇熊祭熊習俗探討〉, 《內蒙古社會科學》2, 1988, pp. 43-44.

62) 加藤九祚, 〈北東アジア民族名考〉, 《北東アジア民族學史の研究》, 恒文社, 1986, p.407.

63) 吳雅芝, 《最後的傳說; 鄂倫春族文化研究》, 中央民族大學出版社, 2006, p.162.

64) 이 춤은 秋浦, 《鄂倫春社會的發展》, 上海人民出版社, 1980, pp.151-152 이래 여러 자료에 언급되지만, 王雪嬌, 《鄂倫春族'鬪熊舞'的傳承價值研究》, 哈爾濱師範大學 碩士學位論文, 2012년이 가장 자세하여 여기에 근거하여 언급한다.

65) 劉翠蘭 편저, 《鄂倫春族》, 中國水利水電出版社, 2004, p.100.

원문은 다음과 같다.

扎嘿扎, 扎嘿扎, 啊, 扎嘿扎, 每一块肌肉都隆起來, 每一根神經都綳緊了, 這是生死存亡的決戰, 扎嘿扎, 我們在鬪熊, 扎嘿扎, 啊, 扎嘿扎, 勇氣就是力量 力量就是勝利, 力量就是光明.

66) 2015년 8월 15일 헤이룽강성 타헌현(塔河縣) 바이인나향(白銀納鄉)에서 중국과 러시아에 거주하는 어룬춘 사람들이 함께하는 제6차 중아문화대집(第6屆 中俄文化大集)이 개최되었는데, 이때 이를 경축하는 다양한 공연이 있었다. 여기서 공연된 춤 중 상당수는 투웅

무 동작을 응용한 것이었다. 이를 통해서도 투웅무가 어룬춘의 대표적인 민속무용임을 짐작할 수 있다.

67) 秋浦,《鄂倫春社會的發展》, 上海人民出版社, 1978, pp.162-166 이래 많은 자료에서 어룬춘의 곰 신앙은 토테미즘으로 언급되고 있다.

68) 程迅,〈北方民族崇熊圖騰說質疑〉,《北方民族》1989-1, pp.122-128.

69) A. R. Radcliff-Brown, The Sociological Theory of Totemism,《Structure and Function in Primitive Society》(Cohen&West), 1952, p.117.

70) A. Irving Hallowell, Bear Ceremonialism in the Northern Hemisphere, American Anthropologist N.S.28-1, 1926, p.156.

71) A. Irving Hallowell, Bear Ceremonialism in the Northern Hemisphere, American Anthropologist N.S.28-1, 1926, p.145.

72) 秋浦,《鄂倫春社會的發展》, 上海人民出版社, 1978, pp.164-165.

73) 徐昌翰 · 龐玉田,〈鄂倫春族'古落一仁'傳說探析〉,《學習與探討》1993-2, p.117.

74) 공주 곰나루 전설은 近藤時司,《史話傳說 朝鮮名勝紀行》, 博文館, 1929, pp.271-272에 처음 소개된 이래 여러 자료에서 보이고 있다.

75) 유증선,《영남의 전설》, 형설출판사, 1971, pp.451-453.
이 밖에도《한국구비문학대계》에 유사한 설화들이 채록되어 있다.

76) 劉翠蘭,《鄂倫春族》, 中國水利水電出版社, 2004, pp.78-79.

77) 關小雲 · 王宏剛,《鄂倫春族薩滿文化遺存調查》, 民族出版社, 2010, pp.134-143.

12장 1950년대 이후 어룬춘 사회의 변화

1) 변경지역을 발전시키고 변경지역의 백성들을 부유하게 한다는 뜻이다.-역자 주

중국 동북지역 민족문화연구1

최후의 수렵민, 어룬춘족

중국 | 한여우펑韓有峰, 우야즈吳雅芝, 관샤오윈關小雲
한국 | 김인희, 김천호, 서영대, 조우현

초판 1쇄 인쇄 · 2016. 12. 7.
초판 1쇄 발행 · 2016. 12. 15.

발행인 · 이상용 이성훈
발행처 · 청아출판사
출판등록 · 1979. 11. 13. 제9-84호
주소 · 경기도 파주시 회동길 363-15
대표전화 · 031-955-6031
팩시밀리 · 031-955-6036
E-mail · chungabook@naver.com

ISBN 978-89-368-1097-9 93900

* 값은 뒤표지에 있습니다.
* 잘못된 책은 구입한 서점에서 바꾸어 드립니다.
* 본 도서에 대한 문의사항은 이메일을 통해 주십시오.

이 도서의 국립중앙도서관 출판예정도서목록(CIP)은 서지정보유통지원시스템 홈페이지(http://seoji.nl.go.kr)와 국가자료공동목록시스템(http://www.nl.go.kr/kolisnet)에서 이용하실 수 있습니다.(CIP제어번호: CIP2016029165)

이 책은 동북아역사재단 연구과제의 결과물을 재단의 지원을 받아 간행한 것입니다.